Das

Problem des Völkerrechts

Eine Studie über den Fortschritt der Nationen zu einem universellen Staatensystem, das die Geltung des Völkerrechts verbürgt

Entworfen unter Verwertung der theoretischen und diplomatischen Versuche, die seit dem römischen Weltreich des Mittelalters und bis zu den Haager Konferenzen unternommen sind, und vornehmlich gegründet auf die Entwicklungsgeschichte der Schweizer Eidgenossenschaft

Von

Dr. Robert Redslob

ord. Professor des Staats- und Völkerrechts an der Universität Rostock

Leipzig · Verlag von Veit & Comp. · 1917

Druck von Metzger & Wittig in Leipzig

Meiner lieben Mutter

als Zeichen
meiner Dankbarkeit und Verehrung

Inhalt

Einleitung.

Jedes Zeitalter ringt mit einem ethischen Problem und erhält durch diesen Kampf sein Gepräge. Das religiöse Problem erfüllt das sechzehnte Jahrhundert. Das philosophische erhebt sich nach ihm und schlägt die Menschheit in seinen Bann. Aus der naturrechtlichen Theorie, aus den englischen und amerikanischen Verfassungsgedanken, aus der Revolution springt dann ein neuer Funke und entzündet den Streit um das staatliche Recht. Volkssouveränetät, Gewaltentrennung, Bürgerrechte sind für zwei Menschenalter die Achsen der Geschichte. Gleichzeitig wächst das Prinzip der Nationalitäten empor. Im Bunde mit ihm steigt endlich das Problem des Völkerrechts aus der Tiefe mühevollen Werdens. Es beherrscht die Jahrhundertwende. Es ist die beseelende Kraft in der großen Bewegung der Schiedsgerichtsbarkeit und ist auch der tiefste Grund in dem gigantischen Krieg unserer Tage. Denn dieser Krieg ist nicht nur eine chaotische Entfesselung der Elemente, sondern eine gewaltige Krisis der Weltgeschichte, die den Triumph des Völkerrechts vollenden soll.

Das Völkerrecht ist eins mit dem Völkerfrieden. Denn wo die Norm regiert, verbannt sie den Konflikt. Und umgekehrt, ein Friede, der nicht auf das Recht gegründet ist, hat keine moralische Fundierung und verdient nicht diesen Namen. Er ist Zwingherrschaft oder sklavische Unterwerfung, die der Menschenwürde widerspricht. Der Sieg des Friedens ist darum der Sieg des Rechts, und wenn man das Problem des Friedens erhebt, so stellt man damit nur die Frage, wie das Recht unter den Völkern gesichert werden kann.

Hat das Völkerrecht eine Zukunft? Ist das Völkerrecht ein großartiger Irrtum in der Weltgeschichte, eine humanitäre Idee, von Anfang bestimmt, eine Irrealität zu sein und ein schattenhaftes

Dasein zu führen? Oder ist das Völkerrecht eine geistige Macht, die siegend emporsteigt und berufen ist, die Schicksale der Welt zu lenken? Ist das Völkerrecht eine Wahrheit? Deutlicher gesagt: Kann es zu einer lebendigen Verfassung werden, fähig sich zu behaupten? Kann es eine Macht erlangen, die ihm Geltung sichert? Mit einem Wort: Kann das Völkerrecht zu einer Autorität erstehen?

Dieses Problem ist das größte in unserer Zeit. Mehr noch, es ist das einzige Problem. Denn mit ihm sind alle andern Fragen untrennbar verwachsen, in denen die Menschheit von heute gefangen liegt und verzweifelt nach Freiheit ringt. Ob man hinauf steigt in die Sphären der Moral und Religion, ob man staatliche Prinzipien zu klären unternimmt, ob man in dem gigantischen Mechanismus des wirtschaftlichen Lebens nach einer neuen Ordnung der Kräfte sucht, überall wird man gewahr, daß die Wege der modernen Welt in einer einzigen Kreuzung zusammenlaufen. Und dieser Knotenpunkt ist das Problem der internationalen Norm.

Es ist das Problem. Es giebt heute kein anderes. Das zwanzigste Jahrhundert steht in seinem Zeichen. Unser Zeitalter ist berufen, seine Lösung zu finden. Noch einmal werden die Ketten der Menschheit fallen. Wie das Christentum, wie die Reformation, wie die Philosophie der Aufklärung und die französische Revolution, so wird auch das Völkerrecht die Menschheit befreien. Denn die Welt geht voran trotz aller Irrung und Gewalt. „Sie bewegt sich doch. E pur si muove!“

Erstes Buch.

Die soziologische Grundlage der Völkergemeinschaft.

Die Aufgabe.

Wollen wir von der Autorität des Völkerrechtes handeln, so muß unsere erste Aufgabe darin liegen, die ökonomischen und idealen Kräfte zu erforschen, welche die Nationen zur Kulturgemeinschaft verketten und deshalb das belebende Prinzip einer allgemeinen unverbrüchlichen Ordnung enthalten.

Erstes Kapitel.

Die Teilung der Arbeit.

Eine Fabel von Lafontaine erzählt: Ein Vater rief seine Söhne zu sich, da er seinen Tod herannahen fühlte. Er gab ihnen ein Bündel Stäbe und forderte sie nacheinander auf, es zu zerbrechen. Es gelang ihnen nicht. Da löste der Vater das Bündel auf und verteilte die Stäbe unter sie. Jetzt vermochte ein jeder mit Leichtigkeit die Aufgabe zu erfüllen, und die Söhne verstanden die Lehre, die der Vater ihnen mitgeben wollte.

Man kennt auch die Fabel von dem Lahmen und dem Blinden. Die beiden Unglücklichen konnten sich nicht durch die Straßen bewegen; aber sie wußten sich dadurch zu helfen, daß der Lahme auf den Rücken des Blinden stieg, sich von ihm tragen ließ und ihm dafür Weg und Steg erklärte, bis sie beide an ihr Ziel gelangten.

Endlich eine dritte Fabel: Als die Plebejer Rom verlassen wollten und auf den Heiligen Berg ausgezogen waren, da bewog sie der Konsul Menenius Agrippa zur Rückkehr mit seiner berühmten Erzählung: Die Glieder, so sagte er, empörten sich einst wider den Magen. Sie wollten nicht länger für ihn Arbeit tun, ihm nicht länger Nahrung bringen. Denn sie betrachteten ihn als unnütz und nur zum Genießen bestimmt. Sie taten nach ihrem Entschluß. Aber bald siechte der ganze Körper dahin, und die Glieder mußten einsehen, daß sie vom Magen ihre eigne Lebenskraft erhielten. — Sinnlos wie diese Empörung, so schloß der Konsul, sei auch diejenige, welche die Plebejer gegen die Patrizier unternommen hätten.[1])

In diesen drei Fabeln liegt eine Wahrheit, so einfach und so selbstverständlich wie kaum eine andere, aber doch eine Wahrheit von einer fundamentalen Bedeutung für die Erkenntnis der sozialen Phänomene. Die Teilung der Arbeit ist eine Grundbedingung des menschlichen Lebens: das ist die Einsicht, die jene Erzählungen in anmutiger Gestalt verkörpern.

Die Teilung der Arbeit. Sie wird von den drei Fabeln jeweils in einer andern Form geschildert.

Im ersten Fall sind die Leistungen gleichartig, welche die Genossen vollbringen. Die Arbeit, die eine bestimmte Kraftleistung erfordert, wird mechanisch in mehrere Teilarbeiten auseinander gelegt. Jede Teilarbeit kann darauf mit einem verhältnismäßigen Teil jener Kraft bewältigt werden, die für das gesamte Werk vonnöten war. Und sind die Teilarbeiten getan, so ist die

---

[1]) Titi Livi ab Urbe condita Libri. II. 32. 8—12. „Is intromissus in castra prisco illo dicendi et horrido modo nihil aliud quam hoc narrasse fertur: Tempore, quo in homine, non ut nunc, omnia in unum consentientia, sed singulis membris suum cuique consilium, suus sermo fuerit, indignatas reliquas partes sua cura, suo labore ac ministerio ventri omnia quaeri, ventrem in medio quietum nihil aliud quam datis voluptatibus frui, conspirasse inde, ne manus ad os cibum ferrent nec os acciperet datum nec dentes denique conficerent. Hac ira dum ventrem fame domare vellent, ipsa una membra totumque corpus ad extremam labem venisse. Inde apparuisse, ventris quoque haud segne ministerium esse nec magis ali quam alere eum, reddentem in omnis corporis partes hunc, quo vivimus vigemusque, divisum pariter in venas maturum confecto cibo sanguinem. Comparando hinc, quam intestina corporis seditio similis esset irae plebis in patres, flexisse mentes hominum“.

ganze Aufgabe erfüllt. Die einzelnen Leistungen fügen sich arithmetisch aneinander. Ihre Summe ist das einheitliche Werk.

Im zweiten Fall hingegen sind die Leistungen verschiedenartig, welche den einzelnen Mitgliedern der Gemeinschaft obliegen. Aber sind sie auch verschiedenartig, so sind sie doch auf das gleiche Ziel gerichtet. Sie ergänzen sich und führen gemeinsam den Erfolg herbei.

Diese beiden ersten Formen der Arbeitsteilung stimmen in einem Charakterzug überein: die Leistungen werden vollzogen eben mit dem Zweck, daß aus ihnen eine gemeinsame Wirkung folge. Sie geschehen nach einem Plan. Sie sind durch ihn zusammengefaßt und in eine gleiche Richtung gelenkt. Mit einem Wort, die Arbeitsteilung ist organisiert. Die Analyse ist begleitet von der Synthese. Der Zergliederung entspricht eine Kombination der Kräfte. Die Arbeitsteilung ist gleichzeitig eine zweckbewußte Arbeitsvereinigung.

Aber es gibt noch eine Arbeitsteilung von anderer Struktur. Betrachten wir die Erzählung des Menenius Agrippa. Sie will ganz allgemein besagen, daß in einem wohlfunktionierenden Gemeinwesen die Arbeit eines jeden Genossen für die Gesamtheit nützlich ist. Allein, da ist zu bedenken: die Arbeit kann wohl innerhalb einer Gruppe oder in einem sehr kleinen Staate planmäßig geordnet sein. Aber in der Fabel ist an ein größeres Gemeinwesen gedacht. Und hier ist eine Totalorganisation der Arbeit nicht mehr möglich. Vielmehr, die Arbeit ist frei. Der einzelne, der eine Tätigkeit mit eigenen Kräften verrichtet oder die Tätigkeit einer Gruppe nach einheitlichem Zwecke leitet, entscheidet selbst, welche Tätigkeit vollbracht werden soll. Er trifft seine Wahl nach individuellen Motiven. Er richtet sich nach seiner Begabung, nach seinen Mitteln, nach seiner Neigung, er richtet sich nach seiner Hoffnung auf Gewinn, nach seiner Vorstellung von der Nachfrage. Er folgt also nicht einer Organisation.[1]) Er beugt sich keiner Ordnung, durch welche ihm eine Arbeit zugeteilt würde. Aber trotzdem — das ist die Beobachtung, die in der Fabel ausgesprochen ist — findet in mehr oder minder vollkommenem Maß ein Ausgleich der

---

[1]) „Die Menschen über ihre Laufbahn nach ihrer Befähigung bestimmen zu lassen, können wir als Grundsatz der Wandlung in der sozialen Organisation bezeichnen". Herbert Spencer.

Tätigkeiten statt, so daß die Arbeit des Einzelnen dem Nutzen der Gemeinheit dient. Der einzelne entfaltet eine Tätigkeit, die den andern Vorteil bringt. Er sorgt für die andern und zu gleicher Zeit sorgen die anderen auch für ihn. Arbeitet er auch nur auf ein einziges Interesse, so empfängt er doch als wertvolle Gegengabe die Arbeit der Genossen zurück, die wieder durch andere Interessen ins Leben gerufen ist.

Dieses System ruht also nicht, wie das frühere, auf einer Organisation, sondern auf einem freien Austausch der Leistungen. Die Arbeitsteilung ist hier ein Prozeß, der von selber läuft und sich von selber regelt. Die Arbeitsteilung ist hier nicht das Werk eines berechnenden Verstandes und eines leitenden Willens, sie ist ein Phänomen, das sich nach einem immanenten Gesetz entwickelt. Es ist nicht eine gebundene, sondern eine freie, es ist nicht eine technische, es ist eine natürliche Arbeitsteilung, die vor uns liegt.[1][2]

[1] Ferguson, Abhandlung über die Geschichte der bürgerlichen Gesellschaft. 1814. Sammlung sozialwissenschaftlicher Meister. 1903—1904. Bd. II. Teil IV. Kap. 1. „Die Kunstwerke des Bibers, der Ameise und der Biene werden der Weisheit der Natur zugeschrieben. Jene zivilisierter Nationen schreibt man ihnen selbst zu und man glaubt, daß sie auf eine ungebildeten Geistern überlegene Fähigkeit hinweisen. Allein die Einrichtungen der Menschen wie jene aller Tiere sind Eingebungen der Natur und das Ergebnis eines Naturtriebes, der durch die Mannigfaltigkeit der Umstände, in welche die Menschen versetzt werden, geleitet wird. Jene Einrichtungen gingen aus aufeinanderfolgenden Verbesserungen hervor, die ohne irgend welches Verständnis für ihre allgemeine Wirkung gemacht wurden, und sie führen die menschlichen Angelegenheiten zu einer Komplikation, die auch die höchsten geistigen Fähigkeiten, mit denen die Menschennatur jemals geschmückt worden ist, nicht hätten ausdenken können. Ja, sogar wenn das Ganze zur Ausführung gelangt ist, kann es in seinem vollen Umfange nicht begriffen werden." Herbert Spencer, Die Prinzipien der Soziologie. 1876 bis 1896. Teil II. Kap. IX. § 254. Kap. X. § 260. Teil V. Kap. II. § 441.

[2] Es ist in der Nationalökonomie üblich, zwischen technischer und beruflicher Arbeitsteilung zu unterscheiden. Die berufliche nennt man auch gesellschaftliche „mit der Begründung, daß durch sie die entscheidende Differenzierung der Gesellschaft herbeigeführt werde" [Harms]. Sind diese Bezeichnungen sehr glücklich gewählt? Wir meinen, daß auch durch die technische Zerlegung der Arbeit neue Berufe entstehen können. Und wir machen weiter die Einwendung von Harms zu der unseren, daß die technische Arbeitsteilung, so gut wie die andere, einen hervorragenden Einfluß auf die gesellschaftliche Differenzierung hat. Trotzdem glauben wir, daß unsere beiden

Die technische Arbeitsteilung ist für uns von geringem Interesse. Sie ist das Prinzip für die Struktur des einzelnen in sich geschlossenen Betriebes. Nun ist aber die staatliche und weiter die internationale Gemeinschaft der Rahmen, in dem sich unsere Forschung bewegen soll. In dieser weiten Sphäre ist der Prozeß der Arbeitsteilung nicht organisiert, nicht einem leitenden Willen untertan, sondern er ist frei, er läuft nach natürlichen Gesetzen.[1]) Allerdings, der Staat und sogar die internationale Gemeinschaft nehmen einzelne Unternehmungen selber in die Hand. Man denke nur, um ein wichtiges Beispiel herauszugreifen, an die Post und die Telegraphie. Aber es sind doch nur begrenzte Leistungen, um die es sich handelt. Diese Arbeit muß sich wieder einfügen in

---

Kategorien sich materiell mit denjenigen decken, welche die herrschende Lehre aufgestellt hat, wenn wir auch die Unterscheidung einigermaßen anders motivieren. Argumento, Philippovich, Grundriß der politischen Ökonomie. I. Bd. Allgemeine Volkswirtschaftslehre. 1897. S. 77: „Das für die Wirkungen der Arbeitsteilung entscheidende Moment ist aber, ob durch sie neue selbständige Unternehmungen geschaffen werden oder ob es sich nur um Zerlegungen des Produktions- bzw. Arbeitsprozesses innerhalb einer einheitlich geleiteten Organisation handelt. In dem ersteren Falle werden unmittelbar die die Gesellschaft bildenden Glieder vermehrt, die Zahl der erwerbend auftretenden Wirtschaften wächst, der Verkehr wird spezialisierter, mannigfaltiger und umfänglicher. Diese Formen der Arbeitsteilung sind es erst, durch welche die Verkehrsgesellschaft überhaupt gebildet wird. Ich fasse sie daher unter der Bezeichnung: gesellschaftliche Arbeitsteilung zusammen. Die Berufsbildung, Berufsteilung und in vielen Fällen die Produktionsteilung Büchers gehören hierher. Die Zerlegung des Arbeitsprozesses innerhalb eines einheitlich geleiteten Organismus wirkt nicht direkt nach außen. Ob ein Arbeiter mehrere Funktionen nacheinander oder mehrere Arbeiter je eine Funktion nebeneinander verrichten, übt auf die Gestaltung der Gesellschaft und des Verkehrs keinen unmittelbaren Einfluß, es ist eine Änderung in der Technik der Produktion, welche keine neuen selbständigen wirtschaftlichen Existenzen schafft. Ich nenne diese Formen der Arbeitsteilung die technischen. Die Arbeitszerlegung und Fälle der Produktionsteilung gehören dazu." Vgl. Harms, Artikel über Arbeit. Im Handwörterbuch der Staatswissenschaften. 1909. Bd. I, S. 572f.; Nr. 5, S. 579f. Arbeitsteilung und Arbeitsvereinigung.

[1]) Das gilt wenigstens für die moderne Zeit, in welcher der industrielle Gesellschaftstypus den kriegerischen immer mehr verdrängt. S. Spencer, Soziologie. 1879. Bd. III. Teil V. Kap. XVII. XVIII; aber auch Bd. II. Teil II Kap. XI. §§ 266—267. Anders war z. B. der alte Staat der Peruaner aufgebaut. Spencer, Teil II. Kap. X. § 259.

das große Ganze. Und das kann nur durch den freien Austausch, durch die natürliche Arbeitsteilung geschehen.

Wir haben uns bisher nur mit den Formen der Arbeitsteilung beschäftigt. Nachdem wir nun den abstrakten Prozeß kennen gelernt haben, kommt es darauf an, in die Wirklichkeit hinab zu steigen und die Arbeitsteilung als lebendiges Phänomen zu erfassen. Auf den ersten Blick fesselt uns da die ungeheuere Mannigfaltigkeit und dabei doch die wundersame Verkettung der Funktionen.[1]) Und haben wir dieses fesselnde Schauspiel einmal betrachtet, so drängen sich ganz natürlich zwei Fragen auf, die Fragen nach dem Woher und Wohin. Wie entsteht die Arbeitsteilung; welches ist die Ursache, die der menschlichen Gesellschaft diese Lebensgestaltung gibt? Das ist das erste Problem. Und eng mit ihm zusammenhängend erhebt sich das zweite: Welche Tendenz der weiteren Entwicklung ist dem Prozeß der Arbeitsteilung immanent?

Der Urquell, aus dem die Arbeitsteilung entspringt, ist ein natürliches Grundgesetz, das den Menschen treibt, seine Aufgaben mit einer möglichst geringen Kraftentfaltung zu erfüllen. Wie das Wasser die Hindernisse zu umgehen sucht, welche ihm den Weg zum Tale sperren, wie der elektrische Funke in der Linie überspringt, die den geringsten Widerstand bietet, so ist es auch das Streben des Menschen, einen unnötigen Aufwand von Energie zu vermeiden.

---

[1]) Auguste Comte, Cours de philosophie positive. 3. éd. 1869. Tome IV. p. 424—425. »Pour apprécier convenablement cette coopération et cette distribution nécessaires, comme constituant la condition la plus essentielle de notre vie sociale, abstraction faite de la vie domestique, il faut la concevoir dans toute son étendue rationnelle, c'est-à-dire l'appliquer à l'ensemble de toutes nos diverses opérations quelconques, au lieu de la borner, comme il est trop ordinaire, à de simples usages matériels. Alors elle conduit immédiatement à regarder non-seulement les individus et les classes, mais aussi, à beaucoup d'égards, les différents peuples comme participant à la fois, suivant un mode propre et un degré spécial exactement déterminés, à une oeuvre immense et commune, dont l'inévitable développement graduel lie d'ailleurs aussi les coopérateurs actuels à la série de leurs prédécesseurs quelconques et même à la suite de leurs divers successeurs. C'est donc la répartition continue des différents travaux humains, qui constitue principalement la solidarité sociale, et qui devient la cause élémentaire de l'étendue et de la complication croissante de l'organisme social, ainsi susceptible d'être conçu comme embrassant l'ensemble de notre espèce.«

Die Kraftersparnis,[1]) das ist das Grundgesetz, das zur Teilung der Arbeit führt. So sagen wir. Es ist das eine allgemein bekannte These, und es hält nicht schwer, sie zu erhärten:

Wenn der einzelne einen Komplex verschiedenartiger Tätigkeiten verrichtet, statt nur eine Arbeit zu tun, so geht Energie verloren. Der Zeitaufwand für die Erlernung der mehreren Arbeitszweige ist größer. Es wird nicht die gleiche Fertigkeit erworben. Endlich, der Übergang von einer Arbeit zur andern und die damit zusammenhängende Vorbereitung bedeutet einen Verlust. Das sind Wahrheiten, die wenigstens von der großen Masse der Arbeit gelten. Allerdings, man darf sich nicht verhehlen, daß auch hier Grenzen bestehen. In der Kunst und in der Wissenschaft kann einseitige Ausbildung, wenn zu weit getrieben, mehr von Schaden als von Nutzen sein. Weiter, die Abwechslung in der entfalteten Aktivität kann in manchen Fällen gerade eine Erhöhung der Produktionsfähigkeit bewirken; und das gilt nicht bloß von geistigen, sondern auch von vielen mechanischen Tätigkeiten. Aber, wie dem auch sei, bis man zu diesen extremen Grenzen gelangt, ist jedenfalls ein ungeheurer Spielraum gegeben, in dem die Arbeitsteilung einen Gewinn an Energie bedeutet und darum Vorteil bringt.

Werfen wir einen Blick auf den historischen Entwicklungsgang.

Die Arbeitsteilung hat eine Reihe von Stadien der Entwicklung durchlaufen.

Es gibt eine primitive Periode, in der die Familie, samt den Hilfskräften, über die sie gebietet, ihren sämtlichen, geistigen und materiellen Interessen, genügt. Es ist die Zeit der Eigenproduktion, rein ökonomisch betrachtet die Zeit der Hauswirtschaft. Schon hier ist eine Arbeitsteilung gegeben, mag sie auch von der größten Einfachheit sein. Sie hat technischen Charakter. Denn die

---

[1]) Die Nationalökonomie nennt dies Gesetz: das wirtschaftliche Prinzip. Vgl. Ehrenberg, Der Handel. Seine wirtschaftliche Bedeutung, seine nationalen Pflichten und sein Verhältnis zum Staate. 1897. S. 30. Anm. 1. „Das Streben, möglichst viel mit möglichst geringem Aufwande zu produzieren, pflegt man in der Wissenschaft als Folge eines besonderen Prinzips, des sog. ‚wirtschaftlichen Prinzipes‘ zu bezeichnen.“

Teilung und Vereinigung der Leistungen erfolgt in planmäßiger Organisation.[1] [2]

Aber in der Folge erweitert sich der Rahmen, und zu der technischen tritt die natürliche Arbeitsteilung hinzu.

Wir haben Mühe, uns vorzustellen, daß jemals Familien nebeneinander bestanden haben ohne geistige Interkommunikation. Jedenfalls muß es schon in der allergrauesten Vorzeit einen Punkt der Entwicklung gegeben haben, in dem die Menschen von einer Familie zur andern sich ihr Denken, Fühlen und Ahnen über-

---

[1]) Harms, S. 580. II. 582. II. Philipovich, S. 76. Ehrenberg, S. 26. — Interessante Ausführungen über die Arbeitsteilung zwischen Mann und Frau bei Dürkheim, S. 57 s. cit. infra p. 14. anm. 3.

[2]) Der Vorteil, und damit das belebende Prinzip des ganzen Systems ist von Turgot durch das Beispiel der Lederfabrikation mit großer Anschaulichkeit dargestellt worden. Réflexions sur la formation et la distribution des richesses. § III. Les productions de la terre exigent des préparations longues et difficiles pour être rendues propres aux besoins de l'homme. »Les denrées que la terre produit pour satisfaire aux différens besoins de l'homme, ne peuvent y servir, pour la plus grande partie, dans l'état où la nature les donne, elles ont besoin de subir différens changements, et d'être préparées par l'art. Il faut couvertir le froment en farine et en pain; tanner ou passer les cuirs; filer les laines, les cotons; tirer la soie des cocons; rouir, teiller les chanvres et les lins; en former ensuite différens tissus; et puis les teiller, les coudre pour en faire des vêtemens, des chaussures, etc. Si le même homme qui fait produire à sa terre ces différentes choses, et qui les emploie à ses besoins, étoit obligé de leur faire subir toutes ces préparations intermédiaires, il est certain qu'il réussiroit fort mal. La plus grande partie de ces préparations exige des soins, une attention, une longue expérience, qui ne s'acquiert qu'en travaillant de suite et sur une grande quantité de matières. Prenons pour exemple la préparation des cuirs: quel laboureur pourroit suivre tous les détails nécessaires pour cette opération qui dure plusieurs mois et quelquefois plusieurs années? S'il le pouvoit, le pourrait-il sur un seul cuir? Quelle perte de tems, de place, de matières qui auroient pu servir en même tems ou successivement à tanner une grande quantité de cuirs! Mais qnand il réussiroit à tanner un cuir tout seul; il ne lui faut qu'une paire de souliers: que feroit-il du reste? Tuera-t-il un boeuf pour avoir une paire de souliers? Coupera-t-il un arbre pour se faire un paire de sabots? on peut dire la même chose de tous les autres besoins de chaque homme, qui, s'il étoit réduit à son champ et à son travail, consumeroit beaucoup de tems et de peines pour être très mal équipé à tous égards, et cultiverait très mal son terrain.« Übersetzt bei Harms, S. 580; s. auch Ferguson, Teil IV. Kap. I.

mittelten. Das Rudiment einer Gemeinschaft, in welcher technische Kenntnis und Erfindung, sittliches und rechtliches Empfinden, religiöse Vorstellung sich verbreiteten, muß mit der Möglichkeit der Gedankenübertragung entstanden sein. Die natürliche Teilung der geistigen Arbeit hat sich gebildet mit der Sprache.

Anders steht es um die natürliche Teilung der materiellen, der wirtschaftlichen Arbeit. Sie tritt erst in viel späterer Zeit hervor. Die wirtschaftliche Produktion bleibt noch lange Eigenproduktion. Sie erweitert ihren Rahmen viel langsamer als die geistige. Sie muß Schritt halten mit einer Reihe von natürlichen Bedingungen. Sie hat nicht die gleiche Freiheit der Bewegung wie der Gedanke, der sich weiter schwingt von Mund zu Mund durch das geflügelte Wort.

Die natürliche, die freie Teilung der wirtschaftlichen Arbeit hat ihren Ursprung in zwei Erscheinungen: in der Entwicklung des Tauschhandels und in der Gründung der Stadt.

Der Tauschhandel ist die ältere Institution. Er bringt die bedeutsame Wirkung hervor, daß die produzierende Tätigkeit nicht mehr beengt ist durch den Bedarf der Produzenten: Seitdem er sich entwickelt, ist man nicht mehr gezwungen, alle Güter selbst zu beschaffen, die man braucht; und umgekehrt, man kann auch Güter herstellen, für die man selber keine Verwendung hat. Diese Freiheit der Wahl hat den Nutzen, daß die Menschen oder die zur Arbeit organisierten Gruppen die Vorteile ausbeuten können, welche die Natur ihnen bietet. Persönliche Begabung und Neigung kommen zu ihrem Rechte. Die Schätze des Bodens und die Vorzüge der geographischen Lage werden ausgenutzt. Mit einem Wort, der Tauschhandel erzeugt eine tiefgehende Individualisation der Leistungen. Und er vermag es eben, weil er die freie Arbeitsteilung in sich trägt. Er bringt eine Arbeitsteilung im großen Stil, die nicht an die Regeln einer Organisation, sondern nur an die Konjunktur gebunden ist.[1])

---

[1]) Philippovich, l. c. S. 78; Harms, l. c. S. 581 II, 582 II; Ehrenberg, l. c. S. 26. „Eine vollständige Umwälzung in der Güterproduktion trat mit Entstehung des Tauschverkehrs ein. — Beim gewöhnlichen Tauschhandel, wie ihn so viele wilde und halbwilde Völker noch jetzt betreiben, übernimmt jede der beiden tauschenden Parteien für die andere die vollständige Produktion eines Gutes und ermöglicht ihr dadurch dessen

In der geschichtlichen Folge tritt aber noch eine andere Ursache für die Entwicklung der freien Arbeitsteilung ein. Schon in der Hauswirtschaft haben sich Boden- und Stoffbearbeitung, Urproduktion und Handwerk geschieden. Sind sie aber hier noch in ein planmäßiges System eingefügt, so wird das Handwerk selbstständig mit der Gründung der Stadt. Freilich, auch in der Stadt gibt es zu Beginn noch eine bedeutende Hauswirtschaft. Aber weil sich bald der Boden verengt, der im Bereich der festen Mauern dem einzelnen zur Verfügung bleibt, so bildet das Handwerk mehr und mehr die Erwerbsquelle des Städters. Und innerhalb des Handwerks vollzieht sich dann wieder eine Zerlegung der Tätigkeit, zwar nicht in der Weise, daß technische Betriebe mit einer großen Zahl von Arbeitskräften hergestellt werden — das hindern die Institutionen der Zunft, — sondern in der Gestalt, daß die Handwerksarten, die selbständigen Berufe, immer mannigfaltiger werden. Der technische Ausbau ist einer späteren Zeit vorbehalten. Erst ganz allmählich im 17. Jahrhundert entsteht die Manufaktur, charakterisiert durch eine weitgehende planmäßige Zerlegung der Funktionen bei der Stoffbearbeitung. Und ihr folgt die Fabrik, welche die Leistung der Maschine mit der menschlichen Arbeit kombiniert.[1])

Neben dieser Evolution der materiellen Arbeitsteilung geht ein stetiger Individualisationsprozeß der geistigen Tätigkeit einher

Erwerb. Der eine Volksstamm hat Überfluß an Eisen; dagegen fehlt es ihm an Salz, das bei einem andern Volksstamm reichlich vorhanden ist. Sobald beide Völker gelernt haben, daß es möglich ist, die beiderseitigen Bedürfnisse durch Tausch zu befriedigen, beginnt das eine Volk Eisen, das andere Salz für den Tauschverkehr zu produzieren. — Der Tauschverkehr verleiht den wirtschaftlichen Gütern einen neuen Wert. Früher bestand ihr Wert ausschließlich in ihrer Brauchbarkeit für die eigenen Bedürfnisse des Produzenten, jetzt dagegen besteht er in ihrer Fähigkeit, gegen andere Güter ausgetauscht zu werden, welche Fähigkeit die Nationalökomie als Tauschwert zu bezeichnen pflegt. — Es leuchtet ohne weiteres ein, wie mächtig diese neue Fähigkeit der Güter auf die Produktion wirken muß. Der Kreis der Güter, welche in einer einzelnen isolierten Wirtschaft für den eigenen Gebrauch hergestellt werden können, ist ein eng begrenzter, der Tauschverkehr dagegen eröffnet der Produktion ein tatsächlich unbegrenztes Gebiet: die gesamte Ausdehnung der Produktion, welche den Erdball kultiviert hat, beruht am letzten Ende auf der einen großen Tatsache des Tauschverkehrs."

[1]) Spencer, Teil II. Kap. IV. § 232; Harms, l. c. S. 580—583.

Es ist schon vorher angedeutet, daß der Austausch von geistigen Errungenschaften mit einer viel größeren Leichtigkeit vor sich geht als der Austausch von wirtschaftlichen Gütern. Das Wort ist der Träger der Interkommunikation. Nun ist offenbar, daß die Übermittlung des Wortes von dem Zeitalter der Buchdruckerkunst bis in die Tage der drahtlosen Telegraphie zu einer großartigen Vollkommenheit gediehen ist. Damit ist die Möglichkeit einer Aneignung fremder Gedanken ins Unermeßliche gestiegen. Die Ideen sind fähig, das Gemeingut aller zu werden. Und vermag der Mensch die geistige Arbeit seines Mitmenschen für sich zu gewinnen, so vermag er selbst wieder für sein Teil mitzuarbeiten an dem Gebäude des Gedankens, das alle Welt umfaßt.

So ist die Gemeinschaft der geistigen Arbeit noch enger und feiner verwoben als die Gemeinschaft der wirtschaftlichen Produktion.

Wir haben festgestellt, daß die Arbeitsteilung aus dem Gesetz der Kraftersparnis herzuleiten ist. Und wir haben den Fortschritt der Arbeitsteilung in den großen Zügen verfolgt. Wenn wir aber diesen mächtig anwachsenden historischen Prozeß überblicken und wenn wir endlich stehen bleiben vor dem ungeheuren, endlos zersplitterten und doch wieder harmonisch gebundenen System, das heute besteht, so erkennen wir dieses: aus jenem Grundgesetze können wir wohl den Beginn und eine rudimentäre Form der Arbeitsteilung deduzieren, allein die ganze Evolution bis zu dem gewaltigen Mechanismus der modernen Zeit können wir nur dadurch erklären, daß mit der Arbeitsteilung eine stetige Vermehrung der Bedürfnisse eingetreten ist, welche ihrerseits die Arbeitsteilung in ihren Dienst gestellt und in immer größere Dimensionen getrieben hat.

Suchen wir diese Kausalreihe näher zu verfolgen.

Der Mensch hat eine Reihe von elementaren Bedürfnissen, die mit seiner Natur untrennbar verwachsen sind. Er ist gezwungen, Nahrung zu suchen, sich zu bekleiden, sich ein Obdach zu bauen. Ein Sehnen treibt ihn zum anderen Geschlecht. Ehrfurcht beugt ihn vor der Gottheit und drängt ihn, die Verbindung mit dem großen Unbekannten zu suchen.[1]) Man kann über den

[1]) Vgl. Herbert Spencer, Prinzipien der Soziologie. 1879. Teil I. Kap. XII. f.

Kreis der elementaren Bedürfnisse streiten. Es kommt uns nur darauf an, daß sie der Gattung nach bestehen.[1])

Die primitiven Bedürfnisse haben schon eine primitive Gemeinschaft im Gefolge. Es entsteht die Familie. Im Hause findet eine Teilung und planmäßige Ordnung der Arbeit statt. Im Hause werden gemeinsam die Götter verehrt.[2])

Aber neben diesen ursprünglichen Interessen entstehen andere. Sie sind zum einen Teil in der Natur des Menschen begründet, treten aber erst hervor, nachdem die allernotwendigsten Aufgaben erfüllt sind. Nahrung, Kleidung und Obdach sind einer Verbesserung fähig. Die Liebe der Geschlechter beginnt eine Auswahl zu treffen im Gegenstand ihres Begehrens. Es gilt, die engere Berührung mit der Gottheit zu finden; es gilt, tiefer zu forschen nach dem ewig Verborgenen. Und wenn all diese Bedürfnisse nur aus den natürlichen entwickelt sind, so gibt es wieder andere, die in der Gewöhnung oder in der Einbildungskraft ihren Ursprung haben.

Es tritt nun ein merkwürdiger Kreislauf ein. Schon die Notwendigkeit, die primitiven Güter zu erzeugen, bringt, vermöge des Gesetzes von der Kraftersparnis eine primitive Teilung der Arbeit hervor. Diese primitive Teilung der Arbeit aber hat schon eine erste Berührung der Menschen im Gefolge.[3]) Diese Berührung

---

[1]) »La religion, la société, la nature, telles sont les trois luttes de l'homme. Ces trois luttes sont en même temps ses trois besoins. Il faut qu'il croie, de là le Temple. Il faut qu'il crée, de là la Cité. Il faut qu'il vive, de là la Charrue et le Navire.« Victor Hugo. — Woodrow Wilson, Der Staat. Deutsche Übersetzung. 1913. p. 14f.

[2]) Denn die erste Form der Religion ist der Ahnenkult. Herbert Spencer, Teil V. Kap. III. § 450.

[3]) Wir können hier nicht auf die Streitfrage eingehen, ob schon eine Lebensgemeinschaft bestanden hat, bevor sich die Notwendigkeit gemeinschaftlicher Arbeit herausstellte. Ist dies der Fall gewesen, so hat das nur den Vorgang beschleunigt und reicher gestaltet, den wir zu schildern versuchen. Cf. Dürkheim. De la division du Travail Social. 1893. p. 307 »C'est à tort qu'on a vu parfois dans la division du travail le fait fondamental de toute vie sociale. Le travail ne se partage pas entre individus indépendants et déjà différenciés qui se réunissent et s'associent pour mettre en commun leurs différentes aptitudes. Car ce serait un miracle que des différences, ainsi nées au hasard des circonstances, pussent se raccorder aussi exactement de manière à former un tout cohérent. Bien loin qu'elles précè-

hinwiederum regt eine Steigerung der Bedürfnisse an. Denn der Mensch lernt durch das Zusammentreffen oder Zusammenleben mit anderen neue Güter kennen, nach denen er bisher nicht verlangte. Er ahmt die Lebensweise der anderen nach, bis er der neuen Güter kraft Gewöhnung oder Einbildung nicht mehr entraten kann. Neue Kenntnis bedeutet für ihn neues Begehren. Je mehr aber die Bedürfnisse wachsen, um so mehr muß auch die Arbeitsteilung wieder um sich greifen, um so inniger müssen sich deshalb auch die menschlichen Gruppen wiederum berühren. Und so entsteht eine Wechselwirkung in immer größerem Maß, eine Spirale der Entwicklung, die immer größere Kreise zieht.[1])

---

dent la vie collective, elles en dérivent. Elles ne peuvent se produire qu'au sein d'une société et sous la pression de sentiments et de besoins sociaux; c'est ce qui fait qu'elles sont essentiellement harmoniques. Il y a donc une vie sociale en dehors de toute division de travail, mais que celle-ci suppose. C'est en effet ce que nous avons directement établi en faisant voir qu'il y a des sociétés dont la cohésion est essentiellement due à la communauté des croyances et des sentiments, et que c'est de ces sociétés que sont sorties celles dont la division du travail assure l'unité.» Dürkheim beruft sich auf Auguste Comte. vgl. p. 308. Nach Herbert Spencer stehen die beiden Erscheinungen in steter Wechselwirkung miteinander. Soziologie. Teil V. Kap. XI. § 447. „Jedes Zusammenwirken wird durch die Gesellschaft möglich gemacht, es ermöglicht aber selber erst die Gesellschaft. Es setzt vereinigte Menschen voraus, und die Menschen bleiben vereinigt um der Vorteile willen, die ihnen aus der Vereinigung erwachsen.“ Übersetzung von Vetter 1889. All diese Lehren sind nur Schattierungen des einen Grundaxioms vom Menschen als einem „sozialinstinktiv handelnden“ Wesen. Schaeffle. Abriß der Soziologie. 1906. S. 17. Vgl. auch Ferguson. Abhandlung über die Geschichte der bürgerlichen Gesellschaft. 1814. Teil I. Kap. III.

[1]) Herbert Spencer. Teil II. Kap. IV. §§ 229. 230. Dürkheim. p. 288. «La division du travail progresse d'autant plus qu'il y a plus d'individus qui sont suffisamment en contact pour pouvoir agir et réagir les uns sur les autres. Si nous convenons d'appeler densité dynamique ou morale ce rapprochement et le commerce actif qui en résulte, nous pourrons dire que les progrès de la division du travail sont en raison directe de la densité morale ou dynamique de la société. — Mais ce rapprochement moral ne peut produire son effet que si la distance réelle entre les individus a elle-même diminué, de quelque manière que ce soit. La densité morale ne peut donc s'accroître sans que la densité matérielle s'accroisse en même temps, et celle-ci peut servir à mesurer celle-là. Il est d'ailleurs inutile de rechercher laquelle des deux a déterminé l'autre; il suffit de constater qu'elles sont inséparables. — p. 289: Nous pouvons donc formuler la propo-

Der Tauschhandel giebt ein besonders deutliches Bild dieses Prozesses. Ein primitives Volk erhandelt Eisen von einer seefahrenden Nation. Es wird bei dieser Gelegenheit mit der Verarbeitung der Wolle bekannt. Es sucht sich dieses Produkt von einer anderen Nation zu verschaffen, die daran Überfluß hat. So erweitert sich der Tauschhandel und führt zur Entdeckung von neuen Gütern, die ihrerseits begehrlich erscheinen.[1])

Die Arbeitsteilung, so sehen wir, ruft neue Bedürfnisse hervor, indem sie die Menschen einander nahe bringt und mit Gütern bekannt macht, die in anderen Lebenskreisen schon vorhanden sind. Und haben sich die neuen Bedürfnisse entwickelt, so stellt sich wieder die Arbeitsteilung in ihren Dienst. Das ist ein ganz natürlicher Vorgang. Aber dieser Prozeß wächst gar bald über sich selbst hinaus. Die Arbeitsteilung erweitert nämlich in einem gegebenen Zeitpunkt von Grund aus ihre Wirksamkeit: Sie wartet nicht mehr auf die Nachfrage; sie wartet nicht mehr, bis neue Bedürfnisse entstanden sind; sie eilt der Entwicklung voraus; sie erfindet und produziert neue Güter und erzeugt dadurch künstlich das Verlangen nach diesen Gütern; das Angebot kommt der Nachfrage zuvor. Und warum diese Wandlung? Der Grund ist leicht zu ersehen:

Da mit der Nachfrage nach Gütern auch die Teilung der Arbeit stetig wächst — ein natürlicher Prozeß, den wir schon beobachtet haben — so erweitern sich die Kreise der Arbeit immer mehr. Je größer die Teilung, um so größer die Gruppe, die an der Arbeit teilnehmen muß. So stoßen immer wieder Kreise aneinander, die bisher keine Fühlung gehabt und ihre Arbeit für sich allein verrichtet haben. Und so stehen sich plötzlich gleichartige Betriebe gegenüber. Sie sind gezwungen, um den Markt zu kämpfen. Nun wird ein Betrieb oftmals besser und ausdehnungsfähiger sein als der andere und wird den Platz behaupten; dann

---

sition suivante: La division du travail varie en raison directe du volume et de la densité des sociétés, et, si elle progresse d'une manière continue au cours du développement social, c'est que les sociétés deviennent régulièrement plus denses et généralement plus volumineuses.»

[1] Ein anderes Beispiel bietet „die Differenzierung vom Allgemeinen zum Speziellen auf dem Gebiete der Religion". Vgl. Spencer. Teil II. Kap. IV. § 230.

muß der andere sich nach einer neuen Produktion umsehen, will er am Leben bleiben.[1]) Und wo eine Nachfrage nach neuen Gütern nicht besteht, da muß er die Nachfrage künstlich erzeugen. So zersplittert die Arbeit von neuem. Die große Steigerung, die sich schon ganz natürlich vollzog, wird jetzt beschleunigt mit Absicht und Zweck. Die Spirale der Entwicklung erweitert noch einmal ihre Kreise.[2] [3])

Wir befinden uns heute mitten im Strom dieser ewig fortlaufenden Formationen. Die Arbeitsteilung ist in stetigem Wachsen begriffen, und dies vermöge einer Kraft, die in ihr selbst beschlossen liegt: Die Arbeitsteilung erzeugt Wirkungen, die selbst wieder die Ursachen neuer Arbeitsteilung sind. So ist kein Grund vorhanden, warum die Entwicklung einhalten sollte. Das System beschreibt schon heute seine Zirkel über die ganze Welt. Und die Linien verengen sich immer mehr, sie ziehen sich zusammen zu einem immer festeren Gewebe.

---

[1]) Vgl. Simmel. Soziologie. Untersuchungen über die Formen der Vergesellschaftung. 1908. p. 710.

[2]) Dürkheim. Kap. II. Nr. III. p. 298: «Dans la mesure où la constitution sociale est segmentaire, chaque segment a ses organes propres qui sont comme protégés et tenus à distance des organes semblables par les cloisons qui séparent les différents segments. Mais, à mesure que ces cloisons s'effacent, il est inévitable que les organes similaires s'atteignent, entrent en lutte et s'efforcent de se substituer les uns aux autres. Or, de quelque manière que se fasse cette substitution, il ne peut manquer d'en résulter quelque progrès dans la voie de la spécialisation. Car d'une part, l'organe segmentaire qui triomphe, si l'on peut ainsi parler, ne peut suffire à la tâche plus vaste qui lui incombe désormais que par une plus grande division du travail, et d'autre part, les vaincus ne peuvent se maintenir qu'en se consacrant à une partie seulement de la fonction totale qu'ils remplissaient jusqu'alors. p. 297: S'il est des entreprises qui présentent quelque infériorité, elles devront nécessairement céder le terrain qu'elles occupaient jusque-là et où elles ne peuvent plus se maintenir dans les conditions nouvelles où la lutte s'engage. Elles n'ont plus alors d'autre alternative que de disparaître ou de se transformer, et cette transformation doit nécessairement aboutir à une spécialisation nouvelle.» Siehe auch die interessante Berufung auf Darwin. p. 294.

[3]) Es ist hier von Interesse, auf zwei Gesetze des soziologischen Geschehens hinzuweisen, welche die Wissenschaft aufgestellt hat: nämlich auf das Gesetz von der Regelmäßigkeit der Entwicklung und auf das Gesetz von der Wechselwirkung des Heterogenen. Vgl. Gumplowicz. Grundriß der Soziologie. 1905. p. 115. 117.

Mit dem Phänomen der Arbeitsteilung wächst aber gleichzeitig das andere Phänomen, das nur seine Kehrseite bildet: die Arbeitsvereinigung. Je mehr sich die Tätigkeiten zersplittern, um so vielgestaltiger wird der natürliche Prozeß, in dem die Tätigkeiten sich vereinen und zusammenwirkend dem gleichen Zwecke dienstbar werden. So entsteht mit dem Fortschreiten der Arbeitsteilung eine immer größere Abhängigkeit. Die einzelne Funktion wird immer unselbständiger. Sie muß sich mit einer immer größeren Zahl von anderen Funktionen verbünden, um ihre Aufgabe zu erfüllen. Die Evolution der Arbeitsteilung ist gleichzeitig eine Evolution der Interdependenz[1]) oder Solidarität.[2])

[1]) Der Begriff stammt von Auguste Comte.

[2]) Spencer. Teil II. Kap. IV. § 231. Kap. V. § 235; Porsenna e Manolesco. Interdépendance des facteurs sociaux. 1913. Vol. I; Schaeffle. Abriß der Soziologie. 1906. p. 213. „Die Lehre von den Interdependenzen hat einen sehr reichen Inhalt. Schon die Untersuchungen über die Wechselbeziehung zwischen Grundbesitz und Kapital, zwischen „Agrarstaat“ und „Industriestaat“, über das Eingreifen des grundaristokratisch-klerikalen Konservatismus in die Tariffragen können die praktische Tragweite der nationalen Interdependenz selbst in der Wirtschaftspolitik erweisen. Die Interdependenz ist jedoch eine allgemeine Tatsache. In einem Verhältnis wechselseitiger Abhängigkeit steht das ganze Volksbewußtsein vom Volkskörper, stehen die drei Grundbestandteile des Volks: Land, Volksvermögen und Bevölkerung, stehen die verschiedenen Formen der persönlichen Handlungsfähigkeit, stehen Personen und Besitze, stehen die verschiedenen Richtungen des Handelns: Praxis und Wertung, Geschäft und Branchen, Macht, Technik und Wirtschaft, endlich sämtliche Organ- und Funktionssysteme der Volksgesittung. — Die allgemeine Interdependenz der verschiedenen Gesittungsorganisationen läßt sich nicht bloß an der Volkswirtschaft, dem Niederlassungs- und Transportwesen, sondern auch an den Veranstaltungen für die immateriellen Volkszwecke erweisen“. — Holbach. Sytème de la Nature. 1780. Teil I. Kap. IX; Bd. I. p. 120, wo in Anlehnung an Rousseau Ungleichheit der Menschen und Arbeitsteilung in Zusammenhang gebracht werden; Rousseau. Discours sur l'origine de l'inégalité parmi les hommes. 1753.

Zweites Kapitel.

Die Verbreitung der Güter.

Wir haben den Mechanismus der Arbeitsteilung kennen gelernt. Wir haben festgestellt, daß er abläuft nach einem ehernen Gesetz. Wir haben gesehen, daß eine immerwährende Steigerung der Nachfrage, ein Begehren nach immer neuen Gütern Hand in Hand geht mit einer immer mächtigeren Zerlegung der Funktionen.

Wenn wir nun, der Lösung unserer Aufgabe zustrebend, ergründen wollen, welche Konsequenzen die Arbeitsteilung für das Zusammenleben der Völker in sich trägt, so ist es methodisch angezeigt, zunächst einmal die Wirkungen zu erforschen, welche die Arbeitsteilung auf die wirtschaftliche und geistige Lebenslage der Individuen äußert.

Wenn sich die Arbeitsteilung entwickelt, wenn sich die Funktionen zersplittern, so hat das für den Einzelnen zunächst einen Prozeß der Individualisation im Gefolge. Die Individualisation erstreckt sich auf seine Tätigkeit und weiter auf sein Interesse. Das Feld seiner Tätigkeit beschränkt sich auf ein engeres Gebiet. Und darum konzentriert sich auch der Eifer seiner Bestrebung. Einige Beispiele: Das gewaltige Erbe des Aristoteles geht über an eine hundertfältig geteilte Wissenschaft. Das Handwerk des Mittelalters löst sich heute auf in eine lange Reihe von verkleinerten Funktionen. Der Händler, der früher die Welt durchzog und alle Schätze des fremden Landes zu gewinnen suchte bringt heute nur noch eine Gattung von Waren, dafür aber auch in verfeinerter Gestalt auf den Markt. Allein, nicht blos Tätigkeit und Interesse werden individualisiert, sondern auch der Besitz. Wer heute seinen Platz in der Wissenschaft, in der Industrie, im Handel behaupten will, der muß, wieder wegen der unendlichen Zersplitterung menschlichen Tuns, einen höchst eigenen Schatz an geistigen Fähigkeiten und Gütern besitzen. Welche Fülle technischer Kenntnisse erfordert der Betrieb einer Spinnerei: früher spann die Bäuerin im Hause, und das war nur eine ihrer vielen Fertigkeiten. Welche Kombination und welche Beherrschung des Marktes gehört dazu, um heute die Erzeugnisse der Industrie abzusetzen: früher fertigte der Handwerker seine Ware auf Bestellung eines festen Kundenkreises. Über die Teilung des wissenschaftlichen Besitzes brauchen wir gar nicht zu reden. Müssen wir doch selbst im Laufe dieser Arbeit die Erfahrung machen, wie eng die Disziplinen heute umschrieben sind. Wir wollen über Völkerrecht schreiben, und sind genötigt Anleihen zu machen bei einem fremden Wissenschaftszweig, der üblicherweise in anderen Händen liegt, nämlich bei der Soziologie und der Nationalökonomie. Was nun vom geistigen, das gilt auch vom materiellen Besitz. Jede eigentümlichere Gestalt der Arbeit bringt auch eine eigentümlichere Gestalt des Arbeitskapitals. Man durchblättere das Inventar eines Kaufmanns von Picadilly oder Regent Street und kehre dann, um sich eine ältere Periode anschaulich zu machen, bei einem norwegischen Landhändler ein, wo ungefähr der sämtliche Lebensbedarf der auf viele Meilen umwohnenden Bevölkerung aufgestapelt liegt. Man durchwandle ein elektrisches Mühlenwerk, in welchem eine Schiffsladung nach der anderen vermahlen wird, und kehre dann zurück auf ein Bauerngut, das, vom Pflug an gerechnet, alle Mittel besitzt, um sein Brot selber herzustellen.

Wenn aber die Arbeitsteilung eine stete Individualisation des geistigen und des materiellen Besitzes mit sich führt, so tritt gleichzeitig die umgekehrte Wirkung ein, daß sich eine immer größere Fülle von gleichartigen Gütern verbreitet. Zu der Individualisation tritt eine Generalisation des Besitzes. Das mag auf den ersten Blick paradox erscheinen. Und doch wächst auch dieses Phänomen in ganz natürlicher Weise aus dem Mechanismus der Arbeitsteilung hervor. Eines der wichtigen Bewegungprinzipien dieses Mechanismus liegt ja darin, so haben wir früher gesehen, daß die stets innigere Berührung der menschlichen Gruppen die Kenntnis neuer Güter vermittelt und deshalb auch ein allgemeineres Verlangen nach ihnen weckt. Dieses anwachsende Bedürfnis wird durch eine erhöhte Produktion befriedigt, die wieder eine gesteigerte Arbeitsteilung nötig macht. So bewirkt die Verbreitung der

Nachfrage ein Steigen der Arbeitsteilung, und das Steigen der Arbeitsteilung ruft wieder eine Verbreitung der Nachfrage hervor. Soviel wissen wir schon, und daraus können wir schließen: Ergreift die Nachfrage immer weitere Gruppen und wird ihr genug getan, so verbreiten sich neue Güter in immer größere Kreise. Deshalb geht neben der bereits erwähnten Individualisation eine Generalisation des Besitzes einher. Der Wechselwirkung des Geschehens entspricht eine Verbindung von heterogenen Zuständen. Die Generalisation kann so wenig von dem Prozeß der Arbeitsteilung losgerissen werden wie die Individualisation. Sie sind beide gleich integrierende Bestandteile des einen untrennbaren Systems[1]).

Bauen wir ein Beispiel weiter aus, das wir früher angeführt haben: Ein Volk, so haben wir gesagt, erwirbt Eisen von einer seefahrenden Nation; es lernt hierbei den Gebrauch der Wolle kennen und erhandelt sie deshalb in einem Lande, das daran Überfluß hat. Welches ist das Ergebnis? Von jenem Lande wird jetzt mehr Wolle begehrt als zuvor. Da ein neues Absatzgebiet entstanden, so erhöht sich die Produktion und damit auch die Arbeitsteilung. Im Ursprungsland wird fortan die Schafzucht in weiterem Maße betrieben. Sie wird zu einem vollständigen Erwerbszweig, während sie früher dem allgemeineren landwirtschaftlichen Betrieb angegliedert war. Damit spezialisiert sich das Inventar, das gewerbliche Kapital des einzelnen. Und so verbindet sich mit der Sonderung der Arbeit eine Individualisation des Besitzes. Gleichzeitig aber eine Generalisation: denn der Reichtum an Wolle verbreitet sich jetzt über ein neues Land[2]).

Dieses Beispiel ist dem wirtschaftlichen Leben entnommen. Aber das Phänomen einer Generalisation wiederholt sich auf geistigem Gebiet[3]).

Betrachten wir zuerst die Wissenschaft. Soweit ihre Ergebnisse eine unmittelbare wirtschaftliche Nutzanwendung gestatten, müssen

---

[1]) Vgl. Simmel, Soziologie. 1908. S. 727—730.

[2]) Über den gemeinsamen Besitz der Völker an Sachgütern vgl. Schäffle, Abriß der Soziologie. 1906. S. 21—22.

[3]) »A mesure que les agglomérations humaines s'étendent, la diffusion des idées suivant une progression géométrique regulière est plus marquée«. Tarde in seinem fesselnden Werke: Lois de l'Imitation. 1890 p. 19. — Über die Annäherung in der geistigen Verfassung der Völker s. Dürkheim. S. 147.

sie sich in dem gleichen Umfang und mit der gleichen Schnelligkeit verbreiten wie die wirtschaftlichen Güter. Denn sie repräsentieren einen materiellen Wert. Ja, man ist versucht, sie trotz ihrer abstrakten Natur, selbst als wirtschaftliche Güter zu bezeichnen. So besitzt heute jedermann im Volk einige rudimentäre Vorstellungen von der Dampfkraft und der Elektrizität; er hat sich einen Teil der neuen Errungenschaften auf dem Gebiet der Hygiene zu eigen gemacht. Aber nicht nur solche, auch andere Kenntnisse, die der praktischen Verwendbarkeit nicht so nahe stehen und eher einen geistigen Bildungswert besitzen, tragen in sich die Tendenz einer Verbreitung in immer weitere Schichten. Denn auch die Erkenntnis an sich selber bedeutet ein Gut. Auch nach ihm verlangt die Menschheit. Die mächtige Steigerung theoretischer Arbeit ist nur dadurch zu erklären, daß ein immer größerer Wissensdrang die Völker beseelt. Deshalb wird das Ergebnis der Forschung Gemeingut und wenn auch nicht immer Gemeingut der Massen, so doch Gemeingut von weiteren oder engeren Gruppen. Es bedarf hier keiner langen Auseinandersetzung. Das Streben nach Bildung wächst und ergreift immer neue Kreise. Es ist das eine Tatsache, die wir täglich beobachten. Und es ist das eine der edelsten Errungenschaften der demokratischen Entwicklung unserer Tage. Endlich noch eine Erwägung: Es scheint auf den ersten Blick so manche Bestrebung der Wissenschaft nur von idealen Interessen geleitet zu sein; und doch ist das errungene Wissen wieder nur die Vorstufe einer anderen Erkenntnis, die einer materiellen Verwertung fähig ist. Man denke an die Sprachen, an die Mathematik. Man denke an die theoretische Arbeit des Physikers, die lange Zeit ohne Nutzanwendung bleiben, dann aber durch eine weitere, oft sogar bescheidene Entdeckung die Brücke zu der Wirklichkeit des Alltags hinüberschlagen kann. Galvanis Experiment hat die ganze Welt der Elektrizität aufgetan. Und durch die Darstellung seiner Wellen hat Hertz der drahtlosen Telegraphie den Weg gebahnt.

Wie die Wissenschaft, so ist auch die Kunst ein allgemeines Gut. Sie ist ein Reichtum für jeden. Sie übt auch auf den Geringsten ihre befreiende Wirkung aus. Denn sie entspringt einem Sehnen der Völker. Mehr noch, sie ist ihre Tat. Das große Kunstwerk einer Zeit erwächst aus dem Sinnen und Dichten der Nationen.

Der Heros, der einer ganzen Zeit das Siegel seines Geistes aufprägt, ist derjenige, der als Sprecher der Völker das lösende Wort zu sagen weiß. Homer und Dante sind die Herolde von Jahrhunderten. Sie haben das Leben, Denken und Träumen ihrer Mitwelt in ewige Dichtungen gemeißelt.

Es ist kaum notwendig, die gleiche These noch für Moral und Religion zu verfechten.

Auch sie sind allgemeine Güter. Denn die Geschichte hat uns gelehrt, daß jede Moral aus den Schicksalen und Stimmungen einer Zeit erwacht. In der Moral des Sokrates und Plato spiegelt sich der Geist athenischer Demokratie im Augenblick ihres höchsten Glanzes[1]. Aristipp und Epikur sind die Philosophen der Dekadenz. Die absolute Moral von Kant ist der Widerhall der großen Völkerbewegung, die eine Welt nach ehernen, unvergänglichen Gesetzen der Vernunft errichten will. Der kategorische Imperativ ist das Spiegelbild der Menschenrechte. Kant und Sieyès reichen sich die Hand.

Und wie die Moral sich darstellt als ein gemeinsames Werk und deshalb auch als ein gemeinsamer Besitz der Völker, so auch die Religion. Zwar auch sie kann ihren Stifter haben, wie die Moral ihren Philosophen. Aber trotz aller Genialität, die der Stifter entfalten mag, was ist er anders als eine Gestalt, die aus der Notwendigkeit des geschichtlichen Prozesses geboren, die Bewegungen der Völkerseele in glückliche Formeln zu bannen weiß? So erklärt sich auch, daß alle großen Religionen durch unsichtbare Fäden der Entwicklung zusammenhängen[2]. Das Christentum weist auf den Buddhismus zurück, und die Dogmen dieser Religion sind in der Hauptsache wieder Thesen der brahmanischen Philosophie. Jede Religion ist eine Völkerbewegung. Das offenbart sich vor allem an der Reformation, die durch Jahrhunderte vorbereitet, aus den Massen erwächst, schon zur Zeit der Konzilien von Pisa, Konstanz und Basel an dem Gefüge der katholischen Kirche rüttelt und schon in Wycliffe, Huß und Savonarola begeisterte Apostel findet.

---

[1] Das Prinzip der Demokratie ist die Tugend, hat Montesquieu ausgerufen. Esprit des Lois.

[2] Ich möchte die Gelegenheit benutzen, um auf ein geistreiches Werk hinzuweisen, das in Deutschland wenig bekannt ist: Edouard Schuré. Les grands initiés. Exquisse de l'histoire secrète des religions: Rama, Krishna, Hermès, Moïse, Orphée, Pytagore, Platon, Jésus. 1889.

Wissenschaft und Kunst, Moral und Religion sind Reichtümer der Menschheit überhaupt. Das wird besonders deutlich durch den Austausch im großen Stil, der sich auf diesem Gebiet unter den Völkern entwickelt. Wo man auch in der Geschichte blättert, überall wiederholt sich dieses Phänomen. Thales, Pythagoras und Plato haben die Kenntnis der Geometrie von Ägypten nach Griechenland gebracht. Die mathematische Wissenschaft ist später nach Sizilien und Süditalien gewandert, um schlieslich den Weg nach Alexandrien zurückzufinden, wo sie dann ihre Glanzzeit erlebte. Die italienische Renaissance hat die Antike belebt und ihr einen neuen Geist eingehaucht. Die Niederländer haben sich wieder in der italienischen Kunst gebildet. Die Gotik, in Frankreich entstanden, ist das Gemeingut aller europäischen Völker geworden, die oftmals wieder der neuen Kunstweise ein heimisches Gepräge verliehen haben. Die Kathedralen von Rouen, Bourges und Reims, aber auch von Canterbury, Upsala, Burgos, Toledo und Bamberg steigen vor unseren Blicken auf. England hat der Welt die freie Verfassung geschenkt, und Frankreich hat den Gedanken der Gleichheit mit seinen Waffen unter die europäischen Völker getragen. Endlich, eine einzige Betrachtung aus dem Gebiet der Religion: Welcher Weg, von der Zeit, da man die Gottheiten des Waldes und der Quellen verehrte, bis zu der Zeit, wo die Könige Europas unter dem Zeichen des einen Kreuzes auszogen nach dem Heiligen Land [1]).

---

[1]) Wenn wir behaupten, daß im Lauf der Entwicklung Individualisation und Generalisation des Besitzes in harmonischer Verbindung miteinander fortschreiten, so befinden wir uns in Widerspruch mit dem ausgezeichneten und tiefgründigen Werke von Dürkheim. De la Division du Travail Social. 1893. Das Individuum, sagt Dürkheim, hat geistige Züge, die ihm mit den andern Genossen gemeinsam, und außerdem geistige Züge, die ihm höchst persönlich sind. p. 113: »Il y a en nous deux consciences: l'une ne contient que des états qui sont personnels à chacun de nous et qui nous caractérisent, tandis que les états que comprend l'autre sont communs à toute la société. La première ne représente que notre personnalité individuelle et la constitue; la seconde représente le type collectif et, par conséquent, la société, sans laquelle il n'existerait pas.« Vgl. p. 117. Nach Dürkheim können sich die einen Züge nur auf Kosten der anderen, also niemals gemeinsam entwickeln. p. 139: »Il y a là deux forces contraires, l'une centripète, l'autre centrifuge, qui ne peuvent pas croître en même temps. Nous ne pouvons pas nous développer à la fois dans deux sens aussi opposés. Si nous avons un vif penchant à penser et à agir par nous-même, nous ne pouvons pas être fortement enclin à penser

et à agir comme les autres. Si l'idéal est de se faire une physionomie propre et personnelle, il ne saurait être de ressembler à tout le monde. De plus, du moment où cette solidarité exerce son action. notre personnalité s'évanouit, peut-on dire, par définition; car nous ne sommes plus nous-même, mais l'être collectif.« Die These Dürkheims ist die, daß sich mit fortschreitender Zivilisation die Sonderung auf Kosten der Gemeinsamkeit durchsetzt. p. 142. »Plus les sociétés sont primitives, plus il y a de ressemblances entre les individus, dont elles sont formées.« Es folgen interessante Belege. p. 147 »Nous pouvons être assurés que, plus on recule dans l'histoire, plus l'homogénéité est grande; d'autre part, plus on se rapproche des types sociaux les plus élevés, plus la division du travail se développe.« p. 163. Das einigende Band der Gesellschaft ist deshalb immer mehr die Arbeitsteilung, die sich auf der Individualisation der Tätigkeit und des Besitzes aufbaut. So geht der Gedankengang weiter. p. 186 »Puisque la solidarité mécanique — darunter ist die Verbindung durch gemeinsame Züge zu verstehen — va en s'affaiblissant, il faut que la vie proprement sociale diminue, ou qu'une autre solidarité vienne peu à peu se substituer à celle qui s'en va. — Le progrès social ne consiste pas en une dissolution continue; tout au contraire, plus on s'avance, plus les sociétés ont un profond sentiment d'elles-mêmes et de leur unité. Il faut donc bien qu'il y ait quelque autre lien social qui produise ce résultat; or, il ne peut pas y en avoir d'autre que celui qui dérive de la division du travail. — C'est la division du travail qui, de plus en plus, remplit le rôle que remplissait autrefois la conscience commune; c'est principalement elle qui fait tenir ensemble les agrégats sociaux des types supérieurs. — Voilà une fonction de la division du travail autrement importante que celle que lui reconnaissent d'ordinaire les économistes«. Wir wiederholen: für uns ist die Generalisation genau wie die Individualisation untrennbar mit der Arbeitsteilung verbunden. Beide Phänomene gehen Hand in Hand. Vgl. p. 217—248 und endlich p. 182 sq., wo Dürkheim versucht, seine These durch Berufung auf die Religionsgeschichte zu stützen.

Drittes Kapitel.

Die Gruppen der Gesellschaft.

Wir haben aufgestellt, daß in der fortschreitenden Geschichte der Menschheit die Arbeitsteilung sich immer stärker entwickelt, und das in einer doppelten Weise, indem einmal die innere Struktur der Arbeit sich ständig verfeinert und eine immer weitere Spezialisierung der Funktionen entsteht und indem zweitens die Kreise stetig wachsen, in welchen die Arbeit sich zerteilt und sich wieder zu einer Gesamtleistung verbindet. Wir haben weiter aufgestellt, daß die Spezialisierung der Funktionen eine Individualisation, die gleichzeitige Ausdehnung der Arbeitsvereinigung hingegen eine Generalisation des materiellen wie des ideellen Besitzstandes im Gefolge hat. Diese Sätze werden uns zur Grundlage dienen, wenn wir jetzt nach den Gruppen forschen, aus denen sich die menschliche Gesellschaft gliedert und zusammenfügt.

Der Einzelne ist in das System der Arbeitsteilung verflochten. Er hat in ihm seine Stelle. Hier entspringt seine Tätigkeit. Sie vereint sich dann mit anderen gleichartigen Tätigkeiten und fließt endlich mit den Strömungen mannigfaltiger und sich stetig ergänzender Arbeit zu der großen gemeinsamen Errungenschaft zusammen.

Jedem dieser drei Stadien, welche die Arbeit des Einzelnen durchläuft, entspricht ein besonderes Interesse.[1])

Der Einzelne hat ein erstes Interesse daran, daß die individuelle Tätigkeit, die er in dem System der Arbeitsteilung erfüllt, mit einem möglichst geringen Aufwand an Kraft und Gütern von statten gehe und einen möglichst hohen Nutzen abwerfe. Denn

[1]) Die folgende Einteilung der Interessen hat eine entfernte Verwandtschaft mit derjenigen von Ratzenhofer. Soziologie 1907. p. 78—79. Vgl. Jacobs, German Sociology. 1909. p. 66. 68—69. 77—78.

je größere Werte er einbringt, um so größere Werte wird er als Äquivalent seiner Leistungen erhalten, und um so reichlicher wird er sich am gemeinsamen Besitz beteiligen, der durch die Arbeit aller gewonnen wird.

Der Einzelne hat ein weiteres Interesse daran, daß die gesamte Gattung derjenigen Tätigkeit, welcher er selbst obliegt, in gedeihlichem Fortschritt sei und einen immer wichtigeren Platz in der Arbeit der ganzen Gemeinschaft erringe. Denn nur in ganz seltenen Fällen wird die Leistung des Einzelnen an sich allein Bedeutung und Wert im Gefüge der menschlichen Arbeit erlangen. Sie ist für gewöhnlich zu schwach, um in die geistige oder wirtschaftliche Aktivität der Mitwelt gestaltend einzugreifen, zu schwach, um den Strömungen der Zeit neue Bahnen zu brechen.

Ein Beispiel wird diese Behauptung erhärten. Der Besitzer von Waldgebieten mag durch planmäßige Bemühung die Ertragsfähigkeit seines Betriebes bis an die Grenzen des Möglichen steigern, indem er die Nutzung nach immer besseren Wirtschaftsmethoden regelt, indem er Wasserkräfte gewinnt, Straßen und Eisenbahnen baut, um die Stämme billig zu sägen und ins Tal zu fördern. Trotz alledem wird der Erfolg seines Betriebes davon abhängen, ob die Holzindustrie überhaupt einen wichtigen Stand in all den Nachbarländern erreicht, welche für die Ausbeutung der Wälder und die Nutzung des gewonnenen Holzes eine natürliche Einheit bilden. Nur dann, wenn die Produktionsbedingungen überall günstig sind, wird das Holz sich als gebräuchliches Material einbürgern und für mannigfache und immer zahlreichere Zwecke Verwendung finden. Und nur dann wird sich die Holzindustrie vorteilhaft entwickeln. Genug, um zu zeigen, daß der einzelne Waldbesitzer ein Interesse daran hat, daß auch die anderen Besitzer unter guten Bedingungen arbeiten. Sein Schicksal ist mit dem ihren verknüpft. Nur wenn alle ihre Kräfte vereinen, können sie die Tendenzen des Marktes zu ihren Gunsten gestalten. Nur wenn sie gemeinsam das vorteilhafte Angebot schaffen, können sie die vorteilhafte Nachfrage erringen.

Die Beispiele dieser Art lassen sich auf dem Gebiet der Industrie und des Handels beliebig vermehren. Überall drängt sich die Erkenntnis auf, daß der Widerstreit des persönlichen Vorteils, daß der Konkurrenzkampf zurückweichen muß vor dem höheren Prinzip der Solidarität, das die Betriebe der gleichen Art verkettet. Kartell und Trust sind hier zu erwähnen, welche den Gedanken auf die Spitze treiben. Aber auch die immer stärker anwachsende Organisation der Arbeiter gehört hierher.[1]) Sie führt vielleicht dem Laien Zwang und Vorteil des Zusammengehens am allerdeutlichsten vor Augen.

Die Erkenntnis, die wir gewonnen haben, behauptet ihre Geltung nicht allein im Bereich der wirtschaftlichen Tätigkeit. Auch von der geistigen Arbeit gilt der Satz, daß sie nicht als isolierte Funktion des Einzelnen, sondern nur im Zusammenschluß mit gleichartigen Funktionen anderer zu Macht und Wert gelangen kann. Auch hier das Interesse am Gedeihen der Gattung überhaupt:

Es gibt Perioden der Geschichte, in denen die Wissenschaft oder eine ihrer Disziplinen eine außergewöhnliche Höhe ersteigt, eine gewaltige Autorität erlangt, ja eine wirkliche Herrschaft führt. Wir wissen von einem Zeitalter, in dem Philosophen die Staaten regierten. Wir wissen von einem Zeitalter, das unter dem Bann der Theologen stand. Und wir haben bis vor kurzem unter dem Szepter, aber auch unter dem Joch der Naturwissenschaft gelebt. Es ist nun klar, daß Ansehen und Wert einer machtvollen Wissenschaft sich auf die Leistung des einzelnen übertragen, der an ihr mit arbeitet. Er wird mit gehoben. Er nimmt Teil an der Kraftentfaltung des Ganzen. Und diese Erscheinung offenbart sich nicht in der Wissenschaft allein, sondern gleichermaßen in der Kunst und in der Religion. — Aristoteles war ein Heros nicht nur dank seiner eigenen Genialität, sondern auch weil er in einer Welt lebte, in der die Philosophie seit alters alle Schichten der Gesellschaft, alle Regungen des Lebens durchdrang und sich als unan-

[1]) Simmel, Soziologie. Untersuchungen über die Formen der Vergesellschaftung. 1908. p. 436: „Eine Zusammenfassung zu einheitlichem sozialen Bewußtsein, die durch die Höhe der Abstraktion über den überindividuellen Besonderheiten besonders interessant ist, findet sich in der Zusammengehörigkeit der Lohnarbeiter als solcher. Gleichviel, was der Einzelne arbeite, ob Kanonen oder Spielzeug, die formale Tatsache, daß er überhaupt für Lohn arbeitet, schließt ihn mit den in gleicher Lage Befindlichen zusammen; das gleichmäßige Verhältnis zum Kapital bildet gewissermaßen den Exponenten, der an so verschiedenartigen Betätigungen das Gleichartige sich herausdifferenzieren läßt und eine Vereinheitlichung für alle daran Teilhabenden schafft."

gefochtene Herrscherin behauptete. Tizian und Rubens waren Fürsten gleich, weil emporgetragen durch den Ruhm von Jahrhunderten, in denen italienischer und niederländischer Geist die Welt verklärte. Kant und Goethe konnten Könige in einem Volke sein, das ein Volk von Dichtern und Denkern war.

Der einzelne hat endlich ein drittes und letztes Interesse. Es geht dahin, daß sich die gesamte Arbeitsteilung harmonisch zusammenfüge, daß eine möglichst vollkommene Arbeitsvereinigung entstehe. Denn Erfolg und Wert seiner eigenen Tätigkeit sind untrennbar verwoben mit dem Schicksal des Ganzen. Seine Leistung hat ihren Wert als Beitrag für die Gemeinschaft und zerfällt in sich selbst, wenn sie nicht ihren Platz in einem wohl funktionierenden System finden kann. Dazu kommt ein anderes. Wenn der einzelne mitwirkt an dem Werk des großen Verbandes, so hat er den Anspruch, daß ihm als Äquivalent sein Anteil an den gemeinsamen Errungenschaften werde. Er ist das Glied einer Genossenschaft und soll für sein Einbringen Vorteile von ihr zurückempfangen. Das macht ihn wieder abhängig von dem Gedeihen des Ganzen. Und so ist er denn aus einem zwiefachen Grund an den letzten und größten Interessenkreis gekettet.

Das sind die Bande, die das Leben des einzelnen mit dem seiner Mitmenschen verknüpfen. Gemeinsame Interessen zwingen aber zu gemeinsamer Tat. Deshalb schließt sich der einzelne mit all denen zu vereinter Entfaltung der Kräfte zusammen, die entweder gleiche Funktionen üben wie er selbst oder seine Genossen in der durch Arbeitsteilung verketteten Gemeinschaft sind. In dieser Weise entstehen natürliche Bündnisse. Sie sind gegründet auf das unbewußte Streben, oft auch den mehr oder minder klaren Willen zur gegenseitigen Unterstützung im selben Kreis.[1]) Und so treibt das solidarische Interesse ein neues Phänomen hervor: die Gruppe. Sie ist der natürlich erwachsende und oft-

[1]) Philip. P. Jacobs, German Sociology. 1909. p. 29. 'To Gumplowicz, a social group is any aggregation united by some interests. There need not necessarily be anything conscious or purposive in the group of Gumplowicz. To Simmel, however, a group is a deeper relation. It is a number of people, two or more, who are reciprocally interacting upon one another. To Gumplowicz the bond which unites the group is external, to Simmel it is internal and psychological'. Vgl. S. 31 über Richard Schubert-Soldern.

mals auch planmäßig gewollte kooperative Verband im Rahmen der gemeinsamen Zwecke.

Suchen wir aber jetzt die Linien der Interessen festzulegen und so die Zirkel der Gruppen zu beschreiben, so begegnen wir einer großen Schwierigkeit. Wir werden inne, daß die Linien außerordentlich verwickelt sind, so verwickelt, daß das Auge bei weitem nicht die nötige Sehkraft besitzt, um sie zu entwirren.

Erheben wir die erste Frage: wo sind Menschen durch gleichartige Tätigkeit verbunden?

Sobald wir Gruppen aus dem großen Getriebe der Arbeit herauszuheben suchen, müssen wir uns selber das Geständnis machen, daß Tätigkeiten gleichartig sein können oder nicht, je nach dem Gesichtswinkel, unter dem man sie betrachtet.

Ein Beispiel: Die Binnenschiffahrt hat das natürliche Bestreben, durch Ausbau eines eng verzweigten Netzes von Kanälen ihre Leistungsfähigkeit zu erhöhen und einen immer größeren Teil der Güterbewegung an sich zu ziehen. — Die Binnenschiffahrt tritt dadurch in Gegensatz mit anderen Transportmitteln. Sie sucht ihnen den Rang abzulaufen. Und hier erscheint sie offenbar als eine gleichartige Tätigkeit. Denn sie kommt in diesem Gesichtskreis eben nur als Mittel der Güterbeförderung in Betracht, ganz allgemein und ohne Rücksicht auf die Art der Güter, deren Verkehr sie betreibt. Sobald man sich aber dieser anderen Frage zuwendet, sobald man die ökonomischen Zwecke betrachtet, welchen die Binnenschiffahrt dient, zerfällt sie und löst sich in tausend Interessenkreise auf. Man wird gewahr, daß sie ein Mittel ist für die mannigfaltigsten Unternehmungen des Handels, der Industrie, des Handwerks, welche in sich ganz verschiedenartige Zwecke verfolgen und sich oft sogar in erbittertem Wettstreit bekämpfen. So ist die Binnenschiffahrt eine wirtschaftliche Tätigkeit, einträchtig und zwiespältig zugleich. Wer ihr obliegt, der ist durch sein Interesse einmal an die andern Schiffahrttreibenden gekettet — er wird gemeinsam mit ihnen Kanäle bauen —; er ist aber auch abhängig von dem Schicksal der Unternehmungen, welche ihm die Güterbeförderung übertragen.

Oder gehen wir in eine andere Welt: Die Wissenschaft wird sich mit vereinter Kraft zu behaupten suchen, sie wird als eine geschlossene Einheit gleichartiger Arbeit zusammenstehen, sobald sie sich gegen eine feindliche Gewalt, vielleicht gegen religiöse Intoleranz zu verteidigen hat. Sie bildet in diesem Fall einen einzigen Interessenkreis. Sie tritt nämlich in die Erscheinung als eine Erkenntnis um ihrer selbst willen. Sobald sie aber tätig wird als eine das Leben durchdringende Macht, sobald sie die Grundlage bildet für das Schaffen und Handeln der Menschen, strebt sie in vielfältige Sphären auseinander, verwächst hier mit dem einen, dort mit dem andern Interessenkreis: Die Theologie wird zum Grundpfeiler der Kirche, die Jurisprudenz erlangt ihre gewichtige Stimme in der Regierung des Landes und im Rate der Völker. Die Naturwissenschaften geben das geistige Kapital des wirtschaftlichen Fortschritts, und die Philosophie leiht der um Kultur ringenden Menschheit den lebendigen Atem.

Warum die Beispiele vermehren? Wir erfahren es täglich an uns selber, wie wir, obwohl mit Genossen gleicher Arbeit natürlich verbündet, doch keine vollkommene Gemeinschaft mit ihnen bilden, sondern wieder nach zerstreuten Richtungen anderen Kräften der Anziehung unterliegen.

Aus dieser Überlegung folgt, daß man wohl die Individuen in Genossenschaften gleicher Bestrebung, in Stände, in Berufe, in Klassen des Besitzes und ähnliche Gruppen einteilen kann, daß aber eine solche Gliederung nur einige wichtige Interessenverbindungen beleuchtet, hingegen unzählige andere im Dunkel läßt. Allerdings, der einzelne ist in der Welt materiellen oder ideellen Schaffens in hohem Grade dadurch orientiert, daß er den Acker baut, einen Handel, eine Industrie, ein Handwerk betreibt oder als Priester, Künstler, Gelehrter tätig ist. Allein diese Züge erschöpfen seine Persönlichkeit nicht. Sie sind nur Grundlinien, nicht aber das vollkommene Bild seiner Tendenzen.[1][2]

---

[1]) Ratzenhofer, Soziologie. 1907. S. 146 zeigt in interessanter Weise, wie in Ungarn die einzelnen Stände zusammenfallen mit den verschiedenen Rassen.

[2]) Gumplowicz, Grundriß der Soziologie. 1905. S. 238 sq. gibt ein System von Gruppen gleichartiger Tendenz: „In erster Beziehung (was die Grundlage anbelangt) können wir dreierlei Arten von vergesellschaftenden Momenten unterscheiden: materielle, wirtschaftliche und moralische. Die materiellen Momente sind: gemeinsamer Wohnsitz, Geselligkeit (gemeinsames gesellschaftliches Leben), gemeinsamer Blutkreis und Verwandtschaft; wirt-

Es ist unmöglich, Gruppen zu isolieren, die durch gleichartige Arbeit verbunden sind. So erkennen wir. Aber wenn wir jetzt das Gesichtsfeld erweitern und Gemeinschaften zu umschreiben suchen, in denen sich die Teilung und Vereinigung der Arbeit vollzieht, so geraten wir in die selbe Verlegenheit. Wo ist ein geschlossener Kreis vorhanden? Wo ist eine Grenzlinie, innerhalb welcher der Prozeß selbständig, aus eigener Kraft, ohne Mithilfe der Außenwelt verläuft? Man muß sich gar bald überzeugen, daß ein solches Gefüge in vollkommener Gestalt nirgends anzutreffen ist. Die Kreise der Arbeitsgemeinschaft sind immer unselbständig, sie haben nur eine relative, keine absolute Existenz. Sie sind offen und greifen wieder in andre Kreise, wie die Glieder einer Kette. Nirgends ein Ende, wenn nicht dort, wo die Kette sich wieder in

schaftliche Momente sind: gleicher und gleichartiger Besitz, gleicher wirtschaftlicher Beruf (Landwirtschaft, große oder kleine, Pächter, Industrie, Handwerk, Handel usw.); halb wirtschaftlich, halb moralisch ist die Grundlage des gleichen Standes (Adel, Bürgertum, Priester, Künstler, Gelehrte, Schriftsteller usw.); ganz moralisch ist die Grundlage der gleichen Sprache, Religion, Staatsangehörigkeit, Landsmannschaft, Staatsbürgerschaft und Nationalität. — Die meisten der hier unter diesen drei Gesichtspunkten betrachteten vergesellschaftenden Momente müssen aber noch von einem anderen Gesichtspunkte, von dem der Dauer, in Betracht gezogen werden, da doch die meisten dieser sozialen Verhältnisse von verschiedener Dauer sein können. Nun übt aber ein gemeinsamer Wohnsitz eine ganz andere vergesellschaftende Wirkung, wenn er durch Generationen hindurch angedauert hat, oder nur für kurze Zeit, etwa während eines Kuraufenthalts. — Anders wirkt das Moment der gemeinsamen Religion, wenn letztere seit Generationen vererbt, oder nur infolge frischen Proselitismus auftaucht usw." — All diese Gruppen, die Gumplowicz aufzählt, sind Kreise gleichartigen Schaffens und Handelns. In manchen Gruppen ist die gemeinsame Arbeit rein ideell, sie geht nur auf Güter geistiger Kultur. Hierher gehören die Gruppe der gemeinsamen Sprache, der gemeinsamen Religion, die Gruppe der Wissenschaft, der Kunst. Hierher gehören aber auch trotz der materiellen Grundlage, welche sie zusammenschließt, die Gruppe des gemeinsamen Wohnsitzes, der Geselligkeit, des Blutkreises und der Verwandtschaft. Vgl. Simmel, Über soziale Differenzierung. S. 16. 1890. — Über die Gruppen gleichartiger Tendenz vgl. auch Gumplowicz, l. c. S. 210—249. III. Buch. Kap. IV. Ständebildung und Herrschaftsordnung. Kap. V. Doppelte Entstehungsart der Stände; Simmel, Soziologie. 1908. Kap. VI. Die Kreuzung sozialer Kreise. S. 403—453; Schäffle, Bau und Leben des sozialen Körpers. 1896. I. Bd. III. Buch. I. Abt. Die freien (nicht physiologisch bedingten) Grundverknüpfungen (Sozialgewebelehre, Sozialhistologie). I. Massengrundverknüpfungen. S. 86—103.

der Unendlichkeit schließt. Die Einheit ist nicht in der Familie, im Stamm, im Volk, nicht in einer Siedlung, in einem Land, nicht in einem Erdteil zu finden. Die Einheit entsteht erst an den Grenzen der Erde.[1])

Betrachten wir eine bäuerliche Gemeinde. Es ist denkbar, daß sie sich auch heute noch zum allergrößten Teil selbst versorgt. Die meisten Nahrungsmittel sind am Platze. Kleidung, Haus-, Wohn- und Wirtschaftsgerät werden in der Hauptsache von dem ansässigen Handwerk hergestellt. Dennoch findet kein Abschluß nach außen statt. Die Arbeitsgemeinschaft ist nur beschränkt. Denken wir z. B. an die Ernährung. Wenn auch die bäuerliche Gemeinde die wichtigsten Lebensmittel erzeugt, so bezieht sie doch manche andere aus fremden, oft überseeischen Gebieten. Überhaupt, welche Fülle von Reichtümern muß der alte Kontinent den neuen Ländern jenseits der Meere entlehnen. In wie weitem Maße lebt die heimische Industrie von den Rohprodukten der Kolonien. Da ist die Wolle von Australien, das Silber von Mexiko. Umgekehrt, jene fernen Länder sind gezwungen, ihrerseits den Zusammenhang mit dem Mutterlande aufrecht zu erhalten. Und sollten sie auch ihre Volkswirtschaft selbständiger bilden, ihr Rohmaterial in weiterem Maße selbst verarbeiten und ihre eigene Industrie mächtiger entwickeln, so werden sie doch niemals der Güter entraten können, die einzig alte Kultur hervorzubringen vermag. Europa wird ihre geistige Heimat bleiben.

Diese wenigen Andeutungen sind nur bestimmt, die Phantasie des Lesers anzuregen. Möge er selbst, je nach seiner Lebensstellung und seinen Kenntnissen, ein Bild in sich wachrufen von der niemals endenden Gebundenheit menschlicher Interessen.[2])

---

[1]) Die stetige Ausdehnung der Arbeitsgemeinschaft ist im ersten Kapitel geschildert worden. Vgl. auch Gumplowicz, Grundriß der Soziologie. 1905. p. 127—130; Dürkheim, De la division du travail social. 1893. p. 282 bis 287; Herbert Spencer, Die Prinzipien der Soziologie. Deutsche Ausgabe. 1887. II. Bd. S. 121, 126—127, 172.

[2]) Norman Angell schildert mit der ihm eigenen plastischen Gestaltungskraft die wirtschaftliche Abhängigkeit der modernen Kulturländer voneinander. Die falsche Rechnung. 1911. Deutsche Ausgabe. S. 66. „Solange die Arbeitsteilung so schwach entwickelt war, daß jede Familie das, was sie brauchte, selbst erzeugte, hatte es nichts zu bedeuten, wenn ein Teil des Gemeinwesens zuzeiten wochen- und monatelang von der übrigen Welt ab-

Und möge er dabei noch bedenken, daß die Tätigkeiten, die sie leitenden Zwecke und damit auch die Gruppen ständigem Wechsel unterworfen sind.[1])

geschnitten war. Sämtliche Nachbarn eines Dorfes oder einer Meierei mochten niedergemetzelt oder eingeschlossen werden, ohne daß daraus für die anderen Unzuträglichkeiten entstanden. Wenn aber heutzutage eine englische Grafschaft durch einen allgemeinen Eisenbahnstreik von dem wirtschaftlichen Gesamtorganismus auch nur 48 Stunden lang abgeschnitten ist, so sind bekanntlich dort breite Einwohnermassen von Hungersnot bedroht. Wenn England im Zeitalter der Wikinger durch ein Zaubermittel sämtliche Fremden hätte umbringen können, so wäre ihm das vermutlich von Nutzen gewesen. Heutzutage aber würde dieselbe Handlung die Hälfte der englischen Bevölkerung zum Hungertod verurteilen. Wenn diesseits der Landesgrenze, sagen wir, Weizen erzeugt und jenseits der Grenze Kohlenbergbau getrieben wird, dann sind die beiden Gemeinwesen derart aufeinander angewiesen, daß die nackte Existenz des einen vom ungestörten Fortgang der Arbeit des andern abhängt: der Kohlengräber kann nicht binnen einer Woche säen und ernten, der Ackerbauer muß hinwiederum die Ernte abwarten und inzwischen seine Angehörigen ernähren. Der dadurch bedingte Austausch muß ungestört fortgehen, und die Erwartung, die Früchte der eignen Arbeit gebührend einheimsen zu können, muß für beide Teile ganz sicher sein, sollen sie nicht anders beide verhungern. Dieser Austausch, diese Erwartung aber ist nichts anderes als die einfachste Erscheinungsform von Handel und Kredit. Und die hier angedeutete gegenseitige Abhängigkeit ist infolge der unübersehbaren Entwicklung des Verkehrs zu einem so hohen Grade von Kompliziertheit gediehen, daß die Störung irgend einer einzelnen bezüglichen Operation nicht bloß die unmittelbar interessierten Teile trifft, sondern auch zahllose, auf den ersten Blick ganz abseits stehende Kreise in Mitleidenschaft zieht. — Diese über die Landesgrenzen hinwegschreitende, vitale gegenseitige Abhängigkeit der Kulturnationen ist in weitem Maße das Werk der letzten vierzig Jahre". Angell schildert dann in fesselnder Weise, wie die Plünderung der Bank von England durch ein deutsches Heer einen Verlust für den deutschen Handel und die deutschen Finanzen herbeiführen würde, der bei weitem die geraubte Summe überstiege. — Herbert Spencer: «Si on séparait du Middlesex ses alentours, toutes ses opérations s'arrêteraient au bout de quelques jours, faute de matériaux. Séparez le district où l'on travaille le coton d'avec Liverpool et les autres centres, et son industrie s'arrêtera, puis sa population périra. Séparez les populations houillères des populations voisines qui fondent les métaux ou fabriquent les draps d'habillement à la machine, et aussitôt celles-ci mourront socialement, puis elles mourront individuellement." Zitiert bei Dürkheim, De la division du travail social. 1893. p. 161. — v. Ullmann, Die Haager Konferenz von 1899 und die Weiterbildung des Völkerrechts. Jahrbuch des öff. Rechts. 1907. S. 84—85.

[1]) Ratzenhofer, Die soziologische Erkenntnis. Positive Philosophie des sozialen Lebens. 1898. S. 3. 227.

Wir fassen die bisherigen Erörterungen dieses Kapitels zusammen und kommen zu der Konsequenz: Die Gruppen der menschlichen Gesellschaft, mögen sie auf der Gleichartigkeit oder auf der Teilung der Arbeit beruhen, sind über den ganzen Erdkreis hin so unendlich fein und mit so unzähligen Fäden verwoben, daß es unmöglich ist, einen Teil vom Ganzen loszutrennen, ohne das kunstvolle Werk zu zerstören. Es gibt wohl viele enge Solidaritäten in der Welt. Aber sie sind immer unselbständig, sie vermischen sich mit andern; ziehen aus andern ihre Lebenskraft. Es gibt nur eine Solidarität, die vollkommen ist und sie alle umfaßt und erhält, es ist die Solidarität des menschlichen Geschlechts.[1])

---

[1]) Schäffle, Bau und Leben des sozialen Körpers. 1896. S. 102. Das Gleichgewicht der verschiedenen Arten sozialer Massenzusammenhänge. „Die physisch und die rein innerlich begründeten sozialen Massenzusammenhänge liegen nicht nebeneinander, sondern durchdringen sich in zahllosen Verschlingungen. Hierauf beruht die dem schwersten Druck und Stoß widerstehende Dichtigkeit und Festigkeit der Verwebung des sozialen Körpers. — Die Millionen Individuen', welche einer Abstammung und einer Sprache sind, stehen in allen übrigen Beziehungen, was Klasse, Stand, Kundschaft, Glauben usw. betrifft, in äußerst verschiedenartigen Zusammenhängen. Umgekehrt ist dafür gesorgt, daß die einer Klasse oder Konfession Angehörigen in Beziehung auf physische, sprachliche oder linguistische Nationalität, in Beziehung auf Berufsangehörigkeit, Landsmannschaft usw. unendlich weit und vielfältig auseinandergehen. — Daß dem so ist, begründet offenbar die ungemeine Widerstandsfähigkeit des sozialen Körpers gegen die gewaltigsten Erschütterungen, die gefährlichsten Zerreißungsversuche. Von der einen Seite durch eine auflösende Bewegung erfaßt, sehen sich bestimmte Massen der sozialen Substanz bald durch anderweitige Zusammenhänge festgehalten; die unter allen möglichen Winkeln zusammentreffenden andersartigen Kräfte (Interessen) entziehen Teilchen um Teilchen der einseitigen Bewegung. So ergeben sich alsbald bedeutende Hemmungen, die bis zum Stillstand und zur Gegenbewegung fortschreiten. Es kommt daher nicht leicht zu völligen Zerreißungen sozialer Körper. — Größte Gefahr für den allgemeinen sozialen Zusammenhalt ist vorhanden, wenn die antagonistischen Massenzusammenhänge, statt sich auf tausend Punkten verschiedenerlei auszugleichen, einseitig und lange Zeit sich gesammelt und zu schroffen allgemeinsten Gegensätzen gegeneinander gespannt haben. Riß, Bruch, Spaltung ist dann die Folge der endlichen Entladung solcher Spannungen." — Siehe auch Band I. Abschnitt II. Abteilung VI. S. 529—533. Nationale und Internationale Entwicklung. — Schaeffle, Abriß der Soziologie. 1906. I. A. 2. S. 30—31. Die reale Verknüpfung der Ge-

Das System von Gruppen, das wir bisher verfolgt haben, entsteht aus der Trennung und Verbindung der Funktionen. Es wächst aus der Arbeitsteilung hervor. Oder, noch besser, es ist die Arbeitsteilung selbst, von einem bestimmten Gesichtswinkel aus gesehen.

Es gibt aber in der menschlichen Gesellschaft noch Gruppen von anderer Art, Gruppen, die nicht in gemeinsamer Arbeit, sondern in gemeinsamem Besitz ihren Ursprung haben. Damit kommen wir auf den zweiten jener Sätze zurück, die wir an den Anfang dieses Kapitels gestellt haben.

Die Zergliederung der Funktionen, so sagten wir, hat eine Individualisation, die gleichzeitige Ausdehnung der Arbeitsvereinigung hingegen hat eine Generalisation des materiellen wie des ideellen Besitzstandes im Gefolge. Es ist das eine Doktrin, die wir im zweiten Kapitel abgeleitet haben. Die Kreise, in denen sich die Teilung und Vereinigung der Arbeit vollzieht, wachsen immer mehr. So sagten wir. In demselben Maß zersplittern die Funktionen, und in demselben Maß zersplittert auch das wirtschaftliche oder geistige Arbeitskapital des einzelnen. Gleichzeitig aber findet eine andere Entwicklung statt. Es vergrößert sich die Menge derjenigen, die an den gemeinsamen Errungenschaften teilnehmen.[1])

---

sellschaft mit der Gesamtschöpfung oder die äußeren Verkettungen (Konjunktionen und Konjunkturen) der Gesellschaft. — Gladstone. Zitiert bei Bonfils, Manuel de droit international public. 1912. p. 4. Nr. 9. «Les vaisseaux qui vont d'un pays à un autre sont comme la navette du tisserand. Ils tissent des liens d'amitié et de concorde entre les peuples».

[1]) Dürkheim, De la division du travail social. 1893. p. 145—146. «Il est certain que les différentes sociétés tendent à se ressembler davantage; mais il n'en est pas de même des individus qui composent chacune d'elles. Il y a maintenant moins de distance que jadis entre le Français et l'Anglais en général, mais cela n'empêche pas les Français d'aujourd'hui de différer entre eux beaucoup plus que les Français d'autrefois. De même, il est bien vrai que chaque province tend à perdre sa physionomie distinctive; mais cela n'empêche pas chaque individu d'en prendre de plus en plus une qui lui est personnelle. Le Normand est moins différent du Gascon, celui-ci du Lorrain et du Provençal: les uns et les autres n'ont plus guère en commun que les traits communs à tous les Français; mais la diversité que présentent ces derniers pris ensemble ne laisse pas de s'être accrue. Car, si les quelques types provinciaux qui existaient autrefois tendent à se fondre les uns dans

Geht in dieser Weise die Individualisation neben der Generalisation des Besitzes einher, so haben wir von Anfang zwei fundamentale Kategorien von Gruppen gleichen Besitzes.

Die Gruppen der einen Art bestehen aus den Trägern des sich stetig individualisierenden Besitzes. Sie sind gebildet aus all denen, welche gleichartige Tätigkeit entfalten. Denn die gleichartige Tätigkeit führt eben zu gleichartigem Besitz als Arbeitskapital. Nun sind die Genossen solcher Gruppen schon durch die Natur ihrer Arbeit zusammengeschlossen. Haben sie dann noch ähnliche Güter, die es zu schützen und zu verwerten gilt, so wird dadurch die Verbindung unter ihnen nur enger geknüpft. Ihr Besitz ist Arbeitskapital und wird also von dem Schicksal der Arbeit mit betroffen. Er trägt in sich das gleiche Interesse der Selbsterhaltung und des Erfolges wie die Arbeit selbst. Der gemeinsame Besitz verstärkt nur die Bande, die schon bestehen. Er gibt nur dem aus gleichartiger Arbeit entstehenden Zusammenschluß eine höhere Sanktion.

So bringt diese erste Kategorie von Gruppen gleichen Besitzes keinen neuen Gesichtspunkt in unser System.

Anders steht es um die zweite Kategorie.

Der Besitz, der sich als Ergebnis der gesamten Arbeit, als gemeinsame Errungenschaft verbreitet, schafft eine neue Bindung, die unabhängig ist von dem in der Arbeit selbst begründeten Zusammenwirken. Ein solcher Besitz entsteht ja erst nach Voll-

---

les autres et à disparaître, il y a à la place une multitude autrement considérable de types individuels. Il n'y a plus autant de différences qu'il y a de grandes régions, mais il y en a presque autant qu'il y a d'individus. Inversement, là où chaque province a sa personnalité, il n'en est pas de même des particuliers. Elles peuvent être très hétérogènes les unes par rapport aux autres, et n'être formées que d'éléments semblables; c'est ce qui se produit également dans les sociétés politiques. C'est ainsi que les protozoaires sont à ce point distincts les uns des autres qu'il est impossible de les classer en espèces; mais chacun d'eux est composé d'une matière parfaitement homogène.» — Zu vergleichen sind dann die Ausführungen von Simmel, Soziologie 1908, über „den Zusammenhang zwischen starker Ausbildung und Wertschätzung der Individualität und kosmopolitischer Gesinnung“. Sie sind von einer außerordentlichen Feinheit der Beobachtung und Tiefe der Psychologie. Kapitel X. Die Erweiterung der Gruppe und die Ausbildung der Individualität. S. 709—732. Adel, die Sozialdemokratie S. 711, die Zünfte.

endung der Arbeit. Er ist nicht ein Element der schaffenden und sich einenden Kräfte. Er ist erst der Erfolg, der aus ihnen entsteht.

Aber da fragt sich: Kann denn gemeinsamer Besitz an sich selbst eine Bindung unter Menschen begründen, einen Verband, eine Gruppe schaffen?

In der Tat, es handelt sich hier um einen neuen Begriff der Gruppe. Er geht über den Begriff hinaus, den wir bisher angewendet haben. Einen kooperativen Verband im Rahmen der gemeinsamen Zwecke, so haben wir die Gruppe früher genannt. Jetzt aber ist die Gruppe in einem anderen Sinn zu verstehen. Sie bedeutet die Vereinigung von Menschen durch ein Gefühl der Sympathie, also durch ein Gefühl von rein moralischem Charakter, das aus einer übereinstimmenden geistigen Verfassung entspringt. Es ist schwer, die Sympathie weiter zu erklären, mag man sie auch deutlich an sich selbst empfinden. Aber so viel läßt sich über ihren Ursprung sagen: Sie ist nicht begründet in einem Zusammenwirken zu gemeinsamer Tat. Sie ist nicht das Gefühl der Zusammengehörigkeit in einem kooperativen Verbande. Sie haftet nicht an einer konvergierenden Tätigkeit. Sie ist vielmehr das Ergebnis eines Zustandes, einer fertigen Gestaltung, nämlich das Ergebnis einer psychologischen Beschaffenheit.

Wenn nun die Gruppen der zweiten Art, die Gruppen in diesem neuen Sinn durch die Sympathie zusammengehalten werden, so ist offenbar, daß sie nicht auf materiellen, sondern auf geistigen Besitz gegründet sind. Wohl mag eine sympathische Regung diejenigen verbinden, die ähnliche wirtschaftliche Güter ihr Eigen nennen, vielleicht Ackerland oder Dörfer. Wohl mag sich auch der Reiche dem gleich Begüterten, der Arme dem Schicksalsgenossen nahe fühlen; aber eine solche Regung ist zu flüchtig und nicht genug in sich selbst gefestigt, um das Fundament einer Gruppenbildung zu sein; und sie fließt wieder mit dem Interesse der Arbeit zusammen.[1]) Der geistige Besitz allein knüpft

[1]) Über die Klassenschichtung nach wirtschaftlichen Besitzverhältnissen siehe Schaeffle, Bau und Leben des sozialen Körpers. 1896. Band I. S. 92 bis 93. „Die Klasse ist wesentlich eine Schichtung nach Unterschieden der Besitzgrößen und der Besitzart, beziehungsweise nach dem Unterschied von Besitz und Nichtbesitz; wir stoßen auf die Klasse der Reichen, die Mittel-

eine wahre Sympathie unter den Menschen.[1]) Die Sympathie hat einen moralischen Charakter. Sie schwebt über der Materie.

Und nunmehr tritt die Aufgabe an uns heran, die durch Sympathie geschaffenen Gruppen aus dem System der Gesellschaft herauszuheben, zu betrachten und in ihrem Wesen tiefer zu erfassen.

Da bietet sich denn ein großer Reichtum vielgestaltiger Phänomene. Wie in dem Gefüge der Arbeitsgemeinschaft, so ist auch hier die Gruppenbildung eng gewirkt, durch vielfache Kreuzung unterbrochen und übersehbar nur in den hauptsächlichen Zügen.

Da gibt es Gruppen von Menschen, die sich gebunden fühlen durch den Besitz gemeinsamer Wissenschaft. Sie haben an den gleichen Quellen geschöpft und haben sich die gleichen Schätze der Bildung angeeignet. Da gibt es eine Gelehrtenrepublik, welche keiner staatlichen Grenzen achtet, eine Brüderschaft, die des gleichen Hortes waltet, geeint durch das gleiche Ideal. Aber nicht nur in der Welt der Gelehrten, in der Welt der Gebildeten überhaupt findet man den engen Zusammenhang, der verwandter geistiger Formung entspringt. Sind die materiellen Güter in ihrem Umfang beschränkt und deshalb die Ursache von Eifersucht und Streit, so sind die Güter des Wissens fähig, sich in unerschöpflicher Fülle zu verbreiten. Sie sind nicht ein trennendes, sondern ein bindendes Prinzip.

Blicken wir auf die Kunst, so erkennen wir, daß sie wohl gleich starke Bande knüpfen, daß sie aber nicht so weite Gruppen

---

klasse, das Proletariat, auf die Klassen des unbeweglichen und des beweglichen Besitzes". — „Die Klasse wirkt nun für die Einheit des sozialen Körpers ebenso zersetzend im großen, als verfestend in den besonderen sozialen Schichten. Die Reichen werden durch gleiches Besitzinteresse, Herrschaftsprivilegien, ausschließende Geselligkeit, die Nichtbesitzenden durch Solidarität des Lohnkampfes und gemeinsamen Haß gegen den Besitz zusammengehalten. Beide Schichten organisieren sich als Klassen, und nie ist diese Organisation methodischer und großartiger gewesen als in der Gegenwart. Allein es ist die Kohäsion von Heeresmassen zum Kampf im Innern des Gesellschaftskörpers, die Verbindung zu Streitgenossenschaften im Bürgerkrieg ums Dasein".

[1]) Vgl. Huber, Beiträge zur Kenntnis der soziologischen Grundlagen des Völkerrechts und der Staatengesellschaft. Im Jahrbuch des öffentlichen Rechts. 1910. S. 128. — Schaeffle, Abriß der Soziologie. 1906. Kap. II. Das Gesellschaftsbewußtsein. S. 46f.

bilden kann, wie die Wissenschaft. Denn alles Forschen ist auf dem einen, immer gleichen, unabänderlichen Fundament aufgebaut: der Logik. Es gibt nur eine Wahrheit; sie behauptet immer den Sieg, mag sie auch lange Zeit gegen Irrungen zu kämpfen haben. Und so ist sie fähig, das gemeinsame Gut der Menschheit zu werden. Allerdings, man darf sich nicht verhehlen, daß die absolute Wahrheit auch die Wissenschaft nicht überall beherrscht. Die Wissenschaft ist nicht immer ein Forschen, sie ist auch oft ein Werten. Sie verbindet ein moralisches Urteil mit dem Erkennen. In diesem Augenblick aber ist sie der Individualität und dem Wechsel unterworfen. So kommt es, daß die Theologie, die Philosophie und die Jurisprudenz nicht reine Wissenschaft bedeuten, eben weil sie mit Vorstellungen der Sittlichkeit verwachsen sind. Diese Betrachtung gilt erst recht von der Kunst. Sie ist noch weit mehr der Wandelbarkeit des Subjektiven unterworfen. Die Kunst hat nicht, wie die Wissenschaft, eine gerade, ewige Bahn. Sie ist das Werk einer Zeit und eines Volkes. Vermag schon die Wissenschaft eine historisch und national wechselnde Färbung anzunehmen, so ist die Kunst noch in höherem Maße mit ihrer Umgebung verwachsen. Die Plastik der Griechen, die Gotik der französischen Kathedralen, die Malerei des Quattrocento sind Monumente glänzender Vergangenheit, Vorbilder, Lehrmittel, Fundamente der Bildung, aber nicht mehr immanentes Kultureigen unserer Zeit. Sie sind in ihrem tiefsten Inhalt nur denjenigen zugänglich, die sich durch Studien und Phantasie zurückversetzen in entschwundene Menschenalter. Sie sind nicht in wahrem Sinne populär. Der nationale Charakter der Tonkunst ist auch heute stark entwickelt. Es gibt immer noch eine deutsche, eine französische und eine italienische Musik. Und in der Plastik, der Malerei gehen die germanischen und romanischen Auffassungen stark auseinander. Erhält sich aber die Kunst auch ihr nationales Gepräge, so stehen wir doch mitten in einer Entwicklung, welche den Rahmen erweitert und dank dem stetig anwachsenden Gedankenaustausch der Kulturnationen dahin geht, die Kunst zu einem internationalen Gesamtgut zu erheben. Wohl gibt es hier natürliche Grenzen. Vor allem kann sich die Poesie nicht von dem Genius ihrer Sprache lösen. Und doch schreitet die moderne Zeit auf dieser Bahn mächtig voran. Das Lied von Schumann, die Komödie von Molière, der Faust des Berlioz gehören noch zu den reinsten Perlen nationalen Geistes, aber der Goethe des zweiten Faust und der Beethoven der neunten Symphonie erheben ihr Haupt über die Welt.[1][2])

Eine andere Völker verbindende Macht ist die Sitte. Wir leben in einem Zeitalter, in welchem der Verkehr alle Grenzen niederbricht, die Berge und Meere spielend überwindet und die Menschen aller Erdteile in nahe Berührung bringt. Die Folge ist, daß die Regeln des Zusammenlebens sich durch Reibung abschleifen und immer ähnlicher gestalten. Das eine Volk zwingt dem andern seine bessere Lebensgewohnheit auf, oder es beugt sich der überlegenen Anschauung des fremden. Das Gesamtgut wird durch das Einbringen aller bereichert. Durch die Mischung klären sich die Gedanken. Und so entsteht das unendlich feine Kunstwerk der internationalen Sitte. Sie beherrscht eine Gemeinschaft, die sich so weit erstreckt, wie die Bildung überhaupt. Und sie fesselt diese Gemeinschaft durch außerordentlich starke Ketten. Die Autorität der Sitte kann nicht hoch genug eingeschätzt werden. Sie ist vielleicht höher als die von Recht und Moral. Denn das

[1]) Richard Wagner, wenn auch urdeutsch in seiner Dichtung, hat doch die internationalen Züge der Musik wesentlich verstärkt. Man darf nicht vergessen, daß er in weitem Maße von Berlioz abhängig ist.

[2]) Schäffle, Abriß der Soziologie. 1906. S. 202. „Sprache und Kunst werden als geistige Bänder des Volkskörpers dem wissenschaftlichen Blick zunächst auffällig, insofern sie die Mitteilung von Gedanken und Gefühlen gestatten, also Mittel sind, um alle oder viele zu demselben Vorstellen, Fühlen und Wollen zu bringen. Das ist aber nicht das einzige, was sie zu Bändern des Volkskörpers macht. Durch ihre Sprache und ihren ästhetischen Besitz sind alle Glieder des Volkes geistig eins, innerlich zu gleicher Art des Wollens, Fühlens und Denkens verschmolzen, haben sie real ein gemeinschaftliches Bewußtsein, das Volksbewußtsein. Was die verknüpfende Kraft der Sprache und der Kunst ausmacht, liegt also nicht allein darin, daß die Volksangehörigen dieselben Worte sprechen, in denselben Liedern sich ihre Gefühle mitzuteilen vermögen, sondern daß sie darin logisch und ästhetisch aufeinander gestimmt sind. Mit der lebendigen Sprache und mit dem lebendigen Kunstgefühl waltet für ein bestimmtes Volk zu bestimmter Zeit derselbe Geist in allen; durch Volkslied, Volkstanz, Volksdenkmal, Volksgedicht geraten alle Angehörigen in dieselbe Stimmung. Beide, Sprache und Kunst, sind nicht bloß Mittel der Äußerung des Volksbewußtseins, sondern selbst verkörpertes Gesellschaftsbewußtsein. Mit dem ganzen geistigen Fortschreiten oder Rückschreiten des Volkes werden sie reich oder verarmen sie, vervollkommnen oder verschlechtern sie sich, siegen oder unterliegen sie.“

Gesetzbuch der Sitte verfügt über eine außerordentlich schwere Sanktion: Wenn es auch dem Übertreter keine materiellen Schäden auferlegt, so kann es ihn doch aus der Gemeinschaft seinesgleichen verbannen. Und ein Gut, daß der Mensch nur zu allerletzt opfern will, ist die Achtung derer, mit welchen er lebt.

Wie die Sitte, so ruft auch die Moral Gemeinschaft der Völker ins Leben.[1]) Freilich, ihre Systeme sind in älterer Zeit nationalem Boden entsprossen. Aber wenn auch manche Lehrgebäude, wie die des Confucius, an der heimischen Scholle haften blieben, so haben andre sich die Welt erobert. Die ganze Kultur der Antike steht unter dem Zeichen der griechischen Philosophie. Epicur und die Stoa, welche die Doktrin des Sokrates in erneuter Form überliefern, dehnen ihre Herrschaft über alle gesitteten Völker, die dem römischen Weltkreis angehören. Die philosophische Moral, im Mittelalter für eine Zeit verdrängt, erhebt in Hobbes, Cartesius, Spinoza, Locke, Leibniz, Kant von neuem ihr Haupt. Man kann aber diese Heroen nicht mehr nationale Denker nennen. Sie schaffen an dem gleichen Bau und ihre Gedanken durchkreuzen sich wie Bogen, welche die gleiche Wölbung tragen.

Wir gelangen endlich zu der tiefsten Quelle, aus der gemeinschaftliches Leben strömt; wir kommen zu dem stärksten Gefühl, das Menschen übereinstimmend beseelt und in Brüderschaft eint: es ist die Religion. Da zerfällt denn allerdings die Welt in mehrere ungeheure Reiche. Und zwischen ihnen ist trotz mancher Verwandtschaft ein Bündnis unmöglich. Es geht keine Brücke von einem Himmel in den andern. Allein es ist schon ein wichtiges Phänomen, daß der Glaube die Grenzen der Länder überschreitet und von einem Staat zum andern Völker umschließt. So bekennen sich die führenden Nationen zum Christentum. Das ist um so bedeutsamer, als diese Lehre in der Seele der heutigen Menschheit immer tiefere Wurzeln schlägt. Nicht nur daß in unseren Tagen die religiöse Sehnsucht neu erwacht, der Fortschritt liegt vor allem in der zunehmenden Betätigung des höchsten christlichen

[1]) Über die individuelle Moral der einzelnen Berufe vgl. Dürkheim, S. 248.

Gebots, der Nächstenliebe.[1]) Dies trotz aller Verirrungen, die das Gegenteil zu erhärten scheinen. Denn mögen auch die Katastrophen unserer Zeit ungeahnte Dimensionen erreichen, so haben sie gerade ihren vornehmsten Grund in der gewaltigen Kraft der Reaktion, die heute in dem ethisch-religiösen Wesen liegt. Besteht nun eine christliche Brüderschaft, welche die Völker eint, so sind in sie wieder engere Gruppen verwoben. Und wenn auch manche von ihnen zersplittert sind oder in den Banden weltlicher Herrschaft liegen, so begründen doch andere einen kraftvollen Zusammenschluß. Dahin gehört die Gemeinschaft des reformierten Glaubens, obwohl sie nur von idealer Natur und in keiner universellen Organisation verkörpert ist. Dahin gehören auch die katholischen Kirchen. Die römische ist eine geistige Macht, wie die Welt keine größere gesehen. Sie hat die gewaltigsten Reiche überdauert und steigt in unseren Tagen zu neuer Autorität, nachdem sie sich der weltlichen Herrschaft entledigt.[2])

Damit haben wir die hauptsächlichen Gemeinschaften aufgezählt, die auf einer gleichen psychologischen Verfassung der Genossen beruhen. Es ist nun klar, daß die Gemeinschaften dieser Kategorie nicht isoliert bestehen, sondern an vielen Orten, fast

[1]) Ratzenhofer, Soziologie. 1907. S. 114. „Man glaube nicht, daß das religiöse Bedürfnis verstummen wird. Gerade weil die Wissenschaften das Ansehen des konfessionellen Formalismus geschwächt haben, und weil die rohe Hoffnung, bei höheren Mächten parteiische Hilfe zu finden, seltener wird, regen sich in den Menschen wieder die feineren Interessen für die Transzendenz unserer Wesenheit. Es zeigt sich dies einmal in dem Erwachen eines mystischen Zuges in den Gefühlen der Menschen, dann aber vor allem in der Betätigung wahrhaft religiösen Sinnes. David Strauß hat die Frage gestellt: Sind wir noch Christen? Nach meiner Ansicht sind die zivilisierten Völker und Volkskreise, auch die außerhalb des christlichen Bekenntnisses stehenden, heute mehr Christen, als es die Christenheit in der Blüte des christlichen Zeitalters war. Die Nächstenliebe als Hauptinhalt der christlichen Lehre ist heute zu einer mächtigen Erscheinung des praktischen sozialen Lebens geworden, die brutale Gewalt erscheint allgemein zurückgedrängt. — Unter solchen Eindrücken regt sich in auserwählten Intellekten jenes Transzendentalinteresse, welches nicht auf einen subjektiven Lohn im Jenseits rechnet, sondern in der selbstlosen Hingabe an den Gemeinnutz innere Befriedigung findet und in der Anschauung der Natur und der geheimnisvollen allgegenwärtigen Urkraft den Kern aller Religiosität erblickt."

[2]) Vgl. Ratzenhofer, Soziologie. 1907. S. 110—115. Schäffle, Bau und Leben des sozialen Körpers. 1896. II. Bd. S. 395 ff.

überall, in die anderen Gemeinschaften übergehen, die durch Teilung und Vereinigung der Arbeit zusammengeschlossen sind. Das ist besonders deutlich auf dem Gebiet der Sitte und der Moral. Diejenigen, die an den erworbenen Anschauungen teil haben, sind es auch, welche diese Anschauungen weiter ausbauen und vertiefen. Wohl ist nicht jeder Fortschritt die Tat der Gemeinschaft allein. Es gibt Führer, die neue Bahnen eröffnen. Aber diese Bahnen werden nur gangbar, wenn die große Menge sie betritt. Die neuen Gedanken müssen nachgeschaffen werden von dem Volk. Und ähnlich verknüpfen sich auch die Phänomene in der Religion und der Kunst, nur daß hier die leitenden Persönlichkeiten noch mehr im Vordergrunde stehen. Wir sehen überall, wie sich die Kreise der Besitzenden und die Kreise der Schaffenden miteinander verketten.

Die Einsicht, die wir in die Gruppen bildenden Kräfte gewonnen haben, gibt uns endlich die Möglichkeit, eine Gestaltung zu erfassen, deren Wichtigkeit im Wirken der Weltgeschichte nur erreicht wird durch die Komplexität ihrer Struktur: Es ist das Volk, die Nation.

Von welch einender Kraft wird das Volk zusammengehalten? Das Problem ist schwierig. Denn wir wissen, daß sich die Gemeinschaft der Arbeit über die Welt erstreckt und die nationalen Schranken niederbricht. Wir wissen auch, daß sich der gemeinsame Besitz überallhin verbreitet: So ist die christliche Lehre den Völkern gemeinsam, die das Schicksal unserer Welt bestimmen. Und die anderen geistigen Mächte haben trotz ihres nationalen Ursprungs die immer wachsende Tendenz, sich zu einem einzigen Reich zu verbinden. Der alle Grenzen überwindende Verkehr trägt sogar die Sprache von einem Volk zum andern, und so beginnt sich selbst die künstlerische Form zu verflüchtigen, in der sich das Denken und Fühlen, in der sich der Genius eines Volkes sinnlich offenbart. Das Nationale in Wissenschaft, Kunst, Sitte und Moral, das Eigengut der Völker stirbt dahin. Allerdings, der Prozeß geht nur äußerst langsam von statten. Das Nationale behauptet sich noch mit zäher Energie. Und was ihm seine starke Lebenskraft verleiht, das ist nicht so sehr die Überzeugung von seiner überragenden Trefflichkeit, als vielmehr der Gedanke, daß es erhalten ist aus einer andern Zeit. Das Nationale gilt, weil es ererbt, weil es ehrwürdig ist. Das ist ein wichtiges Phänomen. Es führt uns zu der Lösung unserer Frage, nämlich zu der Erkenntnis, daß die Nation verbunden ist durch den Kult der Vergangenheit. Dieser Kult erscheint in der grauen Vorzeit als Anbetung der Ahnen. Er erscheint heute als Erinnerung an gemeinsame Waffentaten oder an Werke der Kultur, die in vereinter Kraft errichtet sind; er erscheint als Anhänglichkeit an ein angestammtes Fürstenhaus oder an freie Gesetze der Väter. Die Formen können wechseln, aber die eine Wahrheit bleibt: Die Nation ist auf ein gemeinsames Schicksal gegründet. Dieses Schicksal ruft aber den Willen hervor, die Einheit zu erhalten und auch weiterhin eine Lebensgemeinschaft zu bilden. Dieser Wille gibt der Nation ihre Seele.[1][2]

---

[1]) Schäffle, Abriß der Soziologie. 1906. S. 19. „Nicht bloß Willensübereinstimmung und einheitliche Ordnung der zusammentreffenden Willen, auch nicht bloß Gemütszusammenstimmung und Gefühlsneigung füreinander sind erforderlich, sondern ein immerfort übereinstimmendes Wissen aus der Vergangenheit als Volkserinnerung, geschichtliche Tradition, übereinstimmendes Wissen über alles Gegenwärtige als laufende Publizität, gleiches Vorstellen und Wünschen über das Kommende, Erwartete, zu Hoffende sind völlig unentbehrlich für den Bestand und die Entfaltung volklicher Lebensgemeinschaft." — S. 69. „Den wichtigsten Gegenstand der Überlieferung bilden nicht einzelne Erinnerungen an große Taten und außerordentliche Erlebnisse des Volkes in der Vergangenheit, obwohl diese Erinnerungen einen mächtigen Kitt der geistigen Volkseinheit aus der Vergangenheit herbilden und noch von den frühesten Zeiten jedes Volkes aus sagenhaft nachklingen. Der eigentliche Gegenstand der Überlieferung ist die aus der unmittelbaren Vergangenheit her in die Gegenwart übergegangene Übereinstimmung im Wollen, Fühlen und Vorstellen. Das Bedeutendere ist die Forterhaltung des allgemeinen Vorrates geistiger Volksenergie, des ganzen ‚immateriellen Volkskapitals', welches von den Vätern ererbt ist und im Falle aufsteigender Entwicklung mit Zinsen und Zinseszinsen von der lebenden der nächsten Generation überlassen wird." Vgl. auch die Zitate S. 70. — Über den Begriff des Volkes siehe weiter: Schäffle, Bau und Leben des sozialen Körpers. 1896. II. Bd. S. 592ff. Ratzenhofer, Soziologie. 1907. S. 147ff.

[2]) Über die Bedeutungslosigkeit der Rasse als Bindemittel der modernen Völker siehe Ratzenhofer, Soziologie. 1907. S. 124ff.

Viertes Kapitel.

Die Rolle des Staats.

Wir haben bisher das Leben der Gesellschaft als ein System von freien Kräften betrachtet, welche nicht einer fremden Macht gehorchen, sondern die Regeln ihrer Wirksamkeit in sich selber tragen. Freie Kräfte stoßen aufeinander, zerstören oder verbünden sich, und dies alles nach eigenem Gesetz. Die Gesellschaft arbeitet nach einem in ihr lebendigen Mechanismus.

Nunmehr gilt es aber, das Bild dadurch zu vervollständigen, daß wir einer Macht gedenken, die von außen in diesen Prozeß hineingreift und ihn nach eigenem Willen antreibt oder anhält, erweitert oder beschränkt. Diese Macht ist der Staat. Er ist in seinem Wirken auf die Gesellschaft vergleichbar mit einer technischen Organisation, die nach einem festen Plan das Wirken einer Naturkraft ordnet. Er ist vergleichbar mit einem kunstvollen Deichbau, der das Wasser in den Bergen eindämmt und dadurch seine Strömung zügelt oder beschleunigt. Die Gewalt des Wassers kann niemand zerstören. Sie lebt sich immer aus. Aber sie kann in feste Straßen gebannt, in ihrem Lauf geregelt werden, so daß sie dem Lande statt Unheil Nutzen bringt.

Wollen wir den Staat in seinem Wesen erfassen, so gilt es, zwei Fragen zu lösen: Einmal, was ist der Staat? Wie ist er aufgebaut, welches ist seine Organisation? Und dann weiter, was tut der Staat? Welches ist seine Leistung, sein Zweck?

Wenn wir die Antwort auf die erste Frage suchen, so entfernen wir uns einigermaßen von der bisher beschrittenen Bahn. Denn wir behandeln ein Kapitel der Staatslehre. Wir betrachten den Staat in sich selbst, als ein isoliertes Gebilde. Erst wenn wir die zweite Frage erheben, kehren wir zurück auf den Boden der

Soziologie. Wir fügen den Staat wieder in das lebendige Phänomen der Gesellschaft ein.

Was ist der Staat? Ich werde hier die Auffassung wiedergeben, die ich bereits in meiner Arbeit über die „abhängigen Länder“ entwickelt habe.[1]) Ich werde mich auf die Grundzüge jener Darstellung beschränken. Aber anderseits werde ich versuchen, sie um einige zu bereichern.

Zu einem Staat gehört vor allem ein Volk und ein Land.

Notwendig ist weiter eine Herrschaft über das Volk in den Grenzen des Landes. Hier stoßen wir auf den kardinalen Begriff der Staatsidee. Hier stoßen wir auf das Phänomen, in welchem die innerste Lebenskraft des Staates beschlossen liegt.

Was ist Herrschaft? Es ist die Möglichkeit, nach eigenem Willen die Handlungen anderer zu bestimmen. Man kann auch sagen: Es ist die Möglichkeit, sich Gehorsam zu verschaffen. Die Herrschaft ist ein Gewaltverhältnis psychischer Natur. Die Herrschaft ist Autorität.[2])[3])

---

[1]) Abhängige Länder. Eine Analyse des Begriffs von der ursprünglichen Herrschergewalt. Zugleich eine staatsrechtliche und politische Studie über Elsaß-Lothringen, die österreichischen Königreiche und Länder, Kroatien-Slavonien, Bosnien-Herzegowina, Finnland, Island, die Territorien der nordamerikanischen Union, Kanada, Australien, Südafrika. 1914. Teil I. Kap. I. Ich verweise auch auf die Zitate, welche sich dort finden. Ich werde sie im folgenden lediglich ergänzen.

[2]) Die Herrschaft wird unter anderem regelmäßig dazu verwendet, um physischen Zwang zu üben. Denn die Anwendung solchen Zwanges wird immer notwendig sein. Allein er ist nur eine abgeleitete, nicht eine ursprüngliche Erscheinung des Staatslebens. Der Herrscher vermag nur darum absolute Gewalt anzuwenden, weil er willige Werkzeuge findet, Menschen, die bereit sind, seinen Willen auszuführen und den Zwang zu üben, den er anbefiehlt Vgl. Schäffle, Bau und Leben des sozialen Körpers. 1896. Band II. S. 427. — Lindsay, The State in recent political theorie. Quarterly Review. 1914. Band I. p. 134. "The coercitive power of the State is not an ultimate fact in politics. No organization possesses force of itself. The power of the State over its members depends upon the will of the members themselves, and on the fact that they allow the State to organize force which can indeed coerce individuals, but cannot coerce the whole community. The State, therefore, can have control over the corporations within it only if and in so far as the citizens are prepared to give it such power."

[3]) Schäffle, Abriß der Soziologie. 1906. S. 178—186.

Damit aber stehen wir vor einem neuen, tieferen Problem und fragen: Ist die Herrschaft Autorität, welches ist dann ihre Quelle? Ist die Herrschaft ein psychischer Zwang, mit welchen Mitteln wird der Zwang geübt? Ist sie ein Halten in Gehorsam, welches ist der Grund, der den Untertanen bewegt, den Gehorsam zu leisten?

Darauf können wir mit einer Formel antworten, die wenig und doch alles sagt: Der Staat wird zusammengehalten durch das Interesse.

Darauf wird man sogleich erwidern: Bricht sich denn nicht das Interesse schon in der Arbeitsteilung Bahn? Findet es nicht seine Lösung dort? Geschieht nicht die Erfüllung menschlicher Zwecke durch die frei sich entfaltende Gemeinschaft der Genossen? Die Gesellschaft bildet und betätigt sich von selbst. Warum eine Herrschaft, um einen Zwang auf sie zu legen?

Hier ist zu sagen: Wenn wir in einer Gemeinschaft von überlegenen Menschen lebten, die sich nur von ihrem wahren Vorteil, also nur von der Vernunft leiten ließen, dann allerdings könnten wir auf Staat und Herrschaft verzichten. Aber wir sind weit von dieser Vollkommenheit entfernt. Die Gemeinschaft leidet an dem Mangel, daß die Genossen ihr Interesse nur bis zu einem engen Horizont überschauen und daß ihnen darüber hinaus die Verkettung ihres Schicksals mit dem der andern Genossen entgeht. Die einzelnen lassen sich von einem wenig aufgeklärten Individualismus leiten. Sie vermögen nicht genugsam zu erkennen, daß sich der Individualismus, soll er seine höchste Entfaltung erreichen, mit dem Altruismus zu verbinden hat. Sie verlieren in einem bestimmten Augenblick die Übersicht, die geistige Herrschaft über die Reihe der Konsequenzen, die sie durch ihr Handeln in Bewegung bringen. So fügen sie andern einen Schaden zu, der wieder zu ihrem eignen Schaden wird. Individualismus und Altruismus gehen eben nicht in entgegengesetzter Richtung auseinander. Sie bewegen sich vielmehr auf langen Strecken parallel. Das ist eine Wahrheit, die unbestreitbar ist, die aber das Handeln nicht souverän regiert. Die Menschen sündigen aus Unwissenheit. Der Satz des alten Philosophen besteht hier zu Recht.[1])

---

[1]) Lindsay, The State in recent political theory. Quarterly Review. 1914. Number I. p. 139. „It is a commonplace that the State exists because

Dieser Mangel muß nach Möglichkeit beseitigt werden. Die Arbeitsgemeinschaft darf nicht frei entfesselt bleiben. Sie darf sich nicht allein durch ihre eigenen Kräfte bewegen. Es muß ein Wille erstehen, der ihr Schranken und Bahnen weist, ein Wille, der über das größte Maß der Erfahrung und des Wissens verfügt und, von jedem Eigeninteresse frei, die Gesellschaft in ihr ideales Gleichgewicht zu bringen sucht.[1]) Wo aber ist der Punkt dieses Gleichgewichts? Das ist das Urproblem des Staats.

Es gibt eine extreme Schule, die behauptet: Der Mensch ist derart abhängig von seinesgleichen, daß er nur in dem Moment zu seiner höchsten Entwicklung gelangt, in dem ein jeder Genosse

men are interdependent. But when we have said that, we have said very little. For men and animals and plants are interdependent and yet do not combine to form a State. Men are interdependent. The actions of each affect somehow all the rest. They also act independently thinking only of their own good, or more frequently thinking of the good of some and not all those whom their actions affect. The State is *necessary* not because men are selfish, but because their sympathy and interests and insight are limited as the effects of their actions are not. It is *possible* in so far as men recognize that they have obligations to other men which do not depend on the limitations or caprices of their sympathies and common interests, and in so far as they can come to know from experience what the effects of their actions are upon other men, and how by acting differently they can alter these effects. Men's action can be usefully regulated by the State in so far as their effects upon other men can be reasonably predicted, and as the effect of altering or restraining their actions can be predicted.«

[1]) Ratzenhofer, Soziologie. 1907. S. 168. „Die Volkssouveränität kann zivilisationsgemäß nicht darin bestehen, daß des Volkes Wünsche von der Regierung erfüllt werden, sondern nur darin, daß des Volkes Interressen für die Maßregeln der Regierung entscheidend sind. Denn das „Volk" weiß nie, was ihm frommt. Es ist wohl denkbar, daß — unter einem anderen Zeitgeist — das Volk die Tüchtigsten zu seiner Leitung und Vertretung auswählt, sowie auch die Laien unter den Ärzten nach Auftreten und Erfolgen die Tüchtigsten zu finden wissen, aber es ist unmöglich, daß die Massen, so wie sie es heute versuchen, ihren Vertretern die vernünftigste Politik vorschreiben. — Zivilisation ist nur möglich durch die bewußte Unterwerfung der Minderqualifizierten unter die Persönlichkeiten. Das ist übrigens der natürliche Zustand, der nur durch unseren Subjektivismus vorübergehend aufgehoben ist. Es ist aber kein Zweifel, daß dereinst die Menge zu einer tüchtigen, weil wissenschaftlich fundierten Autorität mit demselben Vertrauen emporblicken wird, wie es einst und in anderen Kulturkreisen zu fingierten Autoritäten geschah und geschieht." Hier lebt der Philosophenstaat des Plato wieder auf. — Vgl. auf derselben Seite den Anfang von Kap. 31.

den gleichen Anteil an Arbeit und Gütern hat wie er selbst. Diese Theorie ist der Kollektivismus. Sie vernichtet den Individualismus vollkommen, weil er die Gefahr der Überhebung in sich trägt. Aber zugleich mit ihm vernichtet sie die eigentliche Lebenskraft, die zum Fortschritt drängt und der Menschheit ihre Güter gewinnt. Das Gleichgewicht ist verloren. Um ein Bild zu gebrauchen: Das Schiff hat nur ein einziges, unbeweglich starres Segel. Es vermag nicht gegen widrigen Wind zu gehen. Es legt sich auf die Seite.

Es gibt eine andere extreme Theorie, welche sagt: Die Gesellschaft fährt am besten, wenn man ihr volle Freiheit läßt und sich darauf beschränkt, die Elemente zu bekämpfen, welche ihr feindlich sind und ihren Gang zu stören suchen. Es ist die Theorie des schrankenlosen Individualismus. Laissez faire. Sie ist so gefährlich wie die erste. Kehren wir zu unserem Bilde zurück: Das Schiff hat wohl eine große Mannigfaltigkeit [illegible] Segeln, die frei beweglich sind: Aber sie gehorchen keiner le[illegible]en Hand. Sie einen sich nicht zu gemeinsamem, wohl geordn[illegible] Kampfe gegen den Wind. Sie neutralisieren ihre Kräfte.

Der Staat ist berufen, eigen- und gemeinnütziges Streben harmonisch zu verbinden. Das ist seine Aufgabe. Er bringt die kunstvolle Synthese von Individualismus und Altruismus.[1] Er löst ein Problem, demjenigen des Mathematikers ähnlich, der zwei Größen gegeneinander verschiebt, bis er sie in das Verhältnis des goldnen Schnittes bringt. Der Staat ist die höhere Intelligenz, die den individuellen Kräften Halt gebietet, wenn sie sich anschicken, die natürlichen Ketten der Gemeinschaft zu sprengen. Der Staat wehrt sich gegen die unvernünftig eigensüchtigen Genossen, und dies zu ihrem eignen Heil.[2]

Weil aber der Staat den Genossen widersteht, deshalb muß er eine Gewalt besitzen, deshalb muß er Herrschaft sein.

Der Vorteil von Staat und Herrschaft ist derart einleuchtend, daß er niemandem verborgen bleibt. Und man hat auch den Nutzen

---

[1]) Wilson, der Staat. Kap. XVI. — Gumplowicz, Grundriß der Soziologie 1905. S. 267. — Lindsay, The state in recent political theory. Quaterly Review. Number I. 1914. p. 129—131.

[2]) Spencer, Soziologie. 1879. Band II. P. II. Kap. IX; Band III. P. V. Kap. II. § 441. Schäffle, Bau und Leben des sozialen Körpers. 1896. Band I. S. 527—528. Band. II. S. 427—430; Abriß der Soziologie 1906. S. 64—66.

der Institution im Lauf der Geschichte niemals ernstlich bestritten. Wir können eine allgemeine Überzeugung annehmen, von dem Inhalt, daß eine Obrigkeit bestehen muß, welche die gemeinsame Arbeit zu höherer Vollkommenheit trägt. Die Genossen folgen alle dem gleichen Gedankengang, daß sie das größte Maß ihrer Interessen verwirklichen, wenn sie gemeinsam mit den andern einem Willen gehorchen, der berufen ist, die Interessen aller zu fördern. Die Herrschaft ist auf diese Einsicht gegründet. Sie besitzt eine andre Grundlage nicht. Der Herrscher kann befehlen und die Untertanen gehorchen, weil man die Einrichtung der Obrigkeit als notwendig, als vernünftig betrachtet. Herrschaft ist psychischer Zwang. Und dieser psychische Zwang schöpft seine Kraft in der Erkenntnis der Genossen, daß der Gehorsam Vorteil bringt und daß der Mangel einer Herrschaft unnützes Mühen, Verschwendung der Kraft und stete Gefahr des Untergangs bedeutet.[1])

Indessen, wenn man auch einig ist über die Notwendigkeit der Herrschaft im allgemeinen, weil sie vorteilbringend ist, so wird darüber Streit entbrennen, von wem die Herrschaft geführt, in welchen Formen sie geübt werden soll. Wann ist die beste Sicherheit dafür gegeben, daß der Zweck der Gemeinschaft, die Förderung der zusammenstimmenden Interessen mit der größten Vollkommenheit angestrebt wird?) Das ist die Frage, die in den Vordergrund tritt und die Meinungen scheidet. Das Volk wird in mehrere Lager auseinandergehen. Das ist der regelmäßige, nicht zu vermeidende Lauf der Dinge. Und diejenige Herrschaft wird bestehen, die den stärkeren Anhang gewinnt.

Vertiefen wir dieses Phänomen und fragen wir, wer Anhänger einer Herrschaft ist. Das Band, das sich zwischen dem Herrscher und seinem Anhänger knüpft, ist immer das Interesse. Der Untertan ist geneigt, einen Herrscher zu unterstützen, wenn er dafür

[1]) Schäffle, Bau und Leben des sozialen Körpers. 1896. Band I. S. 337. „Die Erfahrung zeigt dem ganzen Volk, was die Voraussicht weiser Männer zuerst frei durchschaut, daß das Spiel der sozialen Wechselwirkungen und Kämpfe gewisse Regelungen aus dem Gesichtspunkt der gesellschaftlichen Gesamterhaltung finden müsse. Der Selbsterhaltungstrieb der Gesamtheit und die Macht der leitenden Personen tritt daher mit überlegener Kraft für entwicklungsgeschichtlich zweckmäßige Rechtsnormen und Sittengesetze, für ihre Geltendmachung und Fortbildung ein.“ — Eleutheropoulos, Soziologie 1909. S. 55—62. 101. 107.

hält, daß durch ihn eine gedeihlichere Förderung der gemeinsamen Zwecke zu erwarten sei als durch einen andern. Wie bildet sich aber der einzelne die Überzeugung, daß es besser sei, an der einen Herrschaft festzuhalten? Hat er das Vertrauen, daß der jetzige Staat den gemeinsamen Interessen am vorteilhaftesten diene, so kann er dazu aus zwei hauptsächlichen Gründen gelangen.

Es ist möglich, daß der Untertan eine Nützlichkeitserwägung anstellt und nach ihr seine Ansicht formt. Er betrachtet die Leistungen des gegenwärtigen Staates und wertet die Herrschaft nach ihnen; er verfährt empirisch, man möchte sagen, wissenschaftlich. Er überlegt.[1])

Es ist aber auch denkbar, daß den Untertan ein ethisches Band mit den Personen verknüpft, welche Träger der Herrschaft sind. Ihr sittlicher Charakter, die Tugend ihrer Vorfahren wecken in ihm die Zuversicht, daß unter ihrem Zepter die größte Sicherheit gegeben sei für eine Regierung zum gemeinen Wohl des Volks.[2]) Verehrung, Stolz, Dankbarkeit, vielleicht der Glaube an göttliche Einsetzung, das alles sind ethische Mächte, die den Untertan an herrschende Persönlichkeiten fesseln. Es sind Mächte, die mit der Menschheit selbst entstanden sind und ihren Ursprung herleiten aus der Verehrung des Familienhauptes und der Ahnen. Man kann sie kennzeichnen als Gefühle der Treue. Und so zerstört die Interessentheorie die Heiligkeit, und, wenn man will, die Göttlichkeit des Staates nicht.[3])

---

[1]) Jeremy Bentham, „A fragment on government".

[2]) Vgl. Simmel, Soziologie. 1908. S. 234 ff. Ratzenhofer, Soziologie. 1907. S. 143—144. Wilson, Der Staat. Kap. XIII i. f. Huber, Beiträge zur Kenntnis der soziologischen Grundlagen des Völkerrechts und der Staatengesellschaft. Jahrbuch des öff. Rechts. 1910. S. 113—114.

[3]) Spinoza, Tractatus theologico-politicus. 1670. Cap. XVII. „Notandum imperii potestatem non in eo praecise contineri, quod homines metu cogere potest, sed absolute in omnibus quibus efficere potest, ut homines eius mandatis obsequantur: non enim ratio obtemperandi, sed obtemperantia subditum facit. Nam quacunque ratione homo deliberet summae potestatis mandata exequi, sive ideo sit quod poenam timet, sive quod aliquid inde sperat, sive quod Patriam amat, sive alio quocunque affectu impulsus, tamen ex proprio suo consilio deliberat, et nihilominus ex summae potestatis imperio agit." Ein anderes Motiv ist die „reverentia, quae passio est ex metu et admiratione composita". — „adeoque

Damit sind aber nur die zwei abstrakten Typen der psychologischen Verfassung gekennzeichnet, die den Untertan mit seiner Obrigkeit verbündet.[1]) In der Wirklichkeit ist die seelische Grundlage des Gehorsams nicht nach so einfachen Linien gezeichnet. Einmal gehen die beiden Reihen der Motive häufig ineinander über. Der Wille zur Botmäßigkeit fließt aus der einen und der anderen Quelle zugleich.[2]) Und weiter, die Überzeugungen, die

---

ille maxime sub alterius imperio est, qui alteri integro animo ad omnia eius mandata obtemperare deliberat, et consequenter eum maximum tenere imperium, qui in subditorum animos regnat." — Vgl. Menzel, Begriff und Wesen des Staates. Handbuch der Politik. 1912. I. Bd. S. 34 ff., insbesondere Nr. V.

[1]) Vgl. Ratzenhofer, Soziologie. 1907. § 15. Die herrschenden Ideen. und § 24. Die Sozialgebilde der Ideen.

[2]) Vgl. die feinsinnige Ausführung bei Lawrence Lowell, Die englische Verfassung. Deutsche Übersetzung von Herr und Richthofen. LXVI. Kap., letzter Paragraph. „Der Begriff der Regierung bedingt Zwang und beruht daher im letzten Grunde auf der Gewalt. Aber die Gewalt hat auf dieser Erde viele Machtquellen, von denen die nackte Zahl nur eine ist. Andere Machtquellen sind Reichtum, Organisationstalent, Intelligenz, und, ohne irgendwie erschöpfend zu sein, könnte man mit Leichtigkeit noch viele andre nennen. Faßt man alle die verschiedenen Machtquellen zusammen, und schätzt jede nach ihrer richtigen Bedeutung ein, so wird man das finden, was man den tatsächlichen Schwerpunkt eines Gemeinwesens nennen könnte. Er wird nicht in allen Ländern oder zu allen Zeiten gleich sein. Er wird durch solche Dinge, wie Verteilung des Eigentums und die jeweils herrschenden geistigen und sittlichen Überzeugungen beeinflußt werden, denn Ideen sind eine sehr wesentliche Seite des Problems. Z. B. konnte zu einer Zeit die Priesterschaft eine große Macht ausüben und zu anderer Zeit gar keine. Aber theoretisch würde es doch möglich sein, den tatsächlichen Schwerpunkt eines Gemeinwesens zu einer bestimmten Zeit zu ermitteln. Ganz eine andere Sache ist es mit dem politischen Schwerpunkte. Nominell richtet er sich nach der Verteilung der politischen Macht, oder in der Demokratie nach der Ausdehnung des Wahlrechts; praktisch wird man ihn in einer anderen Weise ermitteln. Nun können diese Schwerpunkte niemals auf die Dauer voneinander weit getrennt bleiben. Das, was wir den tatsächlichen Machtschwerpunkt genannt haben, wird sich durchsetzen, und zwar, wenn es geht, auf friedliche Weise, sonst mit Gewalt. Eine Regierung, die sich in wesentlichen Dingen nicht im Einklang mit ihm befindet, wird so lange auf Widerstand stoßen, bis sie weicht. Wenn die Kopfzahl ungenügend vertreten ist, kommt es vielleicht zu heftigen Ausbrüchen. Der Druck anderer Machtfaktoren äußert sich im allgemeinen mehr durch ihre beharrliche, stillschweigende und oft keinerlei Aufmerksamkeit hervorrufende Einwirkung. Dies hat

wir geschildert haben, brechen sich nicht immer mit der gleichen Klarheit Bahn. Der Gehorsam ist nicht immer reine Erkenntnis des Richtigen. Er ist vielmehr zum guten Teil das Werk einer Massensuggestion,[1]) oder auch er erwächst aus mehr oder weniger erstarrten Gedankengängen, er ist zur Gewohnheit gefestigt.[2])

---

in allen Zeitaltern gegolten, und nicht zum mindesten in der jüngsten Zeit. Wir leben in einer Periode der Demokratie, wo die Stimme eines jeden Mannes das gleiche Gewicht hat, aber trotz der großen Macht, die die Organisation in die Hände der Volksmassen gelegt hat, ist doch die Volkszahl noch nicht die einzige Machtquelle. Erziehung und Reichtum bedeuten noch viel, und sie machen sich hierdurch die ihnen zufallende natürliche Führung der Wähler dort unglücklicherweise durch Korruption geltend. In England wird anscheinend das Gleichgewicht zwischen der einen Kopfzahl und den anderen Machtfaktoren im Staate zu einem großen Teile dadurch hergestellt, daß die Wählerschaft beinahe das ganze Volk umfaßt, während die direkte Geschäftsleitung hauptsächlich in der Hand einer kleineren regierenden Schicht ist." — Reiches ethnologisches Material bei Herbert Spencer, Principles of Sociologie. 1879. Vol. III. P. V. Cap. V. § 464. Vgl. auch Simmel, Soziologie, 1908. Exkurs handelnd von der Übereinstimmung. S. 186—197.

[1]) Friedländer, Die Bedeutung der Suggestion im Völkerleben. Veröffentlichungen des Verbandes für internationale Verständigung. 1918. Heft II. Huber gibt feinsinnige Ausführungen über die Suggestivkraft des Staatsgedankens. Er schildert auch, wie die Suggestion durch Kritik und Überlegung durchbrochen werden kann. Er bringt in diesem Zusammenhang eine interessante Analyse des Patriotismus. Huber, Beiträge zur Kenntnis der soziologischen Grundlagen des Völkerrechts und der Staatengesellschaft. Jahrbuch des öffentlichen Rechts. 1910. S. 112—114.

[2]) Herbert Spencer, Principles of Sociologie. 1879. Vol. III. P. V. Cap. II §§ 444. 447. Woodrow Wilson, Der Staat. Deutsche Übersetzung von Günther Thomas. 1913. Kap. XIII. § 5. S. 429—430. „Daß wir heutzutage der Regierung, unter der wir leben, zustimmen, wenn auch unzweifelhaft bewußt und in gewissem Sinne freiwillig, ist doch zum großen Teil etwas Ererbtes; unsere Zustimmung ist zum größten Teil mit uns geboren und uns anerzogen. Wir lassen uns in der Hauptsache treiben. Mit dem Hergebrachten übereinzustimmen, wird sehr leicht zur Gewohnheit. Bei dem Aufbau unserer eigenen Regierung sogar, deren Änderung kein Gottesgnadentum im Wege steht, beschränken wir uns meist auf Modifikationen. Die Generation, die Zeuge der Errichtung unserer Bundesregierung war, mag sich selbst für ursprünglich schöpferisch, für die Erfinderin einer Regierung gehalten haben; aber wir Menschen von heute haben übernommen, was uns gegeben worden ist, und werden von Gesetzen regiert, die wir durchaus nicht selbst gemacht haben. Unser Verfassungsleben ist schon vor langer Zeit für uns zurecht gemacht worden. Wir sind den Menschen der primitiven Zeit in bezug auf die erhaltende Kraft der öffentlichen Meinung ähnlich, obwohl wir ihnen in

Mag nun der Staat seine Anhänger durch irgendwelchen psychischen Prozeß gewinnen, immer muß doch die eine Bedingung erfüllt sein, daß er den stärkeren Teil des Volkes auf seiner Seite hat, also den Teil, der letzten Endes die physische Überlegenheit besitzt, um die bestehende Herrschaft gegen die widerstrebende Partei zu behaupten. Der Staat ist begründet in der Übermacht einer Gruppe über die andere. Der Staat ist der Zwang des Volkes gegen das Volk.[1][2]

---

bezug auf die Änderung unserer Einrichtungen mit Hilfe der öffentlichen Meinung unähnlich sind. Der ihnen gemeinsame unveränderliche Wille enthielt die Geburtskräfte der Regierung nicht weniger, als unser fortschreitend veränderlicher allgemeiner Wille." — Gumplowicz, Grundriß der Soziologie. 1905. S. 218.

[1]) Gumplowicz, Grundriß der Soziologie. 1905. S. 190—191. Ratzenhofer, Soziologie. 1907. S. 147—148. Wilson, Kap. XIII. § 2. S. 426 bis 427: „Glücklicherweise gibt es in unserer Zeit viele Regierungen — und diese gehören zu den bedeutendsten und besten —, die nur selten ihre Untertanen zwingen, sondern ruhig und geräuschlos ihre Aufgabe erfüllen. In gewissem Sinne bestehen sie ohne die Anwendung von Gewalt, aber wenn sie auch nicht offen zutage tritt, so steht nichtsdestoweniger Gewalt hinter ihnen. Die besseren Regierungen unserer Tage — diejenigen, die nicht auf der Waffengewalt der Regierenden, sondern auf der freien Zustimmung der Regierten beruhen — gründen sich auf Verfassungen und Gesetze, deren Ursprung und Sanktion in Herkommen und Sitte des betreffenden Gemeinwesens liegen. Die Macht, die sie verkörpern, ist nicht diejenige einer herrschenden Dynastie oder Minorität, sondern die einer damit einverstandenen Mehrheit, und wie überwältigend stark diese Macht ist, zeigt sich deutlich in der Tatsache, daß die Minderheit sehr selten zur Anwendung von Gewalt herausfordert. Sie tritt nicht in die Erscheinung. Gerade weil man von ihr weiß, daß sie allmächtig ist. Es steht Gewalt hinter der Autorität der erwählten Beamten nicht weniger, als hinter derjenigen des anmaßenden Despoten; eine viel stärkere Gewalt steht hinter dem Präsidenten der Ver. Staaten als hinter dem russischen Zaren. Der Unterschied liegt in der Entfaltung von Zwangsmitteln. Beide werden durch physische Gewalt gestützt, aber in dem einen Fall ist sie die letzte und im anderen die erste Zuflucht." — von Wieser, Recht und Macht. 1912. Gaston Jèze, Essai d'une théorie générale des fonctionnaires de fait. Revue de droit public et de science politique. 1914. p. 103—117. Mit interessanten Beispielen aus der französischen Verfassungsgeschichte seit 1789.

[2]) Die Übermacht, welche die Anhänger der Herrschaft besitzen, liegt nicht notwendig in ihrer größeren Zahl. Der stärkere Teil des Volkes ist nicht identisch mit der Majorität. Die numerische Schwäche kann ausgeglichen sein durch bessere Bewaffnung oder bessere Organisation. Selbst

Weil aber der Staat nur aufrecht bleibt, solange er von der stärkeren Partei getragen wird, so ist es für ihn absolutes Erfordernis, die Überzeugungen am Leben zu erhalten, welche ihm seinen Anhang gewinnen. Aus dieser Rücksicht entstehen notwendige Richtungen und notwendige Grenzen seines Handelns. Er muß ein Mindestmaß von Leistungen gewähren, er darf über ein Höchstmaß von Beschränkungen nicht hinausgehen. Man kann hier von letzten Bedingungen sprechen, unter welchen der unentbehrliche Gehorsam geleistet wird. Der Staat hat natürliche Grenzen seiner Macht. Denn, ist er auch die Herrschaft über ein Volk, so ist er doch im letzten Grunde die Herrschaft des Volkes selbst.[1][2]

Soviel über den inneren Aufbau des Staates. Es bleibt jetzt übrig, seinen Zweck zu erklären.

Nun sind wir bei der Besprechung des ersten Problems schon genötigt worden, grundsätzlich zu dem zweiten Stellung zu nehmen. Und da haben wir denn den Leitsatz entwickelt, daß der Staat berufen ist, an einer bestimmten Grenze den Individualismus in

---

die Stadt, die ein Tyrann von seiner Zwingburg aus mit einer fremden Söldnerschar bemeistert, ist ein staatliches Gebilde, mögen auch die psychologischen Bande, die es zusammenhalten, moralisch betrachet, äußerst rudimentäre sein; s. den Artikel von Friedrich Curtius über meine Arbeit: Abhängige Länder, in der Frankfurter Zeitung vom 14. Juni 1914. In Sparta waren die Periöken dreimal, die Heloten zwanzigmal der herrschenden Klasse an Zahl überlegen. Wilson, Der Staat. Kap. II. Sparta, § 6. Vgl. auch Kap. XIII. § 4. Ratzenhofer, Soziologie. 1907. S. 169: „Wenn eine starke Persönlichkeit die volle Herrschaft in einer Gruppe führt, macht sie ihr Interesse zum Inhalt der sozialen Ordnung. Wir nennen dieselbe dann Tyrannei. Aber auch der ärgste Tyrann kann nur herrschen durch Gefolgschaft, d. h. die Anhängerschaft im Interessenkreise. Seine Herrschaft hängt davon ab, daß die Beherrschten, soweit dieselben überhaupt einer Tat fähig, also Persönlichkeiten sind, ihr Interesse durch seine Herrschaft befriedigt finden; sonst wird der Tyrann gestürzt. Jede Autorität hängt von der Interessenbefriedigung jener ab, die selbst befähigt wären, Autorität zu entfalten: der Despot in einem indolenten Volke nur von seinen Prätorianern, die öffentliche Gewalt in einem Lande mit hochentwickelter Individualisierung von der Erfüllung des Gemeinnutzes."

[1]) In diesem neuen Sinn kann man die geistreiche These von Rousseau wieder zu Ehren bringen, daß die Nation ihre eigene Herrin sei.

[2]) Über die Freiheitsidee im modernen industriellen Staat vgl. Spencer, Soziologie. 1879. Vol. II. P. II. Kap. X. S. 260.

die Bahn des Altruismus zu lenken und dadurch das wirkliche Interesse der einzelnen zu wahren. Es handelt sich jetzt darum, diese Maxime in ihren Konsequenzen zu verfolgen und in ihren Einzelheiten auszubauen.

Das allgemeine Interesse drängt nach drei verschiedenen Richtungen die besonderen Interessen zurück und ruft dabei den Staat um seine Unterstützung an.

Erster Fall.

Es gibt zunächst eine Reihe von Unternehmungen, die eine unmittelbare Wirkung auf zahlreiche und wichtige, vielleicht auf alle Teile der nationalen Arbeit üben und die deshalb je nach ihrer Organisation Gedeihen oder Verderb über die Gemeinschaft bringen. Solche Unternehmungen dürfen nicht den einzelnen anvertraut werden. Denn sie erfordern eine so feine Abstimmung der Funktionen, wie sie von der Intelligenz des einzelnen nimmermehr geleistet werden kann. Und wäre selbst die Intelligenz vorhanden, so würden doch die einzelnen niemals zu der unparteilichen Abwägung aller Interessen imstande sein, welche unabänderliche Bedingung des Gelingens ist. Sie würden sich der individuellen Motive nicht erwehren können. Es wäre auch Unrecht, wollte man volle Entsagung von ihnen verlangen. Dazu kommt ein andrer Grund: wenn im Besitz von einzelnen, würden jene Unternehmungen in kleinere Organisationen gegliedert sein und schon deshalb des geordneten Zusammenhangs, der Einheit und damit der wohl erwogenen gemeinnützigen Wirkung ermangeln.

Hier hat der Staat einzugreifen und selbst zu handeln. Er hat eine Verwaltung zu leisten. Er muß Unternehmungen solcher Art entweder selbst in die Hand nehmen oder sie doch einer weitgehenden Aufsicht unterwerfen.[1])

---

[1]) Wilson, Der Staat. Kap. XVI. „Die Gesellschaft kann es sich nicht leisten, für privaten Nutzen und ohne staatliche Regelung Unternehmungen zu dulden, die für ihr eigenes Gedeihen notwendig sind und doch berechtigte Konkurrenz ausschließen. Die Erfahrung zeigt, daß das Selbstinteresse derjenigen, die solche Unternehmungen für privaten Erwerb betreiben, mit dem öffentlichen Interesse unvereinbar ist. Selbst an sich ehrliche Interessenten mögen oft Mittel entdecken und der Versuchung erliegen, sich durch ungerechte Differenzierung zwischen einzelnen bei der Benutzung solcher Unternehmungen unerlaubte finanzielle Vorteile zu verschaffen. Aber die Forderung, daß die Regierung solche übermächtige Kapitalsorganisationen

Das klassische Beispiel sind die Verkehrsmittel. Da ist der Postbetrieb. Frankreich hat schon unter Ludwig XI., 1464, die Übermittlung von Nachrichten zu einer Angelegenheit des Staats gemacht. Und die Nachbarländer haben gar bald das Beispiel nachgeahmt.

Wir kommen zu dem zweiten Fall staatlicher Tätigkeit.

Die Teilung und Gemeinschaft der Arbeit ist ein gewaltiger Mechanismus von Leistung und Gegenleistung. Die Gesellschaft ist gegründet auf den Tausch. Der eine wird tätig für den andern und erhält wieder das Ergebnis fremder Arbeit als Äquivalent. So muß die Gesellschaft durch ein weit verzweigtes System von Versprechungen geregelt sein. Ihr Nerv ist der Vertrag. Und deshalb ist eine Obrigkeit vonnöten, welche über die Einhaltung der Verbindlichkeiten wacht.

Wieder hat der Staat einzugreifen. Er hat Recht zu setzen und Recht zu sprechen.

Es gibt dann noch eine dritte Aufgabe des Staates, eine Leistung, die man zusammenfassen kann als Verteidigung oder Schutz. Hierher gehört die Abwehr gegen den äußeren Feind, das heißt die Abwehr gegen den kriegerischen Nachbarstaat wie auch gegen den Genossen, der seine Mitgliedschaft verleugnet und sich gegen die Ordnung der Gesellschaft vergeht. Aber diese Abwehr gilt nur einem Angriff von rein mechanischer Natur, einem Angriff, der mit blanken Waffen Wunden schlägt. Es gibt indes noch einen inneren Feind, welcher die Gesellschaft bedroht. Er ist gefährlicher als jener. Denn er zersetzt den Organismus selbst. Suchen wir ihn zu erkennen.

---

beaufsichtige, darf keineswegs dahin verdreht werden, daß man darunter versteht, die Regierung müsse selbst die Verwaltung solcher, nur dem monopolistischen Betriebe zugänglicher Werkzeuge wirtschaftlicher Betätigung übernehmen. In solchen Fällen, sagt Sir T. H. Farrer, gibt es nur zwei Alternativen:

1. Besitz und Verwaltung durch Privatunternehmung und Privatkapital unter Regelung und Beaufsichtigung durch den Staat.

2. Besitz und Verwaltung durch die Zentral- oder Lokalregierung.

In den meisten Fällen muß Regelung und Beaufsichtigung durch die Regierung genügen. Meist sind die Schwierigkeiten, die der erfolgreichen Geschäftsleitung einer Regierung im Wege stehen, so groß, daß die einfache Beaufsichtigung soweit wie irgend möglich der direkten Verwaltung vorgezogen werden sollte."

Die Arbeitsteilung hat wohl eine erstaunliche Elastizität, die darin besteht, daß sie sich selber regelt, den Ausgleich der Kräfte schafft, den Auswuchs hindert und die Lücken füllt. Die Gesellschaft ist ein Wunderbau wie der menschliche Körper. Allein sie kann dem Siechtum verfallen wie er. Und dann bedarf es des chirurgischen Eingriffs, der heilenden Tätigkeit des Staats.

Welches sind die Krankheiten, die den harmonischen Verlauf der sozialen Funktionen bedrohen? Sie sind nur wenig bekannt, und die moderne Wissenschaft beginnt erst, ihre Herde zu entdecken.

Ein wichtiger Fall soll zur Erläuterung dienen.

Das natürliche Spiel von Angebot und Nachfrage wird oftmals dadurch gestört, daß die Parteien mit ungleichen Waffen kämpfen. Was sind aber ungleiche Waffen in diesem Sinn? Es handelt sich nicht um eine Verschiedenheit der Intelligenz, der Energie, der moralischen Kraft oder der physischen Stärke. Die Ungleichheit besteht vielmehr darin, daß die eine Partei Machtmittel in den Kampf trägt, die sie in einer anderen Sphäre gewonnen hat. Ihre Überlegenheit ist nicht in dem gegenwärtigen Streit erwachsen. Ein Beispiel bietet die erdrückende Gewalt des Kapitals im Lohnkampf gegen die Arbeiter. Oder ein anderes Beispiel. Die Ungleichheit besteht darin, daß die Machtmittel von Natur beschränkt sind und daß sie, wenn einmal im Besitz einer Partei, nicht mehr von der anderen errungen werden können. Es besteht ein Monopol. In der ersten Alternative wie in der zweiten ist die Überlegenheit Zufall. Sie ist unnatürlich. Darauf kommt es an. Und weil sie unnatürlich ist, wird sie den organischen Verlauf der Funktionen stören und Schaden stiften. Deshalb wehrt sich der moderne Staat und ergreift zwei bedeutsame Maßregeln zum Schutze der Arbeitsgemeinschaft: die soziale Fürsorge und den Kampf gegen das Monopol.[1])

---

[1]) Es sollen nach Möglichkeit auf allen Gebieten des menschlichen Strebens gleiche Bedingungen geschaffen werden. So faßt Wilson den Gedanken zusammen. Der Staat. Kap. XVI.

§ 7. „Jede Entwicklung ist auch Anpassung, sie soll den Umständen des Falles entsprechen. Aber das sind nicht, soweit die Regierung in Betracht kommt, was man nicht vergessen darf, die Umstände eines Einzelfalles, sondern die des Falles der Gesellschaft, es sind die allgemeinen Bedingungen

Wir haben versucht, den staatlichen Zweck zu ergründen. Die Darstellung wird vielleicht auf den ersten Blick befremdlich erscheinen. Sie ist nicht die übliche. Aber die Besonderheit ergibt sich eben daraus, daß wir nicht das fertige System betrachten, sondern das Emporwachsen der staatlichen Aufgaben aus soziologischer Notwendigkeit.

Nachdem wir uns bemüht haben, das Gebilde des Staates in seinen Grundlinien zu erfassen, kommen wir zu unserem eigentlichen Problem und fragen, welche Rolle der Staat in dem natürlichen, von uns beobachteten Prozeß der Annäherung unter den Völkern spielt. Wir haben in den ersten drei Kapiteln von dem Phänomen des Staates abstrahiert. Wir haben das freie Spiel der inviduellen Kräfte und ihr Ringen um immer neue Güter betrachtet. Wir haben gesehen, wie die solidarische Gebundenheit des Schaffens und die Teilnahme an dem gemeinsam erworbenen Besitz die Menschen zu Gruppen vereinigt, zu Gruppen, die sich immer mehr erweitern und sich immer enger miteinander verbinden. Wäre die Gesellschaft vollkommen, wäre sie fähig, in sich selbst zusammen zu halten, könnte sie bestehen ohne das eiserne Gerüst, mit dem der Staat sie umklammert, so würde sich jenes Problem nicht erheben. Die Teilung und Vereinigung der Arbeit würde die Welt umspannen, von keiner Gewalt zurückgehalten und nur dem eignen Trieb der Ausdehnung gehorchend. Die Welt wäre eine einzige Genossenschaft. Nun tritt aber kraft der Notwendigkeit der Dinge der Staat auf den Schauplatz und ändert das Bild.

der sozialen Organisation. Für die Gesellschaft liegt der Fall so: dem einzelnen müssen für seine vollständige Selbstentwicklung die besten Mittel, die beste und vollste Gelegenheit gegeben werden, anders kann die Gesellschaft selbst nicht an Vielseitigkeit und Kraft gewinnen. Aber eine unerläßliche Bedingung für die Möglichkeit der Selbstentwicklung kann nur die Regierung als das kontrollierende Organ der Gesellschaft allein liefern. Alle Kombinationen, die notwendigerweise Monopole schaffen, die unerläßliche Mittel der industriellen oder sozialen Entwicklung in der Hand von wenigen vereinigen, und diese wenigen selbst, die nicht von der Gesellschaft ausgewählt werden, sondern durch glückliche Umstände zu ihrer Macht gelangt sind, müssen unter die mittelbare oder unmittelbare Kontrolle der Gesellschaft gestellt werden. Der Gesellschaft allein kommt die Macht zu, ein Monopol zu besitzen. Sie kann es nicht dulden, daß einzelne ihrer Mitglieder eine solche Macht zur Befolgung ihrer Privatzwecke, unabhängig von scharfer Kontrolle und Beaufsichtigung, erringen."

Der Staat greift mit starker Hand in die menschliche Tätigkeit ein, so haben wir erkannt. Er übernimmt manche Aufgaben selbst und leiht im übrigen der Arbeit Recht und Schutz. Er richtet Schranken auf und wacht über sie mit der zwingenden Gewalt, welche ihm zu Gebote steht. Damit schließt er auf einem räumlich abgegrenzten Gebiet die Arbeitsteilung zu einem besseren, aber gleichzeitig auch engeren System zusammen. Er gibt den Funktionen größere Vollkommenheit; indem er sie aber in seiner Sphäre organisiert, macht er sie zu Teilen eines partikulären Prozesses. So ergibt sich: der Staat entfaltet seine nützliche Tätigkeit auf Kosten der universellen Tendenz. Er setzt der zentrifugalen Kraft eine zentripetale entgegen. Er ist eine schwere Hemmung der völkereinenden Kraft.[1])

Einige Beispiele werden das zeigen.

Wenn der Staat die Verkehrsmittel in eigene Verwaltung nimmt oder wenigstens ihren Betrieb überwacht und in den großen Zügen leitet, so verfährt er nach einem umfassenden wirtschaftspolitischen Plan. Er betrachtet die ökonomischen Bewegungen, die im Bereich des Landes zutage treten, und sucht ihnen allen unter billiger Abwägung zu dienen. Der Staat verfährt, wenn auch mit aller Großzügigkeit, doch nur im Interesse seines Gebiets. Und der Nachbarstaat tut wiederum dasselbe. So kommt es zu mehr oder minder harten Kollisionen zwischen den Verwaltungen der einzelnen Staaten. Die wohlberechnete Ordnung des einen Landes greift nicht mit natürlicher Leichtigkeit hinüber in die Ordnung des andern. Die Organisation ist wohl gefügig nach innen, aber starr nach außen. Anders stände es, wenn die Betriebe sich von staatlicher Einwirkung befreiten. Da würden einzelne machtvolle Interessenströmungen die Verkehrsmittel beherrschen und ihren Zwecken dienstbar machen. Und dies über die Länder hinweg. Internationale Eisenbahngesellschaften würden sich bilden in enger Verbindung mit großen Zweigen der Industrie und des Handels. Es entstände eine natürliche Einheit, nicht gebunden durch die Grenzen der Staaten, sondern nur durch die Grenzen der Unternehmungen, welche die Eisenbahnen in ihrer

---

[1]) Huber, Beiträge zur Kenntnis der soziologischen Grundlagen des Völkerrechts und der Staatengesellschaft. Jahrbuch des öff. Rechts. 1910. S. 83—86.

Abhängigkeit hielten. Allein, das ist der Nachteil, diese weit ausholenden Zusammenhänge würden sich durchsetzen auf Kosten der wirtschaftlich Schwachen. Die Einstimmigkeit wäre mit Unterdrückung erkauft. Die Universalität wäre gleichzeitig verhängnisvolle Individualität.

Gehen wir auf das intellektuelle Gebiet.

Nimmt der Staat die Verwaltung der Schulen in die Hand, so wird er es mit dem Bestreben tun, die Vollständigkeit des Unterrichts und die allgemeine Verbreitung der Wissenschaft zu sichern. Er wird sich darum bemühen, daß alle Disziplinen gelehrt werden, die für die Entwicklung des Volkes förderlich sind Und er wird Sorge dafür tragen, daß die Bildung in weite Kreise gelangt. Das sind die großen Ziele, welche die staatliche Schule verfolgt. Man darf sich aber nicht verhehlen, daß bei diesem System eine wichtige Kraft gemindert wird, die der freien Lehre innewohnt: Es ist die Kraft der individuellen Autorität. Wo sich über die politischen Grenzen hinweg, unabhängig vom Staat und unter der Leitung hervorragender Männer Gemeinschaften bilden mit eigener Methode der Erziehung und Lehre, da wird die Bildung vielleicht einen Zug der Einseitigkeit an sich tragen und nicht in so weite Kreise dringen; aber sie wird auch mehr Charakter besitzen. Wichtig genug, wenn man der alten, heute fast vergessenen Wahrheit eingedenk bleibt, daß eine wahre Erziehung einem Volk nicht Gelehrte, sondern Persönlichkeiten geben soll.

Wenn der Staat seine zweite Aufgabe erfüllt, wenn er Recht setzt und Recht spricht, so drängt er damit wiederum die Arbeitsteilung im Bereich desselben Landes auf sich selbst zusammen. Die Sicherheit und die Gleichheit des Rechts innerhalb der staatlichen Grenzen gibt Handel und Wandel die Tendenz, den Austausch im geschlossenen Kreise zu vollziehen, solange nicht der Verkehr mit dem Ausland überragende Vorteile bietet.

Und wie die Verschiedenheit des Rechtes die Solidarisierung der Völker hemmt, so auch die Verschiedenheit der Schutzmaßregeln, mit denen der eine oder der andere Staat unnatürliche Verschiebungen von Angebot und Nachfrage auszugleichen sucht. Wenn in einzelnen Staaten ungleiche Schranken aufgerichtet werden mit dem Zweck sozialer Fürsorge und zum Kampf gegen das Monopol, so wird die Ausbreitung einheitlicher Unternehmungen über mehrere Länder behindert. Sind doch alsdann die Bedingungen der Existenz hier und dort verschieden.

Wenn endlich der Staat den Krieg vorbereitet, wenn er den Nachbarn als Feind betrachtet, der ihn zur Gegenwehr zwingt, so sind das neue Mauern, die sich zwischen den Völkern erheben und den Verkehr zwischen ihnen hemmen.

So haben wir denn das Schauspiel von zwei Kräften, die wider einander streben. Wir erkennen auf der einen Seite den der Arbeitsteilung von Natur innewohnenden Trieb der Ausdehnung, ein Phänomen, das wir schon ausführlich geschildert haben. Wir erkennen auf der anderen Seite die hemmende Gewalt des Staates, der zwar der Arbeitsteilung wichtige Dienste leistet, zugleich aber jenem Drang der steten Erweiterung Schranken setzt.[1])

Die Bemühung des einzelnen, die Zweckverfolgung der Gruppe, sie streben über die Grenzen des Staates hinaus. Das durch die Herrschaft umfriedete Gebiet ist ihnen zu eng. Das ist Naturgesetz.[2]) Weil aber der Staat in der strengen Konsequenz der

---

[1]) Vgl. Schäffle, Bau und Leben des sozialen Körpers. 1896. Band I. S. 100—102. 330—333. — Lindsay, The State in recent political theory. Quarterly Review. 1914. Nr. I. p. 143—144. — Ratzenhofer. Soziologie, 1907, S. 151: „Die ‚Gesellschaft‘ im eigentlichen Sinne steht in einem gewissen Gegensatz zum Staate, da der Verkehr über die Grenzen des Staates hinaus auf gewisse Schwierigkeiten und Hindernisse stößt, die in den Macht- und Kulturinstitutionen des Staates begründet sind. Die Gesellschaft ignoriert diese Schranken oder sucht sie zu durchbrechen. Der Staat muß sie aber im Interesse seiner Macht und der nationalen Einheit aufrecht erhalten“. — Huber, Beiträge zur Kenntnis der soziologischen Grundlagen des Völkerrechts und der Staatengesellschaft. Jahrbuch des öffentl. Rechts. 1910. S. 60—61.

[2]) Lindsay, l. c. S. 138. — Simmel, Soziologie. 1908. S. 423—429. — Gumplowicz, Grundriß der Soziologie. 1905. S. 231. — Schäffle. Abriß der Soziologie. 1906. S. 30—31. — Huber, S. 93—98. 115—118.

Ein ganz anderes Bild entrollt uns Ratzenhofer.

Soziologie. 1907. S. 16. „Das Zeitalter der Seßhaftigkeit der Menschen und der Produktionsharmonie“: — „Es muß eine Zeit kommen, wo alle bewohnbaren Räume besetzt sind, wo alle Länder ihre Lebensmittel für die eigene Bevölkerung brauchen, und jedes Land die nach den Produktionsmitteln mögliche Industrie geschaffen und ausgebildet hat. Die zivilisierten Rassen werden die geringwertigen in den ehemaligen Kolonialgebieten vernichten, und dann wird jedes Land seine Grenzen gegen die Einwanderung fremder Menschen und Industrieerzeugnisse und gegen die Ausfuhr von

menschlichen Psychologie gelegen und nicht zu umgehen ist, so wird er zu dem natürlichen Ausgleich getrieben, daß er sein Gebiet erweitert, je mehr die Arbeitsteilung oder, was das gleiche bedeutet, je mehr die Kultur im Wachsen ist. Daher die Tendenz zum Großstaat, die für die Politik der modernen Zeit charakteristisch ist.[1])

Aber der Staat hat nicht die gleiche Fähigkeit der Expansion wie die Arbeitsgemeinschaft. Denn er ist Gewalt. Er ruht auf dem Willen eines Volkes, eine Herrschaft aufrecht zu erhalten und ihr untertan zu sein. Solch eine psychologische Verfassung kann nicht von einem Augenblick zum andern in einer beliebigen Sphäre entstehen. Der Staat ist an den Raum gebunden und durch den Raum beengt. Er besteht auf einem festen Gebiet, weil sich hier der günstige Boden für ihn findet, weil hier all die seelischen Regungen zusammentreffen, welche die Herrschaft erzeugen und am Leben halten. Der Staat muß auf einer natürlichen Grundlage stehen bleiben. Will er über sie hinausbauen, so läuft er Gefahr, keinen Halt mehr zu finden und zusammenzubrechen.[2])

Die Vergrößerung ist also schwierig, aber unmöglich ist sie nicht. Da ist namentlich zu bedenken, daß die Ausdehnung des Staates in unseren Tagen mächtig unterstützt wird durch eine

---

Lebensmitteln sperren. Dann aber ist die Vorherrschaft der heutigen Industrieländer zu Ende. Alle Länder werden zu einer Harmonie in ihrer Produktion gedrängt, die alle Bedürfnisse möglichst selbst zu befriedigen sucht. Der Landwirtschaft muß auf Kosten der Industrie erhöhte Aufmerksamkeit gewidmet werden. Der internationale Verkehr wird auf jene Güter beschränkt, die einem Wirtschaftsgebiete ausschließlich oder doch vorwiegend eigen sind, womit die Wirtschaft einen stabilen Charakter gewinnt und das Kapital von seiner führenden Stelle gestürzt wird".

[1]) Schäffle, Bau und Leben des sozialen Körpers. 1896. Band II. S. 582—584.

[2]) Lindsay, l. c. p. 136. ‚It looks almost as though the State as it now exists were either too large or too small for any principle in which we may try to rest its supremacy over other associations. If we choose the principle of consciousness of common interests, the feeling of mutual interdependence and relation, the State is too large. Intenser loyalties are easier in smaller, more homogeneous bodies. If we choose the principle of the need for regulating or controlling conflicting individuals and associations, the Staate is too small‘. p. 139. 141. — Gumplowicz, Grundriß der Soziologie. 1905. S. 253—254. 258—259.

Erscheinung, die wir die Ausbreitung des Besitzes genannt haben. Je weiter die Arbeitsteilung wächst, um so weiter verteilen sich auch die Reichtümer, welche ihr Erzeugnis sind. Der Besitz der gleichen Güter, vor allem der geistigen, schafft aber eine psychische Verwandtschaft unter den Menschen, bindet sie durch Sympathie. Das wissen wir bereits. Wenn nun auch solche Annäherung nicht das Streben wach ruft, einen Einheitsstaat zu gründen, so kann sie doch andere Motive, die zum gleichen Ziele drängen, wesentlich verstärken. Mit einem Wort, der rege Austausch der Güter unter den zivilisierten Nationen hat eine Nivellierung der Kultur im Gefolge. Solche Nivellierung bereitet aber den Boden für ein politisches Zusammenwachsen.[1])

Die Bewegung zum Großstaat hat ihre Grenzen. Aber sie überschreitet diese Grenzen noch einmal vermöge eines der sinnreichsten politischen Gebilde, die in der Geschichte je erschienen sind. Es ist der Bundesstaat. Das Geheimnis seiner Kraft liegt darin, daß er über die natürlichen Schranken des Staates hinausgeht und doch diese natürlichen Schranken nicht zerstört. Er ist ein Staat, der sich über mehreren Staatsvölkern erhebt. Der staatenbildende Prozeß findet zweimal statt, im kleinen und daneben auch im großen Kreise. Zwei Gewalten werden aufgerichtet. Eine ist so ursprünglich wie die andere. Auf diese Weise bleiben die alten historischen Bande erhalten, die das kleine Gemeinwesen zusammenschließen. Es wird eine neue Kraft gewonnen und doch bleibt die wertvolle Kraft bestehen, die auf die nationale Tradition gegründet ist.

Der Gedanke des Bundesstaats hat in der modernen Welt große Fortschritte gemacht. Und dies erklärt sich eben aus dem Naturgesetz, das wir erkannt haben und das zur Ausbreitung der Arbeitsgemeinschaft drängt. Die klassischen Beispiele föderativer Länder sind die Vereinigten Staaten, die Schweiz und das Deutsche Reich. Einige andere amerikanische Gemeinwesen reihen sich an. Das fesselndste Beispiel einer Entwicklung zum Bundesstaat bietet aber das britische Reich. Eine starke föderative Bewegung hat heute England und seine freien Kolonien ergriffen. Immer stärker bricht

[1]) Vgl. die Ausführungen von Ratzenhofer über die unvollkommenen Nationen, bei denen die kulturelle Einheit mit dem Umfang des Staates nicht übereinfällt. Soziologie. 1907. S. 147—152. — Huber, S. 113—114.

sich die Auffassung Bahn, daß England den Freihandel nicht mehr aufrecht erhalten könne, sich vielmehr mit seinen Kolonien durch gemeinsame Zollgrenzen zu einem ökonomischen Gebiet vereinen müsse. Diese von Chamberlain mit so viel Geist und Temperament verfochtene These drängt zu einer politischen Union unter den Ländern der britischen Krone. Und sie kann nur von föderativer Gestaltung sein.[1])

Allein, mag man auch in solch kunstvoller Weise die festen Ringe zu einer Kette schmieden, so gibt es doch immer einen Punkt, über den diese Bindung nicht hinausgehen kann. Auch der Bundesstaat ist ein Phänomen, das im Volkswillen seine Wurzel hat. Auch der Bundesstaat ist eine ursprüngliche Herrschergewalt. Und so bedarf auch er der psychologischen Grundlage, die nicht willkürlich hervorgebracht, sondern nur durch Schicksal und Tradition vorbereitet und langsam gefestigt werden kann.

Weil aber die Arbeitsgemeinschaft den ganzen Erdkreis in ihre zwingende Macht zu bannen strebt und immer wieder nach einem Ausgleich der in sich abgeschlossenen staatlichen Organisationen trachtet, so greift der Staat zu einem letzten Mittel, um den seinem eigenen Wesen anhaftenden Partikularismus mit dem immer mächtiger vordringenden Universalismus in Einklang zu bringen: Er schließt Verträge; er eint sich mit anderen Staaten zu Tätigkeiten, die ineinander greifen, sich ergänzen und mit gemeinsamer Kraft gleiche Ziele verfolgen. Die Ordnung, die der Weltstaat nicht herstellen kann, die schafft die Weltgemeinschaft der durch Versprechen aneinander gebundenen Staaten. Der nationale setzt sich fort im internationalen Verband. Wo das Staatsrecht seine Grenze findet, da hebt das Völkerrecht an. Wo kein Herrscherwille mehr ist, da muß die Vernunft sein Werk vollbringen.[2])

Kehren wir zu unseren früheren Beispielen zurück. Die Staaten werden ihre Verkehrsmittel nach einem gemeinsamen Plane regeln, der allen Interessen unter billigem Ausgleich Rechnung trägt. Die Staaten werden fremder Wissenschaft und Kunst die Tore ihres

---

[1]) Vgl. meine Arbeit: Abhängige Länder. Eine Analyse des Begriffs von der ursprünglichen Herrschergewalt. 1914.

[2]) Schäffle, Bau und Leben des sozialen Körpers. 1896. Band I. S. 529—533. — Huber, S. 69. 118—119.

Landes öffnen und einen immer bedeutenderen Austausch ins Werk setzen. Sie werden fremde Gelehrte und Künstler in ihr Land ziehen und die eigenen Lehrkräfte in fremder Schule bilden. Wenn auch diese Bewegung erst anhebt, so wird sie sich doch bald ausbreiten und die Güter der idealen Kultur über die Welt verstreuen. Die Staaten werden sich weiter den Rechtsschutz gewährleisten von einem Land zum andern. Sie werden sogar einheitliches Recht einführen, wo der internationale Verkehr solche Macht und Schnelligkeit erreicht, daß er die Schranken der Rechtsverschiedenheit nicht mehr ertragen kann. Die Staaten werden auch in gemeinsamer Arbeit die großen sozialen Probleme der Zukunft lösen. Und sie werden endlich durch immer weitere Bündnisse den Handel und Wandel beengenden Wehrzustand gegen die Nachbarn zu mindern suchen.

Auf diese Weise wird der Staat selbst in die Bewegung der Universalität hineingezogen. Er ist zu Anbeginn ein der Solidarität widerstrebendes Prinzip. Aber so groß ist die zwingende Macht der Gemeinschaft unter den Völkern, daß der Staat ihr nicht widerstehen kann. Zur Trennung der Interessen geboren, strebt er schließlich selbst ihre Verbindung an. Zwar der Staat hat einen anderen Weg zu gehen als die natürliche und sich frei bewegende Gesellschaft der Menschen. Aber die beiden Linien der Entwicklung nähern sich einander und treffen sich in einem Zielpunkt, der in unermeßlich weiter Ferne liegt: Er ist dargestellt durch eine Zeit, wo Gesellschaft und Staat in eins aufgehen, weil entweder die Menschheit des Staates nicht mehr bedarf, oder weil ein einziger Staat alle Länder umschließt.

Das Ergebnis.

Wenn wir nunmehr zurückblicken auf die soziologischen Entwicklungsgesetze, welche die Menschheit beherrschen und ihr den Weg des Fortschritts weisen, so müssen wir uns zu der Wahrheit bekennen, daß die Rechtlosigkeit unter den Völkern ein Verhängnis bedeutet. Gemeinschaft, das ist die Losung, die überall aus der Natur der Dinge spricht. Gemeinschaft, das ist der Zauberreif, der den Nationen ihre Stärke leiht. Gemeinschaft ist aber nur möglich durch einendes Gesetz. Die Sagen mancher Völker berichten von einem Ring, der seinem Besitzer eine Welt von unermeßlichen Schätzen öffnet. Darin liegt ein symbolischer Gedanke: Der Ring, das ist die einträchtige Ordnung, in welcher die Menschen ihre höchsten Güter gewinnen. Geht der Ring verloren, so versinkt das Wunderschloß in den Erdengrund. Gleichermaßen auch, wenn die Völker kein Gesetz unter sich halten, so muß das Gebäude ihrer Kultur in Trümmer gehen.

So drängt das wohlverstandene Interesse zur Achtung des Völkerrechts. Die Vernunft trägt ein erstes Prinzip der Autorität in die internationale Norm. Sie ist eine immanente Kraft, die das System belebt und zusammenhält. Aber sie ist an sich allein nicht stark genug, um die Ordnung aufrecht zu halten.[1]) Denn so wenig wie der Staat, ist der völkerrechtliche Verband eine ideale Schöpfung, die sich nur in der geraden Linie des wahren Vorteils

[1]) Rousseau, Extrait du projet de paix perpétuelle de Monsieur l'abbé de Saint-Pierre. Ed. chez Sanson et Compagnie. 1782. p. 4—5. «Si l'ordre social étoit, comme on le prétend, l'ouvrage de la raison plutôt que des passions, eût-on tardé si longtemps à voir qu'on en a fait trop ou trop peu pour notre bonheur; que chacun de nous étant dans l'état civil avec ses concitoyens, et dans l'état de nature avec tout le reste du monde, nous n'avons prévenu les guerres particulières que pour en allumer de générales, qui sont mille fois plus terribles; et qu'en nous unissant à quelques hommes, nous devenons réellement les ennemis du genre-humain?»

entwickelt. Wie der Staat, so ist auch er ein Kompromiß von Vernunft, Irrtum und Leidenschaft. Das Volk kann schon in seinem innern Leben das Gesetz nicht ohne zwingende Macht behaupten. Wir haben es schon eingesehen: Eine Herrschaft im Staat wäre nicht notwendig, wenn die Menschen hellsichtig genug wären, um das gemeinsame Interesse zu erkennen, das mit logischer Konsequenz aus den zersplitterten Zwecken der einzelnen folgt. Das gemeinsame Interesse wird aber von Rousseau vorschnell übersetzt in den gemeinsamen Willen: Das ist die Utopie, die dem Contral Social zugrunde liegt. Kommt nun die Einigung nicht zustande, so muß ein Schiedsrichter angerufen werden, um den Streit der Meinungen zu schlichten. Es muß ein König oder ein Rat der Weisen im Volke sein. Die Herrschaft, sich aufrichtend auf dem Willen der stärkeren Partei, ergreift die Zügel. Der Mangel an Vernunft wird ausgeglichen durch Gewalt. Ähnlich ist die Beziehung unter den Völkern. Auch hier ein Unvermögen, das gemeinsame Interesse zu erfassen. Deshalb muß auch über ihnen eine Herrschaft erstehen, eine Gewalt, die sie alle regiert. Das ist der erste Gedanke, der sich einstellt. Und wenn ein solches Regiment nicht lebensfähig ist, wenn es den politischen Ideen der Nationen widerspricht und deshalb unter ihnen keine Stelle finden kann, so bleibt nur ein einziges Mittel: Es muß ein freier Verband der Staaten in einer solchen Gestalt ausgebildet und mit einem solchen Geist belebt werden, daß er die Garantie seiner Verfassung in sich selber trägt.

Damit stehen wir vor einem tiefen Problem, vor einem der tiefsten, welche die Geschichte der Menschheit bewegen. Elf Jahrhunderte haben versucht, darauf eine Antwort zu geben. Lassen wir die Theorien an unserem Blick vorüberziehen.

Zweites Buch.

Die Theorien einer universellen Verfassung.

Erstes Kapitel.

Das göttliche Weltreich des Mittelalters.

Der Weltstaat — Die Weltkirche.

> O genus humanum! quantis procellis atque iacturis, quantisque naufragiis agitari te necesse est, dum bellua multorum capitum factum, in diversa conaris. Intellectu aegrotas utroque, similiter et affectu: Rationibus irrefragabilibus intellectum superiorem non curas; nec experientiae vultu inferiorem; sed nec affectum dulcedine divinae suasionis, quum per tubam Sancti Spiriti tibi affletur: Ecce quam bonum et quam iucundum, habitare fratres in unum.
>
> Dante, De Monarchia.

Kann die Weltordnung durch ein Weltreich gesichert werden? Diese Frage tritt mit dem Aufbau des mittelalterlichen Europa in die Geschichte.

Die Aufgabe einer Festigung des Völkerrechts erscheint hier in einer radikalen Form. Das Völkerrecht wird gleich auf einer Stufe der Entwicklung vorgestellt, wo es die stärkste Gewähr seiner Geltung, eine staatliche Gewalt zur Seite hat und wo es also nicht mehr im rechtlich-dogmatischen, sondern nur noch im historisch-politischen Sinn ein Völkerrecht bedeutet.

In früheren Zeiten ist für eine solche Gedankenbewegung kein Raum. Wohl ist die Vorstellung eines Weltreichs von jeher lebendig: Die Geschichte des Altertums erhält gerade dadurch ihr Gepräge, daß eine Nation nach der andern sich erhebt, um eine universelle Herrschaft zu begründen. Aber dieses Streben ist von egoistischer

Natur. Es ist nur auf Unterwerfung gerichtet. Es ist nur von einem Machtzweck erfüllt. Es birgt keinen Rechtsgedanken.

Das Ägypten der XVIII. Dynastie, die assyrische und die medische Herrschaft des siebenten, die babylonische des sechsten Jahrhunderts, die persische Weltmacht unter Cyrus, Kambyses und Darius und endlich das Reich Alexanders des Großen, das die Ausstrahlung des Hellenismus über die Welt bedeutet, sind die älteren Monumente dieser Zeitperiode. Fester gefügt und weiter gebietend, erhebt sich nach ihnen das römische Reich, welches das christliche Altertum durch die Macht seiner Waffen und lange noch das Mittelalter durch die Macht seiner Idee zusammenschließt.

Die römischen Cäsaren haben eine universelle Verfassung hergestellt. Aber nicht um des Rechtes willen, sondern nur als Wirkung ihrer siegreichen Kriege. Sie haben den Streit aus der Welt verbannt, indem sie die Welt unterwarfen. Ein einziges Mal hat die Geschichte die Synthese von Imperialismus und Völkerfrieden erlebt. Das Imperium Romanum war die Pax Romana.[1])

Das römische Reich überdauert die antike Welt. So groß ist seine Kraft gewesen, daß, als sein Körper schon zerfallen ist, seine Seele weiter lebt und die Geschicke der Völker regiert. Der römische Adler überschattet mit seinen gewaltigen Flügeln die mittelalterliche Zeit.

Der Gedanke der universellen Herrschaft behält seine Macht. Und dazu tragen mancherlei Ursachen bei.

Das Reich ist für die Romanen, die unter seinem Zepter gelebt haben, eine notwendige Vorstellung. Es ist mit ihrem politischen Denken untrennbar verwoben. Das Reich hat jahrhunderte-

[1]) Horaz, Ode XV. Buch IV.

„Tua, Caesar, aetas
Fruges et agris rettulit uberes
Et signa nostro restituit Iovi
Derepta Parthorum superbis
Postibus et vacuum duellis

Ianum Quirini clausit et ordinem
Rectum evaganti frena licentiae
Iniecit emovitque culpas
Et veteres revocavit artes,

Per quas Latinum nomen et Italae
Crevere vires famaque et imperi
Porrecta maiestas ad ortum
Solis ab Hesperio cubili“.

lang die geistige Verfassung der Völker durchdrungen und besitzt deshalb eine ideelle Kraft der Tradition, die nicht durch Waffentaten zerstört werden kann. Der Glanz des römischen Staates blendet auch die Germanen. Sie beugen sich in Ehrfurcht vor einer Welt, die sie zerstören, aber nicht besiegen können. Auch den Eroberern dünkt das Römerreich eine ewige und geheiligte Ordnung. Sie suchen darum nicht seine Bezwinger allein, sondern seine Erben zu werden.

Nun fügt es sich, daß seit langen Jahrhunderten eine neue Lebenskraft erstanden ist, fähig, den Zusammenbruch zu überdauern und die alten Formen mit einem neuen Inhalt zu erfüllen: Es ist die Weltreligion, das Christentum. Um die Menschheit knüpft sich immer noch ein Band, nachdem das Römerreich zerfallen ist. Die kirchliche Gemeinschaft, seit Konstantin mit dem Staate innig verbunden, mit den gleichen Zielen und in einer ähnlichen Verfassung neben ihm einhergehend, ist zu einer zweiten Universalmacht geworden. Sie ist berufen, die Einheit zu retten, als Rom in den Stürmen des fünften Jahrhunderts zertrümmert wird. Und sie vermag es dank der festen Organisation, welche sie sich in der Zeit des staatlichen Niedergangs gegeben hat. Durch den immer strengeren Glaubenszwang, durch die Verkörperung der christlichen Lehre in den Dogmen, durch die Stärkung und Ausbreitung der Hierarchie, kurzum, durch den Aufbau der sichtbaren Kirche, die dem sinnlichen Auffassungsstreben jener Zeit einzig entsprach, ist es dem Katholizismus gelungen, den Romanismus neu zu beleben und der mittelalterlichen Welt das Reich zu erhalten.

Um dieses hohe Ziel zu erreichen, verbündet sich die Kirche mit der weltlichen Macht. Sie krönt Karl den Großen und stellt damit das römische Kaisertum wieder her. Aber indem sie es erneuert, gibt sie ihm auch das Gepräge ihres Geistes. Die wieder erstandene Gewalt hat nicht den gleichen Charakter wie einst in der Hand der Cäsaren. Sie ist mit der päpstlichen organisch verbunden. Irdische und kirchliche Macht vereinen sich zu gemeinsamem Regiment. Das neue Weltreich hat theokratischen Charakter. Es ist von der Kirche vorbereitet und von der Kirche ins Leben gerufen. Es ist von Gott gestiftet, um seinen Willen zu erfüllen. Und eben deshalb ist es einig und monarchisch regiert.[1])

[1]) Engelbert, Abt von Admont. De ortu, progessu et fine Romani imperii. 1307—1310. Cap. 15. 17. 18. „Una est sola respublica totius populi

Kaiser und Papst sind die Statthalter Gottes auf Erden. Das irdische ist ein Abbild des ewigen Reiches.[1])

Weil aber das Reich sich darstellt als ein Doppelgefüge, so sind die beiden Teile die organisch verbunden dem gleichen Zwecke dienstbar sind, gleichermaßen berufen, die Weltordnung zu gründen. Das erhabene Werk obliegt dem Papst wie dem Kaiser, der Kirche wie dem Staat.

In welcher Weise haben beide ihre Aufgabe begriffen und erfüllt?

---

christiani, ergo de necessitate erit et unus solus princeps et rex illius rei publicae, statutus et stabilitus ad ipsius fidei et populi christiani dilationem et defensionem. Ex qua ratione concludit etiam Augustinus [De Civitate Dei. lib XIX] quod extra ecclesiam nunquam fuit nec potuit nec poterit esse verum imperium, etsi fuerint imperatores qualitercumque et secundum quid, non simpliciter, qui fuerunt extra fidem Catholicam et ecclesiam."

[1]) Statt vieler andern zitiere ich nur das klassische Werk von James Bryce: The holy Roman Empire. 5. Ed. 1875. Chapter VII. Eingehende Angaben über die mittelalterliche Literatur bei Gierke. Johannes Althusius und die Entwicklung der naturrechtlichen Staatstheorien. 1902. S. 60—63; S. auch Petrus Damiani, gest. 1072. „Epist. III. 6. Utraque dignitas alternae invicem utilitatis indiga, dum et sacerdotium regni tuitione protegitur et regnum sacerdotalis officii sanctitate fulcitur. — Epist. IV. 9. Inter regnum et sacerdotium propria cuiusque distinguuntur officia, ut et rex armis utatur saeculi et sacerdos accingatur gladio spiritus, qui est verbum Dei. — Disceptatio synodalis. Summum sacerdotium et Romanum simul confoederetur imperium, quatinus humanum genus, quod per hos duos apices in utraque substantia regitur, nullis partibus rescindatur; sicque mundi vertices in perpetuae caritatis unionem concurrant; quatinus, sicut in uno mediatore dei et hominum haec duo, regnum scilicet et sacerdotium, divino sunt conflata mysterio, ita sublimes istae duae personae tanta sibimet invicem unanimitate iungantur, ut quodam mutuae caritatis glutino et rex in Romano pontifice et Romanus pontifex inveniatur in rege. — Sermo 69. Felix, si gladium regni cum gladio iungat sacerdotii, ut gladius sacerdotis mitiget gladium regis et gladius regis gladium acuat sacerdotis. Tunc enim regnum provehitur, sacerdotium dilatatur, honoratur utrumque, cum a domino praetaxata felici confoederatione iunguntur; Thomas von Aquino. De Regimine Principum. 1274. Liber I. Caput XII. „Invenitur autem in rerum natura regimen et universale, et particulare. Universale quidem, secundum quod omnia sub Dei regimine continentur, qui sua providentia universa gubernat. Particulare autem regimen maxime quidem divino regimini simile est, quod invenitur in homine, qui ob hoc minor mundus appellatur, quia in eo invenitur forma universalis regiminis. — Hoc igitur officium rex se suscepisse cognoscat, ut sit in regno sicut in corpore anima, et sicut Deus in mundo. Quae si diligenter recogitet, ex altero iustitiae in eo zelus accenditur, dum considerat ad hoc se positum, ut loco Dei iudicium regno excerceat, ex altero vero mansuetudinis et clementiae lenitatem acquirit, dum reputat singulos, qui suo subsunt regimini sic ut propria membra."

1. Der Weltstaat.

Der Staat des Mittelalters ist allumfassend. Er ist Weltstaat. Denn er ist göttlicher Staat.

Der Kaiser, als der weltliche Arm des großen mystischen Körpers[1]), soll Gesetzgeber und Richter sein[2]) und soll den Frieden auf Erden erhalten, damit die Menschheit, unbeirrt von Sorge und Not und nur bedacht auf ihr ewiges Heil, sich der Kirche anvertrauen und, von ihr geleitet, die Seligkeit gewinnen kann. Das irdische ist der Grundstein des ewigen Reichs.

Der imperialistische Gedanke beherrscht die politische Theorie des Mittelalters. Er belebt seit alters die Lehrsysteme. Er findet aber eine umfassende und wirklich systematische Durchbildung erst nach dem Zusammenbruch des Kaisertums in Dantes Schrift über die Monarchie. Zeigt die Arbeit auch ein höchst persönliches Gepräge, ist sie auch durchzogen von einem weit ausblickenden Gedankenflug, so vereint sie doch die mittelalterlichen Gedanken vom Weltreich wie in einem Spiegel, und wir wollen deshalb einen Augenblick bei dem Werk des Florentiners verweilen.[3])

Das Ziel der Menschheit ist die höchste Entfaltung ihrer intellektuellen Kraft. Sie kann aber dieses Ziel nur in der Stille des Friedens erreichen. Der Friede ist der Weg, auf dem die Menschheit ihrer idealen Bestimmung entgegengeht. Er ist daher selbst eine ideale Ordnung. Er ist der gottgewollte Zustand auf Erden. So lehrt Dante.[4])

---

[1]) Thomas von Aquino.

[2]) Der Erzbischof von Mainz bei der Wahl Conrads II.: „Deus quum a te multa requirat tum hoc potissimum desirat ut facias iudicium et iustitiam et pacem patriae, quae respicit ad te, ut sis defensor ecclesiarum et clericorum, tutor viduarum et orphanorum." Zitiert bei Bryce, Kapitel XV, Anm. 2. Vgl. auch die anderen dort wiedergegebenen Stellen und die Ausführungen am Anfang des XV. Kapitels.

[3]) Ich hebe aus der umfangreichen Literatur eine neuere und sehr verdienstvolle Arbeit hervor. Kelsen, Die Staatslehre des Dante Alighieri. Wiener Staatswissenschaftliche Studien. VI. 3. 1905.

[4]) De Monarchia. Liber I. Caput IV. „Satis igitur declaratum est, quod proprium opus humani generis totaliter accepti, est actuare semper totam potentiam intellectus possibilis, per prius ad speculandum, et secundario propter hoc ad operandum per suam extensionem. Et quia, quemadmodum est in parte, sic est in toto, et in homine particulari contingit, quod sedendo et

Der Friede wird durch eine Herrschaft gesichert. Diese Herrschaft ist aber ihrer Natur nach von einem einzigen Oberhaupt getragen. Denn da die Menschheit nach einem gleichen Plan zu einem einzigen Ziele hin geleitet wird, so muß auch ein einziges Regiment über ihr bestehen. Die Welt ist eine Monarchie, ein Kaisertum. Das folgt aus ihrer Idee.[1])

Und dieses Regiment ist wieder nur ein Abbild des göttlichen, das in dem All gebietet. Die irdische Ordnung soll der ewigen gleich gestaltet sein. Der Mensch ist nach dem Ebenbilde Gottes geschaffen. Gott ist eins, und deshalb soll die Menschheit eins sein. So folgt auch aus der Einheit Gottes die Notwendigkeit der Weltmonarchie.[2])

---

quiescendo prudentia et sapientia ipse perficitur; patet, quod genus humanum in quiete sive tranquillitate pacis ad proprium suum opus, quod fere divinum est [iuxta illud: „Minuisti eum paulo minus ab angelis], liberrime atque facillime se habet. Unde manifestum est, quod pax universalis est optimum eorum, quae ad nostram beatitudinem ordinantur. Hinc est, quod pastoribus de sursum sonuit, non divitiae, non voluptates, non honores, non longitudo vitae, non sanitas, non robur, non pulchritudo; sed pax. Inquit enim coelestis militia: ‚Gloria in altissimis Deo, et in terra pax hominibus bonae voluntatis‘."

[1]) De Monarchia. Liber I. Caput V. „Nunc constat quod totum humanum genus ordinatur ad unum, ut iam praeostensum fuit; ergo unum oportet esse regulans, sive regens: et hoc Monarcha, sive Imperator dici debet. Et sic patet, quod ad bene esse mundi, necesse est Monarchiam esse, sive Imperium."

[2]) De Monarchia. Liber I. Caput VIII. „Et omne illud bene se habet, et optime, quod se habet secundum intentionem primi agentis, qui Deus est. Et hoc est per se notum, nisi apud negantes divinam bonitatem attingere summum perfectionis. De intentione Dei est, ut omne in tantum divinam simulitudinem repraesentet, in quantum propria natura recipere potest. Propter quod dictum est: ‚Faciamus hominem ad imaginem et similitudinem nostram.‘ Quod licet, ‚ad imaginem‘, de rebus inferioribus ab homine dici non possit, ad similitudinem tamen de qualibet dici potest; quum totum universum nihil aliud sit, quam vestigium quoddam divinae bonitatis. Ergo humanum genus bene se habet, et optime, quando secundum quod potest, Deo adsimilatur. Sed genus humanum maxime Deo adsimilatur, quando maxime est unum; vera enim ratio unius in solo illo est. Propter quod scriptum est: ‚Audi, Israel, dominus Deus tuus unus est.‘ — Sed tunc genus humanum maxime est unum, quando totum unitur in uno, quod esse non potest, nisi quando uni Principi totaliter subiacet, ut de se patet. Ergo humanum genus uni Principi subiacens maxime Deo adsimilatur, et per consequens, maxime est secundum divinam intentionem, quod est bene et optime se habere, ut in principio huius capituli est probatum."

Der Kaiser gebietet über den Erdkreis. Er bindet die Herrschaften, die über den einzelnen Völkern eingesetzt sind, durch sein höchstes Gesetz und seine höchste Richtermacht.[1]) Die Könige, die Fürsten und alle weltlichen Herrscher sind ihm untertan. Aber sie sind Glieder der göttlichen Weltordnung wie er selbst. Auch sie bestehen durch Gottes Ratschluß. Auch sie haben ihre Stelle in dem von Gott bestimmten Plan, wie hinwiederum die Autoritäten, die unter ihnen stehen: die Bürgerschaften, die Gemeinden, die Familien. Jedes Regiment ist von Gott und ist berufen, nach seinem Willen die Menschheit ihrer höchsten Bestimmung entgegenzuführen.[2]) [3])

---

[1]) De Monarchia. Liber I. Caput II. „Est ergo temporalis Monarchia, quam dicunt Imperium, unicus Principatus, et super omnes in tempore, vel in iis et super iis quae tempore mensurantur." — Caput X. — Caput XIV. „Sed sic intellegendum est, ut humanum genus secundum sua communia, quae omnibus competunt ab eo regatur et communi regula gubernetur ad pacem. Quam quidem regulam sive legem particulares principes ab eo recipere debent tamquam intellectus practicus ad conclusionem operativam recipit maiorem propositionem ab intellectu speculativo et sub illa particularem, quae proprie sua est, adsumit, et particulariter ad operationem concludit."

[2]) De Monarchia. Liber I. Caput V.

[3]) Ich glaube, es ist nicht angebracht, die Frage zu untersuchen, ob die Herrschaften, die unter dem Kaiser stehen, nach Dantes Auffassung staatlichen Charakter haben oder nur selbständige Provinzen des großen Reiches sind. Es hieße das, einen fremden Begriff in eine fremde Welt hineintragen. Denn die modernen Vorstellungen vom Staat, vom Oberstaat, vom Bundesstaat passen nicht in das rein theokratische System des Florentiners. Wir haben heute als das Wesen des Staates die ursprüngliche Herrschergewalt erkannt. Wir bauen den Staat von unten her. Denn eine ursprüngliche Macht kann nichts anderes bedeuten, als eine Macht, die sich aus dem Willen des Volkes und nicht aus einer anderen schon konstituierten Macht ableitet [oben Teil I. Kapitel IV; s. auch Abhängige Länder. 1914. Teil I. Kapitel I]. Bei Dante ist alle Macht von Gott. Es ist daher für die Vorstellung einer ursprünglichen Gewalt und eines Staates in unserem Sinne kein Raum. — Vgl. Kelsen, der den einzelnen Reichen und Ländern im Verhältnis zum Universalstaat nur provinzialen Charakter gibt. Die Staatslehre des Dante Alighieri. 1905. S. 129—134 mit vielen Zitaten; vgl. auch Schücking, der den untertänigen Verbänden ihr staatliches Wesen wahrt. Die Organisation der Welt. 1908. S. 555—556. In der Festschrift für Laband. Band I. Diese Abhandlung des Marburger Gelehrten, von großzügigem Charakter und von idealem Gedankenflug, gehört zu den bedeutendsten Erscheinungen der modernen Völkerrechtswissenschaft.

So der Dichter. Und man fragt sich unwillkürlich, wenn man seinen hochstrebenden Gedanken folgt: Ist sein imperialistisches System ein geniales Phantasiegebäude, vergleichbar der Göttlichen Komödie? Ist sein Kaisertum ein Gedicht?

Eines ist offenbar. Das Weltreich hat niemals lebendige Gestalt besessen. Es war von Anfang unvollkommen, schon unter Karl dem Großen, der es am glänzendsten verkörpert hat, durch den begrenzten Umfang seiner Länder, und unter den deutschen Kaisern durch den sich immer verengenden Inhalt seiner Autorität. Das Kaisertum hat nicht vermocht, sich über die Welt zu verbreiten und sich eine tatkräftige Suprematie zu sichern. Denn es trug in seiner innersten Natur einen doppelten Konflikt, der es auf die Dauer in aufreibendem Kampf zerstören mußte.

Es war einmal der Konflikt mit dem Papsttum. Die Einheit des Gottesreiches barg in sich eine verhängnisvolle Zweiheit. Papst und Kaiser waren beide die Träger göttlicher Gewalt auf Erden. Der ursprüngliche Gedanke, daß sie im Bunde miteinander stehen sollten, um den göttlichen Zweck in doppelter Gestalt auf Erden zu erfüllen, vermochte sich nicht zu behaupten.[1] Es entstand nicht nur das metaphysische Problem, wie der Zwiespalt zu lösen und mit dem mittelalterlichen Dogma des Principium unitatis in Einklang zu bringen sei, sondern zugleich auch der politische Streit um die überragende Macht. Das metaphysische Problem ist in den Schulen ausgefochten worden. Es haben sich zwei Lehren gebildet. Die eine hat allein das Papsttum auf göttliche Verleihung gegründet und das Kaisertum gleich einem Lehen von ihm abge-

[1] Sachsenspiegel. 1215—1235: „Deme pavese is ok gesat to ridene to bescedener tiet up eneme blanken perde unde de keiser sal ime den stegerep halden, dur dat de sadel nicht ne winde. — Dit is de beteknisse, svat deme pavese widersta, dat he mit geistlikeme rechte nicht gedvingen ne mach, dat it de keiser mit weltlikem rechte dvinge deme pavese gehorsam to wesene. So sal ok de geistlike gewalt helpen deme wertlikem rechte, dvinge deme pavese gehorsam to wesene. So sal ok de geistlike gewalt helpen deme wertlikem rechte, of it is bedarf." [Wirbt, Quellen zur Geschichte des Papsttums und des römischen Katholizismus. 1911]; Friede zu Venedig zwischen Alexander III. und Friedrich I. 1177: „art. VI. Praeterea dominus imperator et dominus papa ad honorem et iura ecclesiae et imperii conservanda se vicissim iuvabunt, dominus papa ut benignus pater devotum et carissimum filium et imperatorem christianissimum, dominus vero imperator ut devotus filius et christianissimus imperator dilectum et reverendum patrem et beati Petri vicarium" [Wirbt].

leitet.[1]) Die andere hat, auf die Einheit verzichtend, auch den unmittelbar göttlichen Ursprung des weltlichen Regiments behauptet.[2]) Aber gleichzeitig haben beide Mächte einen gewaltigen, Jahrhunderte dauernden, oftmals ruhenden, aber dann wieder mit elementarer Gewalt hervorbrechenden Kampf mit weltlichen und geistlichen Waffen um die Suprematie geführt und haben darin ihre Lebenskraft zerstört. Karl, Otto der Große, Friedrich I., Gregor VII., Alexander III., Innocenz III., das sind die Namen, welche die Stadien dieses Ringens bezeichnen.

Allein noch ein anderer Konflikt wurde dem Kaisertum verhängnisvoll. Es war ein Konflikt von rein weltlicher Natur, der Streit mit den Herrschaften, über die sich das Reich erheben sollte. Das Kaisertum vermochte nicht, die territorialen Gewalten unter seine Autorität zu beugen. Es erlag ihrem Widerstand. Und warum? Der Angelpunkt des Weltreiches war der göttliche Wille. Die kaiserliche Gewalt strahlte von der göttlichen aus. Die Länder unterlagen einem Regiment, das von oben her, wie eine Schickung über sie kam. Das war der Gedanke. Durch

[1]) Der Schwabenspiegel sagt — zweite Hälfte des 13. Jahrhunderts —: „Daz weltlich swert des gerihtes daz lihet der Babest dem chaeiser; daz geistlich ist dem Babest gesetzet daz er da mite rihte." Und Bonifacius VIII. in der Bulle Unam Sanctam 1302: „Igitur ecclesiae unius et unicae unum corpus, unum caput, non dua capita quasi monstrum, Christus scilicet et Christi vicarius, Petrus Petrique successor, dicente domino ipsi Petro: Pasce oves meas." — „Uterque est in potestate ecclesiae spiritualis scilicet gladius et materialis. Sed is quidem pro ecclesia ille vero ab ecclesia est exercendus. Ille sacerdotis, is manu regum et militum, sed ad nutum et patientiam sacerdotis. Oportet autem gladium esse sub gladio et temporalem auctoritatem subici spirituali potestati." Thomas von Aquino ist ein streitbarer Verfechter dieser Lehre. De Regimine Principum. 1274.

[2]) Der Sachsenspiegel 1215—1235: „Tvei svert lit got in ertrike to bescermene de kristenheit. Dem pavese is gesat dat geistlike, deme keiser dat wertlike." Kaiser Friedrich I. 1157 als Antwort auf das in Besançon überreichte Schreiben Hadrians IV.: „Cumque per electionem principum a solo Deo regnum et imperium nostrum sit, qui in passione Christi filii sui duobus gladiis necessariis regendum orbem subiecit, cumque Petrus apostolus hac doctrina mundum informaverit: Deum timete, regem honorificate —, quicumque nos imperialem coronam pro beneficio a domino papa suscepisse dixerit, divinae institutioni et doctrinae Petri contrarius est et mendacii reus erit." Dante widmet der Verteidigung dieser These das dritte Buch seiner Monarchie.

solchen Ursprung und Titel geriet aber das Kaisertum in Widerspruch mit dem innersten Prinzip des staatlichen Lebens. Ein Staat wird von unten her gebaut. Die Nation ist die Bildnerin der Herrschaft. Die Gewalt ersteht aus dem Willen des Volks. Um sich zu behaupten, hätte das Kaisertum diesen Zwiespalt überwinden und seinen ideellen Titel mit einer materiellen Macht, mit einer starken territorialen Hoheit verbinden müssen. Allein, während es dem englischen Königtum gelang, das durch die Eroberung gewonnene Recht auf das Land für die Krone zu wahren und das Emporwachsen einer übermächtigen Lehensaristokratie zu hindern, und während das französische Königtum es vermochte, die bereits gefestigten feudalen Gewalten wieder zu brechen, indem es sie selbst erwarb oder sich untertan machte, wuchs das Kaisertum hinaus über das einzig mögliche Fundament der Herrschaft: den Boden. Seine ganze Existenz war ein Ringen zwischen Idee und Materie. Über die Erde hinaus gehoben, verlor es wie Antheus seine Lebenskraft. Und als es wieder irdische Gestalt annehmen, als es seinen Titel in die Wirklichkeit umsetzen wollte, als der zweite Friedrich es unternahm, eine absolutistische Herrschaft auf Sizilien zu gründen und, auf sie gestützt, die Welt zu unterwerfen, da offenbarte sich die Geisterhaftigkeit der kaiserlichen Macht in dem tragischen Zusammenbruch des Hohenstaufenreichs. Der Krone fehlte das Schwert.[1])

Das Kaisertum ist unter Friedrich II. in Trümmer gegangen. Zwar, es hat den Untergang der Hohenstaufen überdauert. Aber es war seither nur ein Schatten seiner selbst. Es war ein Körper ohne Seele. Denn das Ideal von der Einigung des Erdkreises zu einem göttlichen Reiche war dahin. Der großartige Plan war gescheitert. Und wenn auch Kaiser Karl V. für eine Zeit unermeßliche Länder unter seinem Zepter hielt, so war es doch nicht die kaiserliche Gewalt, die eine Auferstehung feierte; es war nur die Hausmacht der habsburgischen Dynastie, welche für einen Augen-

[1]) Vgl. Ficker, Das deutsche Kaiserreich in seinen universalen und nationalen Beziehungen. 1861. Kap. V: Zerfall des Kaiserreichs, erfolgend nicht wegen Unhaltbarkeit seiner Grundlagen, sondern wegen des Verlassens derselben durch die Erwerbung Siziliens für das Kaiserhaus und der dadurch bedingten Verschiebung der hergebrachten Machtverhältnisse, infolge deren zugleich die deutsche Königsgewalt erschüttert wird.

blick, gewaltig aufsteigend, den Widerschein ihres Glanzes auf die Kaiserkrone warf.

Indes, hat das Mittelalter auch sein Ideal vom Gottesstaat nicht verwirklichen können, so bleibt es doch sein großes Verdienst, daß es ein solches Ideal besessen und der Menschheit vorgehalten hat. Wie hoch steht das unerreichbare Ziel jener alten Zeit über manchen Leitgedanken moderner Politik. Und wie viel können spätere Geschlechter aus einer Weltauffassung lernen, die, von den edelsten humanitären Gedanken erfüllt, im Grunde, wenn auch nicht in der Form, die höchste Vollendung des staatlichen Lebens repräsentiert.

Aber damit ist das Verdienst der imperialistischen Bewegung nicht erschöpft. Ob dem Zusammenbruch des Reiches im dreizehnten Jahrhundert darf man die historische Bedeutung nicht unterschätzen, die das Kaisertum im Mittelalter besessen hat. Ist es auch mehr eine Idee als eine reale Kraft gewesen, so hat es doch auf die Weltbegebenheiten mächtigen Einfluß geübt. Hat es auch die Staaten des Abendlandes nicht zu einer Universalherrschaft zusammengeschlossen, so hat es doch die moralische Einheit der christlichen Völker sichtbar verkörpert. Es hat durch den Gedanken des Gottesreiches ein Gefühl der Zusammengehörigkeit unter den Nationen wach gehalten. So ist das Kaisertum zu einer der wichtigen Ursachen geworden, welche die Kreuzzüge ins Leben gerufen und die vereinte Christenheit zum Kampf gegen den Unglauben geführt. Damit hat es die europäische Kultur behütet. Denn die Kreuzzüge sind nicht nur Eroberungskriege, sondern vor allem Verteidigungskämpfe gegen den drohend vordringenden Islam gewesen. Wohl stand der Papst im Mittelpunkt der Bewegung und war die beseelende Kraft des großartigen Unternehmens. Aber die Macht der Kirche war wieder untrennbar verwoben mit dem Leben des Kaisertums. Und das führt uns auf einen allgemeinen Gedanken: Dem Reich dankte die Kirche ihre Unabhängigkeit, ohne welche sie nicht vermocht hätte, ihre Hoheit im Abendlande zu erringen und die kulturelle Mission zu erfüllen, welche sie zur Leuchte des Mittelalters erhoben hat. Ohne das Reich wäre die Kirche in Gefahr gekommen, der Botmäßigkeit weltlicher Herrschaft zu verfallen. Und so können wir sagen, daß die Segnungen überhaupt, welche die Kirche dem Abendland in jenem Zeitalter mitgeteilt hat, zum guten Teil auch das Werk des Kaisertums gewesen. In diesem Sinne waren Papst und Kaiser trotz aller Fehden verbündete Mächte.[1] [2])

Das Kaisertum war nicht immer ein blutloser Schemen. Es hat zu manchen Zeiten, durch machtvolle Persönlichkeiten verkörpert, eine wirkliche Herrschaft entfaltet. Es hat Länder, die außerhalb der Reichsgrenzen lagen, in Botmäßigkeit gehalten. Es hat Polen, das sich schon Otto dem Großen unterworfen, bis zum großen Interregnum von 1254 den Gehorsam aufgezwungen. Es hat Böhmen in seine Abhängigkeit gebracht. Es hat seine Oberherrlichkeit gegen Dänemark behauptet, als König Peter 1152 auf dem Reichstag von Merseburg erschien, um den Rechtsspruch des Reichsoberhauptes über die dänische Erbfolge einzuholen, und dem König der Römer den Lehenseid leistete.[3] Und hat auch Frankreich zum letztenmal unter Otto I. und England niemals die Oberherrschaft des Kaisers anerkannt, so erachteten doch beide Länder das Reich nicht als eine gleichgeordnete Macht und bestritten ihm nicht den Titel auf eine moralische Autorität.[4] Lange Zeit ist das Recht des Kaisers unangefochten geblieben, den Königstitel zu verleihen; die Könige von Burgund, Böhmen und Ungarn haben ihre Würde von ihm empfangen. Und Sigismund hat als Oberhaupt der christlichen Staaten das Konzil von Konstanz berufen und geleitet.

Es ist endlich der äußerst wichtigen Rolle zu gedenken, die das Kaisertum jahrhundertelang in der Erhaltung des europäischen Friedens gespielt hat. Wohl war das Mittelalter von wilden und blutigen Fehden zerrissen, denen die Landfrieden

---

[1]) Bryce sagt, daß ein vollkommenes Einverständnis zwischen Papst und Kaiser dreimal erreicht worden sei: zur Zeit Karls und Leos; unter Otto III. und seinen beiden Päpsten, Gregor V. und Sylvester II.; unter Heinrich IV. und den von ihm eingesetzten Päpsten.

[2]) Ficker, Das deutsche Kaiserreich in seinen universalen und nationalen Beziehungen. 1861. S. 77—79; v. Martens, Das Völkerrecht. Das internationale Recht der zivilisierten Staaten. Deutsche Ausgabe von Bergbohm. 1883. Band I. S. 82.

[3]) Bryce, The holy Roman Empire. 1875. Kap. XII.

[4]) Bryce. Kap. XII. Die Ausführungen über Frankreich und England. Kap. XV. Die Stelle über das göttliche Recht des Kaisers.

und Gottesfrieden[1]) kaum Einhalt gebieten konnten. Wohl war das Mittelalter trotz seiner hochfliegenden Gedanken und seines nie wieder erreichten Idealismus ein grausames Zeitalter. Aber eine Not ist ihm erspart geblieben, die erst spätere Geschlechter heimgesucht hat: die Konflagration der europäischen Völker. Es haben viele Ursachen mitgewirkt, um das Mittelalter vor diesem Unheil zu bewahren. Äußere Feinde haben die Länder bedrängt und gezwungen, ihre besten Kräfte für das eigene Leben einzusetzen. Normannen, Slawen und Ungarn, Griechen und Sarazenen haben durch ihren Ansturm das Abendland erschüttert. Und drohten nicht Feinde, so hatten die Länder mit sich selbst zu kämpfen; sie stritten um ihre Einheit und ihre Verfassung. Es war dann auch das Gefühl von der Solidarität der Christenheit, das den Bruderkrieg hinderte und eher die europäischen Völker für den Krieg gegen den Unglauben zu einer Einheit verband, zu einer Einheit, welche den Kreuzzügen ihren erhabenen Charakter verleiht und welche, wie gezeigt, nicht zum mindesten auf das Kaisertum zurückzuführen ist. Aber eine der wichtigsten Ursachen, welche sich dem Ausbruch allgemein europäischer Kriege entgegenstellten, war der Bestand des Reiches selbst und seine kriegerische Macht, verbunden mit der Lage und dem Umfang seiner Länder. Hatte das Reich auch nicht die Einheit seiner inneren Verfassung gewonnen, so besaß es doch Einheit genug, um Angriffe von Nachbarstaaten siegreich zu vereiteln. Es gebot über gewaltige Machtmittel, wenn sie sich in den Dienst der gleichen Sache stellten. Dazu kam, daß es den Kontinent wie eine ungeheure Schutzmauer von einem Meer zum andern durchzog. Darin lag seine Stärke. Und doch war es wieder nicht ein-

---

[1]) Über den Vertrag, in dem Kaiser Heinrich II. und König Robert der Fromme sich geloben, zwischen ihren Reichen Frieden und Gerechtigkeit zu halten, 1023, vgl. Pfister, Etudes sur le règne de Robert le Pieux. Thèse. 1885. p. 369—371. Dieser Vertrag soll durch ein nach Pavia berufenes allgemeines Konzil zu einem Weltfriedensbund erweitert werden, nachdem die Kirche im Sinne der Cluniacenser reformiert worden ist. Vgl. Prutz, die Friedensidee im Mittelalter. Sitzungsberichte der kgl. bayerischen Akademie der Wissenschaften. Philos. und philolog. hist. Klasse. 1915. I. Abhandlung. S. 10 ff. — Über das Gebot eines allgemeinen und dauernden Friedens, das Heinrich III. 1043 auf der Synode zu Konstanz erläßt und das von rein christlichem Geist eingegeben ist, vgl. Prutz, l. c. S. 13 ff.

heitlich genug, um seine Macht zum Eroberungskrieg zu nutzen. Es besaß eine friedliche Suprematie. Europa hatte sein Gleichgewicht: aber ein Gleichgewicht, das nicht der gleichen Machtfülle der verschiedenen Staaten, sondern der überragenden Kraft und zugleich der schwachen Lebensorganisation des Reiches entsprang. Das Kaisertum war eine beschränkende, aber keine zwingende Macht. Es war einer Monarchie nicht unähnlich, welche ihren Ständen erfolgreich zu widerstehen, aber ihnen trotzdem nicht den eigenen Willen aufzudrängen vermag. In einen kunstreichen Verfassungsbau solcher Art gliederte sich damals das europäische System. Und erst mit dem Zerfall des Kaisertums wandelte es sich, um bei dem Bilde zu bleiben, von einem ständischen Fürstentum in eine Republik.[1])

---

[1]) Ficker, Das deutsche Kaiserreich in seinen universalen und nationalen Beziehungen. 1861. S. 77. „Schon das bloße Bestehen dieses gewaltigen Reiches in der Mitte des Weltteils mußte große Schwankungen der europäischen Staatsordnung fast unmöglich machen, solange es selbst in sicherer Ruhe verharrte, seine Grenzen behauptete, aber keine weitere Ausdehnung derselben erstrebte; und das war aus Gründen, auf welche wir zurückkommen, kaum zu fürchten. Die Kaisermacht war jeder anderen für defensive Zwecke so weit überlegen, daß die Reichsgrenze als unantastbar für jeden äußeren Feind gelten konnte, daß der bloße Name des Reiches, solange es noch unerschüttert war, genügte, um ohne deutsche Heereszüge eine Grenze zu schirmen, welche, wie die burgundische, fern vom Mittelpunkte jedem französischen Einfalle offen zu stehen schien. Bei einer Lage, welche fast alle Staaten, welche außer dem Reiche in Europa bestanden, auseinander hielt, voneinander trennte, und in einer Zeit, welcher eine Ausgleichung kontinentaler Machtverhältnisse durch Seemächte in unserem Sinne unbekannt war, wäre selbst eine Koalition anderer Staaten nicht imstande gewesen, den Bestand des Reiches zu gefährden. Damit war denn auch die Unmöglichkeit durchgreifender Umwälzungen innerhalb der christlichen Welt gegeben; die Kriege unter den christlichen Staaten selbst konnten im Mittelalter nur einen lokalen Charakter gewinnen; allgemeine Kriege wurden erst dann wieder möglich, als nach dem Verfalle des Reichs fremde Mächte in Deutschland und Italien ihre Schlachten schlagen konnten.“ Kern, Die Anfänge der französischen Ausdehnungspolitik bis zum Jahre 1308. 1910. S. 56. „‚Wie das Eisen alle Metalle, so bändigt alle Königreiche das Römische Reich‘, dieser Ausspruch eines deutschfeindlichen Zeitgenossen Philipps des Schönen hatte im frühen Mittelalter für Frankreich mehr als theoretische Bedeutung gehabt. Zwar ist niemals ein ernsthafter Versuch gemacht worden, Frankreich dem Imperium zu unterwerfen, aber die Vormacht des mitteleuropäischen Kolossalstaates war so groß, daß Frankreichs auswärtige Politik nach Osten, der

2. Die Weltkirche.

In dem Weltplan des Mittelalters war dem Kaiser ein Genosse bestimmt. Es war der Papst. Beide Fürsten sollten gemeinsam die Welt regieren. Zwei Wege waren ihnen gewiesen. Und doch sollten beide dem gleichen Ideal entgegengehen.

Die Kirche war, wie der Staat berufen, ein Zeitalter des Friedens heraufzuführen. Hatte sie doch die Aufgabe, das Reich Gottes vorzubereiten und schon der Menschheit auf Erden die Segnungen einer höheren Welt zu schenken. Gott ist der Schöpfer des Guten. So sagte die Doktrin. Er ist deshalb auch der Vater des Friedens, wie der Teufel der Urheber von Zwietracht und Streit. Der Friede ist eine Eigenschaft Gottes. Er muß sich daher den Menschen mitteilen, die danach trachten, an dem vollkommenen Wesen Gottes teil zu haben. Und da der Papst die Menschen nach dieser Bestimmung leiten soll, so ist es seine Pflicht, den Frieden unter ihnen zu begründen.[1])

---

einzigen Seite hin, die eine fruchtbare Expansion versprach, jahrhundertelang zuwartend und abwartend sein mußte. Wenn die Staatengrenzen in Zeiten einer jugendlich einfachen und gewaltsamen Politik die Linie bezeichnen, an der sich das gegenseitige Vergrößerungsstreben der Völker, Druck und Gegendruck, aufhebt; wenn insbesondere die deutsch-französische Grenze in ihren Veränderungen zum Gradmesser der Kräfteverschiebungen innerhalb der rivalisierenden Nationen geworden ist; so war nach dem einfachsten Gesetz der Dynamik vor dem 13. Jahrhundert die Zeit nicht gekommen, daß Frankreich jene Landnahme der Kaiserdynastien, die sich Lotharingien von der Schelde- bis zur Rhonemündung angeeignet hatte, anfechten durfte." — Rousseau, Extrait du projet de paix perpétuelle de Monsieur l'abbé de Saint-Pierre. Ed. chez Sanson et Compagnie. 1782. p. 15—16.

[1]) Peter Dubois, De Recuperatione Terre Sancte. Etwa 1306. § 109 (68). „Si ergo ipse est rex et actor pacis ac pater, et Dyabolus pater et actor dissensionis, sedicionis et mendacii, necessario sequitur quod omnes pacifici, et quacumque virtute tam naturali quam morali adquisita vel infusa virtuosi, per participationem virtutis ipsius Dei virtuosi dicuntur; et magis finem et minus, secundum quod plus vel minus assimilantur eidem, et eius participant naturam, que est una simplicissima, tamen omnia complectens et continens, quoniam non solum perfecta, immo perfectissima. — Sic ergo pater omnium animarum, summus apostolicus, legens ab origine mondi usque nunc homines valde de facili fuisse continue motos ad seditiones et bella, facere volens omnes catholicos pacificos, et per hoc Dei filios, a subiectione daemonum remotos, considerans Scripturas, predicationes et penas solitas ad hoc non sufficere, querere tenetur ex officii sibi commissi necessitate, causas generales,

Wollte der Papst dieses hohe Ziel erreichen, so bedurfte er einer unangefochtenen Macht über die Kirche. Er mußte die absolute Autorität in geistlichen Dingen verkörpern. Sein Wille mußte als höchstes Gebot die christliche Gemeinschaft regieren.

Diese Bedingung war erfüllt. Theoretisch gestützt auf die Pseudo-Isidorischen Dekretalen, auf die Gregorianischen Lehren und auf das Rechtsbuch des Gratian, moralisch gehoben durch die Leitung der Kreuzzüge, im starken Bunde mit den Bettelorden, dem geistlichen Rittertum, den großen Universitäten Bologna und Paris und noch bis ins 13. Jahrhundert mit der französischen Krone und Geistlichkeit, war das Pontifikat in steter Entwicklung zu einer vollkommen autokratischen Gewalt über die Kirche aufgestiegen. Es hatte die Autonomie der alten Kirchen und die gesetzgebende Gewalt der ökumenischen Synode gebrochen. Mit Innozenz III. stand es auf seinem Gipfelpunkt.[1][2]

---

stabiles et firmas pacis ubique terrarum, verisimiliter perpetuo duraturas, permansuras, et timendas cum penis fractionis utilibus, parum novicis, recuperationi et conservationi Terre Sante proficuis, cum perpetua timoris memoria." § 99 (58): „Hic finis tam magnus, tam gloriosus, non nisi per vicarium regis pacifici posset in esse produci, tamquam a summo Deo procedens, illo mediante, cui soli plenitudinem sue potestatis commisit in terris."

[1]) von Döllinger, Das Papsttum. 1892. Kap. I, II. §§ 1—4. Herzog, Abriß der gesamten Kirchengeschichte. 1890. Bd. I. Abt. II. Per. II. Abschn. I. II. Hauck, Kirchengeschichte. IV. Kap. 2. 3. 8. 9. V. 1. Kap. 1. 7. Krüger, Handbuch der Kirchengeschichte. II. Teil. Das Mittelelter. 1912. § 31.

[2]) Thomas von Aquino, Opusculum contra errores Graecorum ad Urbanum IV. 1261—1264. II. 32. „Quod enim Romanus pontifex, successor Petri et Christi vicarius, sit primus et maximus omnium episcoporum, canon concilii expresse ostendit, sic dicens: Veneramur secundum scripturas et canonum definitiones sanctissimum antiquae Romae episcopum primum esse et maximum omnium episcoporum. II 33: Ostenditur etiam, quod praedictus Christi vicarius in totam ecclesiam universalem praelationem obtineat. II 34: Habetur etiam ex praedictorum doctorum autoritatibus, quod Romanus pontifex habeat in ecclesia plenitudinem potestatis. II 35: Ostenditur etiam, quod Petrus sit Christi vicarius et Romanus pontifex Petri successor, in eadem potestate ei a Christo collata. II 36: Ostenditur etiam, quod ad dictum pontificem pertineat, quae fidei sunt determinare. II 38: Ostenditur etiam, quod subesse Romano pontifici sit de necessitate salutis"; dictatus papae Gregorii VII. Deusdedit. — Bernhard von Clairvaux 1091—1153 erhebt sich gegen diese Suprematie des Papstes. De consideratione libri V an Papst Eugen III. Liber IV. 7. 23: „Consideres ante omnia sanctam Romam ecclesiam, cui deo

Hatte der Papst auf seinem Herrschaftsgebiet eine Suprematie errungen, wie sie der Kaiser in dem seinen nie besaß, war die geistliche Macht fest gefügt und die weltliche ohne sicheren Halt, so lag der Gedanke nahe, diese Überlegenheit zu nutzen, um das staatliche Regiment unter das kirchliche zu beugen. Der Papst erhob sich über den Kaiser. Er trat mit dem Anspruch auf, der alleinige Statthalter Gottes zu sein und alle irdische Macht in seiner Hand zu vereinen. Er zerstörte damit die Harmonie des idealen Reiches. Er brach sein Gleichgewicht, gab ihm aber gleichzeitig die wahre Einheit und fügte es damit zu einem System, das durch seine formvollendete Logik eine blendende Überzeugungskraft besaß.[1])

Der Papst ist der Herr über Kaiser und Könige. So lehrte man. Der Papst hat die höchste Gesetzesgewalt; sein souveränes Gebot regiert jede Obrigkeit.[2]) Er ist der oberste Richter; sein Urteil regelt die Streitigkeiten der weltlichen Mächte[3]): Er vermag Königen und Fürsten ihre Krone zu nehmen;[4]) er hat gegen

---

auctore praees, ecclesiarum matrem esse, non dominam; te vero non dominum episcoporum sed unum ex ipsis; porro fratrem diligentium deum et participem timentium eum." (Wirbt, Quellen).

[1]) „Ein Bau, dessen ideales, ursprünglichstes Fundament die Gottesstaatslehre des heiligen Augustinus, dessen Kuppel das System des heiligen Thomas von Aquino darstellt, während die päpstlichen Dekretalen gleichsam die Wölbung lieferten und die Mystik des christlich-mittelalterlichen Geistes, vereinigt mit imposanter Schärfe kirchenpolitischer Logik, als allgemeines Konstruktionsgesetz psychischer Mechanik die Aufmauerung aller einzelnen Teile bedingte." von Holtzendorff, Handbuch des Völkerrechts. Einleitung. 1885. Bd. I. S. 308.

[2]) Gelasius I. an Kaiser Anastasius 494: „Famuli vestrae pietatis"; Dictatus Gregorii VII. Deusdedit. No. 27; Gregor IX. an Friedrich II. 1236: „Si memoriam beneficiorum"; Innozenz IV.: „Eger cui levia." 1245. Hauck, IV. S. 687.

[3]) Innozenz III. Decretale: Novit. „Quum enim non humanae constitutioni, sed divinae legi potius innitamur, quia potestas nostra non est ex homine, sed ex Deo: nullus, qui sit sanae mentis, ignorat, quin ad officium nostrum spectet de quocunque mortali peccato corripere quemlibet christianum et, si correctionem contempserit, ipsum per districtionem ecclesiasticam coercere. — Sed forsan dicetur, quod aliter cum regibus, et aliter cum aliis est agendum. Ceterum scriptum novimus in lege divina: Ita magnum iudicabis ut parvum nec erit apud de acceptio personarum."

[4]) Absetzung Heinrich IV. durch Gregor VII. 1076. „Beate Petre, — tua gratia non ex meis operibus credo quod tibi placuit et placet: ut populus

sie die Waffe der Exkommunikation[1]) und er kann ihre Untertanen vom Treueid entbinden.[2]) Der Papst vergibt alle Macht. Der Kaiser selbst hat sein Amt durch Bestätigung des heiligen Stuhles. Er hat es zu Lehen und schuldet deshalb dem Papst Gehorsam und Treue.[3]) Ist doch der Staat ohne sittlichen Charakter, ein gottloses Regiment. Erst durch seine Unterwerfung unter die Kirche, durch seine Eingliederung in die göttliche Ordnung empfängt er seine Weihe.[4]) Nur so vermag er Segen zu wirken. Denn nur von der Kirche geleitet, findet die Menschheit den Weg zum ewigen Heil.[5]) In einem Bilde: Der Papst hat zwei Schwerter, ein geistliches und ein weltliches.[6]) Er ist vergleichbar einer Sonne, deren Glanz alle Welt erleuchtet; aber der Kaiser ist

christianus, tibi specialiter commissus, mihi obediat. Specialiter pro vice tua mihi commissa et mihi tua gratia est potestas a deo data ligandi atque solvendi in coelo et in terra. Hac itaque fiducia fretus, pro ecclesiae tuae honore et defensione, ex parte omnipotentis dei patris et filii et spiritus sancti per tuam potestatem et auctoritatem Heinrico regi, filio Heinrici imperatoris, qui contra tuam ecclesiam inaudita superbia insurrexit, totius regni Teutonicorum et Italiae gubernacula contradico; et omnes christianos a vinculo iuramenti, quod sibi fecerunt vel facient, absolvo; et, ut nullus ei sicut regi serviat, interdico."

[1]) Gregor VII. „Quod ad perferendos" an B. Hermann v. Metz. 1081. „Contra illos, qui stulte dicunt, imperatorem excommunicari non posse a Romano pontifice."

[2]) Deusdedit, Dictatus papae Gregorii VII. No. 27. Hauck, S. 687.

[3]) Innozenz IV. Eger, cui levia. 1245. „Huius siquidem materialis potestas gladii apud ecclesiam est inplicata, sed per imperatorem, qui eam inde recipit, explicatur et, que in sinu ecclesiae potentialis est solummodo et inclusa, fit, cum transfertur in principem, actualis. Hoc nempe ille ritus ostendit, quo summus pontifex Cesari, quem coronat, exhibet gladium vagina contentum, quem acceptum princeps exerit et vibrando innuit se illius exercitium accepisse." Hadrian IV. an Friedrich I. auf dem Reichstag zu Besançon. 1157. „Imperatoriae majestati." Bonifazius VIII.: „Unam sanctam ecclesiam." 1302; s. auch die bei Hauck, IV. 1. S. 186 zitierten Stellen.

[4]) Augustin 354—430. De civitate Dei. IV. 4. XIV. 28. XV. 1. (Wirbt, Quellen); Gregor VII.: „Quod ad perferendos," an B. Hermann von Metz. 1081.

[5]) Bonifazius VIII.: „Unam sanctam ecclesiam." 1302. „Porro subesse Romano pontifici omni humanae creaturae declaramus, dicimus, et definimus, omnino esse de necessitate salutis."

[6]) Bonifazius VIII. l. c.

nur gleich einem Monde, der sein Licht von der Sonne empfängt.[1][2])

So war das ursprüngliche Weltbild, das dem mittelalterlichen Geist entsprossen, von Grund aus umgestaltet. Alle Länder waren zu einem einigen Priesterreich zusammengetan. Der Papst gebot über die Menschheit, ein universaler und absoluter Monarch. Er allein gab der Welt den Frieden. Denn er herrschte über die Welt. Er war der Richter über Kaiser und Könige, über Fürsten und Herrn. Nicht mehr der Kampf, sein Machtgebot allein entschied unter den Parteien. Er sicherte die Ordnung auf Erden, wie es die römischen Imperatoren getan.[3] In der Tat, durch ihn erstand das Römerreich wieder in seiner wahren Gestalt. Die Kirche zerschlug das zwiespältige System, das sie zwang, ihre Macht mit dem Kaiserstaat zu teilen. Die Päpste erhoben sich zur alleinigen weltgebietenden Majestät. Sie waren die Nachfolger der alten Kaiser: Als sich beim Jubiläum des Jahres 1300 zahllose Pilger aus aller Menschen Ländern in Rom versammelt hatten, da zeigte sich Bonifazius VIII. auf dem Throne Konstantins, mit Schwert, Krone und Zepter angetan, und rief jubelnd aus: Ich bin Cäsar, ich bin Imperator.[4]

---

[1]) Innozenz III. „Sicut universitatis conditor" an acerbus. 1098.

[2]) von Döllinger, Herzog, Hauck, l. c.

[3]) Holtzendorff, l. c. S. 312. „Im Verlauf der Jahrhunderte war somit in höchst allmählichen Entwicklungen, ohne jede plötzliche Umwandlung aus der urchristlichen Idee des Menschheitsfriedens, durch welche das Irdische in den Dienst des kommenden Gottesreiches gestellt worden war, die mittelalterliche Kirchenidee hervorgegangen, wodurch das im geistlichen Schwerte symbolisierte Himmelreich den irdischen Herrschaftsinteressen des geistlichen Amtes dienstbar gemacht wurde. Das Gottesreich offenbarte sich so in dem Stellvertreter Christi als ewiger Krieg gegen die weltlichen Mächte, in welchem die Konkordate gleichsam als geistliche Waffenstillstandsverträge erschienen. Daß diese Entwicklung im christlichen Abendlande überhaupt möglich wurde, beruht auf zwei Grundtatsachen der Universalgeschichte: auf der intellektuellen Überlegenheit und Einheit nicht bloß der priesterlichen, sondern der gesamten Geistesbildung, über welche die Kirche bis in das XII. Jahrhundert allein verfügte, und auf der eigentümlichen Unfertigkeit der älteren germanischen Staatsbildungen."

[4]) „Sedens in solio armatus et cinctus ensem, habensque in capite Constantini diadema, stricto dextra capulo ensis accincti, ait: ‚Numquid ego summus sum pontifex? nonne ista est cathedra Petri? Nonne possum imperii

Dieser Anspruch der Kirche ist nicht leere Theorie geblieben. In den wechselreichen Kämpfen, welche die Päpste mit den Kaisern und Königen geführt, haben sie oft einen Höhepunkt weltlicher Macht erstiegen und eine wahre Oberherrlichkeit geübt.

Blättern wir einen Augenblick in der Geschichte der Päpste und verweilen wir bei dem einen oder andern Bild.

Die Päpste des Mittelalters haben die Erde als ein Lehen des heiligen Petrus betrachtet. Und sie haben vermocht, diesen Titel in weitem Maße durchzusetzen.

Sizilien ist lange Zeit unangefochtenes Eigen der Kirche gewesen; Friedrich II. hat 1212 als Herr der Insel dem Papst den Lehenseid geschworen. Alexander III. hat 1179 Alfons I. als König von Portugal bestätigt und die Ansprüche von Kastilien und Leon zurückgewiesen, indem er die Oberhoheit der Kirche behauptete; und als Sancho I. 1198 den von Alfons der Kirche gelobten Zins nicht zahlen wollte, hat ihn Innozenz III. zur Erfüllung der Pflicht gezwungen. Petrus II. von Aragonien hat sich 1204 in Rom krönen lassen, hat sein Reich dem heiligen Petrus übergeben und eine Abgabe versprochen. Martin IV. hat 1283 die Krone von Aragon Philipp III. von Frankreich angeboten, und der König hat auf den Rat seiner Barone und Prälaten das Geschenk des Papstes angenommen.[1]) Auch haben die Päpste mit Nachdruck die Eigentumsrechte des Apostelfürsten auf Ungarn, Böhmen, Sardinien und Korsika zu verfechten gewußt.[2])

Besonders eindrucksvoll sind aber die Angriffe auf die Unabhängigkeit der englischen Krone gewesen.

Hatte sich schon Heinrich II. vor der Kirche erniedrigt, als

---

iura tutari? ego sum Caesar, ego sum Imperator'. Fr. Pipinus, zit. bei Bryce, Kap. VII. Anm. 27. Von dieser Szene sagt Dante, Purgator. XVI. Vers 106 bis 111:

„Soleva Roma, che'l buon mondo feo
Duo Soli aver, che l'una e l'altra strada
Facean vedere, e del mondo e di Deo
L'un l'altro ha spento, ed è giunta la spada
Col pastorale: e l'un coll' altro insieme
Per viva forzu mal convien che vada."

[1]) Lavisse, Histoire de France. III. 2. S. 114—116.

[2]) Krüger, Handbuch der Kirchengeschichte. 1912. II. Teil. S. 82. 115. 127.

er von Hadrian IV. die Ermächtigung empfing, Irland unter päpstlicher Oberhoheit in Besitz zu nehmen, und als er, im Kampfe mit seinem Erzbischof Thomas Becket und Alexander III. unterlegen, am Grabe des Heiligen Buße tat, so erwartete die tiefste Demütigung erst den unglücklichen König Johann. Innozenz III. besetzte 1207 eigenmächtig den erzbischöflichen Stuhl von Canterbury. Als Johann es mit Waffengewalt verwehren wollte, belegte Innozenz das Königreich mit dem Interdikt. Und als darauf der König Geistliche vertrieb und Kirchengüter einzog, verhängte Innozenz den Bann über ihn, entband die Untertanen vom Eid der Treue und sprach die Absetzung aus. Er ernannte Philipp II. August von Frankreich zum Vollstrecker des Urteils und forderte alle Herren der Christenheit auf, das Kreuz gegen England zu nehmen, um die der Kirche getane Unbill zu sühnen. Johann, von Krieg bedroht und von mächtigen Vasallen verlassen, beugte sich dem Papst, erkannte die Absetzung an, nahm seine Länder als Lehen des Papstes zurück, leistete den Vasalleneid und versprach einen Zins. Damit war die Oberherrlichkeit der Kirche über England, welche die Päpste seit alters behauptet und auf den bereits von den Angelsachsen bezahlten Peterspfennig gegründet hatten, in die Wirklichkeit umgesetzt. Allein die große Tat brachte nur den Triumph eines Augenblicks. Die Barone widersetzten sich, empört gegen die Überhebung des Papstes und die Schwäche des Königs. Sie ertrotzten nach der Schlacht bei Bouvines 1215 die Magna charta, welche die Freiheiten gegen Krone und Kirche verbriefte. Und die Nachfolger Johanns erkannten bald die Lehensabhängigkeit Englands nicht mehr an. Trotzdem hatte die Kirche für eine Zeit einen glänzenden Sieg erfochten. Sie hatte gezeigt, daß ihr Anspruch ernst zu nehmen war und daß das weltliche Regiment nicht völlig über ihre Kräfte ging.[1])

Die Ansprüche der Kirche auf die Universalherrschaft haben noch im 15. Jahrhundert einen Triumph gefeiert, als die Päpste die neu entdeckten Erdteile an die seefahrenden Nationen verteilten.

---

[1]) Krüger, l. c.; Herzog, l. c. Bd. I. S. 553—555; Nys. l'Angleterre et le Saint-Siège au Moyen-âge. Etudes de droit international et de droit politique. 1896. Vol. 1. p. 127f.

Schon Martin V. gab dem König von Portugal die Investitur für alle Länder, die zwischen Kap Bojador und Indien entdeckt werden sollten. Alfons V. erhielt auf seine Bitte die Einwilligung des Papstes zu einem Eroberungszug nach Afrika. 1452 ermächtigte Nikolaus V. denselben König und seine Nachfolger, die Sarazenen, Heiden, Ungläubigen und Feinde Christi zu unterwerfen und ihre Länder und Güter an sich zu nehmen. Es folgten ähnliche Freibriefe von Calixtus III. 1456, von Pius II. 1459, von Sixtus IV. 1481. In einer Bulle vom 3. Mai 1493 verlieh Alexander VI. alle von Kolumbus entdeckten Länder an die Könige von Kastilien und Leon. In einer Bulle vom 4. Mai zog er eine Grenzlinie durch die Meere, um die Besitzrechte dieser Könige festzusetzen. Als Spanien und Portugal 1494 im Vertrag von Tordesillas die neue Erde unter sich teilten, baten sie um die Bestätigung des Papstes und erhielten sie 1506 durch Julius II. Die Portugiesen legten die von Bartholomäus Diaz, Vasco de Gama und Albuquerque entdeckten Länder der Kirche zu Füßen. Und als Lohn verschenkte ihnen Leo X. alle neuen Gebiete der Erde überhaupt.[1][2]

[1]) Alexander VI., Bulle „Inter caetera divinae" an König Ferdinand von Aragonien und Isabella von Kastilien, 4. Mai 1493. „Inter caetera divinae maiestati beneplacita opera et cordis nostri desiderabilia illud profecto potissimum extitit, ut fides catholica et christiana religio, nostris praesertim temporibus, exaltetur ac ubilibet amplietur et dilatetur, animarumque salus procuretur ac barbaricae nationes deprimantur et ad fidem ipsam reducantur. — § VI. Et ut tanti negotii provinciam, apostolicae gratiae largitate donati, liberius et audacius assumatis, motu proprio non ad vestram vel alterius pro vobis super hoc nobis oblatae petitionis instantiam, sed de nostra mera liberalitate et ex certa scientia ac de apostolicae potestatis plenitudine omnes insulas et terras firmas inventas et inveniendas, detectas et detegendas versus occidentem et meridiem, fabricando et construendo unam lineam a polo arctico scilicet septentrione, ad polum antarcticum, scilicet meridiem, sive terrae firmae et insulae inventae et inveniendae sint versus Indiam aut versus aliam quamcunque partem, quae linea distet a qualibet insularum, quae vulgariter nuncupantur de los Azores y Cabo Vierde, centum leucis versus occidentem et meridiem, ita quod omnes insulae et terrae firmae repertae et reperiendae, detectae et detegendae a praefata linea versus occidentem et meridiem per alium regem aut principem christianum non fuerint actualiter possessae usque ad diem nativitatis domini nostri Jesu Christi proxime praeteritum, a quo incipit annus praesens 1493, quando fuerunt per nuntios et capitaneos vestros inventae aliquae praedictarum insularum, auctoritate omni-

Ging die päpstliche Politik auf die Unterwerfung aller Länder, auf den Gewinn der höchsten weltlichen Macht, so lag es gleichzeitig in ihrer Konsequenz, den Gegner zu unterwerfen, der ihr dieses Ziel streitig machte, den Kaiser. Auch diesen Kampf hat die Kirche mit Erfolg unternommen.

Ein Papst hat Heinrich IV. in den Staub gebeugt. Und nach einem gigantischen Ringen hat die Kirche ihre mächtigsten Feinde, die herrlichsten Träger der Kaiseridee, die Hohenstaufen besiegt und dem Untergang geweiht.

Soviel steht fest: die mittelalterlichen Päpste haben eine Macht in ihrer Hand vereint, wie kein Fürst sie seit den römischen Cäsaren und dem großen Frankenkönig je besessen. Und es erhebt sich die Frage: Haben sie diese Macht dem erhabenen Ziele zugewandt, das ihnen nach dem göttlichen Weltplan gesetzt war? Haben sie die Erde als Statthalter Christi regiert? Wer wagte wohl auf die Frage in dieser allgemeinen Fassung eine Antwort zu geben? Man müßte mehr als Geschichtsschreiber, man müßte Richter sein, um in solcher Form einen Spruch zu fällen. Überdies, der Plan unserer Arbeit überhebt uns dieser Aufgabe. Es kann sich für uns nur darum handeln, ob die Päpste die eine Tat vollbracht haben, die im göttlichen Regiment beschlossen lag: die Herstellung des Friedens.

Da ist zu sagen: die römische Kirche war Universalherrschaft. Ihrem Begriff war also der Gedanke des Friedens immanent. Mochte sie regieren nach welcher Politik sie wollte, immer war sie Friedensmacht, eben weil sie Universalherrschaft war. Aber damit nicht genug, daß sie den Frieden schon durch ihr Dasein logisch verbürgte, hat sie ihn auch moralisch gefestigt, indem sie die christlichen Völker mit gleichen Idealen beseelte. Da ist nament-

---

potentis Dei, nobis in beato Petro concessa, ac vicariatus Jesu Christi, qua fungimur in terris, cum omnibus illarum dominis, civitatibus, castris, locis et villis, iuribusque et iuridictionibus ac pertinentiis universis, vobis haeredibus et successoribus vestris, Castellae et Legionis regibus in perpetuum, tenore praesentium donamus et assignamus, vosque et haeredes ac successores praefatos illarum dominos cum plena, libera et omnimodo potestate, auctoritate et iurisdictione facimus, constituimus et deputamus." — Gegen das Recht des Papstes: Francisco de Vittoria. Relectiones theologicae. 1557—1626. V. De Indis.

[2]) Zu S. 90. Nys, La ligne de démarcation d'Alexander VI. l. c. p. 193f.

lich an die Kreuzzüge zu denken. Die Kirche hat den Gottesfrieden begründet durch den Gotteskrieg. Indem die Päpste Könige und Fürsten zum Kampfe gegen den Unglauben riefen, haben sie ein Werk vollbracht, einzig in der Geschichte und nie wieder erreicht: sie haben die abendländischen Völker mit dem Geist der Brüderlichkeit beseelt.[1])

Man kann darüber streiten, welches die eigentliche Triebfeder der päpstlichen Unternehmung gewesen. War es die Begeisterung für die christliche Sache, für die Befreiung des heiligen Grabes und der Wunsch, das Abendland in diesem Ideal zu einen; oder war es das Streben nach der europäischen Suprematie, welche der Kirche aus der Bewegung der Kreuzzüge erwachsen mußte?

Wie dem auch sei, die Päpste haben den einen wie den andern Erfolg erzielt. Sie haben die Christenheit durch den Glauben an eine große Tat zusammengeschmiedet. Sie haben Europa um die Fahne der Kirche geschart. Und dadurch haben sie zugleich ihre Autorität ins Unermeßliche gesteigert. Nie hatte ein Sterblicher seit Karl dem Großen eine Höhe der Macht erstiegen, wie Innozenz III., als er die geistlichen und weltlichen Fürsten im Jahre 1215 zum Laterankonzil versammelte, um mit ihnen den Kreuzzug zu beschließen.

Das ist die Tat der Weltkirche gewesen.

Aber die Weltkirche des Mittelalters ist zerfallen wie das Kaiserreich. Sie hat die Hohenstaufen nicht lange überdauert. Und dies aus zwei Ursachen, gleichartig jenen andern, die das Kaiserreich zerstörten.

Die Päpste haben, wie die Kaiser, die eherne Wahrheit verkannt, daß die Macht nicht den toten Sätzen des Rechtes, sondern dem lebendigen Willen der Völker entstammt. Das Pontifikat hat in seinem schwindelnden Aufstieg die Erde aus den Augen verloren. Es hat sich eingehüllt in blendende Theorien und in die Pracht göttlicher Majestät. Es hat die Quellen seiner Herrschaft nur in überirdischen Sphären gesucht. Der Papst ist wohl geringer als Gott, aber größer als der Mensch, so sprach Innozenz III. Man hat vergessen, daß die Kirche eine Gemeinschaft

---

[1]) Ein Werk, das Calixtus III. in der Mitte des 15. Jahrhunderts schon nicht mehr glückte, nachdem innere Kämpfe die Christenheit zerrissen hatten. Pastor, Bd. I. Buch IV. 2. bes. S. 536.

der Gläubigen ist und daß deshalb die geistliche Gewalt, so gut wie die weltliche, nur aus der einmütigen Überzeugung der Genossen emporwachsen kann. Man hat vergessen, daß ein Recht zum Gehorsam nur durch den Willen zum Gehorsam möglich ist. So haben die Päpste immer höher gebaut, ohne zu gewahren, daß die Grundfugen auseinander gingen. Während sie ihr Sinnen nur auf den Gewinn weltlicher Allmacht richteten, haben sie nicht beachtet, daß die große religiöse Sehnsucht der Massen unbefriedigt blieb. Die Kirche, statt den Gläubigen Zuflucht und Heil zu bieten, war nur noch ein Kampfplatz, auf dem der Streit um die Weltherrschaft ausgefochten wurde. Und als sich zu dem Machtbegehren andere Leidenschaften, seine natürlichen Begleiterinnen gesellten und schwere Mißbräuche aller Art erweckten, da mußte sich eine bittere Enttäuschung in der Christenheit verbreiten.[1]) Es wuchs eine Bewegung aus den Tiefen hervor, ein Verlangen nach der wahren Lehre, eine Rückkehr von der Kirche zu Gott. Die Bettelorden, früher mit dem Papst verbündet, predigten jetzt das Ideal der evangelischen Armut gegen ihn. Die großen Konzilien, getragen von der Überzeugung, daß sie die souveräne Gewalt besäßen, und machtvoll unterstützt durch die Publizistik der Zeit, versuchten die Kirche an Haupt und Gliedern zu erneuern.

[1]) v. Döllinger, S. 158—159; Herzog, S. 569. 690; Krüger, II. S. 165 bis 166. — Berhard von Clairvaux, 1091—1153. De consideratione libri V. An Papst Eugen III. Liber 2. VI. 9. — Wirbt, Quellen. — „I ergo tu, et tibi usurpare aude aut dominans apostolatum, aut apostolicus dominatum. Plane ab alterutro prohiberis. Si utrumque similiter habere voles, perdes utrumque." Herzog, 546—547. — Catharina von Siena. † 380. Vita S. Catharinae Senensis auctore Fr. Raimundo Capuano. — Wirbt, Quellen. — „Sacra virgo conquesta est, quod in Romana curia, ubi deberet paradisus esse caelicarum virtutum, inveniebat foetorem infernalium vitiorum. Quae dum pontifex percepisset, quaesivit a me quantum tempus esset, quod ad curiam pervenisset; et cum intellexisset, quod essent admodum pauci dies, respondit: Quomodo infra paucos dies potuisti curiae Romanae mores investigare? Tunc illa, inclinationem corporis et abiectionem commutans in quamdam subito quodammodo maiestatem, ut etiam corporeis oculis tunc percepi, et erigens in altum, in haec verba prorupit: Ad honorem omnipotentis Dei audeo dicere, quod plus percepi foetorem peccatorum, quae in Romana curia committuntur, existens in civitate mea unde sum nata, quam percipiant ipsi qui ea commiserunt et committunt quotidie. Ad haec pontifex subticuit." Pastor, Geschichte der Päpste seit dem Anfang des Mittelalters. Bd. I. 1886. S. 85—89. 114. v. Döllinger, S. 179.

Die Reformation endlich brach die alten Mauern und schuf einen neuen Bau. Es ist die gleiche Strömung, die all diese Revolutionen trägt. Es verbindet eine logische Kette den Heiligen von Assisi und den Mönch von Wittenberg. Es ist überall die christliche Gemeinschaft, welche beginnt, den Lebenszusammenhang mit der kirchlichen Herrschaft zu verlieren und ihr den Willen zur Botmäßigkeit und damit die Grundfeste, auf der sie steht, zu entziehen. Der Baum ist in den Himmel gewachsen; aber er verdorrt, weil die Wurzeln ihm kein frisches Leben bringen. Es ist die Bedrohung der despotischen Herrschaft durch das erwachende Volk.

Von den drei großen Erschütterungen, welche die Kirche heimsuchten, war es diejenige der Konzilien, die am deutlichsten den inneren Bruch zwischen der Gemeinde und ihrem Haupt offenbarte. Die asketische Bewegung war nur eine Vorläuferin, eine lehrhafte und dichterische Fehde gegen die Verderbnis der Kirche; sie war jener literarischen Strömung nicht unähnlich, die im 18. Jahrhundert die Rückkehr zur Natur und zur Einfachheit der Sitten pries. Die Reformation hinwiederum war die vollendete Tat, die revolutionäre Katastrophe selbst. Aber in den Angriffen der Konzilien und der mit ihnen verbündeten Publizistik auf das Pontifikat, sah man die feindlichen Kräfte sich regen, sah man den Zwiespalt der alten und der neuen Gedankenwelt lebendig werden. Kehren wir zu dem angebahnten Vergleich zurück, so stand man jetzt nicht mehr bei Rousseau, sondern inmitten der Stände, die zur Reform des Königreichs znsammentraten, aber zugleich die Wahrheit an den Tag brachten, daß der Grundbau der Verfassung gebrochen war und daß sie selbst als Repräsentanten der Nation die Macht übernahmen.

Die Rückkehr der mißbrauchten Herrschaft an das Volk als den urspünglichen Träger aller Gewalt: Dies Phänomen natürlicher Art, dieses oft wiederkehrende historische Ereignis, das der Macht der Tatsachen entspringt, hat sich damals in der Kirche vollzogen und in den Konzilien ausgeprägt.[1]) Und gleichzeitig hat es ein

---

[1]) Krüger II. S. 209—210. „Die konziliare Theorie ist in erster Linie aus der Not der Zeit geboren." — „Peter von Ailly bekannte sich zur Notwendigkeit eines Generalkonzils aus der Beobachtung organischer Naturgesetze, wonach jedes Lebewesen sich spontan zusammenrafft, wenn seiner Einheitlichkeit der Untergang droht."

theoretisches Gewand empfangen, einen dialektischen Harnisch, der lange Zeit und bis auf unsere Tage als wertvolles Stück in der politischen Rüstkammer aufbewahrt worden ist: Die Lehre von der Souveränität des Volks. Dieser Gedanke, im Mittelalter geboren, zuerst auf das Reich und dann auf die Kirche angewendet[1]) und noch heute in den demokratischen Staatsbildungen allmächtig, dieser Gedanke, einer der gewaltigsten, der seine tiefen Furchen durch die Weltgeschichte gezogen, mußte bei der Reform der Kirche eine besonders hohe Autorität gewinnen, da er den Geist der alten Verfassung atmete, die vor dem Gregorianischen Zeitalter bestanden hatte.

Das Konzil von Pisa trat 1409 zusammen, um das große Schisma zu lösen. Es setzte die beiden Gegenpäpste Gregor XII. und Benedikt XIII. ab und veranlaßte eine neue Wahl. Damit behauptete es seine Superiorität über das Pontifikat. Das Konzil von Konstanz, das 1414—1418 tagte, erklärte in den berühmten Dekreten der vierten und fünften Sitzung: Jedes rechtmäßig berufene ökumenische, die Kirche repräsentierende Konzil habe seine Autorität unmittelbar von Christus; in Sachen des Glaubens, in der Beilegung der Spaltung und der Reformation der Kirche an Haupt und Gliedern sei jedermann, auch der Papst, ihm unterworfen.[2]) Das Konzil von Basel, 1431—1449, bestätigte diesen Beschluß von der Suprematie des Konzils über den Papst Der gleiche Gedanke wurde in der Literatur mit großer Autorität verfochten. Marsilius von Padua und Johann von Jaudun veröffentlichten schon in den

---

[1]) Gierke, Althusius. 1902. Teil II. Kapitel III. Sehr interessante Betrachtung über den Zusammenhang dieser Lehre mit anderen kulturhistorischen Phänomenen bei Scholz, unten zitiert. S. 457—458.

[2]) Wirbt, Quellen. „Haec sancta synodus Constantiensis ... primo declarat, quod ipsa in spiritu sancto legitime congregata, concilium generale faciens et ecclesiam catholicam repraesentans, potestatem a Christo immediate habet, cui quilibet, cuiuscunque status vel dignitatis, etiamsi papalis existat, obedire tenetur in his, quae pertinent ad fidem et exstirpationem dicti schismatis et reformationem ecclesiae in capite et in membris. Item declarat, quod quicunque cuiuscunque conditionis, status, dignitatis, etiamsi papalis, qui mandatis, statutis seu ordinationibus aut praeceptis huius sacrae synodi et cuiuscunque alterius concilii generalis legitime congregati, super praemissis seu ad ea pertinentibus, factis vel faciendis, obedire contumaciter contempserit, nisi resipuerit condignae poenitentiae subiiciatur, et debite puniatur, etiam ad alia iuris subsidia, si opus fuerit, recurrendo."

zwanziger Jahren des 14. Jahrhunderts ihren Defensor Pacis.[1]) Die beiden Kanzler der Pariser Universität, Peter d'Ailly, sein Schüler Gerson, der in seinen Schriften de unitate ecclesiae und de auferibilitate papae die Leitsätze für das Pisaner Konzil aufstellte, und viele anderen großen Geister dieses Zeitalters kämpften für die neue Idee.[2])

Ein Sturmwind erhob sich im letzten Jahrhundert des Mittelalters und rüttelte an dem Gebäude. Die Grundfugen der päpstlichen Macht erzitterten. Die Christenheit erhob sich gegen ihr Haupt. Es entstand ein Riß. Und wenn auch der Bau nicht zusammenbrach, wenn er auch später neu gefestigt wurde, so gewann er doch nie wieder die Kraft, die Welt auf seinen Schultern zu tragen.

---

[1]) „Pars III. c. 2. conclusio 1. Solam divinam seu canonicam scripturam, et ad ipsam per necessitatem sequentem quamcunque ipsiusque interpretationem, ex communi concilio fidelium factam, veram esse, ad aeternam beatitudinem consequendam necesse credere, si alicui debite proponatur. — c. 2. Legis divinae dubias definire sententias, in his praesertim, qui christianae fidei vocantur articuli, reliquisque credendis de necessitate salutis aeternae, solum generale concilium fidelium, aut illius valentiorem multitudinem, sive partem determinari debere, nullumque aliud partiale collegium, aut personam singularem cuiuscunque conditionis existat, iam dictae determinationis auctoritatem habere. — c. 5. In divinis novae legis praeceptis aut prohibitis neminem mortalem dispensare posse; permissa vero prohibere, obligando ad culpam aut poenam pro statu praesentis saeculi vel venturi solum posse generale concilium aut fidelem legislatorem humanum. — c. 6. Legislatorem humanum solam civium universitatem esse aut valentiorem illius partem. — c. 17. Omnes episcopos aequalis auctoritatis esse immediate per Christum neque secundum legem divinam convinci posse in spiritualibus aut temporalibus praesse invicem vel subesse. — c. 18. Auctoritate divina, legislatoris humani fidelis interveniente consensu seu concessione, sic alios episcopos communiter aut divisim excommunicare posse Romanum episcopum et in ipsum auctoritatem aliam exercere quemadmodum a converso. — c. 41. Episcopum Romanum et alium quemlibet ecclessiasticum seu spiritualem ministrum secundum legem divinam per solum fidelem legislatorem aut eius auctoritate principantem vel fidelium generale concilium ad officium ecclesiasticum separabile promoveri debere, ab eodem quoque suspendi atque privari exigente delicto."

[2]) Herzog, Band I. 2. Periode III. Abschn. I. v. Döllinger, § 16. Krüger, II. §§ 39. 43. 45. 47. Scholz, Die Publizistik zur Zeit Philipps des Schönen und Bonifaz' VIII. 1903. Kirchenrechtliche Abhandlungen, herausgegeben von Stutz. Pastor, I. 3. Hauck, V. 1. Buch IX. Kapitel VII.

Das war die eine Ursache des Niedergangs.

Der zweite Grund des Zerfalls war die Rivalität mit dem Kaisertum. Geistliche und weltliche Macht verzehrten im Streit miteinander ihre beste Lebenskraft. Sie kämpften, als ob es gegolten hätte, den Sieg der großen Sache durch Vernichtung des Gegners zu erfechten. Aber dieser Streit war eine Verirrung und dem Geist des Bundes zuwider, den beide Herrscher durch Karls des Großen Krönung besiegelt hatten. Sie konnten nur mit vereinten Kräften die Aufgabe erfüllen, welche ihnen durch die mittelalterliche Idee gesetzt war. Sie konnten das Weltreich nur als eine Doppelmonarchie erbauen. Darin liegt die Tragik der Fehde zwischen Papst und Kaiser, daß beide ihre Macht aneinander gebrochen und dadurch das Reich zerstört haben, das sie gemeinsam errichten sollten.

Das Kaisertum hat das Papsttum in seinen Niedergang hineingezogen. Das deutet noch auf eine tiefere Wahrheit hin. Die Kirche vermochte nicht zu bestehen, wenn nicht eine politische Gewalt ihr eine machtvolle Stütze lieh. Sie bedurfte eines weltlichen Arms, um sie zu schirmen.[1]) Denn solange nicht das vollkommene Reich gegründet war, solange nicht der Papst im Verein mit dem Kaiser oder allein die Oberherrlichkeit behauptete und die anderen Herrschaften unter seine Botmäßigkeit brachte, drohte der Kirche von den Staaten immerwährende Gefahr. Griff sie doch in das tiefste Leben der Staaten ein, ihre Freiheit und Macht in ständiger Rivalität bekämpfend. Der Schutz nun, dessen die Kirche nicht entraten konnte, wurde ihr jahrhundertelang durch das Kaisertum gewährt. Wenn auch oft in Fehde mit ihm, blieb doch die Kirche durch sein bloßes Bestehen vor dem Schicksal bewahrt, den Angriff fremder Staaten zu erleiden. Und daß sie dem Reich diesen Schutz verdankte, war keine Erniedrigung für sie. Denn das Reich war nach dem Dogma jener Zeit ihr natürlicher Genosse.

Aber als die Kirche durch den Zusammenbruch des Reiches diesen Halt verlor, mußte sie auf andere Mittel sinnen, um sich gegen die weltlichen Mächte zu behaupten. Dies konnte ihr vielleicht dadurch gelingen, daß sie mit höchster diplomatischer Kunst die Staaten gegeneinander ausspielte, den einen zum Schutz gegen

---

[1]) Krüger, II. S. 47. Pastor, S. 53.

den andern rief und sich durch ein Gleichgewicht rettete, dessen Mittelpunkt sie selber war; oder auch dadurch, daß sie ihre Macht einzig durch ihre geistige Autorität erhielt. Wenn aber beides mißglückte, so konnte sich die Kirche des Ansturms weltlicher Gewalt nur dadurch erwehren, daß sie sich unter die Schirmherrschaft eines kraftvollen Staates begab.

Und das war in der Tat das Schicksal, dem sie verfiel. Das Papsttum unterlag im Kampfe mit Philipp dem Schönen und kam durch das babylonische Exil unter die Schutzvogtei der französischen Krone. Indem es aber Rom, den Mittelpunkt der Welt verließ und sich einem Herrn beugte, der als Untertan von Kaiser und Kirche gedacht war, zerbrach es selbst den Gedanken des göttlichen Reiches auf Erden.[1])

Der Streit, der sich zwischen Bonifazius VIII. und Philipp dem Schönen erhob und das Papsttum von seiner Höhe stürzte, begann 1296 wegen der Besteuerung des Kirchenguts in Frankreich durch den Staat. In seiner ersten Phase dauerte er nur kurze Zeit. Die Landeskirche stellte sich entschlossen auf die Seite des Königs. Der Papst hatte sich gegen eine Verschwörung der Kardinäle Kolonna zu wehren. Er hatte in Italien Feinde genug und war in einen Kampf mit Sizilien verwickelt. So sah er sich bald zum Rückzug gezwungen. Er zeigte dem König weite Nachgiebigkeit und überhäufte ihn mit Gnaden. Allein bald entbrannte der Kampf von neuem und erwuchs zu einem prinzipiellen Konflikt um die Selbständigkeit der weltlichen Gewalt.

Der Papst fühlte sich durch ein Bündnis Philipps mit Albrecht I. bedroht. Er empfand es als eine schwere Niederlage, daß seine Friedensvermittlung zwischen Frankreich und England zurückgewiesen wurde. Er hatte gegen Philipp wegen mißbräuchlicher Nutzung des Regalienrechts und übermäßiger Geldforderung an die französische Geistlichkeit zu klagen. Das alte Machtmittel der Päpste, der Ruf zum Kreuzzug, versagte: Philipp weigerte die Mitwirkung. Das waren die politischen Ursachen, die den neuen Kampf vorbereiteten. Und als noch mancherlei Kränkungen von beiden Seiten hinzukamen, da loderte er bald in hellen Flammen auf.

Der Papst verkündete 1301 in der Bulle Ausculta filii seine Su-

[1]) Pastor, I. Buch. 1. Die Päpste in Avignon. S. auch die Zitate von Petrarca, S. 58.

prematie über die Könige der Erde. Er lud 1302 die französischen Prälaten nach Rom, um mit ihnen die Reform der kirchlichen und politischen Institutionen Frankreichs zu beraten. Er zitierte den König selbst vor den apostolischen Stuhl, wo er sich kraft seiner Gehorsamspflicht verantworten sollte. Philipp der Schöne zögerte mit der Antwort nicht. Er berief die drei Stände, den Adel, die Geistlichkeit und die Städte zu einem Reichstag nach Paris. Es war die erste Nationalversammlung, die erste Repräsentation des ganzen Landes. Sie war gedacht als eine Erhebung des Volkes gegen den Papst. Der Reichstag ergriff mit Festigkeit die Partei des Königs. Er verteidigte die Unabhängigkeit des französischen Staats. Er versagte Bonifazius den päpstlichen Titel. So war die Trennung von der römischen Kirche in greifbare Nähe gerückt. Das nationale siegte über das kirchlich universale Prinzip. Bonfazius erwiderte mit der lapidaren Bulle Unam Sanctam, in welcher er das Dogma von der Souveränität des Papsttums zusammenfaßte. Während nun der König sich bemühte, die Hilfe von Spanien, Portugal, Navarra und Italien zu gewinnen, suchte der Papst vergeblich, Eduard I. von England und Albrecht I. zum Krieg gegen seinen Gegner zu reizen. Auf einer Versammlung im Louvre ließ dann Philipp den Papst der Ketzerei für schuldig und des päpstlichen Thrones für unwürdig erklären und forderte ihn zur Verantwortung vor ein allgemeines Konzil. Schon schickte Bonifazius sich an, die Exkommunikation über Philipp auszusprechen und seine Untertanen vom Treueid zu entbinden, da endete der Streit durch eine Gewalttat. Der Papst wurde 1303 von den Leuten des Königs in Anagni überfallen und gefangen gesetzt. Obwohl von den Anagnesen befreit, starb er kurz darauf an der seelischen Erregung über die unerhörte Schmach.

Bonifazius hatte gekämpft. Wenn ihn auch das Glück verließ, so hatte er doch Frankreichs bedräuender Macht die Stirn geboten und nicht abgelassen von dem ewigen Recht der Päpste auf die Herrschaft der Welt, dem Recht, welchem er in seiner berühmten Bulle Unam Sanctam ein an Kunst armes, aber an Überzeugung riesenhaftes Monument gemeißelt hat.

Dann aber begann in der Geschichte des Pontifikats ein neues Kapitel. Die Päpste, von der weltlichen Gewalt besiegt und ohne politische Stütze, um dem mächtigsten König Europas Trotz zu bieten, unterlagen der Oberherrlichkeit der französischen Krone. Sie wurden Vasallen. Das Rad drehte sich mit eiserner Konsequenz. Die Päpste hatten die Hohenstaufen vernichtet. Darum verfielen sie dem Kapetinger. Philipp der Schöne erstand als Rächer Konradins.[1])

Schnell neigte sich die Sonne und verblich. Zeigte schon Benedikt XI. große Unterwürfigkeit, so wurde Klemens V. ein gefügiges Werkzeug in der Hand Philipps des Schönen. Er siedelte nach Avignon. Er widerrief die feindlichen Bullen seiner beiden Vorgänger, namentlich die Bulle Unam Sanctam. Er hob auf den Wunsch des begehrlichen Königs den in Frankreich stark begüterten Templerorden auf. Philipp erlangte die Verpflichtung des französischen Klerus zum Zehnten und willigte dafür in die Niederschlagung des Ketzereiprozesses gegen Bonifazius VIII.[2])

Mit diesem tiefen Fall war das Schicksal der souveränen Kirche erfüllt. Die Päpste waren von dem Thron des göttlichen Weltreichs herabgestiegen. Sie hatten das Schwert nicht festhalten können, das den Hohenstaufen entglitten. Die große Kirchenspaltung, die Konzilien, die Reformation waren nur das natürliche Nachspiel dieser Begebenheiten. Sie waren nur die Katastrophe der Tragödie. Die Krisis hatte sich in Anagri vollzogen, die Peripetie in Avignon.

---

[1]) Herzog, Band I. S. 686. Pastor, Band 1. S. 116. Krüger. II. S. 170.

[2]) Krüger, §§ 30. 38. Scholz, Die Publizistik zur Zeit Philipps des Schönen und Bonifaz VIII. 1903. Kirchenrechtliche Abhandlungen, herausgegeben von Stutz. Einleitung. Herzog, Band I. 2. § 33. 61. Hauck, Band V. 1. Kap. 7. Pastor, l. c.

Zweites Kapitel.

Die europäische Hegemonie.

Dubois — Campanella — Sully.

Das Mittelalter ist eine Zeit des politischen Idealismus gewesen. Es hat an die Einheit der Welt geglaubt und hat die Gründung eines göttlichen Reiches unternommen. Aber das Werk ist nicht vollendet worden. Die einige Herrschaft ist zusammengebrochen, weil sie sich zur spekulativen Idee verflüchtigte und im Willen der Völker keine Wurzel schlug. Der Fall von Kaisertum und Papsttum hat sich in der Zeit vollzogen, in der die großen nationalen Gemeinwesen entstanden sind. Getragen von der Überzeugung des Volkes, das nach seiner Einheit verlangte, und erbaut durch ein starkes Fürstentum, das auf der Grundlage solch nationalen Empfindens die mittleren Gewalten niederrang oder sich mit ihnen verbündete, stiegen selbstherrliche und machtgebietende Staaten aus dem feudalen Chaos des Mittelalters empor. Sie verleugneten die Gewalt von Kaiser und Papst und erkannten keine Herren über sich an. Sie lösten die Aufgabe, an welcher Reich und Kirche gescheitert waren. Sie gaben den europäischen Völkern das politische Leben.

Gestützt auf die Kirche, die Städte und das Volk und im Kampf mit den Vasallen festigten die Kapetinger das französische Königtum, bis Ludwig der Heilige die Lehensgewalten niederzwang und Philipp der Schöne den ersten Anlauf zur absoluten Herrschaft unternahm. Das mittelalterliche England löste den Konflikt zwischen Monarch und Ständen in meisterhafter Weise, indem es die Stände neben dem Monarchen zu organischen Trägern der Herrschaft erhob und so den Feudalstaat zum Verfassungsstaat umbildete, eine Entwicklung, durch welche die nationale Solidarität und Einheit fest begründet wurde. Ähnlich Ungarn durch den

Gedanken der Heiligen Krone. Die Habsburger mehrten ihre Erblande zu einem großen Reich. Karl V. gewann Spanien, das schon durch den Jahrhunderte währenden Kampf mit den Sarazenen und später durch die gemeinsame Regierung von Ferdinand und Isabella geeinigt war. Er bezwang die Cortez und warf sich zum unbeschränkten König auf.

Das politische Bild Europas ist von Grund aus umgestaltet. Neue Spieler stehen auf der Bühne der Welt. Gewalten, die bisher mit Schwierigkeiten der inneren Entwicklung gekämpft und mühsam um ihr Dasein gerungen haben, sind jetzt mündig und stark. Reich und Kirche, in deren Schatten sie aufgewachsen, sind verfallen. Kaiser und Papst, die gar oft durch ihre moralische Autorität die Geschicke der Völker geleitet, gebieten nicht mehr. Das Band christlicher Brüderschaft, das früher die Nationen verkettet, ist gelöst. Die göttliche Weltordnung ist gebrochen. Die Könige, bisher Vasallen, sind selber Herren. Und so kehren sie jetzt das Schwert gegeneinander und kämpfen um das Erbe jenes Reiches, dessen Größe und Ruhm sie selbst dereinst als Waffengenossen in fernes Land getragen.

Es beginnt ein Kampf aller gegen alle. Ein Staat nach dem andern sucht die Nachbarn zu schwächen und die Vorherrschaft zu gewinnen. Ein Staat nach dem andern strebt nach einer Machtfülle, welche ihn über die anderen Staaten erhebt, ihm den überragenden Einfluß sichert und die Fähigkeit gibt, die europäische Politik nach seinem Willen zu leiten. Es handelt sich nicht mehr um ein Weltregiment, wie es die kaiserliche Theorie des Mittelalters vertrat. Denn einmal steht nicht eine wahre Herrschaft in Frage, sondern nur eine politische Überlegenheit, eine Hegemonie. Und weiter, solche Überlegenheit wird nicht erstrebt unter einem Titel der Humanität, um eines Ideales willen. Sie ist nur das Ziel selbstsüchtigen Machtbegehrens. Der Gedanke hat seine göttliche Verklärung abgestreift und erscheint in irdischem Gewand.

Frankreich ringt in hundertjährigem Streit mit England um die Suprematie. Die Rivalität zwischen Franz I. und Karl V., zwischen dem festgebauten Frankreich und dem länderreichen Habsburg macht Europa zum Schauplatz eines selten ruhenden Kampfes. Der Dreißigjährige Krieg bringt endlich die allgemeine Katastrophe. Europa ist eine Anarchie.

In solcher Zeit ist für den Gedanken einer universellen Verfassung wenig Raum. Ist er früher die Seele des Völkerlebens, der Schwerpunkt der politischen Konstellation gewesen, so steht er jetzt fernab von den historischen Begebenheiten. Er kann keine führende Rolle mehr spielen. Und wenn er nicht völlig untergeht, so kann er nur in einem sehr entlegenen und künstlichen Zusammenhang mit den Bestrebungen der Wirklichkeit weiter leben.

Ein solcher Zusammenhang kann nur in der Weise vorgestellt werden, daß die Überlegenheit eines Staates, wenn sie einmal begründet ist, die Grundlage der europäischen Ordnung bildet. Wenn in dem großen Wettstreit eine Macht das Ziel ihres Strebens erreicht und den Vorrang in Europa gewinnt, dann muß eine Bindung der kämpfenden Staaten die Folge sein. Denn Hegemonie und Anarchie sind unvereinbare Dinge. So hat die Weltordnung auch hier eine Stelle. Zwar, sie ist nicht das belebende Prinzip in dem neuen System. Aber sie steht doch in kausaler Verkettung mit ihm. Sie wird nicht um ihrer selbst willen erstrebt. Sie ist nur indirekte Konsequenz. Sie ist nicht mehr das Zentralfeuer, wie in der Alten Welt. Sie ist nicht mehr Sonne. Sie ist nur Trabant.

Weil nun der Gedanke einer universellen Verfassung sich in jenen Tagen nicht darstellt als eine politisch bewegende Macht, so findet man seine Spuren nicht in der historischen Chronik, sondern allein in der diplomatischen Literatur. Drei Schriften sind aus jenem Zeitalter auf uns gekommen, welche die Vorherrschaft eines Staates mit dem Zustand einer europäischen Ordnung gleichsetzen. Es ist immer die gleiche Ideenreihe, in der sie sich bewegen. Die Autoren verfolgen ein nationales und erst in der Richtung seiner Konsequenz ein internationales Ziel. Sie sind überzeugt, daß es dem Fürsten ihrer Wahl bestimmt ist, die Suprematie in Europa zu üben. Und aus dieser Oberherrlichkeit folgern sie, daß er die Gewalt aus dem Leben der Völker verbannen und die Ordnung heiligen wird. Sie feiern ihn als Gebieter und darum auch als Hüter des Rechts: Peter Dubois bricht eine Lanze für Philipp den Schönen von Frankreich. Campanella schreibt um die Wende des 16. Jahrhunderts über die spanische Weltmacht, und Sully verherrlicht nach dem Tode Heinrichs IV. von Navarra die politischen Pläne seines königlichen Herrn.

1. Peter Dubois.

Von dem Leben des Peter Dubois ist wenig bekannt.[1]) Er hörte als Scholar in Paris Thomas von Aquino und Siger von Brabant. Er übte um 1300 in Coutances in der Normandie den Beruf eines königlichen Advokaten aus. Sein Leben lang hielt er sich für berufen, ein politischer Reformator seines Zeitalters zu sein. Unter dem Eindruck des unglücklichen Feldzugs nach Aragonien, der mit dem Tode Philipps III. und einem unrühmlichen Rückzug endete, entwickelte er Philipp dem Schönen in einer Schrift von 1300 seine Besserungsvorschläge großen Stils.[2]) Die Schrift, die nach ihrem Titel nur bestimmt war, zwei große Übel der Zeit, die allzu langen Kriege und Prozesse, zu beseitigen, griff über diese Fragen weit hinaus und handelte in umfassenden Projekten über die Reorganisation der Kirche, des Staats und des ganzen europäischen Systems. Dubois nahm während des Konfliktes zwischen Philipp IV. und Bonifazius VIII. in mehreren Streitschriften für den König Partei[3]); er beteiligte sich als gewählter Vertreter der Stadt Coutances an dem Reichstag, den Philipp IV. 1302 berief, um die Freiheiten des Landes gegen die

---

[1]) E. Renan, Histoire littéraire de la France. XXVI. p. 471 sq. Boutaric, Notices et extraits des manuscrits. XX. 2me partie. p. 166 sq. Comptes rendus de l'Académie des Inscriptions. VIII (1864). p. 84 sq. de Wailly, Mémoires de l'Académie des Inscriptions. XVIII. 2. partie. p. 435 et suiv. Bibliothèque de l'Ecole des Chartes. 2. Série III p. 273 et suiv. Lavisse, Histoire de France. III. 2. p. 284—291. Langlois, De Recuperatione Terre Sancte. Traité de politique générale par Pierre Dubois. Collection de textes pour servir à l'étude et à l'enseignement de l'histoire. 1891. Scholz, Die Publizistik zur Zeit Philipps des Schönen und Bonifaz VIII. 1903. In den Kirchenrechtlichen Abhandlungen von Stutz. Heft 6—8. S. 375 bis 443. Schücking, Die Organisation der Welt. 1908. S. 559—564. Kern, Die Anfänge der französischen Ausdehnungspolitik bis zum Jahre 1308. 1910. S. 31—34. Meyer, Die staats- und völkerrechtlichen Ideen von Peter Dubois. Dissertation. 1909.

[2]) Summaria brevis et compendiosa doctrina felicis expeditionis et abreviationis guerrarum ac litium regni Francorum. Manuskript.

[3]) Raciones inconvincibiles; Deliberatio magistri Petri de Bosco, advocati regalium causarum baillivie Constantiensis et procuratoris universitatis eiusdem loci, super agendis ab excellentissimo principe et domino, domino Philippo, Dei gratia Francorum rege, contra epistolam pape romani inter cetera continentem hec verba: Scire te volumus; Supplication du peuple de France au roi contre Boniface.

Kirche zu verteidigen. 1305—1307 verfaßte er sein zweites Hauptwerk, in dem er unter dem Titel und Banner einer Wiedereroberung des Heiligen Landes von neuem seine Pläne über die politische Gestaltung Europas entrollte.[1]) Der erste Teil der Schrift war für den König von England, den Papst und alle übrigen christlichen Fürsten bestimmt, der zweite wurde nur Philipp dem Schönen überreicht. Dieses Werk wurde ergänzt durch zwei Arbeiten von 1308, in denen Dubois seinen Herrn aufforderte, die Kaiserkrone zu erwerben und ein Reich im Orient zugunsten seines zweiten Sohnes zu gründen.[2]) Der Autor starb, ohne eine große Stellung im öffentlichen Leben oder einen wichtigen Einfluß auf die französische Politik gewonnen zu haben.

Dubois ist kein systematischer Denker. Er richtet kein wissenschaftliches Lehrgebäude auf. Seine Ideen sind ungeregelt, der Eingebung des Augenblicks entsprungen und ohne festen Zusammenhang. Es erscheint daher methodisch angebracht, zunächst seine wichtigsten Thesen über die europäische Ordnung gesondert zu betrachten und sie erst später miteinander in Verbindung zu bringen.

Der König von Frankreich soll die Suprematie in Europa besitzen. Das ist der eine Leitgedanke, der uns entgegentritt.

In seiner Schrift über die Abkürzung der Kriege bietet der Autor einen weitläufigen Plan, um dieses Ziel zu erreichen. Der König soll, gegen eine Abfindung in Geld, den weltlichen Besitz der römischen Kirche erwerben, also das Patrimonium Petri und die Lehensherrlichkeit über die dem Papst botmäßigen Länder, wie Toskana, Sizilien, England, Aragonien. Fehlt doch der Kirche von Rechts wegen jeder Titel auf irdisches Gut. Der König soll weiter die Lombardei durch Zession des Reiches oder durch Krieg gewinnen. Er soll in Kastilien wieder den rechtmäßigen Herrscher einsetzen und dafür das Land in französische Abhängigkeit bringen. Karl II. von Anjou, der König von Sizilien, wird Ungarn erobern. Der Bruder des Königs, Karl von Valois, wird durch Heirat in den Besitz des orientalischen Reiches gelangen. Das Deutsche Reich endlich wird bald der Hilfe Frankreichs bedürfen; auch werden

[1]) De Recuperatione Terre Sancte.

[2]) Mémoire présenté à Philippe le Bel pour l'engager à se faire créer empereur par Clément V.; Mémoire adressé à Philippe le Bel pour l'engager à fonder un royaume en Orient en faveur de Philippe le Long, son second fils.

dort die Neffen des Königs, die Enkel Albrechts I., zur Regierung kommen.[1]) In dem zweiten, Philipp dem Schönen gewidmeten Teil der Schrift über die Wiedereroberung des Heiligen Landes[2]) entwickelt der Autor ein ähnliches Projekt. Der Papst wird, nachdem er seinen weltlichen Besitz verloren, in Frankreich Hof halten und sein geistliches Regiment unter dem Einfluß des Königs führen. Frankreich wird sich das linke Rheinufer sichern oder wenigstens die Provence, Savoyen, die Rechte des Reiches an Ligurien, Venetien und der Lombardei. Durch Karl von Valois, das Haus Anjou und die neuen Könige von Granada und Portugal wird es auch Italien und Spanien an sich fesseln.[3])

Man streitet darüber, ob Dubois an eine Hegemonie oder an eine wahre Weltherrschaft der französischen Krone denkt. Aber nur die erste Deutung wird seiner Idee gerecht.[4]) Das zeigt eine aufmerksame Prüfung des Planes. Nur einige Nachbarländer sollen Frankreich angegliedert werden. Dies, damit das Königreich eine Machtvergrößerung erfahre, wichtig genug, um ihm die erste Stelle in der europäischen Politik zu sichern. Im übrigen sind es nur moralische Bande, die der Autor zwischen dem König und andern Herrschern knüpft. So die Bande der Verwandtschaft und die Bande einer recht theoretischen Oberherrlichkeit, welche einzelne Länder an das Reich oder den apostolischen Stuhl fesselt und an Frankreich übergehen soll. Daß Dubois nach Albrechts I. Tode seinen Herrn auffordert, die Kaiserkrone zu erwerben[5]), ist kein Argument. Repräsentiert doch diese Krone damals keine wirkliche Herrschaft mehr. Auch verwirft Dubois im ersten Teil der Schrift über den Kreuzzug mit schlüssigen und ernst gemeinten Gründen die Möglichkeit einer Universalmonarchie.[6]) Wenn man die Lehre von Dubois in diesem Sinne auslegt, so hat man auch den Vorteil, daß man keinen Widerspruch anzunehmen braucht zwischen dem zweiten, nur für den König von Frankreich bestimmten Teil

[1]) De abreviatione. fol. 8—10. Kern, S. 32—33. Lavisse, III. 2. p. 286-287.

[2]) Renan, p. 532.

[3]) De Recuperatione, §§ 112—120, zitiert nach der Ausgabe von Langlois. Kern, S. 33—34; Lavisse, p. 289.

[4]) Für sie Meyer, S. 62 u. 105—106; für die zweite Deutung die Mehrheit der Schriftsteller.

[5]) Scholz, S. 392 u. 410.

[6]) Deliberatio, p. 45. De Recuperatione, § 63.

der eben erwähnten Schrift und dem ersten Teil, der ein Bündnis aller Fürsten und ein internationales Schiedsgericht vorschlägt. Müßte doch ein solcher Widerspruch dazu führen, den Autor der Duplizität zu bezichtigen.[1])

Wenn Dubois eine französische Hegemonie erstrebt, so spiegelt er eine Tendenz, die in der Stimmung seines Volkes und in der Politik des Königshauses herrschend war.

Schon Philipp III. hatte sich der Expansionspolitik zugewendet. Sein Kreuzzug gegen Aragonien war der erste Eroberungskrieg, den die Kapetinger außerhalb ihrer natürlichen Landesgrenzen unternahmen. Karl von Anjou, der die Provence erworben, eine französische Dynastie in Süditalien begründet hatte und dort mit dem Haus Aragon in Fehde stand, war der Urheber dieses Krieges. Er war es auch, der Philipp III. nach dem Tode Richards von Cornwallis bewog, sich um die Kaiserkrone zu bewerben.[2]) Lag doch die Stärkung der französischen Macht in der Konsequenz seiner italienischen Herrschaft. Er mußte bestrebt sein, das deutsche Kaisertum, seinen natürlichen Rivalen, von der Halbinsel fern zu halten und dem verwandten Königshaus die Hand zu reichen. Philipp der Schöne setzte die Expansionspolitik seines Vaters fort Er strebte, Flandern und Guyenne, die beiden großen Lehen im Norden und Süden des Königreiches, seiner unmittelbaren Herrschaft zu unterwerfen und scheute nicht den Kampf mit England, um die Macht seines natürlichen Gegners auf dem Kontinent zu brechen. Auch er suchte die Kaiserkrone für die französische Dynastie zu gewinnen und bemühte sich, nach Albrechts I. Tode die Wahl seines Bruders Karl von Valois durchzusetzen.[3])

Das ist die politische Sphäre, in der sich Dubois bewegt, als er sein Werk unternimmt.

Der Papst hat fortan nur ein geistliches Regiment zu führen.[4]) Aber dafür ist er auch in seinem Reich unumschränkter Gebieter.[5])

---

[1]) Diesen Vorwurf erheben in der Tat die meisten Schriftsteller.

[2]) Lavisse, III. 2. p. 109—110. Dort sind die zwei Dokumente zitiert, welche sich auf die Kandidatur beziehen.

[3]) Lavisse, III. 2. Kern, l. c.

[4]) De abreviatione. fol. 7; De Recuperatione §§ 63. 111.

[5]) De Recuperatione §§ 29. 59. 63. 99. 111; De abreviatione. fol. 10; Supplicatio, p. 217. Scholz, S. 397.

Das ist der zweite Grundgedanke, der die Lehren von Dubois durchzieht. Der Papst hat den Primat. Er ist das Haupt der Kirche, der Vikar Christi, der Nachfolger des Apostelfürsten Petrus. Er ist der Herr über die Seelen. Er hat andrerseits keinen Titel, in das weltliche Reich hinüberzugreifen. So ist namentlich der König von Frankreich der souveräne Träger aller irdischen Gewalt in seinem Lande.[1] Mehr noch: wie er berufen ist, eine politische Suprematie über die europäischen Fürsten zu üben, so soll er auch eine moralische Autorität über das Pontifikat gewinnen. Die Entäußerung des Papstes von allem weltlichen Besitz und die Verlegung seines Hofes nach Frankreich werden die Mittel dazu bieten.[2]

Auch diese Theorie steht in engem Zusammenhang mit den geschichtlichen Begebenheiten. In ihr spiegelt sich der Kampf, den Philipp der Schöne um die staatliche Freiheit gegen die Kirche unternimmt und der mit dem Exil in Avignon endet.

Es soll eine europäische Friedensordnung geschaffen werden. Das ist das dritte Prinzip. Dubois fordert, daß ein allgemeines Konzil zusammentrete, beschickt von allen Prälaten und souveränen Fürsten der Christenheit. Der König von Frankreich soll es in Rom beantragen, und der Papst soll es berufen. Das eine Ziel der Tagung ist die Beratung über den Kreuzzug. Aber die Aufgabe des Konzils geht weiter. Die Versammlung soll eine große Reformarbeit unternehmen, sie soll den Staat, die Kirche und das europäische System nach neuen Linien auferbauen.[3]

Im Mittelpunkt der Reformarbeit steht der allgemeine Friede.

---

[1] De Recuperatione, §§ 5. 52. Deliberatio, p. 46. De abreviatione. fol. 23. Supplicatio, p. 216. Scholz, S. 413.

[2] De Recuperatione, §§ 111. 112. Raciones inconvincibiles, cit. Deliberatio, p. 45. Supplicatio, p. 218. Scholz, S. 413—415. Renan p. 533.

[3] De Recuperatione, §§ 1. 2. § 106: „Videtur expediens supplicare domino pape quod ipse citra montes, super hiis vocatis prelatis et principibus catholicis sibi obedientibus, presertim regibus et aliis qui non recognoscunt superiores in terris, Concilium faciat generale, Peryalogum detentorem imperii Constantinopolis, nec non detentorem regni Castelle et eius nepotes de illo contendentes, regem Alemannie cum eius electoribus nullatenus obmittendo, ut super recuperatione et reformatione et conservatione Terre Sancte, nec non statu universalis totius rei publice christicolarum, cum eisdem et per ipsos consilium et auxilium et remedium salubriter habeatur.“

Er ist die Basis für jede Besserung in den Zuständen der Christenheit. Und dies aus einem metaphysischen und einem politischen Grund. Aus einem metaphysischen Grund: Das universale Prinzip, das durch nichts bewegt ist und doch alles bewegt, ist das Gute, die Gottheit selbst. Aus ihm empfängt alles Geschaffene die Eigenschaft des Guten. Weil aber der Friede die Seele des Guten und der Gottheit ist, so muß er sich aller Kreatur mitteilen, wenn Gottes Wille sich erfüllen und sein Reich auf Erden gegründet werden soll.[1]) Aus einem politischen Grund: Die Regeneration der abendländischen Welt ist eng verwoben mit dem Kreuzzug, der das staatliche, kirchliche und internationale Leben mit einem neuen Geist erfüllen wird. Der Friede aber ist die notwendige Bedingung für den Kreuzzug. Denn nur wenn aller Streit in der Heimat beigelegt ist, können die Fürsten um ein gemeinsames Ideal jenseits der Meere kämpfen.[2]) So ist es denn die erste Aufgabe des

[1]) De Recuperatione, § 109. „Philosophi concluserunt unum fore primum principium movens omnia, a nullo motum omnium tamen non causatum, solum per se et de se ens, et bonum; per bonitatis cuius participationem et non alias, omnia causata recipiunt et participant bonitatem; in quo est veritas et bonitas omnium rerum per essenciam, et idem de omnibus virtutibus in abstractione designatis; quod principium et causam primam Deum appellamus. — Si ergo ipse est rex et actor pacis ac pater, et dyabolus pater et actor dissensionis, sedicionis et mendacii, necessario sequitur quod omnes pacifici, et quacunque virtute tam naturali quam morali adquisita vel infusa virtuosi, per participationem virtutis ipsius Dei virtuosi dicuntur.“ § 27. „Idcirco pacem generalem querere et a Deo petere debemus, ut per pacem et in eius tempore, cum alias fieri non possit, perfectas virtutes et sciencias adquiramus; quod sensit Apostolus cum ait: ‚Pax Dei, que superat omnem sensum, custodiat corda vestra et intelligencias vestras‘; intelligencie vestre, que sunt anime rationales, per guerras, discordias, et lites civiles que bellis equiparantur, et per earum prolongationes non custodiuntur, sed frequenter destruuntur; ideo, prout magis facere potest, debet eas quilibet vir bonus evictare et fugere; et cum hoc amplectitur alias non potens ius suum consequi, debet hoc prout magis potest abreviare, in hiis pacem suam et ius querens cum cordis dolore; quod sic docuit fieri Philosophus, cum ait: ‚Bellum de se et in se tantum est illicitum et malum, quod quicunque appetit bellum propter bellum in fine malicie est‘.“ § 2. 99. Über die Friedenssehnsucht der Zeit vgl. Meyer, S. 107—110.

[2]) De Recuperatione, § 2. „Ad hoc quod tanta multitudo ducatur illuc et duret, opportebit principes catholicos concordes esse et inter se guerras non habere; quoniam si ibi existentes suas terras audirent debellari et de-

Konzils, den Frieden zu begründen.[1]) Und nun entwickelt Dubois seinen Plan zur Schlichtung aller Streitigkeiten unter den souveränen Fürsten. Das Konzil wird einen Schiedsvertrag zustande bringen, beschworen durch einen Friedenseid.[2]) Hiernach wird ein ständiger Schiedshof eingesetzt werden. Wenn ein Konflikt entsteht, dann wählt jede Partei aus diesem Schiedshof drei geistliche und drei weltliche Richter, und das also gebildete Kollegium entscheidet die Kontroverse durch seinen Spruch.[3]) Gegen das Urteil steht der Weg der Berufung offen. Zweite Instanz ist der Apostolische Stuhl.[4]) Das Prozeßverfahren ist im einzelnen geregelt. Ebenso die Voll-

---

strui, dimissa hereditate Domini, redirent ad propriam ut eam defenderent, prout olim multociens contigit ibidem. Idcirco inter catholicos omnes, saltem ecclesie romane obedientes, pacem firmari taliter expedit quod una sit respublica, sic fortiter unita quod non dividatur." § 3.

[1]) De Recuperatione, § 3. „Convocato concilio, propter ardorem salutis Terre Sancte, summa regalis experiencia petere poterit per dominum papam, principes et prelatos concordari et statui taliter quod quibuscunque dicentibus se passos iniurias secundum leges et consuetudines regnorum et regionum, per iudices in eis statutos, et ubi statuti non sunt, infrascripto modo statuendos, fiat celerius quam solitum est iusticie complementum. Nullus catholicus contra catholicos currat ad arma, nullus sanguinem baptizatum effundat; quicunque preliare volentes, contra fidei christiane inimicos, Terre Sancte sanctorumque locorum Domini, non contra fratres, occasionem corporalis et spiritualis perditionis querendo, studeat preliare."

[2]) De Recuperatione, § 101.

[3]) De Recuperatione, § 12. „Sed cum iste civitates et multi principes superiores in terris non recognoscentes, qui iusticiam faciant de ipsis secundum leges et consuetudines locorum, controversias movere captabunt, coram quibus procedent et litigabunt? Responderi potest quod concilium statuat arbitros religiosos aut alios eligendos, viros prudentes et expertos ac fideles, qui jurati tres judices prelatos et tres alios pro utraque parte, locupletes, et tales quod sit verisimile ipsos non posse corrumpi amore, odio, timore, concupiscencia, vel alias, qui convenientes in loco ad hoc aptiori, iurati strictissime, datis antequam conveniant articulis petitionum et defensionum singularum, summarie et de plano, rejectis primo superfluis et ineptis, testes et instrumenta recipiant, diligentissime examinent."

[4]) De Recuperatione, § 12. „Si altera pars de iudicum sententia non sit contenta, ipsi iudices pro omni lite processus cum sentenciis mittant ad apostolicam sedem, per summum pontificem pro tempore existentem emendandas et mutandas, prout et si justum fuerit; vel si non, salubriter ad perpetuam rei memoriam confirmandas et in cronicis sancte romane ecclesie inregistrandas."

streckung. Wenn eine Partei sich dem Spruch nicht fügt oder das Schiedsgericht übergeht und den Feind mit Krieg überzieht, so wird eine Exekution von allen übrigen Mitgliedern des Konzils eingeleitet. Der Friedensbrecher wird von großen Heeren umringt und der Hungersnot preisgegeben. Das unterworfene Volk wird seiner Güter beraubt, von seinem Boden verbannt und nach dem Heiligen Land verschickt. Dubois entwickelt das Verfahren der Exekution an dem Beispiel des Herzogs von Burgund und der italienischen Republiken.[1])

Die Vorherrschaft der französischen Krone auf weltlichem und geistlichem Gebiet, der Primat des Papstes in der Kirche und das ständige Schiedsgericht zur Erhaltung des allgemeinen Friedens, das sind die drei führenden Gedanken, welche die Lehre von Dubois durchziehen. Der wichtigste unter diesen Gedanken ist aber der erste. Denn er gibt den beiden andern ihre Lebensfähigkeit und stellt in dieser ganzen Ideenwelt die Einheit her. Die französische Suprematie, so kann man die Vorstellung von Dubois in einem Bilde zusammenfassen, ist der Schlüssel des Uhrwerks, das den Gang der europäischen Politik in methodischer Ordnung regelt.

Die Hegemonie der Kapetinger ist einmal der Stützpunkt, an dem die geistliche Herrschaft der Päpste ihren Halt findet. Diese Stärkung bedeutet gleichzeitig eine Abhängigkeit. Der apostolische Stuhl steht im Schatten des französischen Thrones. Die Päpste sind berufen, ihren Einfluß in den Dienst des Königs zu stellen. Die Kirche ist eingebaut in den Staat. Und wie die Hegemonie durch ihre Kraft die Kirche aufrecht hält, so flößt sie auch der Friedensordnung und dem Schiedsgericht ihren Lebensatem ein. Damit aber stoßen wir auf einen der interessantesten Gedanken von Dubois.

---

[1]) De Recuperatione, § 4. „Quicunque autem contra hoc salubre statutum guerram contra fratres catholicos movere presumpserint, eo ipso omnium suorum bonorum amissionem incurrant, cum omnibus auxilium eis facientibus, pugnando, victualia, arma vel alia necessaria vite vel pugne qualitercunque ministrando; superstites eorum, post guerram finitam, cuiuscunque etatis, conditionis et sexus, a terris et possessionibus perpetuo fiant exules, et totaliter cum eorum quacunque posteritate privati, in Terram Sanctam populandam mittantur; de bonis a quibus erunt privati, si obediant et libenter intendant ad se transferendum in Sanctam Terram, tradatur eis competenter, pro modo impensarum ac iter peragendum quatinus erit necessarium.“ §§ 5—11. 118.

Es ist dem Autor nicht entgangen, daß ein Schiedsgericht durch seine bloße Existenz noch nichts vermag, sondern nur dann schlichtend und friedenbringend wirken kann, wenn es beseelt ist von einer machtvollen Autorität. Und für Dubois liegt diese Autorität eben in dem gebietenden Einfluß der französischen Krone. Das Schiedsgericht steht unter ihrem Patronat. Es ist wohl errichtet durch den einigen Willen der Prälaten und souveränen Fürsten. Aber dieser einige Wille ist nicht stark genug, um die Widerstände zu überwinden, die durch ernste Kontroversen entstehen. Der Staatenbund ist nur die äußere Form, in der die Friedensordnung hergestellt wird. Die Seele aber, welche den toten Körper bewegt, ist jene Hegemonie. Das Schiedsgericht kann sich durchsetzen und seinem Spruch Geltung verschaffen, weil es einen sicheren Rückhalt in dem mächtigsten aller Staaten findet. Dieser Gedanke ist zwar bei Dubois nirgends in klaren Worten ausgesprochen. Allein er folgt aus dem Geist seines Werkes überhaupt. Die Suprematie der Kapetinger ist dem Autor die Achse der politischen Welt.[1])

Die Bedeutung von Dubois liegt nicht darin, daß er ein Schiedsgericht vorgeschlagen hat. Diese Institution war seit alters bekannt. Noch wenige Jahre, bevor die erste Schrift von Dubois erschien, war Bonifazius VIII. als Schiedsrichter zwischen Philipp dem Schönen von Frankreich und Eduard I. von England aufgetreten.[2]) Das große Verdienst von Dubois liegt darin, daß er als erster in den Annalen der diplomatischen Geschichte ein ständiges Schiedsgericht, mit einer Kompetenz über alle europäischen Staaten, mit einer festen Verfassung und einer Prozeß- und Exekutionsordnung entworfen hat. Er ist damit, wie Schücking hervorhebt, ein Vorläufer der Haager Konferenzen geworden.[3]) Hat er doch ihr Werk schon in den fundamentalen

[1]) Lavisse, Histoire de France. III. 2. p. 289. «La paix perpétuelle de la chrétienté, sous l'hégémonie de la France, tel est, en résumé, le rêve de l'homme de loi bas-normand».

[2]) Wenn Bonifazius es auch versuchte, sein Urteil auf eine päpstliche Oberherrlichkeit über alle Fürsten zu gründen, so wurde er von den Parteien doch nur als Richter kraft Wahl und Schiedsvertrag anerkannt und sollte deshalb seinen Spruch nur als Privatmann unter dem Namen Benedikt Gaëtani fällen.

[3]) Die Organisation der Welt. 1908. S. 561.

Linien gezeichnet. Und dieses Verdienst wird dadurch erhöht, daß er zugleich das Grundproblem der Schiedsgerichtsbarkeit erkannt und nach einer Autorität gesucht hat, auf die das Urteil gegründet werden konnte. Er hat dafür eine Lösung unternommen, die sich mit der politischen Konstellation seiner Zeit eng verknüpfte.

Dubois hat in der Bewertung der Modernen ein wechselndes Schicksal erlebt.[1]) Hat er vor 50 Jahren den berühmten Historiker Ernest Renan stark gefesselt[2]), so ist er in der Achtung der neueren Geschichtschreiber immer mehr gesunken. In allerjüngster Zeit hat die Völkerrechtslehre begonnen, ihn wieder höher einzuschätzen. In der Tat, man kann über seine Bedeutung als Staatsmann verschiedener Ansicht sein. Dubois ist mit einer reichen, oft beinahe dichterischen Phantasie begabt. Allein es fehlt ihm eine fundamentale Eigenschaft des Politikers, der Blick für das Mögliche. Es ist kein unverdientes Los, daß der Ehrgeiz seines Lebens nicht befriedigt und ihm keine führende Stelle in dem Regiment des Staates zuteil geworden ist. Er hat sich damit bescheiden müssen, ein Staatsphilosoph zu sein. Aber nicht nur seine Schwäche, auch seine Größe liegt darin, daß er mit seiner Ideenwelt den Rahmen seiner Zeit zerbrochen hat. Der Ruhm muß ihm bleiben, daß er zu allererst mit prophetischem Blick eine Institution erfaßte, welche 600 Jahre später zu ihrer wahren Bedeutung aufsteigen und eine große Rolle im internationalen Leben spielen sollte: das ständige Schiedsgericht. Das war eine wissenschaftliche Tat. Denn damit nicht genug, daß die neue Institution an sich selbst eine kühne und geistvolle Schöpfung war, enthielt sie einen tiefen Bruch mit der Vergangenheit. Sie stellte die europäische Welt auf eine neue Basis. Sie gab ihr eine demokratische Organisation. Wenigstens in der Form. Denn in dem Plan von Dubois sind die Parteien einander gleich geordnet. Sie sind nur sich selber untertan. Sie geben sich selbst ihre Richter. Und steigen wir hinauf zu der Körperschaft, welche das Schiedsgericht selbst ins Leben ruft, so entrollt sich das gleiche System in noch höherer Vollendung: Ein Konzil der Mächte lenkt Europas Geschick. Die Fürsten sind zu einem Staatenbund ver-

[1]) Siehe die oben zitierten Schriftsteller.

[2]) l. c. Vgl. die Würdigung S. 531—536.

eint. Die Kirche selber ist in die Gemeinschaft eingefügt. Allerdings, die Sonne der Weltherrschaft ist noch nicht unter dem Horizont versunken. Sie wirft noch ihre letzten Strahlen auf die Erde. Aber sie ist verblaßt. Sie ist nicht mehr eine Gewalt, ruhend auf einem Titel göttlichen Rechtes. Sie ist nur noch ein Vorrang an Einfluß und Macht. Die Weltanschauung ist von Grund aus umgestaltet: An die Stelle der Universalmonarchie tritt eine europäische Republik unter aristokratischer Autorität.

Dubois hat die Weltordnung nicht auf einem rein demokratischen Fundament erbaut. Aber gerade die Auffassung, daß sie ihre vollendete Garantie in dem politischen Einfluß, in der Schirmherrlichkeit eines Fürsten findet, ist wieder ein Gedanke, geistreich und von hohem diplomatischen Interesse. Zwar dieser Gedanke enthält keine absolute Wahrheit. Wie sollte auch eine politische Erkenntnis fähig sein, alle Weltlagen zu beherrschen? Allein, es sind Konstellationen möglich, in denen das von Dubois vorgestellte System sich verwirklichen kann. Der Autor brauchte nicht allzu fern in die Vergangenheit hinauf zu steigen, um ein Zeitalter zu entdecken, in welchem seine Idee Gestalt und Leben gewann. Ludwig der Heilige hatte mit Glück das große Werk unternommen, durch seine Autorität das Recht in Europa zu sichern. Dieser König, der die mächtigste Krone des Abendlandes trug, gewann durch seine hohe Tugend die Verehrung seiner Zeit in solchem Maß, daß er als der natürliche Schiedsrichter in Europa galt, vor den die Fürsten und Herren ihre Streitigkeiten brachten. Er entschied zu zweien Malen den Streit um die Erbfolge in Flandern und Hennegau, er schlichtete den Konflikt um die Erbfolge in Navarra. Er versöhnte den Herzog von Chalon mit dem Grafen von Burgund, den Grafen von Bar mit Heinrich von Luxemburg und dem Herzog von Lothringen, den Dauphin Guiques VII. mit Karl von Anjou und mit Philipp von Savoyen. Seinen berühmtesten Schiedsspruch aber fällte er in dem Konflikt zwischen Heinrich III. von England und seinen Baronen.[1][2]

---

[1]) Lavisse, Histoire de France. III. 2. p. 89—95.

[2]) Joinville. Histoire de St. Louis. 1309. Chapitre 137.

§ 680. Ce fu li om dou monde qui plus se traveilla de paiz entre ses sousgis, et especialment entre les riches homes voisins et les princes dou

Und so verkörperte er jenes Ideal, das den Gedankenbau von Dubois krönt.

2. Thomas Campanella.

300 Jahre später hat ein Calabreser Mönch, Thomas Campanella, einen gleichen Grundgedanken verfochten.[1])

Sein Leben war äußerst bewegt und an Schicksalsschlägen reich. Schon früh mit Tat und Lehre von zwei großen Dominikanern, Thomas von Aquin und Albert dem Großen, vertraut und eines Tages durch eine feurige Predigt hingerissen, nahm er mit 14 Jahren das Ordenskleid. In den Klöstern studierte er die Philosophie und Theologie, die Logik und Physik seiner Zeit

royaume, si comme entre le conte de Chalon, oncle au signour de Joinville, et son fil le conte de Bourgoingue, qui avaient grant guerre quant nous revenismes d'outremer. Et pour la paiz dou père et dou fil, il envoia de son consoil en Bourgoingne et à ses despens; et par son pourchas fu faite la paiz dou père et dou fil.

§ 681. Puis ot grant guerre entre le secont roy Tibaut de Champaigne, et le comte Jehan de Chalon, et le conte de Bourgoingne son fil, pour l'abbaïe de Lizeu. Pour laquel guerre appaisier, mes sires li roys y envoia mon signour Gervaise d'Ecrangnes, qui lors estoit maistres queus de france; et par son pourchas il les apaisa.

§ 682. Après ceste guerre que li roys appaisa, reoint une autre grans guerre entre le conte Thybaut de Bar et le conte Heari de Lucembourc, qui avait sa serour à femme; et avint ainsi, que il se combatirent li uns à l'autre desouz Priney, et prist li cuens Thybaus de Bar le conte Henri de Lucembourc, et prist le chastel de Lynei, qui estoit au conte de Lucembourc de par sa femme. Pour celle guerre apaisier, envoia li roys mon signour Perron le chamberlain, l'ome dou monde que il creoit plus, et aus despens le roy; et tant fist il roys que il furent apaisié.

§ 684. Dont il avint ainsi, que li Bourgoignon et li Loorein que il avait apaisiés, l'amoient taut et obeissoient, que je les vi venir plaidier par devant le roy, des descors que il avoient entre aus, à la court le roy à Rains, à Paris et à Orliens.

Vgl. auch §§ 678—679 die Rechtfertigung, die Ludwig der Heilige für den mit Heinrich III. von England im Jahre 1258 geschlossenen Frieden gibt.

[1]) Nys, Etudes de droit international. Volume II. 1901. p. 206—239. Schücking, Die Organisation der Welt. 1908. S. 574—577. Sigwart, In den preußischen Jahrbüchern. Band XVIII. S. 516—546. Thomas Campanella und seine politischen Ideen. C. Dareste, Morus et Campanella. 1843. Laurent, Histoire du droit des gens et des relations internationales. 1861—1870. Tome X. p. 193—196.

und erwarb sich schon in jugendlichen Jahren ein so umfangreiches Wissen, daß er den Verdacht der Magie an sich heftete. Gar bald regten sich in ihm starke Zweifel gegen die allbeherrschende Autorität des Aristoteles. Er begeisterte sich für die Lehren des Bernardino Telesio, der in Neapel die Cosentinische Akademie gegründet hatte, um gegen die Tyrannei des Aristotelismus anzukämpfen und eine neue Naturphilosophie der Erfahrung auszubilden. Im Geist dieser Schule schrieb Campanella sein metaphysisches Werk, die experimentale Philosophie.[1]) Er wurde im selben Jahre der Zauberei angeklagt, der römischen Inquisition überliefert und verurteilt, seine Irrungen abzuschwören. Dann führte er lange Zeit ein unstetes Wanderleben, in dessen Verlauf die Inquisition ihn nochmals wegen Ketzerei verfolgte und seiner wichtigsten Manuskripte beraubte. Aus dieser Zeit ist eine politische Schrift erhalten, die Rede von der Unterwerfung Flanderns unter die spanische Krone.[2]) Dieser Diskurs wurde 1618 in den Niederlanden verbreitet und rief große Erregung hervor. Aus ihm erwuchs später das große diplomatische Werk über die spanische Monarchie. 1599 verwickelte sich Campanella in eine Verschwörung gegen die spanische Herrschaft in Neapel. Schuld daran war sein Plan, auf seinem Heimatboden eine ideale Republik zu gründen, wie sie seinen spekulativen Ideen entsprach. Er wurde des Aufruhrs und von neuem der Ketzerei angeklagt, siebenmal gefoltert und 30 Jahre in Neapel und Rom gefangen gehalten. In der Kerkerhaft schrieb er seine drei politischen Werke über die spanische Monarchie, das Reich des Messias und den Sonnenstaat.[3]) 1629 befreit, wußte er sich den Papst Urban VIII. günstig zu stimmen. Aber auch in Rom von der spanischen Regierung bedroht, flüchtete er 1634 nach Marseille. Er erfreute sich noch einige Jahre in Frankreich hoher Ehrung durch die gelehrte Welt und den Hof. 1639 verlosch dieser revolutionäre Geist, ein seltsamer Zufall, in dem Jakobinerkloster zu Paris, das anderthalb Jahrhunderte später der Herd des Aufruhrs gegen eine alte Welt geworden ist.

---

[1]) Philosophia sensibus demonstrata. 1591.

[2]) Discorso circa il modo col quale i Paesi Bassi volgarmente di Fiandra, si possino redurre sotto l'obedienza del Re cattolico.

[3]) De Monarchia Hispanica Discursus. Beendet 1607; Monarchia Messiae. 1605; Civitas Solis. Begonnen 1602.

Campanella ist als Politiker der gleichen Ideenwelt einzureihen, wie der Staatsphilosoph von Coutances. Beide stellen das Axiom in den Mittelpunkt ihrer Doktrin, daß eine Weltordnung nur unter einer Dynastie herzustellen sei, die eine unangefochtene Überlegenheit an Macht und Ansehen besitze und deshalb die Leitung der europäischen Diplomatie übernehmen könne. Frankreich ist für Dubois, Spanien ist für Campanella die auserwählte Führerin der Welt. Beide Autoren stimmen auch darin überein, daß die Kirche einen bedeutenden Anteil an dem Aufbau des neuen Systems haben soll. Aber mit dem Unterschied, daß die Kirche bei Dubois ein bloßes Instrument in der Hand des mächtigsten Königs bedeutet, während sie bei Campanella Anfang und Quell aller Autorität und deshalb die Urheberin der staatlichen Hegemonie selber ist. Nur deshalb, weil er im Bund mit der Kirche steht, nur deshalb, weil die Kirche ihn auszeichnet und mit ihrer eigenen Machtfülle begabt, vermag ein Staat die Vorherrschaft zu erringen. So argumentiert der Dominikanermönch. Spanische Suprematie, von der Kirche stammend und von der Kirche geleitet, wird die Einheit der Welt begründen, den ewigen Frieden bringen und die Völker dem irdischen Heil entgegenführen.[1])

Während Campanella in seinem Sonnenstaat das verklärte Bild eines Gemeinwesens zeichnet, dessen Grundgesetz die absolute Herrschaft des Verstandes ist[2]), behandelt er in dem Reich des

[1]) Monarchia-Messiae, zitiert bei Nys, S. 234. »Quoniam non potest in omnibus climatibus simul esse sterilitas, sed deficientibus aliis, aliae abundant regiones, itaque si omnes sub eiusdem principis cura essent, ordinaret transferri victum ex his, quae abundant, ad illos quae carent. Nec contingeret mortalitas, neque bellum, virtus quaerendi gratia; neque avaritia inter emptores et venditores exteros«. p. 235—236. »D'après Campanella, l'unité du principat papal ne détruit cependant pas les royaumes et les républiques. Elle les confirme, elle les rend meilleurs, puisqu'elle les unit; ce fut là le rôle du Christ, qui a uni tous les Etats sous un prince apostolique. Ceux-ci forment une république dont le pape est le chef; ils sont ainsi devenus invincibles devant l'ennemi et pacifiques entre eux. L'idée même de sujétion et de soumission doit être écartée; les princes ne sont point feudataires du pape, si ce n'est ceux qui ont accepté de lui leur royaume, mais ils sont devant lui comme des fils soumis devant un père, ils sont comme des disciples devant un maître, ils sont comme des agneaux vis-à-vis de leur pasteur«. — Sigwart, p. 541.

[2]) Nys, S. 226 und Dareste dort zitiert.

Messias und in der spanischen Monarchie das Regiment des Papstes und die Hegemonie des katholischen Königs.

Die Religion ist die größte Macht, welche die Menschen bewegt. Sobald sie einmal die Völker gefangen genommen, beherrscht sie ihre Handlungen souverän. Sie lenkt Waffen und Worte, und das sind im Grunde die einzigen Werkzeuge jeder staatlichen Gewalt. Wer eine Herrschaft aufrichten will, ohne mit der Religion im Bunde zu sein, muß darum notwendig scheitern. Und daraus folgt weiter: Es gibt keine Monarchie, die nicht vom Papst abhängig wäre.[1]) Denn er ist die Quelle dieser weltbewegenden Kraft. Aus diesem Grunde ist der Papst der höchste Herrscher auf Erden. Er hat das geistliche und das weltliche Schwert.[2])

Die Gewalt der Kirche ist die größte unter allen Gewalten. So argumentiert Campanella. Der Sieg heftet sich darum an die Waffen, die für die Kirche streiten. Will der König von Spanien eine starke Heeresmacht um sich scharen, so muß er als Vorkämpfer des Papstes zum Schwerte greifen.[3]) Und will er sein hohes Ziel, die Suprematie, erlangen, so muß er als ein neuer

---

[1]) De Monarchia Hispanica. Ausgabe von 1640. Caput V. p. 31—32. ‚Nunc politicis rationibus probabo, quod in orbe Christiano nullus possit esse Monarcha, nisi dependeat a Papa. Nam certe, ubicunque est Princeps, qui superiorem supra se habet, sola religione, non armis regentem, sicut Papa, ille nunquam ad universalem Monarchiam pervenire potest. Quicquid enim conabitur, irritum fiet, et illi a superiore in manibus quasi confringetur. Nam omnis Religio tam falsa quam vera vincit, ubi semel fascinavit hominum animos: a quibus solis arma et linguae, unica regnorum instrumenta, dependent. — Tum etiam constat, in orbe Christiano nullam Monarchiam ad summum evectam esse, quia scilicet subiecta est Papae. — Cum igitur Christiana religione nulla maior reperiatur, evidens est, neque Hispaniam, neque Galliam ad maiorem dignitatem pervenire posse". cf. p. 23.

[2]) p. 34, eodem loco. „Nisi forte dicendum sit, Papam in temporalia nullam omnio potestatem habere, nec authoritate vel gradu reliquos Episcopos, eorumve Vicarios aut Capellanos, superare: quod ordinationi Dei manifesto contrarium est, utpote qui Sacerdotem regalem eum constituit, et utroque gladio tam politico, quam spirituali coarmavit. Secus enim si foret, Christus legislator esset diminutus, at non sicut Melchisedech, qui fuit Rex et Sacerdos simul; quae res addit imperio maiorem maiestatem securitatemque: sicut probavi contra Dantem in mea Monarchia"; cf. Caput IV, p. 16—17; Monarchia Messiae. Zitiert bei Nys. S. 235. Das Buch ist äußerst selten geworden. Sigwart, S. 531—532.

[3]) p. 34—36, eodem loco.

Cyrus, als ein katholischer König der Welt in die Schranken treten[1]) und diesen Titel dadurch bekräftigen, daß er die Christenheit zum Sieg gegen den Unglauben führt[2]) und die Kaiserkrone gewinnt.[3])

Spanien ist von Gott berufen, die Führerschaft zu erwerben.[4]) Es hat auch die Machtmittel, um diese Aufgabe zu erfüllen: Campanella schildert, wie dieses Reich zu seiner Höhe aufgestiegen ist.[5]) Er zeigt, wie der König seine Herrschaft festigen kann, indem er die verschiedenartigen Völker eint, die unter seinem Zepter leben.[6]) Spanien hat eine Gewalt errungen, mit der es dem Türken siegreich widerstehen kann.[7]) Es vermag seine europäischen Feinde, und die gefährlichsten unter ihnen, Frankreich und England, in Schach zu halten.[8]) Campanella stellt Betrachtungen an über die einzelnen Staaten Europas, zeigt, welche Gefahren und welche Vorteile sie für die spanische Monarchie in sich bergen und in welcher Art der katholische König ihre Schwäche oder ihre Macht ausbeuten kann.[9]) Wenn es Spanien gelänge, England und die Niederlande zu unterwerfen, so wäre es bald die Herrin Europas und der meisten überseeischen Länder. England zu bezwingen, ist aber ein unmögliches Unternehmen. Darum soll Spanien einzig auf eine starke Verteidigung sinnen. Und darauf entrollt der Autor die strategischen und politischen Mittel für diesen Plan.[10])[11])

---

[1]) p. 36, eodem loco. „Quare expedire arbitror, secundum fatum Christianum, ut, quia Monarchia Hispanica sursum tendit, Rex illius palam confiteatur, se a Papa dependere, et praedicari passim iubeat, se esse Cyrum praefiguratum, et Regem Catholicum mundi". cf. p. 23—25.

[2]) p. 36, eodem loco.

[3]) p. 38, eodem loco.

[4]) Introductio, eodem loco. „Monarchia universalis profecta ab ortu versus occasum, per manum Assyriorum, Medorum, Persarum, Graecorum et Romanorum, pervenit tandem ad Hispanos, quibus post diuturnam servitutem et diremptionem fato, universa concessa est".

[5]) Caput II, eodem loco. p. 7—9.

[6]) Caput XIX, eodem loco. p. 176—183.

[7]) Caput XIX, eodem loco. p. 168—171.

[8]) Caput XIX, eodem loco. p. 171—176.

[9]) Capita XX—XXXI.

[10]) Caput XXV. p. 227. «Certo constat, regem Hispaniarum si solam Angliam cum Belgio domare posset, totius Europae magnaeque partis mundi

Spricht auch Campanella an manchen Orten von einer spanischen Universalmonarchie, so denkt er doch nicht an eine wirkliche Herrschaft über die europäischen Völker. Wohl ist er sehr antik in seinem politischen Denken, indem er im Jahrhundert nach der Reformation, die Freiheitsideen der Renaissance stolz ignorierend, die geistliche und weltliche Allmacht der Päpste verteidigt.[1]) Ist hier die Illusion leichter, weil das Regiment der Kirche immer nur ein psychisches Phänomen ohne äußere Gewaltübung ist, so vermag Campanella doch nicht von der Weltlage am Anfang des 17. Jahrhunderts in dem Maße zu abstrahieren, daß er noch an eine Unterwerfung der Völker unter einen einzigen Monarchen glaubt. Sein Plan geht nur auf eine Hegemonie des katholischen Königs. Er gesteht offen zu, daß Spanien weder England noch Frankreich unter seine Herrschaft beugen könne,[2]) und konstruiert in dem Reich des Messias Europa als eine Republik.[3])

Das ist die Theorie von Campanella.

Wenn der Calabreser Mönch Europa unter einer spanischen Hegemonie erschaute, so gab ihm die damalige Weltlage manchen Grund dazu. Er schrieb seine großen politischen Werke zur Zeit Philipps III. Unter diesem König strahlte die Krone Spaniens noch einmal in ihrem hellsten Glanz. Auf die unglücklichen Kriege gegen Elisabeth war der Friede mit Jakob I. gefolgt. Ein Freundschaftsbund war zwischen beiden Dynastien begründet. Eine Vermählung des Prinzen von Wales mit einer spanischen Infantin war geplant, was zu einer Verbindung beider Reiche unter

---

novi Monarcham citò evasurum. Et quia ille insulam hanc in potestatem suam redigere nequit, cum situ et hominibus, Hispanis infensis, moribusque et religione ab illis diffidentibus plurimum polleat; necesse habet se defendere, et regiones illis opportunas praesidiis munire, ne iis in praedam cedant". p. 226—235.

[11]) (Zu S. 120.) cf. Antonio Perez. Discurso del estado que tienen sus reynos y señorios y los de amigos y enemigos, con algunas advertencias sobre il modo de proceder y gobernarse con los unos y los otros. 1598.

[1]) Nys, S. 238—239.

[2]) Caput XIX, eodem loco. p. 173. „Etsi vero Rex Hispaniae Gallias non potuit suam in potestatem redigere, eius tamen haud parum interest, quod Rex Galliarum a Papa absolutus ad Ecclesiae oboedientiam rediit." Caput XXV. p. 227.

[3]) Monarchia Messiae. Zitiert bei Nys, S. 235—236.

einem gleichen Zepter führen konnte. Im Innern erstarkte die königliche Gewalt. Philipp III. verbannte die Mauren, die sich mit Heinrich von Navarra zu verbünden drohten, und warf ihren Aufstand nieder. Er stärkte seine Seemacht im Kampfe mit Marokko und vertrieb die Seeräuber von seinen Küsten. Der Tod Heinrichs IV. vereitelte den großen Krieg, der mit Frankreich auszubrechen drohte, und beide Länder wurden unter Maria von Medici durch Familienbande aneinander gekettet. Spanien wußte seinen Einfluß in Italien zu festigen und erlangte auf der Halbinsel trotz des Widerstandes von Savoyen und Venedig ein starkes Übergewicht. Es besiegte die Türken zur See. Das osmanische Reich war kein gefährlicher Gegner mehr; es wankte in seinen Fugen und war von seinen asiatischen Nachbarn bedroht. Auch der Norden war von Kriegen zerrissen. Das Reich endlich, von unfähiger Hand regiert, durch Union und Liga gespalten, durch den Streit um Jülich-Kleve erschüttert, mußte dem Einfluß Spaniens unterliegen. Der Hof von Madrid schickte sich an, in die Verwicklungen des Hauses Österreich einzugreifen. Damit wandte sich der Westen wieder herrschend gegen den Osten. Es schien, als ob das Reich Karls V. neu erstehen sollte. Mit ihm wäre auch die Kirche wieder aufgestiegen, die in dem katholischen König ihren treuesten Vasallen fand.

So stand die Vision des Dominikaners der Wirklichkeit nicht allzu fern.[1])

Der Mönch aber, der von der Herrlichkeit der Päpste und der spanischen Könige träumte, schmachtete 30 Jahre seines Lebens als Aufrührer und Ketzer in den Kerkern von Neapel und Rom. Von welch eiserner Überzeugungskraft muß dieser Geist gewesen sein, um solcher Ironie des Schicksals zu widerstehen.

3. Sully.

Maximilien de Béthune, Baron von Rosny, Herzog von Sully, 1559 geboren, entstammte einem protestantischen Adelsgeschlecht. Er studierte in Paris am Collège de Bourgogne. Den Greueln der Bartholomäusnacht entronnen, nahm er Heeresdienste bei dem

---

[1]) von Ranke, Die Osmanen und die spanische Monarchie im 16. und 17. Jahrhundert. 1877. II. 6. S. 423—443.

König von Navarra und stieg bald an seinem Hof zu politischen Würden auf. Nach der Berufung seines Herrn auf den Thron von Frankreich wurde er sein vertrauter Berater und erwarb sich als leitender Minister glänzende Verdienste um die Verwaltung des Königreichs. Er wußte mit vollendeter Kunst die zerrütteten Finanzen des Staates wieder zu ordnen. Er begünstigte den Ackerbau durch großartige Besserungsarbeiten. Er baute Straßen und Brücken und begann die Herstellung eines Netzes von Kanälen. Auch auf dem Gebiet der Diplomatie tat er sich hervor. 1602 führte er die Friedensverhandlungen mit Savoyen. 1603, nach der Thronbesteigung Jakobs I., ging er nach England, um den König in ein Bündnis mit Frankreich zu ziehen. Heinrich IV. war ihm sehr zugetan und seinem Einfluß in hohem Maße zugänglich. So ließ er sich von Sully zur Vermählung mit Maria von Medici bewegen. Nach dem Tode des Königs blieb der Minister noch eine Zeit lang im Amte. Allein er wurde 1611 durch Feindseligkeiten des Hofes zum Rückzug gedrängt. 30 Jahre lebte er noch in seinem Schloß an der Loire, von einer fast königlichen Hofhaltung umgeben. Er sah noch die Glanzzeit von Richelieu und starb 1641.

Sully hat der Nachwelt seine Denkwürdigkeiten hinterlassen. Er hat eine erste Fassung um 1617 niedergeschrieben. Sie ist nie gedruckt worden; das Manuskript befindet sich in der Nationalbibliothek zu Paris. In der Folge hat Sully das Werk stark umgearbeitet und 1638 die Publikation unternommen.[1]) Die zweite gedruckte Fassung berichtet von einem Plan, den Heinrich IV. gefaßt haben soll, um eine christliche Republik in Europa zu begründen.[2])

---

[1]) Die beiden ersten Bände sind vor 1642, die beiden anderen 1661 erschienen. Pfister, unten zitiert, Bd. 54. S. 324. Bd. 56. S. 312—314. Mémoires des sages et royales oeconomies d'Estat, domestiques, politiques et militaires d'Henry le grand ... et des servitudes utiles, obéissances convenables et administrations loyales de Maximilien de Béthune.

[2]) Seroux d'Agincourt. Exposé des projets de paix perpétuelle de l'abbé de Saint-Pierre (et de Henri IV.), de Bentham et de Kant. Thèse pour le doctorat. Paris 1905. p. 153—271; Pfister, Les économies royales de Sully et le grand dessein de Henri IV. Revue historique 1894. Vol. 54—56; Schücking, Die Organisation der Welt. 1908. S. 574. 578—579; Wheaton, Histoire des progrès du droit des gens en Europe et en Amérique depuis la paix de Westphalie jusqu'à nos jours. 3. édition. 1853. Vol. 1. p. 317—224; Laurent, l. c.

Folgen wir zunächst ohne Kritik der Darstellung des Ministers. Versuchen wir den Plan zu erfassen, wie er ihn dachte.

Der Plan, den Sully seinem König zuschreibt, ist aus drei Gedankenreihen zusammengesetzt. Er enthält ein politisches, ein religiöses und ein völkerrechtliches System.

Die politische Bedingung der christlichen Republik ist das europäische Gleichgewicht.[1][2] So beginnt die Argumentation. Die überragende Gewalt einer Dynastie bringt stete Gefahr. Im damaligen Staatensystem ist deshalb das Haus Österreich der gemeinsame Feind. Ein Bund muß geschlossen werden, um es zu schwächen. Ist einmal die Macht der Habsburger gebrochen, dann wird es ein Leichtes sein, durch eine Grenzberichtigung im Großen das Gleichgewicht unter den Herrschaften Europas herzustellen.

Das Haus Österreich soll seine deutschen, italienischen und niederländischen Besitzungen verlieren, Es soll auf Spanien, Sardinien und die Balearen beschränkt werden. Geht es freiwillig darauf ein, so wird es eine Entschädigung in der Form erhalten, daß alle bekannten und später entdeckten überseeischen Länder Prinzen der habsburgischen Dynastie unter spanischer Oberhoheit zuerkannt werden. Das Kaisertum soll sich von Österreich lösen, dem es als Erbgut anzufallen droht. Es soll wieder durch freie Wahl vergeben werden, wie es einzig den Rechten des Reiches entspricht. Dieses Prinzip kann durch die Norm gesichert werden, daß niemals zwei Mitglieder der gleichen Familie die Kaiserwürde nacheinander erwerben.[3])

Volume X. p. 287—292; Lavisse, Histoire de France. VI. 2. p. 123—125; Kückelhaus, Der Ursprung des Plans vom ewigen Frieden in den Memoiren des Hertzogs von Sully. 1893; Wolowski, Le grand dessein de Henri IV. 1860; weitere Literatur bei Seroux d'Agincourt und Pfister. Bd. 54. S. 300.

[1]) Mémoires du duc de Sully. Nouvelle Edition. A Paris. chez Etienne Ledoux. 1822. Vol. VI. Chapitre XXX. p. 129. «On comprend présentement quel était l'objet du nouveau plan: c'était de partager avec proportion toute l'Europe, entre un certain nombre de puissances, qui n'eussent en rien à envier les unes aux autres du côté de l'égalité, ni rien à craindre du côté de l'équilibre.»

[2]) Ich zitiere nach dem 30. Kapitel. Exposition du projet politique, appelé communément *le grand dessein de Henri IV.* Über andere Versionen des Planes, die Sully an manchen Orten der gedruckten Ausgabe entwickelt, siehe Pfister, Bd. 56. S. 317—319 und Seroux d'Agincourt, S. 225—252.

[3]) l. c. S. 119—125.

Europa wird nach neuen Linien konstruiert:

Die Länder des Hauses Habsburg werden unter Frankreich, England, Dänemark und Schweden, unter Venedig, Graubünden, Bayern, Württemberg und den badischen Markgrafschaften aufgeteilt. Böhmen wird eine Wahlmonarchie und vereinigt Mähren, Schlesien und die Lausitz unter seiner Krone. Auch Ungarn wird ein Wahlkönigtum; der Papst, der Kaiser und die sechs erblichen Könige von Europa sind die Wähler. Weil Ungarn das Bollwerk der Christenheit gegen die Ungläubigen ist, soll es durch das Erzherzogtum Österreich, durch Steiermark, Kärnten und Krain verstärkt werden und all die Länder behalten, die es erobern wird. Die Schweiz samt der Freigrafschaft Burgund, dem Elsaß, Tirol und anderen Dependenzen wird als souveräne Republik errichtet.

Polen wird in gleicher Weise konstituiert wie Ungarn und erhält ein gleiches Recht der Expansion durch die Waffen.

Das Herzogtum Savoyen erwirbt Piemont, Mailand, Monteferrato und erhält den Titel eines lombardischen Königreichs.

Der Papst erhält den Rang eines europäischen Monarchen. Sein weltlicher Besitz wird um Neapel, Apulien und Kalabrien vermehrt. Sizilien fällt an die Republik Venedig, aber als päpstliches Lehen. Die Herrschaften und Städte Italiens, abgesehen von Venedig und dem lombardischen Königreich, werden zu einer kirchlichen Republik unter dem Präsidium des Papstes vereinigt.

Frankreich gewinnt Namur und Luxemburg, den Hennegau; die Länder von Artois, Cambrai und Tournai, verleiht aber diese Provinzen an zehn französische Herren als freies Eigen.

England erwirbt das Herzogtum Limburg, Brabant und Teile Flanderns und wandelt sie in acht souveräne Lehen.[1]

So zerfällt Europa in 15 Herrschaften von ungefähr gleichem Besitz: sechs Erbmonarchien, fünf Wahlmonarchien und vier souveräne Republiken. Frankreich, Spanien, England, Dänemark, Schweden und die Lombardei gehören in die erste Kategorie; das Reich, die Kirche, Polen, Ungarn und Böhmen in die zweite, Venedig, Italien, die Schweiz und Belgien sind die Republiken.[2]

---

[1] l. c. S. 123—129.

[2] l. c. S. 129. In diesem Plan der Verteilung Europas spielt das Prinzip der Nationalitäten eine führende Rolle, wie Seroux d'Agincourt hervorhebt. S. 264—265.

Heinrich IV., so berichtet Sully, hatte sich mit vieler Sorgfalt vorbereitet, diese Neugestaltung von Europa ins Leben zu rufen. Er hatte lange Jahre das Unternehmen erwogen und all seine Probleme und Schwierigkeiten vertieft. Als er sich entschloß, Sully seinen Plan zu offenbaren, war er schon in festen Linien gezeichnet. Der Minister glaubte zuerst, der König wollte scherzen oder hätte sich in Phantasien verloren. Aber Heinrich IV. wußte ihn mit so triftigen Gründen von der Möglichkeit und mit so beredten Worten von der Größe des Vorhabens zu überzeugen, daß er bald einen begeisterten Anhänger in ihm fand. Nun galt es, Bundesgenossen zu werben und den Gegner zu besiegen, der durch seine Übermacht den Frieden Europas störte. Die Königin Elisabeth hatte sich schon lange Jahre vor Heinrich IV. mit dem gleichen Gedanken beschäftigt. Und als Heinrich IV., nach Sicherung seines Thrones und nach Friedensschluß mit Spanien und Savoyen, endlich Muße fand, ihr seinen Plan zu unterbreiten, da fand er in ihr eine entschlossene Mitstreiterin. Hegte sie auch den sehnlichen Wunsch, daß die neue Organisation Europas ohne Schwertstreich vollendet würde, so sah sie doch ein, daß die Ausrüstung von Heeren und die Drohung mit den Waffen unvermeidlich war. Sie drängte. Aber Frankreich war noch nicht bereit, nach seinen schweren Krisen noch nicht genugsam gefestigt, um sich in solch gefährliches Unternehmen zu stürzen. Und während Heinrich IV. und Sully sich bemühten, Einheit und Macht des Königreichs widerherzustellen, starb Elisabeth. Auf ihren Nachfolger, Jakob I., war wenig Hoffnung zu setzen. Er hatte nicht die Charakterstärke und den hohen Gedankenflug der Königin. Sully, der in feierlicher Gesandtschaft nach England ging, um den König zu einem Waffenbunde mit Frankreich zu bewegen, erreichte nur die Zusage politischer Unterstützung. Der Vorschlag fand eine wärmere Aufnahme bei dem Prinzen von Wales, der in eigenem Namen ein Heer zu stellen versprach. Auch Schweden und Dänemark zeigten sich dem Vorhaben geneigt. Heinrich IV. verhandelte an den europäischen Höfen, besonders in den deutschen Kreisen und den Unierten Provinzen. Der Prinz von Oranien bot ein Heer. Der Landgraf von Hessen und der Prinz von Anhalt folgten seinem Beispiel. Und diese drei Fürsten zogen neue Verbündete nach sich, den Herzog von Savoyen, die Reformierten von Ungarn, Böhmen und Niederösterreich, viele deutsche Städte und Fürsten und die Schweizer Kantone protestantischer Religion. Als endlich der Streit um Jülich-Kleve ausbrach, da stellte sich fast das ganze Deutschland auf die französische Seite. All diesen Verbündeten wurde aber der europäische Plan Heinrichs IV. nur mit großer Vorsicht mitgeteilt. Er wurde unter einer defensiven Allianz verhüllt, geschlossen zur Erhaltung des Friedens und zur Abwehr der Übergriffe des Hauses Österreich. Gleichzeitig suchte man die Verbündeten eindringlich von der Uneigennützigkeit Heinrichs IV. zu überzeugen. Der König gab dafür auch einen wichtigen Beweis: Da Navarra und die Grafschaft Roussillon, die ungerechterweise von Spanien festgehalten wurden, offenbar bei der Regelung Frankreich zufallen mußten, so erklärte sich Heinrich IV. bereit, die beiden Länder gegen Neapel und Sizilien einzutauschen und diese Königreiche dem Papst und den Venetianern zu überlassen. Durch dies Anerbieten wurde Paul V. gewonnen und versprach kriegerische Hilfe. Der Beitritt des Papstes mußte wieder den katholischen Anhang stärken. Und so vereinigte der Bund gar bald eine ungeheure Macht. Alle Vorbereitungen waren vollendet. Die Heereskontingente der Staaten waren bestimmt. Der Feldzugsplan war entworfen. In dem Moment, in dem man zu den Waffen griff, wollte man eine Proklamation an die europäischen Völker erlassen, um sie für den Gedanken Heinrichs IV. zu gewinnen. Ja, man hoffte, den Kaiser selbst zu überzeugen und ihn zum freiwilligen Verzicht zu bewegen. War aber der Krieg notwendig, so sollte er nur mit höchster Milde geführt werden; die Heere sollten wie Friedensboten die Gauen von Europa durchziehen.[1])

So die Darstellung von Sully. Aber der Bericht geht weiter. Der Minister hat bisher nur die politische Aufgabe erörtert, der sich Heinrich IV. unterziehen will. Zu dieser Aufgabe tritt eine andre. Sie ist religiöser Natur. Wenn der große Plan Europa dadurch zu befrieden sucht, daß er jedes Übergewicht verbannt und die Gleichheit der Macht begründet, so eröffnet sich ihm eine Tätigkeit nicht nur auf dem Gebiet der staatlichen Konflikte. Europa ist in jener Zeit durch die Rivalität der Religionen zer-

[1]) Mémoires. p. 101—108. 132—150.

rissen. So erwächst dem Gründer der christlichen Republik ein neues Ziel, das dem Mittelalter unbekannt gewesen ist. Es gilt, dem Kampf der Kirchen um die Vormacht zu begegnen und jedem Glauben sein gleiches Recht und seinen festen Besitzstand zu sichern.

Drei Religionen sind in Europa verbreitet, die katholische, die reformierte und die protestantische. Eine jede hat tiefe Wurzel gefaßt. Es ist undenkbar, daß eine von ihnen vernichtet werden könnte. Die Erfahrung hat genugsam die Eitelkeit und die Gefahr solchen Beginnens erwiesen. So argumentiert Sully. Es empfiehlt sich daher, sie alle bestehen zu lassen. Mehr noch, es ist zweckmäßig, ihren Bestand zu festigen, wo sie sich eingebürgert haben. Bekennt sich ein Volk zu einer Religion, dann soll diese Religion herrschen und jede andere verdrängen. So soll Italien dem katholischen Glauben erhalten bleiben. Und es ist keine Tyrannei, zu fordern, daß die Bewohner ihn annehmen oder das Land verlassen. Das gleiche gilt von Spanien. Wo aber ein Volk mehreren Religionen anhängt, da sollen sie nebeneinander gelten. Nur soll eine feste Ordnung unter ihnen aufgerichtet werden, die allen Übergriffen und Streitigkeiten wehrt. In Frankreich wird diese Ordnung die Besonderheit haben, daß es eine herrschende Kirche gibt, die katholische, und daß ein Auswanderungsrecht für diejenigen besteht, die sich in die untergeordnete Stellung der kalvinistischen Kirche nicht fügen wollen.[1])

Es ist das Prinzip des In statu quo ante, das hier verkündet wird. Dieses Prinzip leitet zu der Anerkennung mehrerer Religionen im Staat. Aber der Plan von Sully verteidigt diesen Gedanken nicht aus einer idealen Überzeugung, um der Toleranz willen. Denn einmal, es gelten hier nur drei Religionen als gesetzlich, eine andre nicht. Weiter, es ist die Möglichkeit gegeben, daß eine von ihnen unterdrückt wird, wenn sie keine große Verbreitung findet, — eine Norm, die dem steten Gedanken Heinrichs IV. nahe liegt, daß der Staat die Einheit des Glaubens erstreben soll.[2]) Es ist endlich in dem System von Sully nicht ausgeschlossen, daß die eine Religion ein minderes Recht besitzt. Das war auch die Regelung im Edikt von Nantes. Die ganze

[1]) Mémoires. p. 112—115. Wheaton, p. 317—318.

[2]) Lavisse, Histoire de France. VI. 2. p. 86—87.

Konstruktion ruht auf der fundamentalen Idee, daß ein fester Besitzstand abgegrenzt und damit eine Friedensordnung gesichert werden soll. Bei der Frage, welcher Besitzstand zu gelten hat, wird zugunsten des Statu quo der Vorteil in Erwägung gezogen, daß die drei Religionen in jener Zeit ungefähr eine gleiche Verbreitung haben und sich an Macht die Wage halten. Der Statu quo stellt ebenbürtige Kräfte gegeneinander auf. So verfährt der Plan nur konsequent, wenn er dieses Prinzip entscheiden läßt: das Gleichgewicht der staatlichen Gewalten, das den Plan zum ersten beherrscht, wird ergänzt durch das Gleichgewicht der Konfessionen.[1])

Die Fragen, welche sich bei der Feststellung des Besitzstandes erheben, sollen durch Schiedsspruch gelöst werden. Und damit kommen wir zu der internationalen Organisation der Staaten, die in dem Plan von Sully vorgeschlagen ist.

Europa soll eine enge völkerrechtliche Gemeinschaft bilden mit einer Verfassung und ständigen Organen. Die Verfassung wird einstimmig von den 15 Mächten beschlossen.[2]) Es wird ein europäischer Senat gebildet nach dem Vorbild des Amphiktyonenrats im alten Griechenland. Er besteht aus bevollmächtigten Ministern aller christlichen Länder. Er tagt ständig. Er schlichtet Interessenkollisionen und beschließt über gemeinsame Angelegenheiten. Der Senat gibt sich selber sein Statut. Seine Struktur beschreibt Sully in der Weise, daß der Kaiser, der Papst, die Könige von Frankreich, Spanien, England, Dänemark, Schweden, Polen und der Lombardei und die Republik Venedig vier, die anderen ge-

---

[1]) Seroux d'Agincourt, p. 236. Anm. 1. »Au point de vue religieux Sully n'établit pas la tolérance proprement dite, puisqu'il n'admet que trois religions. Au fond son idée était simplement de consacrer *l'équilibre* entre les trois religions qui, d'après lui, se partageaient la chrétienté; il ne nous le dit pas ici en termes précis; mais cette idée résulte implicitement des divers passages, par exemple celui-ci où il nous dit qu'il faut »établir un certain ordre pour la subsistance pacifique des trois sortes de religions que la reconnaissance *d'une étendue et puissance quasi égale* avait fait juger plus à propos d'être tolérées avec agréation, que de s'entreharceler continuellement»; u cet autre dans lequel il s'agit de trouver des expédients pour faire vivre en paix »les trois sortes de religions desquelles le libre exercice est de plus égale étendue dans la Chrétienté d'Europe«.»

[2]) Seroux d'Agincourt, p. 252.

ringeren Mächte zwei Vertreter entsenden. Der Senat kann eine feste Residenz haben; so schlägt Sully vor; das muß eine Stadt im Herzen von Europa sein, wie Metz, Luxemburg, Nancy, Köln, Mainz, Trier, Frankfurt, Würzburg, Heidelberg, Speier, Worms, Straßburg, Besançon oder Basel. Oder er kann seine Residenz wechseln. Es ist denkbar, daß er in seiner Totalität zusammentritt oder sich in drei Gruppen teilt, die in Paris oder Bourges, Trient und Krakau tagen. Es erscheint zweckmäßig, außer dem Senat noch etwa sechs Räte mit territorial abgegrenztem Wirkungskreis zu errichten, so in Danzig, Nürnberg, Wien, Bologna, Konstanz und an einem Ort, der Frankreich, Spanien, England und Belgien gleich nahe liegt. Werden solche Räte geschaffen, dann sollen sie nur eine provisorische Instanz bilden. Die Berufung an den Senat soll offen stehen. Seine Entscheidung ist der Spruch der europäischen Gemeinschaft und hat unanfechtbare Autorität.[1])

Das Statut des Bundes wird durch eine internationale Exekution gesichert. Es wird ein Heer unterhalten, zu dem jedes Land ein Kontingent stellt. Dieses Heer dient gleichzeitig zur gemeinsamen Verteidigung gegen die Türken. Und dieser Krieg soll wiederum die Eintracht unter den vereinigten Staaten erhalten.[2])

Das ist der Plan, den Sully seinem König zuschreibt.

Schon unter den Zeitgenossen bestand die Kontroverse, ob der Plan Heinrich IV. zum Verfasser hätte oder nach dem Tode des Königs der Phantasie des Ministers in langen Jahren literarischer Muße entsprungen wäre.

Was zunächst den Gedanken eines christlichen Staatenbundes angeht, so ist der neueren Forschung der sichere Beweis gelungen, daß er nicht von dem Könige stammt.

Es ist außer den Erinnerungen von Sully kein einziges Dokument vorhanden, das von einem solchen Ideenkreise Heinrichs IV. berichtete. Alle Quellen gehen auf Sully zurück. Das wäre nun kein bedeutendes Argument. Denn Sully war der vertraute Berater seines Herrn. Aber großen Verdacht erregt der Minister in seinen Schriften selbst. Es besteht nämlich eine merkwürdige Divergenz zwischen dem Manuskript von 1617 und der gedruckten

---

[1]) Mémoires, p. 129—132.

[2]) Seroux d'Agincourt, p. 248—251; Mémoires, p. 115—118. 129—130.

Ausgabe von 1642, 1661. In dem Manuskript ist keine Rede von einer Aufteilung Europas unter 15 Staaten gleicher Macht. Auch ist hier keine völkerrechtliche Gemeinschaft erwähnt, die unter der Leitung eines Senates und gestärkt durch einen Heerbann aller Länder, den Frieden aufrechthalten soll. Ebensowenig wird die Theorie von einem festen Besitzstand und einem Gleichgewicht der drei Religionen entwickelt. Alle diese Ideen finden sich erst in der gedruckten Ausgabe. War der Plan authentisch, so ist kein Grund ersichtlich, warum ihn Sully in den ersten Denkwürdigkeiten verheimlicht haben sollte, die er unmittelbar nach dem Tode des Königs schrieb. Diese Differenz der Texte ist das hauptsächliche Motiv, das, verbunden mit manchen anderen, die Wissenschaft zu dem Ergebnis geführt hat, daß der Plan des europäischen Friedens von Sully selbst in den Jahren hohen Alters erdacht worden und dem König immer fremd geblieben ist.[1])

Aber nicht nur der Gedanke eines christlichen Staatenbundes, auch der damit zusammenhängende Plan einer Erniedrigung des Hauses Österreich, wie er in den Denkwürdigkeiten verfochten wird, stellt sich als eigene Schöpfung des Ministers dar. Wohl war Habsburg der geborene Feind des ersten Bourbonen. Wohl mußte Heinrich IV. gerüstet sein, den Kampf gegen Österreich zu bestehen. Die M e t h o d e aber, welche in den Ökonomien angepriesen wird, um den Gegner zu besiegen, ist allein von Sully erdacht.

Die Textkritik hat nämlich ergeben, daß die handschriftlichen Dokumente, die sich auf die Botschaft an Jakob I. beziehen, eine Fälschung bedeuten. Diese Dokumente sind aber die einzigen in der Ausgabe von 1617, die den König als den Autor jenes Planes bezeichnen. Ist also die Instruktion nicht authentisch, die Sully von Heinrich IV. erhalten haben will, so kommt hinzu, daß die diplomatischen Verhandlungen, von denen später die gedruckte Ausgabe spricht, niemals stattgefunden haben oder doch von ganz anderem Inhalt gewesen sind; das ist geschichtlich erwiesen.[2])

---

[1]) Pfister, l. c., namentlich Bd. 55. S. 82. Seroux d'Agincourt, l. c., namentlich p. 173. Wichtig ist, daß Emeric Crucé, der im Jahre 1623 über den ewigen Frieden schrieb, nichts von den Ideen Heinrichs IV. berichtet. Er hätte nicht gefehlt, sich auf eine solche Autorität zu stützen. Seroux d'Agincourt, p. 178—182.

[2]) Pfister, l. c., namentlich Bd. 55. S. 300—301.

Warum hat Sully in seine Erinnerungen, die sonst so viel wahres und wertvolles Material enthalten, diese Täuschung eingeflochten? Die Erklärung, welche die größte Wahrscheinlichkeit für sich hat, ist die, daß der Minister das Idealbild einer genialen und humanitären Politik seines Königs in Gegensatz stellen wollte zu dem Regiment des Tages, das ihm abhold war.

Unter Ludwig XIII. war ein Umschwung in der französischen Diplomatie eingetreten. Man hatte sich dem Hause Österreich angenähert. Die neue Orientierung zeigte sich schon 1613, als Maria von Medici, die Regentin, eine Intervention in den Konflikt zwischen Savoyen und Mantua vermied, um nicht in Kollision mit Spanien zu geraten. Ludwig XIII. stellte sich zu Beginn des 30jährigen Krieges auf die Seite des Kaisers. Und als Spanien 1620 seinen Handstreich gegen das Veltlin unternahm, entschloß sich Frankreich zu keinem tatkräftigen Widerstand. Gegen diese Haltung der heimischen Diplomatie wollte Sully offenbar Einspruch erheben. Und er kleidete seine Mißbilligung in die Form, daß er die herrliche Zukunft beschrieb, die sich unter dem Zepter Heinrichs IV. eröffnet und das Königreich zur europäischen Suprematie emporgetragen hätte.[1])

Zur europäischen Suprematie. Denn dieser Gedanke ist die bewegende Kraft im Mittelpunkt von Sullys ganzem System. Wohl soll ein Gleichgewicht der Macht begründet, wohl sollen die Staaten zu einem Bund in demokratischer Form vereinigt werden, wohl soll das neue System der humanitären Idee des Friedens dienen. Aber unter diesen Prinzipien der Gleichheit, Freiheit und Brüderlichkeit leuchtet doch ein anderes Streben hervor: der Wille zur Macht. Wenn Frankreich die Welt umgestaltet, wenn es die Koalition und später die Föderation ins Leben ruft, wenn es die Politik aller Länder mit einem neuen Geist erfüllt, so erlangt es zum mindesten eine moralische Autorität. Es wird zum Führer der Christenheit. Es beherrscht Europa durch seine Idee.[2])

---

[1]) Seroux d'Agincourt, p. 214—216. Sully stand nicht allein in der Opposition. Sein Unwille wurde von einer mächtigen Partei in Frankreich geteilt. l. c. S. 215. Anm. 1. Vgl. Pfister, Bd. 54. S. 301. 303. Lavisse, Histoire de France, VI. 2. S. 125.

[2]) Mémoires, l. c. p. 96—97. «Que manque-t-il à la France? Ne sera-t-elle pas toujours le plus riche et le plus puissant royaume de l'Europe?

Aber der Plan geht noch auf ein höheres Ziel: Frankreich soll die Gewalt des Hauses Österreich brechen, und das nicht zum Heil der Menschheit allein: nicht nur das Gleichgewicht ist der Siegespreis, sondern die Übermacht.

Diesen Leitgedanken hat aber nicht nur Sully in seinen Denkwürdigkeiten aufgestellt. Heinrich IV. hat ihn selbst verfolgt. Und das führt uns auf die Frage, welche Rolle in der europäischen Politik der König sich in Wahrheit zugedacht. Da wird sich ergeben, daß er in der Tat eine Suprematie erstrebte, nur auf einem anderen Weg.

Der Wille, Habsburg zu beugen, hat sich Bahn gebrochen, als der Erbfall von Jülich-Kleve bevorstand und Matthias mit Kaiser Rudolf II. um die Habsburgischen Länder stritt. Heinrich IV. suchte Maximilian von Bayern als Bewerber um die Kaiserkrone gegen Matthias aufzustellen und die evangelischen Fürsten, welche Ansprüche auf die Erbschaft erhoben, zu einem Bunde zu einen. Er wollte damit einem Angriff gegen Österreich den Boden bereiten. Und als der Kaiser Beschlag auf die Erbschaft legte und die Entscheidung des Konfliktes für sich in Anspruch nahm, da rüstete der König ein Heer. Auch verband er sich mit Karl-Emmanuel von Savoyen. Dabei hegte er den weiteren Gedanken, daß er dem Herzog zum Besitz von Mailand verhelfen und zum Lohn dafür Savoyen erhalten könnte. Aber die Hoffnungen Heinrichs IV. flogen noch höher. Er plante eine Vermählung des französischen Thronfolgers mit der Erbin von Lothringen und eine Verbindung seiner

Non, les Français n'ont plus rien à désirer, sinon que le Ciel leur donne des rois pieux, bons et sages et ces rois n'auront rien à faire, *que d'employer leur puissance à tenir l'Europe en paix.* Aucune entreprise ne peut plus leur réussir, ni leur être profitable que celle-là. — Et voilà de quelle nature était celle que Henri IV était à la veille de commencer, lorsqu'il plut à Dieu de l'appeler à lui, trop tôt de quelques années pour le bonheur du monde. Et voilà ce qui la rendait si différente de tout ce qu'on a vu jusqu'ici entreprendre aux têtes couronnées. Voilà par où il aspirait au nom de *Grand.* Ces vues ne lui étaient point inspirées par une petite et misérable ambition, ni bornées à un léger et bas intérêt. Il voulait rendre la France éternellement heureuse; et comme elle ne peut goûter cette parfaite félicité, qu'en un sens toute l'Europe ne la partage avec elle *c'était le bien de toute la chrétienté qu'il voulait faire, et d'une manière si solide, que rien à l'avenir ne fut capable d'en ébranler les fondements.*»

ältesten Tochter mit dem Hause Savoyen. Vielleicht auch konnte die Heirat seiner zweiten Tochter mit einem spanischen Infanten gelingen, der einen Teil der Niederlande als souveränes Fürstentum erhalten würde. Sein Blick schweifte bis nach Genua, das er mit einer Flotte erobern und seinem zweiten Sohne, dem Herzog von Anjou übergeben wollte. Dann winkte Toskana. Es galt das Erbrecht der Königin, Maria von Medici, auf das Großherzogtum geltend zu machen. Von dort nach Neapel und Sizilien, wo man die französischen Ansprüche erneuern konnte, war nur ein Schritt. Während Heinrich in Italien kriegte, sollten die Spanier durch die mit ihm verbündeten aragonesischen Mauren und ein französisches Heer nnter Montbazon in Schach gehalten werden.[1])

Das sind die wahren Pläne Heinrichs IV. gewesen. Es handelte sich für ihn um die Vergrößerung Frankreichs; mehr noch, um das Erbe der spanischen Hegemonie.[2])

Es ist fast unmöglich, zu entscheiden, ob der Gedanke einer christlichen Republik das letzte erhabene Ziel in dem System von Sully bildet oder nur als eine Verherrlichung die Politik des Königs umrahmt.[3]) Aber, wie dem auch sei, mag die europäische Verfassung die Zinne oder nur der ornamentale Fries des Gebäudes sein, in jedem Fall ergibt sich aus der Kreuzung der beiden Ideenreihen, daß der psychologische Halt, daß die diplomatische Seele der Weltordnung in der Suprematie des Königs von Frankreich liegt. Wenn man Sully fragen könnte, welche Macht seinen europäischen Bund zusammenhält, so müßte er bekennen, daß die Wage des Rechts kein eigenes Gleichgewicht besitzt, sondern daß Heinrich IV. sie mit starker Hand über die Nationen erhebt. Die Konföderation mit ihren organischen Normen und ihrem Senat ist nur ein toter Mechanismus, der seine Triebkraft von außen erhält. Europa ist wohl in der Form ein demokratischer Körper. Aber der Wille des allerchristlichen Königs ist sein lebendiger Atem.

[1]) Lavisse, Histoire de France. VI. 2. p. 119. 125; Unterredung mit Lesdiguières, dort zitiert p. 122. 124. von Ranke, Französische Geschichte. 1854. Band II. S. 135—136. Pfister, Band 56. S. 39—40.

[2]) Seroux d'Agincourt, p. 175—178. 216. Pfister, Band 56. S. 336.

[3]) Seroux d'Agincourt, p. 216. 271. Der Gedanke des ewigen Friedens war am Anfang des 17. Jahrhunderts sehr verbreitet. Emeric Crucé veröffentlichte 1624 sein Werk: Le Cinée d'Estat. Interessante Zitate bei Pfister, Band 56. S. 329—330.

Heinrich IV. Schiedsrichter von Europa.[1]) Das ist die Formel, welche das ganze, oft widerspruchsvolle System von Sully bindet, die Formel, in welcher der Gedanke des Friedens mit dem Gedanken der Vormacht zusammentrifft. Und wenn man die Regierung Heinrichs IV. überschaut, so gewahrt man nicht wenige Anzeichen dafür, daß der König nach dem Schiedsrichteramt verlangte und sich auf gutem Wege befand, es zu erringen.

Die Entscheidung des Königs wurde nicht selten angerufen. So in dem Streit um das Straßburger Bistum nach dem Tode Johanns von Manderscheid. Die Protestanten, namentlich der Landgraf Moritz von Hessen baten um seine Intervention. Auch der Kardinal von Lothringen, der katholische Bewerber, suchte ihn zu gewinnen. Und so brachte der König 1603 in Nancy einen Vertrag zustande. Andre Fälle reihen sich an: Sigismund, der König von Polen, und Karl von Sudermanland ersuchten ihn um Vermittlung in dem schwedischen Thronfolgestreit. Er bewirkte 1602 den Friedensschluß zwischen Genf und dem Herzog von Savoyen. Er schlichtete 1607 den Konflikt zwischen dem Papst und Venedig. Und im selben Jahre zwang er Spanien und den Niederlanden seine Vermittlung auf und leitete die Verhandlungen bis zu dem Waffenstillstand von 1609.[2])

So besteht kein Widerspruch zwischen den Ökonomien und der wahren Bestrebung Heinrichs IV. Die Ökonomien enthalten nur eine literarische Steigerung der königlichen Politik.

In einer veränderten Konstellation der Staatenwelt Europas steigt nach zwei Jahrhunderten der Gedanke des Peter Dubois wieder auf.[3]) Ein bisher unbekanntes Problem ist derweil auf den

---

[1]) Seroux d'Agincourt, p. 163—164. 179—182. d'Aubigné, Histoire universelle 1620 dort zitiert; Recueil de quelques discours politiques écrits sur diverses occurences des affaires et guerres étrangères depuis quinze ans en ça. ebendort zitiert: «Henri IV ne doit se faire nommer lui-même à l'Empire, mais y faire nommer un prince à sa dévotion, car c'est être au-dessus de l'Empire que de faire donner l'Empire à qui on veut. — Henri IV deviendra seul par cet acte *l'arbitre de tous*, et tiendra la balance du Monde en ses mains, qu'il a apporté du Ciel, naissant sous ce signe.»

[2]) Lavisse, Histoire de France. VI. 2. p. 111—122.

[3]) Nach zwei anderen Jahrhunderten findet auch Sully einen Epigonen. Es ist der Abbé Piatoli, der im Jahre 1805 Alexander I. einen Plan unterbreitet, nach welchem Rußland den europäischen Staaten eine Allianz zur

Schauplatz getreten. Eine neue Aufgabe ist dem Fürsten erwachsen, der die Geschicke Europas lenken will: Die Versöhnung der Religionen. Und damit kommen wir auf den tiefsten Gedanken von Sullys Plan. Mag das Werk auch manche Fälschung enthalten, so birgt es doch eine innere Wahrheit, die stärker wiegt als aller Trug: Heinrich IV. war der einzige Fürst in jener Zeit, der sich vielleicht das unsterbliche Verdienst erwerben konnte, den Glaubenskampf zu schlichten und Europa vor der Furie zu bewahren, welche ihm dreißig Jahre lang die tiefsten Wunden schlagen sollte.[1])

Ohne den Dolch von Ravaillac wäre die Weltgeschichte einen andern Weg gegangen.

Vermittlung in dem damals entbrannten englisch-französischen Krieg und überhaupt zur Befriedung des Kontinents vorschlagen soll. Rußland wird dadurch einen hohen moralischen Einfluß gewinnen und ihn späterhin zur Vergrößerung seiner Territorien nützen. Drei große Heere sollen gemeinsam ins Feld geführt werden, um die beschlossene Mediation, wenn es nottut, zu erzwingen. Die gestellten Bedingungen enthalten für Frankreich eine beträchtliche Minderung seiner europäischen Macht. Aber die Intervention geht weiter. Sie zielt auf einen Neubau des Staatensystems überhaupt, auf die Gründung eines belgischen, eines piemontesischen Königreichs, eine Einigung Italiens in föderativer Form, eine Revision der Reichsverfassung, eine Wiederherstellung Polens unter russischer Suzeränität. Endlich soll Alexander I. mit Hilfe aller Gelehrten Europas ein Gesetzbuch des Völkerrechts ins Leben rufen. Vgl. Thiers, Histoire du Consulat et de l'Empire. Tome V. 1845. p. 320sq. «Cette étrange conception ne mériterait pas l'honneur d'être rapportée si longuement, pas plus que les mille propositions dont les faiseurs de projets accablent souvent les cours qui ont la faiblesse de les écouter, si elle n'était entrée dans la tête d'Alexandre et de ses amis, et, ce qui est plus grave, si elle n'était devenue le texte de toutes les négociatiations qui suivirent, pour servir enfin de fond aux traités de 1815.»

[1]) von Ranke, Französische Geschichte. 1854. Band II. S. 137—139.

Drittes Kapitel.

Der Bund gegen die Türken.

Nach dem Untergang der geistlichen und weltlichen Universalmonarchie und nach dem Aufstieg mächtiger souveräner Staaten kann ein europäischer Verband nur gegründet werden in demokratischer Form. Wir haben schon drei Systeme kennen gelernt, welche diesen Versuch unternehmen. Nur verwirklichen sie das Prinzip nicht in seiner reinen Gestalt. Rechtlich zwar bauen sie eine demokratische Organisation. Aber sie verbinden damit ein Prinzipat von politischem Charakter. Ihr Werk bedeutet deshalb einen Übergang von der alten zu der neuen Vorstellungswelt. So bleibt ein letzter Schritt zu tun. Und er wird bald unternommen: Es entstehen zwei Gedankenbewegungen, die in aller Konsequenz die demokratische Idee unter die Völker tragen und die Staaten durch eine auf volle Gleichheit gegründete Verfassung zu umschließen suchen: Es ist der Plan eines Bundes gegen die Türken und die Theorie des europäischen Gleichgewichts.

Handeln wir zuerst von der Idee einer christlichen Staatenrepublik zum Schutz gegen die Türken. Es ist der Kreuzzuggedanke, der wieder auflebt, nur daß er jetzt nicht von idealer Begeisterung allein, sondern von der bitteren Not der Verteidigung eingegeben ist und daß er in Europa nicht mehr eine göttliche Weltmonarchie findet, die berufen ist, ihn zu verfechten, sondern daß er erst selber die Allianz begründen muß, die für ihn kämpfen kann.

Im 14. Jahrhundert beginnen die Türken an den Pforten Europas zu rütteln. Murad besiegt die Serben auf dem Amselfelde, 1389; Bajazet schlägt ein Kreuzheer ungarischer, deutscher und französischer Ritter bei Nicopoli, 1396. Schrecken verbreitet sich im Abendland. Wohl wird die osmanische Flut für eine Zeit durch die Erhebung der Mongolen aufgehalten, die unter Tamerlan in der großen Schlacht von Angora Bajazets Heere vernichten, 1402. Aber nach dem Tode Tamerlans und nach dem Zerfall seines Reiches stellen die Türken ihre Herrschaft in Kleinasien und der griechischen Halbinsel wieder her. Sie stürmen gegen die Donaugrenze. Muhammed II. erobert Konstantinopel und zerschlägt das byzantinische Kaisertum, 1453.

In solchen Zeiten muß der Gedanke der christlichen Einheit neu erwachen. Es muß die gebieterische Forderung entstehen, daß alle Herrschaften des Abendlandes sich um das Zeichen des Kreuzes scharen. Die Fehden müssen verstummen. Nur ein Wille kann noch lebendig sein: der Wille, in einmütigem Kampf das eigene Dasein und den Glauben zu retten. Eine mächtige Stifterin europäischer Ordnung tritt auf den Plan: Die gemeine Gefahr.

Noch in dem gleichen Jahr, in dem Konstantinopel gefallen, ruft Papst Nikolaus V. die Christenheit auf, einen Kreuzzug zu unternehmen und vorher die unerläßliche Bedingung eines solchen Unternehmens, den allgemeinen Frieden herzustellen. Mit größerem Eifer nimmt Pius II. den Gedanken wieder auf und beruft 1459 einen Kongreß nach Mantua. Höchst eigentümlich ist ein Brief dieses Papstes, in welchem er den Sultan auffordert, sich taufen zu lassen und sich dadurch zum mächtigsten Herrn der Christenheit und zum Schirmherrn der europäischen Ordnung zu erheben. Paul II. nimmt den Gedanken des Kreuzzuges wieder auf und will die Christenheit unter der Leitung des Heiligen Stuhles in einer „Brüderschaft des glückseligen Friedens und der Barmherzigkeit" zusammenschließen.[1])

Politisch tiefer durchdacht ist ein weltliches Dokument aus jener Zeit.

Im Jahre 1460 entsteht am Hofe des Königs Podiebrad von Böhmen ein Projekt zu einem ewigen Bündnis und Frieden der

---

[1]) Prutz, Die Friedensidee im Mittelalter. Sitzungsberichte der Kgl. Bayerischen Akademie der Wissenschaften. Philos.-philolog. und histor. Klasse. 1915. I. Abhandlung. S. 29 f.

christlichen Welt.[1][2] Der Plan ist auf der ernsten Notwendigkeit des Augenblicks erbaut. Aber er ist zugleich ein kunstvoller Schachzug im dynastischem Interesse.

Podiebrad ist nämlich der Führer der Utraquisten, die im Hussitenkrieg um ihre Lehre gekämpft. Als solcher ist er von den Ständen Böhmens zum König erkoren. Er stützt seine Herrschaft auf die reformatorische Partei. Deshalb muß er sich in scharfen Konflikt mit dem Papst verwickeln, der Böhmen wieder für den rechten Glauben zu gewinnen strebt. Als der König eine Gesandtschaft nach Rom entbietet, um den Eid des Gehorsams zu leisten, da verwirft Pius II. die Kompaktaten, durch die das Basler Konzil den Utraquisten ihre Freiheiten gesichert. In dem nun entbrennenden Kampf mit dem Heiligen Stuhl trachtet Podiebrad den Vorteil dadurch zu gewinnen, daß er die christlichen Mächte zum Bunde gegen die Türken ruft. Denn er schwächt notwendig die Autorität des Papstes, wenn er den Glaubenskrieg in eine weltliche Angelegenheit verwandelt und von der Leitung der Kirche löst. Und zugleich erwirbt er durch die Allianz mit den Herrschaften Europas einen Anhang zu seinem Schutz, einen Anhang, der um so stärker ist, als der König jetzt, nachdem er die Führerschaft in der Verteidigung der christlichen Religion übernommen, dem Verdacht und Vorwurf der Ketzerei entgeht. So fällt nach diesem klugen Plane Podiebrads die Entscheidung der religiösen Frage Böhmens den Mächten zu. Sie bestätigen durch die Aufnahme des Königs in ihren Bund die Rechtmäßigkeit seines Regiments. Und auf diese Art entgleitet dem Papst nicht nur der Schutz der Christenheit nach außen, sondern auch die Wahrung des rechten Glaubens im Abendland.

Nachdem die Schrift den einstigen Glanz der Christenheit geschildert und ihren Niedergang als eine Strafe Gottes ausgelegt,

---

[1]) Die Arbeit ist zuerst dem französischen Hof und der Signoria von Venedig vorgelegt worden. Daher der Titel: Traité d'alliance et confédération entre le Roi Louis XI., George Roi de Bohême et la Seigneurie de Venise, pour résister au Turc. Verfasser ist Antonius Marini aus Grenoble. Zit. in den Mémoires de Commines, éd. Lenglet. II. p. 424 sq.; abgedruckt bei Schwitzky.

[2]) Schücking, Die Organisation der Welt. 1908. S. 564 ff. Ernst Schwitzky, Der europäische Fürstenbund Georgs von Podiebrad. Ein Beitrag zur Geschichte der Weltfriedensidee. 1907. Diss. Marburg.

ruft sie die Völker zum Bunde, damit sie die Kirche gegen den Islam verteidigen und durch solch wohlgefälliges Werk die Gnade Gottes wiedergewinnen.[1])

Die notwendige Bedingung des erfolgreichen Kampfes ist der allgemeine Friede im Abendland. Diesem Ziel soll eine neue Verfassung der europäischen Völker dienen.

Die Herrscher geloben sich Achtung, Liebe und Treue, Hilfe in der Not.[2])

Jede Streitigkeit unter den Mitgliedern des Bundes wird durch ein Schiedsurteil ausgetragen.[3]) Aber damit ist das Friedenswerk der Genossenschaft nicht erschöpft. Es hat einen weiteren Rahmen: Wird ein Angehöriger der Gemeinschaft von einem fremden Herrscher angegriffen, so bestellt der Bund Gesandte, oratores, die den Konflikt zu schlichten suchen. Gelingt diese Aufgabe nicht, so ergreift der Bund die Partei des Genossen und gewährt ihm seinen Schutz.[4]) Und weiter, selbst wenn dritte, an

---

[1]) Einleitung des Projektes.

[2]) Artikel 1 und 2. Wir folgen der Einteilung in Artikel, die Schwitzky vorgeschlagen hat.

[3]) Artikel 9. III. „Placet praeterea quod si quas querelas et differentias de novo inter nos Reges et Principes, aliosque in foedere isto existentes, suboriri contingat, quod alter alteri eoram dicto judicio nostro in jure respondere et secum experiri debeat et teneatur, servatis in hoc statuis, decretis et ordinationibus per Oratores et Procuratores nostros vel majorem partem eorundem in Congregatione ipsa ut praefertur, faciendis et statuendis."

[4]) Artikel 4. „Quarto, volumus, quod si forte per aliquem seu aliquos extra hanc conventionem charitatem et fraternitatem expetentes a nobis, non lacessitos et provocatos cuiquam ex nobis bellum inferretur, seu inferri contingeret quod minime verendum existimatur hac amicitia et charitate subsistente, tunc congregatio nostra subscripta nomine omnium in hoc foedere existentium communibus nostris expensis, etiam a Collega nostro oppresse non requisita, Oratores suos solemnes ad sedanda scandala pacemque componendam, illico debet ad locum partibus accomodum et ibidem in praesentia partium dissidentium vel Oratorum suorum pleno mandato suffultarum omni opera et diligentia dissidentes ad concordiam et pacem, si amice fieri poterit revocare, velut arbitros eligent, vel eoram Iudice competenti, vel Parlamento seu Consistorio subscripto de jure certent, inducere. Et si causa aut defectu bellum inferentis pax et unio altero praedictorum modorum fieri non poterit: Nos coeteri omnes tunc unanimiae concordi sententia oppresso, seu defendente socio nostro ad sui defensionem et decimis Regnorum nostrorum, nec non nostrorum et subditorum nostrorum proventibus luero seu emolumento, quos

der Allianz unbeteiligte Mächte in Verwicklung geraten, so leistet der Verband eine Tätigkeit zur Erhaltung des Friedens. Er bemüht sich, durch gute Dienste die Einigung herbeizuführen. Und scheitert der Versuch, so leiht er seine Hilfe derjenigen Macht, die bereit gewesen, auf bewaffnete Entscheidung zu verzichten und sich seinem Schiedsurteil zu unterwerfen.[1])

Der Bund ist vertreten durch einen Gesandtenkongreß mit imperativem Mandat, collegium, corpus oder universitas genannt. Die Versammlung beschließt namentlich über die gemeinsame Kriegführung und über das Schicksal der eroberten Gebiete.[2]) Sie soll zuerst in Basel zusammentreten und dann ihre Sitzungen abwechselnd in den beteiligten Ländern halten.[3]) Die Gesandten sind bei den Beschlüssen in Nationen gegliedert. Die Fürsten Deutschlands haben zusammen eine Stimme, ebenso die Fürsten Italiens und ebenso der König von Frankreich in Gemeinschaft mit den gallischen Fürsten. Innerhalb der Nation entscheidet der Wille der Majorität; wenn sich Stimmengleichheit ergibt, so sollen Ansehen und Verdienst den Ausschlag geben.[4]) Kann aber trotzdem eine Nation keine Meinung bilden, so wird sie übergangen.

Neben dem Gesandtenkongreß besteht ein Schiedsgericht, con-

---

seu quae ad usum domus et habitationis suae pro tribus diebus proportionaliter in anno exposuerint singulis omnis succurrere quantum et quo usque ab eadem congregatione nostra, vel majori parte ipsius judicatum et decretum fuerit fore condecens et opportunum ad pacem oppressi socii consequendam."

[1]) Artikel 5. „Utque diffidationes bella quae per suam considerationem inter suscipientes alterutros operantur dolores amplius arceantur et inter reliquos Christi fideles de hoc foedere non existentes etiam pax vigeat, volumus et ordinamus quod si forsan contingeret alios Principes et Magistratus Christicolas fraternitati nostrae non incorporatos inter se dissentionibus aut bello certare. Ex tunc congregatio nostra subscripta nostris nominibus per Oratores deputandos communibus nostris expensis concordiam amice vel in jure ut praefertur inter differentes pro posse efficiat, quam si ambae partes vel unae earum quo modo acceptare et a bello et guerris desistere noluerint vel noluerit ex tunc bellum inferens, vel a bello desistere nolens, inducetur modis et formis in capitulo supra proximo insertis.

[2]) Artikel 12 und 13.

[3]) Artikel 15.

[4]) Artikel 17. Es sind das Anklänge an die Geschäftsordnung, die auf dem Konstanzer Konzil gegolten hat. Schwitzky, S. 24.

sistorium oder parlamentum. Über seine Verfassung soll erst beschlossen werden, wenn einmal der Bund ins Leben getreten ist.[1])

Kaiser und Reich bleiben in dem Projekt unerwähnt. Denn es herrscht in dem System des Königs Podiebrad ein Geist demokratischer Gleichheit, der jeder Suprematie abhold ist.

Andere Projekte folgen in späteren Krisen.

Das Türkische Reich gelangt unter Soliman II., dem Prachtliebenden, in der Mitte des 16. Jahrhunderts auf den Gipfel seiner Macht. Dauernde Kriege mit dem Deutschen Reich und Venedig, mit Persien und Ägypten bezeichnen diese Periode. Der Sultan nimmt Belgrad, die Insel Rhodus und belagert Wien. Malta wird 1565 angegriffen, aber durch La Valette, den Großmeister des Johanniterordens, heldenhaft verteidigt. Später wird Cypern erobert. Bis endlich Don Juan d'Austria 1571 den großen Seesieg von Lepanto erringt und den Osmanen Halt gebietet.

Unter dem Eindruck dieser Weltbegebenheiten verfaßt ein französischer Edelmann, Sieur de la Nouë, einen neuen Plan, um die Christenheit für immer von der Gefahr des Islam zu befreien.[2])[3])

Die Kaiser und Könige, die Fürsten und Republiken haben die Pflicht, ihre Völker zu schirmen.[4]) Sie sollen sich daher gegen den gemeinsamen Feind zusammentun

---

[1]) Artikel 9.

[2]) Discours politiques et militaires du Sieur de la Nouë. Recueillis et mis en lumiere par le Sieur de Fresnes, et dediez au Roy très-chrestien Henry IV. de ce nom. Dernière édition. 1614.

[3]) p. 546. «Le feu s'avance peu à peu, et a desja consumé les fauxbourgs de la chrestienté, à sçavoir la Hongrie, et toute ceste grand' lisiere de la mer adriatique, qu'on nomme vulgairement Esclavonnie. De maniere que du costé de la mer nous avons ces Barbares pres de nos portes, et du costé de la terre, nous les avons dedans nos portes. C'est chose certaine que sans la renommee victoire navale que gaigna sur eux don Juan d'Austria, Prince très magnanime et valeureux, et sans la guerre de Vvalachie, ou moururent cinquante mille Turcs, et ceste dernière qu'ils ont contre le Persien, laquelle leur a cousté très-cher qu'on aurait autrement senti leurs efforts.»

[4]) p. 554. «Voyons donc maintenant à qui il appartient avoir soin du salut universel. Il est aisé à juger que c'est aux Empereurs, Rois, Princes et Republiques, ausquels Dieu a assuietti ses peuples, pour leur rendre obéissance. A ceste occasion les doyvent-ils gouverner pas iustice, et garantir

Der Papst, der Kaiser und der König von Spanien sind berufen, den Bund zu gründen und alle christlichen Mächte um ihr Banner zu scharen.[1]) Vor allem gilt es, den König von Frankreich zu gewinnen. Sobald er in den Vertrag eingetreten, ist dem Plan der Erfolg in Europa gewiß. Denn alle Länder und Städte sind durch das System der Allianzen mehr oder minder mit einem der drei großen Reiche verkettet. Und sind sie schon an den Einfluß eines Fürsten gebunden, so können sie sich erst recht nicht dem Willen der vereinten Machthaber entziehen. Nur liegt die Schwierigkeit darin, den allerchristlichen König von seiner Verbindung mit dem Türken abzuwenden. Er muß fürchten, daß er schutzlos dasteht, wenn er mit seinem alten Bundesgenossen bricht und ihn im Verein mit seinen bisherigen Feinden besiegt. Er muß fürchten, daß der Erfolg des Kampfes einzig dem Hause Habsburg zugute kommt, das schon durch seine ungeheuere Macht der Schrecken seiner Nachbarn ist.[2]) Dem König muß darum Sicherheit gegeben werden. Aber noch mehr. Soll der Kampf gegen die Türken gelingen, so muß zuerst ein allgemeiner Friede die Christenheit umschließen. Die alten Zwistigkeiten müssen begraben und eine

---

d'oppression. Et tout ainsi que les Pasteurs ont toujours leurs yeux ouverts, que pour garder les loups ne surprennent leurs troupeaux: aussi doyvent-ils par une diligence continuelle, empescher les horribles degasts que ceste cruelle Nation continue sur leurs sujets.»

[1]) p. 556. «La première personne, requise pour persuader avec efficace, seroit le Pape: la dignité duquel est beaucoup reveree des Princes Catholiques, vers lesquels il envoyeroit solennellement. Et quand ils verroyent qu'il ne crieroit plus apres eux, comme il fait a present, disant, Coupez la gorge à vos sujets: qui ne me veulent pas recognoistre, ains auroit changé de langage, il est certain que ces inductions auroyent beaucoup de vertu, comme elles eurent des autres Papes aux premiers voyages, entrepris pour le recouvrement de la Terre Saincte. La seconde personne nécessaire, seroit l'Empereur: car encores que sa puissance ne soit maintenant conforme au tiltre qu'il porte, si est que la sacree dignité, dont il est revestu doit estre en grande reverence à tous les Potentats chrestiens, les remonstrances duquel auroyent aussi grand pouvoir envers toute la Germanie. La troisième personne aussi fort propre, pour bien disposer les autres, seroit le Roy d'Espagne, à cause de sa grandeur et puissance, sur laquelle des paroles estant appuiees, la crainte qu'on auroit qu'il devint mal-vueillant, rendroit un chacun plus prompt à bien faire. Ceux-ci — à mon avis — estans bien conjoints ensemble deuvroyent jetter les fondemens d'un si magnifique dessein.»

[2]) p. 558—562.

dauernde Eintracht muß hergestellt werden.[1]) Auch die Bürgerkriege müssen ein Ende finden, namentlich die Fehde der spanischen Krone mit den Niederlanden. Die Gefahr, die allen Christen droht, soll jeden Streit verlöschen, und der Schutz des wahren Glaubens soll das Band der Brüderschaft sein, das die Völker eint.

Der Autor schlägt vor, daß der Kaiser einen europäischen Kongreß nach Augsburg berufe, um den Glaubenskrieg zu beschließen und den Bund zu beschwören.[2])

Seine übrigen und sehr umfassenden Erwägungen sind strategischer Natur und können hier übergangen werden.

Der Gedanke des Kreuzzuges ist um die Wende des sechzehnten Jahrhunderts allgemein verbreitet und hat eine große Volkstümlichkeit errungen. Kein Geringerer als Francis Bacon schreibt über den Heiligen Krieg.[3]) Der Gesandte Frankreichs in der Türkei, François Savary de Brèves, fordert eine Bundesversammlung, um den Angriff zu beraten.[4]) Wallenstein denkt an eine Eroberung des Türkischen Reiches.[5]) Und Pater Josef gar, der Vertraute von Richelieu, wahrlich keine ideale Figur in der Geschichte, folgt der allmächtigen Strömung der Geister, indem er den ewigen Frieden und den Krieg gegen den Unglauben predigt.[6])

Mit dem Tode Solimans II. beginnt der Niedergang der türkischen Macht. Die letzten Projekte entspringen deshalb schon weniger der Besorgnis vor einer Invasion der Ungläubigen, als vielmehr der Tatenfreude, verbunden mit der Überzeugung, daß es den vereinten christlichen Völkern ein leichtes sein werde, den geschwächten Feind zu bezwingen. Als aber zu Beginn des 18. Jahrhunderts Achmet III. vorübergehenden Erfolg gewinnt, als

---

[1]) p. 563. «Mais tout cela seroit encores vain, et de nul fruict, si par mesme moyen on ne donnoit ordre d'assopir toutes guerres presentes, et prevoir pour celles qui seroyent pour naistre, tant entre les Princes l'un contre l'autre, que entr'eux et leurs sujets.»

[2]) p. 570—571.

[3]) Dialogus de bello sacro. 1622. Works. 1659. Vol. VIII. Zitiert bei Kükelhaus, ebenso wie die folgenden Autoren. Der Ursprung des Planes vom ewigen Frieden in den Memoiren des Herzogs von Sully. Diss. 1892.

[4]) Relations de voyage. 1628.

[5]) Ranke, Wallenstein. S. 65 f.

[6]) Fagniez, Revue historique. Vol. XXXV—XXXIX. p. 45.

er trotz der Siege des Prinzen Eugen und des Verlustes von Temesvar, von Belgrad und von serbischen Ländern, einen Teil von Persien, Azof und Morea erobert und Peter den Großen am Pruth einschließt und zum Frieden zwingt, als Muhammed I. in einem glücklichen Krieg gegen Österreich und Rußland 1739 Belgrad, Serbien und die Kleine Wallachei zurückerlangt, da wird die Vorstellung der Türkengefahr in der Literatur wieder lebendig. Allerdings mit dem Unterschied, daß die Verteidigung jetzt nicht mehr als Hauptmotiv im Vordergrunde steht, sondern nur einen Anlaß bildet, um die durch endlose und furchtbare Kriege notwendig gewordene neue Konstellation von Europa zu bilden.

Die Kongregation der Kardinäle sendet damals eine Denkschrift an den kaiserlichen Hof, empfiehlt eine innige Verbindung mit Frankreich und eine Vereinigung aller katholischen Mächte zu einer Heiligen Liga, um endlich mit den Ungläubigen, aber auch mit den Ketzern ein Ende zu machen.[1])

Aus dieser Zeit sind vornehmlich zwei Projekte zu nennen, die von der Hand des Kardinals Alberoni herrühren.[2]) Die deutschen Kaiser sollen ihre ganze Macht gegen Osten lenken und ihre Grenzen gegen die Türken erweitern. Das ist der Grundgedanke. Sie werden dort ein günstiges Gebiet finden, um ihren Ehrgeiz und ihre Kraft zu betätigen. Sie werden sich zu diesem Ziel durch einen Bund mit Rußland und Polen stärken können. Sie werden auch die deutschen Fürsten zur Hilfe gewinnen, indem sie ihnen westliche Länder abtreten, in dem Maße, als sie selbst ihre Territorien nach Osten dehnen. Ganz Europa wird

---

[1]) „Treuherzig gemeinte Vorstellung und recht väterliche Admonition wie nach dem wahren Sinn des apostolischen Stuhles zu Rom die unter den christlichen Potentien zeither obschwebende, Land und Leute verderbliche Müseligkeit nicht nur sehr leicht aus dem Grunde gehoben und vollkommentlich abgethan usw. werden könnten." Zit. bei Droysen, Historischer Beitrag zu der Lehre von den Congressen. Monatsberichte der Academie der Wissenschaften zu Berlin. 1869. S. 663.

[2]) Système de pacification générale, dans la présente Conjoncture. 1735. Mercure historique. 1753. Vol. II. p. 467 sq. Des weltberühmten Kardinals Alberoni Vorschlag, das Türkische Reich unter der christlichen Potentaten Botmäßigkeit zu bringen, sammt der Art und Weise, wie dasselbe nach der Überwindung unter sie zu vertheilen. Die Originale sind italienisch. Vgl. Droysen, l. c. S. 662. 666.

ihnen zur Seite stehen, weil es von einer also gerichteten Politik des Hauses Habsburg nichts mehr zu fürchten hat. Dieser Plan, sagt Alberoni, leitete schon Karl V., als er seinen Bruder Ferdinand, der die Kaiserkrone übernahm, auf die deutschen Erblande des Hauses Österreich, auf Böhmen und Ungarn beschränkte. Zur Beruhigung der Christenheit sollen die Kaiser auch Italien und die Niederlande aufgeben, deren Besitz immer neue Kriege zeitigt und die schon Karl V. von dem Besitze Ferdinands getrennt. Die Niederlande soll der bayerische Kurfürst erhalten, der einen Schutzvertrag mit den Generalstaaten abschließen und, gestützt auf das Reich und England, eine Mauer gegen Frankreich bilden kann. Italien wird, frei von jeder Fremdherrschaft, zu einer Föderation zusammentreten, mit einem Reichstag, der über die gemeinsamen Interessen beschließt. Lothringen, das von französischem Gebiet umschlossen ist, wird im Interesse des Friedens an den allerchristlichen König übergeben, und der Herzog wird Parma als Entschädigung erhalten, wenn er nicht selbst den Kaiserthron besteigt.

In dieser Weise kann die große Aussöhnung zwischen den Häusern Bourbon und Habsburg erfolgen, an der das Glück Europas hängt. Dann werden die Fürsten aller Länder, der Kriege ledig, ihre ganze Sorge aufwenden können für das Heil ihrer Völker.[1])

Hierauf entwickelt Alberoni den Plan eines gemeinsamen Krieges

[1]) Mercure historique, l. c. p. 475. «Il paroitroit, que par l'éxécution de ce Sistême, toutes les anciennes semences de Querelles entre la Maison d'Autriche, et celle de Bourbon, seroient entièrement déracinées. Rien les empêcheroit d'agir de concert, pour avancer les Intérêts du Christianisme, pour ajuster tous les Differens qui subsistent entre leurs Voisins, pour rendre justice à qui elle appartient, et pour établir le Commerce sur un pied d'égalité, qui encourage l'Industrie et la bonne-Foi chez tous les Peuples. Les Princes Chrétiens, jouïssant d'une Possession tranquile de leurs Etats légitimes songeront au soulagement de leurs Sujets harrassés par les Guerres, ou les appréhensions de Guerres, qui accompagnent un Etat d'Incertitude et de Jalousie. Ils songeront à faire fructifier les amples Colonies, que l'Amérique leur présente, et qui méritent beaucoup plus d'attention, que les Querelles Européennes n'ont permis d'y donner jusques à présent. Ils auront un beau Champ ouvert d'Exercer leurs Puissances et leur Valeur contre les Infidéles et se mettront la Conscience en repos sur l'effusion du Sang Chrétien, dont l'indécision de leurs Prétentions a tant fait répandre, pendant le cours des derniers Siécles.»

gegen die Türken. Es wird ein europäischer Kongreß in Regensburg einberufen, um die Vorbereitung, die Ordnung des Kampfes und die Teilung der eroberten Länder zu regeln.

Aber dieser Kongreß wird mehr sein als ein kriegerischer Rat. Er wird als ein europäischer Reichstag immer versammelt bleiben und alle Streitigkeiten nach Stimmenmehrheit entscheiden. Will ein Staat sich dem Spruch nicht fügen, so eröffnet der Reichstag eine Exekution, zu welcher die verbündeten Mächte nach der Matrikel des Türkenkrieges ihren Beitrag stellen.

Viertes Kapitel.

Das politische Gleichgewicht.

Die zweite Theorie einer demokratischen Weltorganisation ist der Gedanke des politischen Gleichgewichts.[1])

Was ist darunter zu verstehen?

Der Gedanke bedeutet in seiner rudimentären Form eine Konstellation der europäischen Welt von solcher Art, daß jeder Staat die gleiche Kraft besitzt wie der andere und deshalb vor Unterdrückung gesichert ist.[2]) Das ist aber vorläufig nur eine

---

[1]) Donnadieu, La Théorie de l'Equilibre. Etude d'histoire diplomatique et de droit international. Thèse d'Aix. 1900. Hier eingehende Literaturangaben. Dupuis, Le principe de l'équilibre et le concert européen de la paix de Westphalie à l'acte d'Algésiras 1909. Nys, La Théorie de l'équilibre européen. Revue de droit international et de législation comparée. XXV. p. 34sq. Laurent, Histoire du droit des gens et des relations internationales. Tome X. 1865. Livre 1. Chap. 1. § 4. L'équilibre politique. p. 44sq. Kaeber, Die Idee des europäischen Gleichgewichts in der publizistischen Literatur vom 16. bis zur Mitte des 18. Jahrhunderts. 1907. Literaturangaben bei Bonfils, Manuel de droit international public. 1912. §§ 23. 248.

[2]) Der Gedanke ist deutlich ausgesprochen im Vertrag von Utrecht. Friede zwischen Spanien und England vom 13. Juli 1713. Art. 2. "Quandoquidem vero Bellum, cui finis Pace hac feliciter a Deo impositus est, ab initio susceptum, et tot per Annos vi summa, immensis Sumptibus, et occi, sione prope infinita gestum fuerit, propter ingens periculum quod Libertati-Salutique totius Europae, ex nimis arcta Regnorum Hispaniae, Galliaeque Coniunctione impenderet; Cumque ad evellendam ex animis hominum sollicitudinem omnem, suspicionemque, de iustius, modi coniunctione, et ad firmandam stabiliendamque Pacem ac Tranquillitatem Christiani Orbis, justo Potentiae Aequilibrio (quod optimum et maxime solidum mutuae Amicitiae et duraturae undiquaque Concordiae fundamentum est) tam Rex Catholicus quam Rex Christianissimus, satis iustis cautelis provisum esse voluerint, ne Regna Hispaniae et Galliae unquam sub eodem Imperio veniant et uniantur." Strupp, I. 44.

mathematische Formel. Die Schwierigkeit entsteht, wenn man sie in das Leben übertragen will. Da fragt sich denn zu allererst: wie soll die Macht gemessen werden? Vielleicht nur nach äußerlichen Kennzeichen, nach der Größe des Gebiets und nach der Zahl der Menschen? Dieser Maßstab wäre recht unvollkommen. Es muß auch die innere Tüchtigkeit des Volkes von Einfluß sein. Wissen und Erfahrung, Intelligenz und Tatkraft, Fähigkeit der Organisation und Kunst der Regierung, Opfermut und Vaterlandsliebe, der Glaube an ein großes Schicksal, auch diese Mächte fallen schwer in die Wage. Marathon und Salamis, Morgarten und Sempach, diese Namen sagen genug. So wächst sich denn das politische Gleichgewicht zu einer höchst komplizierten Formel aus, die viele unbekannte, kaum berechenbare Größen enthält. Dazu kommt, daß diese Größen steter Wandlung unterworfen sind, daß sie steigen und fallen, und dies oft lange Zeit hindurch ohne äußerlich erkennbare Symptome. Endlich ist hierbei noch gar nicht die allerbedeutendste Schwierigkeit in Betracht gezogen: Selbst wenn die Staaten individuell eine gleiche Fülle der Kraft besitzen, so besteht immer noch die Möglichkeit, daß sie sich verbünden. Dadurch bilden sich aber unzählige Möglichkeiten der Kraftverschiebung. Und die mühsam errungene Konstellation ist wiederum zerstört.

Das politische Gleichgewicht in seinem ursprünglichen, mathematisch formalen Sinn ist eine Utopie. Es kann nicht hergestellt werden. Es verflüchtigt sich zu einer geisterhaften Formel, zu einer magischen Lehre, die unfähig ist, die politische Wirklichkeit in ihre Zirkel zu schlagen. Das Uhrwerk ist zu fein, um je gebaut zu werden.[1])

Aber ist auch der Plan nicht lebensfähig in seinem ganzen

---

[1]) Donnadieu, l. c. p. 241 sq. Kant erinnert an das Haus von Swift, das in so vollkommenem Gleichgewicht gebaut war, daß es zusammenbrach, als ein Vogel sich auf dem Dach niederließ. M. Biauzat, Assemblée nationale. Séance, du 21 Mai 1790. Moniteur universel du 23 Mai. «Quant à ce qu'on appelle balance politique de l'Europe, ce doit être un motif de plus pour déléguer le droit de paix et de guerre au corps législatif. Qu'est-ce que la fédération entre les puissances voisines? C'est une oppression pour les puissances qui ne sont pas dans le traité; c'est la loi du plus fort; c'est le principe contraire à la base de toute bonne constitution.

Umfang, so enthält er doch eine Wahrheit, die sich von jeher in der europäischen Diplomatie behauptet hat.

Es besteht seit Jahrhunderten das Grundgesetz, daß ein Staat, der eine Übermacht gewinnt und dadurch die Selbständigkeit der anderen bedroht, einer Koalition begegnet, welche ihn durch ihr bloßes Dasein in Schranken hält oder seinem Aufstieg mit aller Kraft widersteht, bis seine Suprematie gebrochen ist. Solch vereinte Gegenwehr ist eine natürliche Reaktion, die dem Trieb der Selbsterhaltung entspringt. Das Phänomen wiederholt sich daher in allen Perioden der Weltgeschichte. Aber erst im 15. Jahrhundert wird es in die Sphäre methodischer Reflexion erhoben. War die Verbindung gegen den Übermächtigen früher nur ein instinktives Handeln, so wird sie jetzt eine Theorie.

Am Ausgang des Mittelalters haben sich in Italien fünf bedeutende Staaten gebildet, Mailand, Venedig, Florenz, Rom und Neapel. Sie sind unabhängig; denn die Kaiser haben ihre Herrschaft auf der Halbinsel verloren und werden nur noch im Streit der Parteien als Verbündete angerufen; auch die Päpste sind nicht stark genug, um die zersplitterten Gemeinwesen unter ihrem Hirtenstab zu vereinen. Aber diese Unabhängigkeit ist in Gefahr, sie ist von innen bedroht. Ein Staat ist machtvoller als die andern. Die Republik Venedig, die im Mittelalter herrlich aufblüht und in der ersten Hälfte des 15. Jahrhunderts ihre höchste Kraft erreicht, trachtet, die Gebieterin Italiens zu werden. Da setzen sich Mailand, Florenz und Neapel zur Wehr. Nach manchen wechselvollen Kriegen vereinen sich 1480 Lodovico Sforza, Lorenzo von Medici und Ferdinand von Neapel zu einem Bund gegen die Königin der Meere. Entscheidend ist der Gedanke, und er wird mit aller Deutlichkeit erwogen, daß die Ruhe und Freiheit Italiens nur bestehen könne durch das Gleichgewicht der Macht.[1])

---

[1]) Bernardus Oricellarius-Rucellaï, 1449—1514. De bello italico commentarius. Ein Bericht über den italienischen Zug Karls VIII. von Frankreich. "Ea assidue agitare, monere, niti, quibus res Italicae starent, ac (ut illorum verbis utar) examine aequo penderent." — Francesco Guicciardini, 1482—1540. Della Istoria d'Italia. Libro primo. Ed. 1775. p. 3—6. „Lorenzo de' Medici, conoscendo, che alla Repubblica Fiorentina e a se proprio sarebbe molto pericoloso, se alcuno de' maggiori Potentati ampliasse più la sua potenza; procurava con ogni studio, che le cose d'Italia in modo bilanciate si

Wie so mancher politische Gedanke aus dem Mikrokosmus der italienischen Fürstentümer und Städte hinausgewachsen ist in die europäische Staatenwelt, so auch die Theorie des Mediceers.

Betrachten wir zuerst die geschichtlichen Ereignisse und dann die Literatur.

In Karl V. leuchtet der Gedanke der Weltmonarchie noch einmal empor. Der Enkel von Maximilian und Maria, von Ferdinand und Isabella vereinigt in seiner Hand das österreichische Erbe, Spanien und die Niederlande. Im Besitz einer solchen Weltmacht faßt er den Willen, die Titel, welche ihm gehören, in ihrer ganzen Fülle durchzusetzen und allen historischen Ansprüchen des Hauses Habsburg, des Deutschen Reiches und der römischen Krone den Sieg zu erstreiten. So erhebt er Anspruch auf Burgund, wo seine Voreltern die Krone getragen. So fordert er Neapel als früheres Eigen des Hauses Aragon. Mailand, Mantua und Monteferrato spricht er an als kaiserliche Lehen. Die römische Krone endlich lebt in seinem Geiste wieder auf als das göttliche Recht, über die Christenheit zu regieren: Der Träger dieser Würde ist das Haupt der Könige und Fürsten. Er leitet sie der ewigen Bestimmung irdischer Herrschaft entgegen. Er ist namentlich der Beschützer des Glaubens und der Herzog der Völker im Kampf gegen die Feinde der Kirche; das sind die Türken, welche

---

mantenessero, che più in una, che in un' altra parte, non pendessero; il che senza la conservazione della pace, e senza veghiare con somma diligenza in ogni accidente, benchè minimo, succedere non poteva. Concorreva nella medesima inclinazione della quiete commune Ferdinando di Aragona Re di Napoli, Principe certamente prudentissimo, e di grandissimo valore." — "Essendo adunque in Ferdinando, Lodovico, e Lorenzo, parte per i medesimi, parte per diversi rispetti la medesima intenzione alla pace, si continuava facilmente una confederazione contratta in nome di Ferdinando Re di Napoli, di Giovan Galeazzo Duca di Milano, e della Repubblica Fiorentina, per difensione de' loro Stati, la quale, cominciata molti anni innanzi, e dipoi interrotta per vari accidenti, era stata nell' anno mille quattrocento ottanta, aderendovi quasi tutti i minori Potentati d'Italia, rinovata per venti cinque anni, avendo per fine principalmente di non lasciar diventare più potenti i Veneziani, i quali maggiori senza dubbio di ciascuno de' Confederati, ma molto minori di tutti insieme, procedevano con consigli separati da' consigni communi, e aspettando di crescere dall' altrui disunione, e travagli, stavano attenti, e preparati a valersi di ogni accidente, che potesse aprir loro la via all' Imperio di tutta Italia."

die Grenzen von Europa berennen, und die Ketzer, welche den inneren Bau der alten Welt erschüttern.[1])

Diese Politik, voll hochfliegender Pläne, und gestützt auf einen ungeheuren Machtbesitz, enthält eine gemeine Gefahr für die Freiheit der Nationen. Wohl hat der Habsburger noch einen gewaltigen Gegner, der ihm die Wege sperrt. Es ist Franz I. Als aber der König 1525 bei Pavia geschlagen und in die Hand seines Feindes gefallen, als er gezwungen ist, sich in die schwersten Bedingungen zu fügen, da muß eine Reaktion entstehen. Das Gebot der Selbsterhaltung erheischt es. In der Tat, England ergreift für den gedemütigten König Partei. Hat Heinrich VIII. bisher eine vorteilhafte Neutralität beobachtet[2] und aus dem Kampf der beiden mächtigen Fürsten eignen Gewinn erhofft, hat er sogar zuzeiten selbst auf der Seite des Kaisers in den Krieg eingegriffen, so wendet er jetzt das Steuer in eine andere Richtung, um dem drohend aufsteigenden Gewölk zu entweichen. Er schließt mit der Regentin Frankreichs eine Defensivallianz in Moore und verspricht für die Freilassung des Königs zu wirken.[3])

Aber Franz I. findet nicht Hilfe in England allein. Seine Not wirbt für ihn. 1526 schließt er den unglücklichen Frieden von Madrid. Er willigt in die Abtretung von Burgund, er verzichtet auf seine Lehenshoheit über Artois und Flandern, er entsagt Tournai und seinen Rechten über Neapel, Mailand, Asti und Genua. Jetzt, im Augenblick seiner tiefen Erniedrigung, sieht er sich plötzlich von Bundesgenossen umgeben. Überall erstehen ihm Freunde: Einmal in

---

[1]) Kurzum, man kann von jener Zeit den Ausspruch wiederholen, den der Bischof von Basel bei der Wahl Rudolfs von Habsburg tat: Dieu bon, tiens-toi bien ferme sur ton trône éternel, et crains que Habsbourg ne le renverse. Zitiert bei Donnadieu.

[2]) Bei der Zusammenkunft mit Franz I. in Guines 1520 hat er sich bildlich darstellen lassen mit einer Wage in der Hand und mit der Inschrift: «Cui adhaereo praeest.»

[3]) Francis Bacon, Considerations touching a war with Spain. inscribed to Prince Charles. an. 1624. Works ed. 1740. Vol. III. p. 513sq. p. 519. „It is so memorable, as it is yet as fresh as if it were done yesterday, how that triumvirate of Kings — Henry the eigth of England, Francis the first of France, and Charles the fifth emperor and King of Spain, — were in their times so provident, as scarce a palm of ground could be gotten by either of the three, but that the other two would be sure to do their best, to set the balance of Europe upright again." Zitiert bei Nys, S. 40.

den deutschen Ländern, wo die protestantischen Fürsten die Freiheit ihres Glaubens, die katholischen ihre ständische Unabhängigkeit zu verteidigen haben; dann in Italien, wo es die neu aufsteigende Autorität des Kaisertums zu bannen gilt; auch der Papst geht zu Frankreich über. Franz I. wird zum Mittelpunkt der Bewegung, welche sich gegen die ehrgeizig aufstrebende Politik des Kaisers richtet. Er vermag 1526 zu Cognac ein Bündnis mit Klemens VII., Venedig und einer Reihe von italienischen Fürsten und 1527 einen ewigen Frieden mit Heinrich VIII. zu schließen.

Auf soviel Verbindungen gestützt, weigert sich der König, den Vertrag von Madrid zu erfüllen. Es kommt zu einem neuen Krieg. Karl V., obwohl siegreich, versteht sich 1529 zu dem Frieden von Cambrai, da er durch deutsche und orientalische Verwicklungen abgezogen ist. Die Bedingungen von Madrid werden gemildert; Burgund bleibt in französischem Besitz.

Aber trotzdem, Franz I. ist unterlegen und findet deshalb wieder Anschluß an dritte Mächte. Nachdem die Schmalkaldische Union beschlossen, verbündet er sich 1532 mit den Herzögen von Bayern und Sachsen, mit Philipp von Hessen und einigen anderen deutschen Fürsten.[1]) Er verhandelt erfolgreich mit Heinrich VIII. in Boulogne[2]) und mit dem Papst in Marseille. Es gelingt ihm endlich, 1536 die Hilfe der Türkei zu gewinnen und Soliman zu einem Freundschaftsvertrag zu bereden.

Der Kampf wird weiter geführt; aber er bringt keine Entscheidung. Nach dem Tode Franz' I. nimmt ihn Heinrich II. wieder auf. Auch er findet Hilfe in Deutschland. Er unterzeichnet 1552 einen Vertrag zu Chambord mit Moritz von Sachsen und vielen protestantischen Ständen, welche von Habsburg Unterdrückung ihrer Freiheit fürchten.[3])

---

[1]) Franz I. schreibt ihnen 1537: „Nullum aliud propugnaculum adversus immodestum illud immodicumque totius orbis imperium quam mutua nostra amicitia opponi posse.“ Zitiert bei Kaeber, S. 16.

[2]) „Et se dira l'occasion de l'entrevue estre pour la deffense des païs et seigneuries des dits roys, à l'encontre du commun adversaire de nostre sainte foy, le Turch, ... nonobstant que leur intention peult estre de adviser pareillement comme les dits seigneurs roys pourront ennuyer et subduyre à leurs ennemys et ceulx qui vouldroient s'arroger la monarchie de toute chrestienté, et leur abatre les cornes.“

[3]) Moritz von Sachsen und seine Verbündeten erlassen im selben Jahr

Als vier Jahre später Karl V. der Krone entsagt, da stehen sich beide Mächte in ungebrochener Kraft gegenüber. Die habsburgische Weltpolitik hat in der Gegenwehr der bedrohten Völker einen Widerstand erfahren. Sie ist gleichzeitig durch die Türkengefahr und die religiöse Spaltung des Reiches untergraben worden. Und so ist die Gefahr der Universalmonarchie beschworen.

Das große Reich geht auseinander. Ferdinand von Österreich erwirbt die habsburgischen Erblande und die Kaiserwürde. Die spanische Krone, die Kolonien, Neapel, Mailand, die Freigrafschaft und die Niederlande kommen an Philipp II. Aber trotz der Teilung ist noch ein starkes Übergewicht in Europa vorhanden: Der Sohn Karls V. ist immer noch der gewaltigste König der Christenheit, und Madrid ist noch für ein halbes Jahrhundert das Zentrum der politischen Welt.

Philipp II. steht auf dem Gipfel seiner Macht, als er durch seine Vermählung mit Maria der Katholischen das Inselreich mit Spanien verkettet. „Philipp und Maria — so kündet der Wappenherold bei der Trauung in Winchester — Könige von England, Frankreich, Neapel, Jerusalem und Irland.“[1]) Beide Herrscher sind in engem Bund mit der Kirche und betrachten es als ihren heiligen Beruf, den wahren Glauben wiederherzustellen. In der Tat, England wird in den Gehorsam des Papstes zurückgebracht, die Ketzergesetze werden wieder eingeführt und das Commonprayerbook wird abgeschafft. Der mittelalterliche Gedanke wird zu neuer Flamme geschürt. Es soll wieder ein göttliches Reich erstehen.

---

ein Manifest, um ihre Politik zu rechtfertigen. „Sendschreiben etlicher Churfürsten, Fürsten und Stend, des Heiligen Römischen Reichs, darinn angezeygt sein, die ursachen, derwegen sie, und andere christliche Könige, Potentaten, Fürsten, Stett und Stende zu gegenwärtigem Feldzug und Kriegsrüstung gedrungen worden.“ Dem Kaiser sei es darum zu tun, „daß er unter dem Schein der gespaltenen Religion seyn eigene Domination, nutz und Gewalt, durchdringen und erlangen möchte.“ Es gelte die Verteidigung „der alten löblichen Libertät des geliebten Vatterlands der Teutschen Nation gegen das beschwerliche Joch des vorgestellten viehischen Servituts und Dienstbarkeit.“ Es gelte die Abwehr „der so lange gepracticierten Monarchie Karls, die dann nichts ansehnlichs neben sich leiden kann.“ Zitiert bei Kaeber, S. 18—19.

[1]) v. Ranke, Englische Geschichte. 1877. Bd. I. S. 195.

Aber die Verbindung ist von kurzer Dauer. Maria stirbt nach wenigen Jahren, ohne einen Erben zu hinterlassen. Elisabeth, die protestantische Königin, besteigt den Thron. Mit ihr tritt England von dem Irrweg zurück, den es für eine Zeit beschritten. Es zerreißt die Fessel, die es zum Werkzeug spanischer Größe erniedrigt hat. Der Bund ist nicht zu seinem Nutzen gewesen: Im Krieg gegen Heinrich II. von Frankreich hat es mit seinen Truppen den Sieg von St. Quentin erfechten und mit seinen Schiffen die Herrschaft der See erringen helfen; dadurch hat es nur Philipp II. gedient; Calais aber ist verloren gegangen.

Elisabeth tritt bald mit Philipp II. in unversöhnlichen Gegensatz. Der König nimmt Partei für Maria Stuart. Denn er sieht in den protestantischen Ideen Englands den moralischen Rückhalt für die Freiheitsbewegung der Niederlande. Spanien ist nicht ohne Anteil an der katholischen Rebellion, die sich 1569 in England erhebt. Als nun Frankreich unter dem Eindruck des großen spanischen Sieges von Lepanto gegen die Türken eine stärkende Verbindung mit England sucht, da entschließt sich die Königin zu einer defensiven Allianz mit dem Nachbarland.[1][2] Mehr noch, um die Freundschaft zu besiegeln, plant sie eine Vermählung mit dem Herzog von Anjou, dem jüngsten Sohne Heinrichs II.

Philipp II. ist in den schweren Kampf mit den Niederlanden ver-

---

[1]) Mémoires et instructions pour les Ambassadeurs ou lettres et négociations de Walsingham, Ministre et Secrétaire d'Etat sous Elisabeth, reine d'Angleterre. 1700. Lettre 97. de 1571. «La Maison de Bourgogne a toûjours été jusqu'à ces derniers tems inferieure à l'Angleterre, et en a par consequent dépendu; mais à present qu'elle est attachée à la Maison d'Autriche, elle s'est renduë si puissante, que d'inferieure elle est devenue superieure, de bonne et paisible voisine, une Puissance dangereuse et ambitieuse; et nous en ferons l'experience si nous ne nous précautionnons au plûtôt.» — «La Maison d'Autriche est devenuë la Protectrice du Pape, et l'ennemie declarée de l'Evangile, qu'elle travaille tous les jours à extirper: par consequent comme nous faisons profession de l'Evangile, nous devons nous opposer à elle. Entrant en Ligue avec la France nous avancerons l'Evangile non seulement ici, mais aussi ailleurs.» Zitiert bei Laurent X. S. 148.

[2]) "And true it is which one hath written, that France and Spain are as it were the Scales in the Balance of Europe, and England the Tongue or the Holder of the Balance." Aus William Camden, The History of the most Renowned and Victorious Princess Elisabeth, late Queen of England. Zum Jahr 1577. 3. Ed. 1675. Zitiert bei Kaeber, S. 28.

wickelt. Sind nun Frankreich und England darauf bedacht, sich der spanischen Übermacht zu erwehren, so bietet sich die treffliche Gelegenheit, den Gegner ohne offenen Krieg durch Unterstützung des erbitterten Aufstandes zu schwächen. Dazu werden die beiden Mächte noch durch andere Gründe bestärkt. Die Sache der Niederländer ist auch die Sache von Elisabeth. Es ist ein Glaubenskrieg, der ausgefochten wird. Es gilt den Sieg der protestantischen Lehre. Und Frankreich muß mit der Gefahr rechnen, daß die katholische Kirche, wenn sie in den Niederlanden triumphiert, auch in den deutschen Territorien ihre volle Herrschaft wieder gewinnt und das Reich zu neuer Einheit zusammenfügt.

Englisches Gold geht nach den Niederlanden. Elisabeth erlaubt die Anwerbung von Truppen in ihrem Reich. Der Herzog von Anjou führt zweimal ein französisches Heer über die Grenze und rechtfertigt seinen Feldzug vor dem Pariser Parlament, indem er Philipp II. beschuldigt, nach der Universalmonarchie zu trachten.

Wohl fürchtet Elisabeth, daß Frankreich die Niederlande für sich gewinne. Die Versuchung ist groß. Denn die Provinzen bedeuten ein unschätzbares Gut; sie sind die natürlichen Schlüssel der drei großen Nachbarreiche. In der Tat, der Herzog von Anjou bewirbt sich um ihre Krone. Aber dadurch wird das Einvernehmen nicht gestört. Im Gegenteil, die Bundesgenossen schließen sich noch fester zusammen, als Philipp II. einen Erbanspruch auf Portugal erhebt und das Königreich samt den Kolonien für sein Haus erwirbt.

Bald nehmen die beiden Mächte entschiedener Partei. Die Niederlande, durch Alexander von Parma bedrängt, rufen Frankreich und England zu Hilfe und bieten ihnen nacheinander die Souveränität, um der spanischen Herrschaft zu entgehen. Elisabeth schickt Leicester mit einem Heer. Jetzt kommt es zu offenem Bruch mit Philipp II. Die Waffen müssen entscheiden. Der König rüstet die Armada, um den Feind von Spaniens Größe niederzuwerfen. Jetzt ist der große Augenblick gekommen, wo er die Weltherrschaft erneuern und dem katholischen Glauben den Sieg erstreiten will.

Die Armada wird vernichtet. Und damit beginnt der Niedergang von Spaniens glänzendem Gestirn.

Die politische Konstellation, welche sich gegen Habsburg gebildet, bleibt auch unter Heinrich von Navarra bestehen. Als der König mit der katholischen Partei um seine Krone streitet, als Philipp II. in Frankreich einen starken Anhang gewinnt, um seine Tochter aus der Ehe mit Elisabeth von Valois auf den Thron zu erheben, da bringen die Bundesgenossen Hilfe. England und die Niederlande bedrängen die spanische Macht. Jahrelang dauert das gewaltige Ringen zu Lande und zur See. Eine neue Flotte, die Philipp II. gegen Irland schickt, geht in Stürmen zugrunde. Im Frieden von Vervins 1598 vermag Heinrich IV. seinen Thron gegen Spanien zu sichern. Aber er bleibt in enger Freundschaft mit den Niederlanden und leiht ihnen in der Folge seinen diplomatischen Beistand. Im Waffenstillstand von 1609 erlangen die nördlichen Provinzen, welche sich zur Utrechter Union vereinigt haben, die Anerkennung ihrer Unabhängigkeit, und sie danken es zum guten Teil seinem königlichen Schutz.

So bleibt auch Philipp II. ohnmächtig, das Werk zu tun, das seinem Vater mißlungen. Wieder ist der Plan der Universalmonarchie gescheitert. Ein zweites Mal hat Europa seine Freiheit erkämpft.

In der Zeit Heinrichs III. beginnt die Literatur, sich mit dem Problem des Gleichgewichts zu beschäftigen.

1584 erscheint eine Denkschrift von Duplessis-Mornay, welche den König von Frankreich auffordert, die Unabhängigkeit der Völker durch Bewältigung der spanischen Übermacht zu sichern.[1] Auf die Häuser Valois und Habsburg ist das Schicksal der Christenheit gegründet. So wird argumentiert. Der Krieg, der sie entzweit, überträgt sich auf alle Länder; und die Eintracht, die sie bindet, ist eine Segnung für die Welt. Nun ist die Bedingung des Friedens eine gleiche Verteilung der Kraft. Weil aber Frankreich durch die letzten Kriege eine große Schwächung erfahren, so ist die Wage auf der Seite Spaniens zu schwer belastet. Heinrich III. soll deshalb die andern Fürsten um sich scharen, im Bunde mit ihnen die Überlegenheit des katholischen Königs brechen und sich wieder auf den gleichen Rang erheben wie er.[2]

---

[1] Discours au Roy Henry III sur les moyens de diminuer l'Espagnol.

[2] «Les Etats ne sont estimés forts ou faibles, qu'en comparaison de la force ou faiblesse de leurs voisins; quand ils sont parvenus à s'équilibrer, il

Frankreich wird in England und Dänemark, in den Niederlanden, in Venedig und der Schweiz, in den protestantischen Ständen des Reiches natürliche Bundesgenossen finden. Der ostindische Handel kann von Portugal abgelenkt und mit Hilfe der Türken wieder in das Mittelmeer gezogen werden. Selbst die Herrschaft der Niederlande und die Kaiserkrone sind für Heinrich III. keine unerreichbaren Ziele.

Gemäßigter als dieser Autor, der in seinem Eifer Gefahr läuft, die Wage nicht nur in das Gleichgewicht zu bringen, sondern sie nach der Seite von Frankreich herabzuziehen, ist ein deutscher Edelmann, der 1585 über die gleiche Frage schreibt.[1] Gegen die Übermacht, sagt er, müssen alle sich vereinen und ihr einen festen Damm entgegensetzen, wie gegen die zerstörende Gewalt einer Meeresflut. Wer nicht Teil nimmt an der Gegenwehr, der ist Verräter am gemeinen Vaterland. Spanien ist die Gefahr für die ganze Christenheit. Die europäischen Völker sollen darum den Befreiungskampf der Niederländer unterstützen. Denn dieser Krieg ist für Spanien nur der erste Schritt zur Unterwerfung der Welt.

Im 17. Jahrhundert wandelt sich das Bild. Der Glanz des spanischen Reiches ist verblichen. Philipp II. hat die Kraft seiner Völker in dem furchtbaren Ringen erschöpft. Er hat die Herrschaft der See an England verloren. Seine französische Politik ist gescheitert. Seine Gewalt, die unbezwinglich erschien, hat sich an dem Heldenmut des kleinen Holland gebrochen.

Aber als der Dreißigjährige Krieg entbrennt, da steigt die

---

faut maintenir cette balance, sinon le plus faible est emporté par le plus fort. Or la maison d'Autriche s'est grandement renforcée et accrue, et de réputation et de pays, pendant que la France s'est affaiblie par ses guerres civiles. Le salut de la France exige que la puissance espagnole soit abaissée. Il suffit que la France prenne l'initiative de la rupture pour que tous les Etats de la chrétienté, qui ne s'entretiennent que par contrepoids et ont la grandeur d'Espagne pour suspecte, se tournent contre l'ambition déréglée de la maison d'Autriche.»

[1]) „Ein sehr Notwendige, Trewherzige und wolgemeinte Warnung und Vermahnungsschrift ahn alle Chur und Fürsten, Stende und Stette des Heiligen Reichs Teutscher Nation: auch alle anderen christlichen Potentaten: Umb den gemeinen Nutz, Freyheit und Wohlfahrt der gantzen Christenheit zu erhalten."

österreichische Dynastie der Habsburger, von Kriegsglück emporgetragen, zu neuer Macht. Im Jahre 1629 steht Ferdinand II. auf dem Gipfel seines Erfolges. Er hat den pfälzischen Kurfürsten niedergerungen. Er hat Christian IV. von Dänemark besiegt und ihn zur Aufgabe seines Bundes mit den protestantischen Ständen genötigt. Die drei geistlichen Kurfürsten und der Herzog von Bayern, Spanien und die katholische Liga stehen auf seiner Seite. Auch sind ihm nicht alle protestantischen Länder feind. Der Kurfürst von Sachsen hat sich mit ihm verbündet, und der Kurfürst von Brandenburg hat in den Kampf nicht eingegriffen. In dieser günstigen Situation, gestützt auch durch ein neues Heer, das Wallenstein gebildet hat, ist er stark genug, um das Restitutionsedikt zu erlassen und von den Protestanten die Rückgabe der geistlichen Güter zu fordern, die sie seit dem Passauer Vertrag in Besitz genommen haben. Und schon beginnt er die Maßregel mit Gewalt zu vollziehen.

Da finden die besiegten Protestanten Hilfe. Gustav Adolf landet an der deutschen Küste. Es treibt ihn das ideale Motiv, die Glaubensgenossen zu retten, und es treibt ihn die Sorge für die eigene Sicherheit. Er fürchtet, daß der Kaiser, nachdem er Dänemark bezwungen, seine siegreichen Waffen nach Schweden trage. Die Schlacht von Leipzig entscheidet für den König. Zu Beginn des Jahres 1632 ist er in Deutschland Herr und Gebieter. Aber dann wendet sich Schwedens Glück. Gustav Adolf findet den Tod bei Lützen. Richelieu, der bisher den König nur durch Subsidien unterstützt und sich sogar nach der Schlacht am Lech von ihm abgewendet hat, weil er selbst seine steigende Macht zu fürchten begann, ist nunmehr gezwungen, in den Krieg einzugreifen, wenn nicht der Gewinn verloren gehen soll, den die schwedischen Siege Frankreich eingetragen.[1]) Nachdem der Kardinal schon 1630 einen Vertrag mit den Holländern geschlossen, die den Kampf mit den Spaniern weiter führen, schließt er 1633

---

[1]) Richelieu an Ludwig XIII. «Si le roy de Suède eust attendu six mois à mourir, il y a apparence que les affaires de Votre Majesté en eussent été plus asseurées.» — «La première chose à laquelle le Roi devoit tendre était de tâcher à faire par argent, quoi qu'il lui en pût coûter, continuer la guerre en Allemagne et en Hollande», sans être obligé, «de se mettre ouvertement de la partie.» Zitiert bei Lavisse, Histoire de France. Vol. VI. 2. p. 310.

zu Frankfurt ein Bündnis mit Christine von Schweden und den deutschen Protestanten. Aber auch jetzt noch zögert er, einen offenen Krieg zu führen und begnügt sich mit der Besetzung wichtiger Plätze am Rhein. Als jedoch die Schweden bei Nördlingen unterliegen und der Kaiser sich im Prager Frieden mit den meisten seiner deutschen Gegner versöhnt, indem er das Restitutionsedikt zum guten Teil widerruft, da verhandelt Richelieu in Compiègne noch einmal mit Oxenstierna und erklärt 1635 den Krieg an Spanien. Frankreich ist in einer Notlage. Wenn es nicht zum Angriff schreitet, so ist Schweden verloren; und wenn Schweden und Holland Frieden schließen, so steht es allein gegen Spanien und Österreich. Richelieu sucht sich deshalb mit Bundesgenossen zu umgeben. Er schließt eine Allianz mit Bernhard von Sachsen-Weimar in Saint Germain-en-Laye, er weiß in Rivoli den Herzog von Savoyen zu gewinnen, er bewegt die Holländer zum Angriff. Und als der Kaiser die Feindseligkeiten gegen Frankreich eröffnet, da schließt der Kardinal zu Hamburg einen neuen und engeren Bund mit der Königin von Schweden.

Der Westfälische Friede ist der Triumph der französischen Politik. Haben die Könige des 16. Jahrhunderts, von Franz I. bis zu Heinrich IV., gegen die spanische Übermacht gekämpft und die Herrschaft Karls V. und Philipp II. in ihren Grundfugen erschüttert, so geben jetzt Richelieu und Mazarin dem Kaisertum den Todesstoß. Nicht nur, daß die Niederlande verloren gehen, nicht nur, daß Frankreich und Schweden weite Gebiete erwerben und sich von Nord und West einklammern in das Reich, nicht nur, daß Schweden Sitz und Stimme im Reichstag erhält, daß endlich beide Staaten den Westfälischen Frieden garantieren und dadurch ein Recht zur Intervention in die deutschen Angelegenheiten erlangen. Auch die innere Lebenskraft des Reiches wird gebrochen. Der Vertrag von Osnabrück bestätigt die Landeshoheit der 355 Stände und gibt ihnen das Recht, Bündnisse unter sich und mit fremden Staaten zu schließen, wenn sie nur nicht gegen Kaiser und Reich gerichtet sind. Der Augsburger Friede wird erneut, die Religionsfreiheit der Länder wird anerkannt und auf das reformierte Bekenntnis ausgedehnt. Damit ist der katholische Glaube zerrissen, der die Seele des Reiches war. Und damit ist das letzte Band gelöst. Der Kaiser hat nur noch einen

Schatten von Gewalt. Er gebietet über eine Anarchie. Frankreich hat sein Werk vollendet.[1])

In dieser Zeit erwächst eine umfangreiche Literatur über die Frage des Gleichgewichts. Das Leitmotiv ist das gleiche wie in den Schriften des 16. Jahrhunderts: Es gilt den Widerstand gegen die Universalmonarchie des Hauses Habsburg. Nur, daß jetzt die österreichische, nicht mehr die spanische Dynastie im Vordergrunde steht und daß aus dem Gegensatz der protestantischen Fürsten zum Kaiser und aus ihrer Verbindung mit dem katholischen Frankreich neue Probleme erwachsen.

Frankreich ist der natürliche Gegenpol von Österreich und ist berufen, den Mittelpunkt des Widerstandes gegen die Tyrannei zu bilden.[2]) So geht die Argumentation. Ludwig XIII. wird als Befreier der Christenheit gefeiert.[3]) Er hat nicht den Ehrgeiz seines Gegners. Was er erstrebt, ist nur Frieden und Freiheit der europäischen Welt.[4]) Deshalb sollen sich die Völker um ihn scharen und ihn zum Führer und Schiedsrichter machen.[5]) Dann wird das Gleichgewicht entstehen, zum Heil aller Länder.[6])

---

[1]) «C'est la fin publiquement révélée du régime médiéval de la chrétienté gouvernée par deux chefs, l'un spirituel et l'autre temporel.» — «La France a contribué plus que personne à ruiner cette conception belle et fausse qui la gênait et répugnait à son bon sens. Etat catholique et monarchique, alliée d'hérétiques, d'infidèles, de révoltés flamands, allemands hongrois, napolitains, elle a pratiqué la première avec éclat la politique de l'égoïsme national.» Lavisse, VII. 1. p. 23.

[2]) Herzog von Rohan, Trutina Statuum Europae sive principum Christiani Orbis interesse. Übersetzung eines französischen Werkes von 1638. De l'interest des Princes et Estats de la Chrestienté. Pars I. Introductio. „Hoc fundamento nitatur, reperiri in orbe Christiano duo potentissima Regna, quae poli quasi duo sunt unde pacis et belli influentiae ad alios status delabuntur, Regnum videlicet Galliae et Hispaniae. Hispaniae Regnum, quia subito in tantam potentiam accrevit, intentionem suam, quibusvis videlicet dominandi, et in Occidente Monarchiam novam statuminandi, celare non potuit. Galliae e contra mature hoc egit, illi se ut opponeret. Reliqui principes huic vel illi, pro exigentia cuiusque status, se consociarunt."

[3]) Advis aux princes chrestiens, sur les affaires publiques présentes (Mercure d'Estat ou recueil de divers discours d'Estat. 1634). Zitiert bei Kaeber, ebenso wie die meisten der in der Folge genannten Schriften.

[4]) eodem loco.

[5]) eodem loco. Discours, auquel est examiné s'il seroit expédient au Roy de tendre à l'Empire pour lui: ou seulement de tenir la main pour le

Soll aber dieser Zustand herbeigeführt werden, so sind eine Reihe von Leitgedanken zu befolgen: Die Kaiserkrone soll den Habsburgern genommen werden.[1] Weiter, ein geeintes Deutschland ist eine Gefahr. Der Gegensatz der protestantischen Stände zum Kaiser ist notwendig für die Sicherheit des europäischen Systems.[2] Frankreich ist der notwendige Verbündete der deutschen Protestanten.[3] Wohl steht dieses Zusammengehen für den allerchristlichen König in Widerspruch mit der katholischen Pflicht.[4]

faire tomber à un autre Prince qui ne fust point de la Maison d'Austriche. 1617 (Recueil de quelques discours politiques, escrits sur diverses occurences des affaires et guerres estrangères depuis quinze ans en çà 1632).

[6] (Zu S. 161.) Discours zitiert in Anm. 5 s. 161. Mercure d'Estat. p. 211 sq. Réal de Curban, La science du gouvernement. Zitiert bei Nys, Revue XXV. p. 43. «Les princes, à parler en général, regardent l'Europe comme une balance dont le côté plus chargé enlève l'autre, et croient qu'afin que l'Europe soit dans une assiette solide et tranquille, il doit y avoir entre ses parties principales ce point d'équilibre, qui, empêchant qu'aucun des côtés de la balance ne penche, fait la preuve qu'ils sont dans un exact niveau. — La Maison de France et la Maison d'Autriche ont été regardées comme les bassins dans la balance de l'Europe. L'un et l'autre de ces bassins ont reçu leur branle de l'Angleterre et de la Hollande, qui en étaient comme le balancier.»

[1] Discours cit. anm. 5 s. 161. p. 6. § III. «Qu'ayans tous les Princes interest pour leur conservation, et le Roy pour sa grandeur propre, d'abaisser celle d'Austriche, qui donne ombrage depuis cent ans, et tient en cervelle le reste de la chrestienté; il n'y a moyen plus prompt ny plus aisé, que de tirer l'Empire de ceste Maison qui le possede, il y a tantost deux cens ans, autant par la nonchalance des autres Princes, que par ses propres forces.»

[2] Discours sur ce qui peut sembler estre plus expédient, et à moyenner au sujet des guerres entre l'Empereur et le Palatin. [Recueil 1632.] Discours sur l'occurence des affaires estrangeres, et particulierement sur le sujet de celles d'Allemagne [Mercure d'Estat].

[3] Politischer Discurss, ob sich Frankreich der Protestierenden Chur und Fürsten wieder Spannien annehmen, oder neutral erzeigen, und mit diesem Hause befreunden solle. Übersetzung aus dem Französischen. 1615.

[4] Richelieu nahm die Frage nicht leicht. Er befand sich gar oft in ernstem Gewissenskonflikt. Als Gustav Adolf 1632 auf der Höhe seines Erfolges stand, forderte er den Minister auf, die Freigrafschaft, Luxemburg, Flandern oder das Elsaß zu erobern. Der Krieg konnte damals durch ein entschlossenes Eingreifen Frankreichs rasch zu Ende geführt werden. Richelieu lehnte den Vorschlag ab. Er war guter Katholik und konnte sich nicht entschließen, den großen Schlag gegen Habsburg zu führen, der auch die Kirche treffen mußte. Hier wie in manchen anderen Situationen erklären sich die Halbheiten und Widersprüche seiner Diplomatie aus religiösen Motiven. Lavisse VI. 2. S. 307—308.

Aber der Staatsgedanke, die Selbsterhaltung, ist ein höheres Gebot.[1]) Nicht einmal der Papst wird diese Politik verurteilen. Denn er kann von dem Gegensatz der zwei katholischen Mächte nur Vorteil haben. Sein Ansehen ist größer unter Gleichgeordneten und fällt, wenn er einem allgewaltigen Herrscher gegenübersteht.[2])

Überblicken wir die Ereignisse noch einmal und suchen wir ihre Bedeutung tiefer zu erfassen.

Die Kämpfe des 16. Jahrhunderts und der Dreißigjährige Krieg sind ein gewaltiges Ringen um eine neue Verteilung der Macht im europäischen System. Die Staaten, welche aus dem großen Erneuerungsprozeß des späten Mittelalters emporgewachsen sind und im Bewußtsein ihrer mühsam erstrittenen Einheit ihr Dasein behaupten, stürmen gegen die alte Burg, deren halb zertrümmerte Mauern noch hineinragen in die neue Zeit. Sie brechen die Fessel der Weltherrschaft, mit welcher Habsburg sie noch einmal dank seiner glücklichen Familienpolitik in glänzendem Anachronismus bedroht. Die Renaissance zerstört das Mittelalter.[3]) Freilich, die Bewegung geht über ihr Ziel hinaus. Die Wage schwankt und kehrt nicht in das Gleichgewicht zurück. Sie neigt sich auf die andere Seite. Frankreich gewinnt eine Übermacht

---

[1]) Diskurs, zitiert in Anm. 3 s. 162 und in Anm. 2 s. 162 an erster Stelle.

[2]) Diskurs, zitiert in Anm. 5 s. 161 und in Anm. 2 s. 162 Herzog von Rohan, zitierte Schrift. Pars I. Discursus II. „Quemadmodum enim prima regula Hispaniae est, Protestantes persequi, et praeda illorum locupletari: ita prima Galliae est, catholicis apprime ostendere, quantum hic virus lateat: imprimis curiae Romanae oculariter demonstrare, spem ei propinatam, per ruinam Protestantium aerarium eius augmentum percepturum, eo tendere, ut Hispania intentionem suam universalis Monarchiae promoveat, quod assequi non poterit, quin Papa servus eius fiat; cuius authoritas alioquin non magis se exserit, nisi cum Christianorum Principum et Statuum par est potentia".

[3]) Vgl. die Polemik von Erasmus und Rabelais gegen die Universalmonarchie, zitiert bei Laurent. Op. infra cit. X, p. 26—31. «Le temps n'est plus d'ainsi conquêter les royaumes avec dommage de son prochain frère chrétien; cette imitation des anciens Hercule, Alexandre, Annibal, Scipion, César et autres tels, est contraire à la profession de l'Evangile, par lequel nous est commandé de garder, sauver, régir et administrer chacum ses pays et terres, non hostilement envahir les autres. Et ce que les Sarrasins et Barbares jadis appelaient prouesses, maintenant nous appelons brigandages et méchancetés.»

und behauptet sie mehr als 150 Jahre; ist auch der Gedanke der Universalmonarchie für immer dahin, so erhebt sich doch der allerchristliche König durch den Dreißigjährigen Krieg zum Lenker der europäischen Politik.

Welches ist nun die treibende Kraft gewesen, die den gigantischen Völkerkampf geboren, die europäische Welt erschüttert und auf ein neues Fundament gestellt? Es war der Drang der Selbsterhaltung, so wird man sagen. Und man hat Recht. Nur daß diesem Trieb eine tiefe moralische Bedeutung innewohnte. Es waren nicht Fürsten allein, es waren Nationen, die um ihr Dasein rangen. Nationen aber sind geistige Individualitäten, in denen sich die Werte konzentrieren, die historisch in gemeinsamem Leben gewonnen sind. Der Kampf um die Nationalität ist darum ein Kampf um sittliche Güter. Das gibt ihm seine Größe.

Wenn die europäischen Völker sich zu Beginn der Neuzeit gegen die Weltherrschaft erhoben, so verteidigten sie ihre Persönlichkeit. Sie verfochten ein fundamentales Recht, das Jahrhunderte später die Menschen selbst als isolierte Individuen in Anspruch nahmen. Sie verfochten ein Urrecht der Freiheit. Sie wollten sich ungehindert entfalten können. Sie wollten jeder Oberherrschaft ledig sein. Anders gesagt, sie sprachen ein Recht auf gleiche Geltung an. Denn Freiheit und Gleichheit sind im internationalen Leben identische Begriffe.[1])

In jener Zeit nun erschien der Wille der Selbstbehauptung in einer besonders erhabenen Gestalt. Denn mit der politischen Freiheit galt es zugleich ein höheres Gut zu wahren: die Gedankenfreiheit, die religiöse Autonomie.[2]) Die deutschen Fürsten und

[1]) Über den Einfluß der großen Entdeckungen auf das Heranwachsen der Gleichheitsidee vgl. v. Holtzendorff, Handbuch des Völkerrechts. 1885. Band I. S. 361—363.

[2]) Laurent, Histoire du droit des gens et des relations internationales. Tome IX. 1863. Les guerres de religion. Introduction. § 1. Le caractère de la lutte. — Tome X. Les nationalités. Livre I. § 1. p. 9. «Le protestantisme représente l'élément de nationalité, tandis que le catholicisme se confond avec le principe de monarchie universelle. La révolution religieuse du XVI. siècle fut une réaction de ce qu'il y a d'individuel dans la religion contre l'unité absorbante de Rome; elle réagit en même temps, au nom des nations, contre l'idée de monarchie incarnée dans la papauté. Voilà pourquoi les Etats protestants sont les organes des nationalités. C'est un bienfait dont on ne tient pas assez compte à la réforme: nous lui devons la

Städte, die den neuen Glauben angenommen, England, Schweden, die Niederlande stritten um diesen Preis. Auch hier war Habsburg der natürliche Gegner. Denn es stand in unlöslichem Bund mit der Kirche. War doch die römische Krone, die es trug, eine Institution der katholischen Lehre.[1])

Der Gedanke der Freiheit errang den Sieg. Frankreich und England erstritten ihre Selbständigkeit im Kampf mit Philipp II. Damit besiegelte England zugleich seine religiöse Souveränität. Der Westfälische Friede bestätigte die Unabhängigkeit der Niederlande, die durch eine glänzende Kultur von Jahrhunderten und ihren Heldenkampf um die Religion ein Anrecht auf eigene Nationalität erworben hatten. Er bestätigte auch die Landeshoheit in den deutschen Territorien und gab ihnen damit die freie Wahl des Glaubens.[2]) Ja, das Schauspiel selbst, daß ungefähr alle bedeutenden Mächte Europas auf einem Kongreß zusammentraten und gemeinsam über ihr Schicksal verfügten, war eine Verkörperung der neuen Idee.[3])

War aber die Verteidigung der Persönlichkeit der Sinn des Kampfes, so erwächst das Phänomen zu weittragender Bedeutung, daß sich die Völker zusammenschlossen und vereint für dieses Ideal in die Schranken traten. Seit den Kreuzzügen hatte man keine Bündnisse mehr gesehen, die erzeugt waren von einem Rechtsgedanken. Und nun bildete sich eine Gemeinschaft der Völker, um ein fundamentales Prinzip alles internationalen Lebens zu erhärten, die souveräne Freiheit der Genossen.[4])

---

liberté de penser et la liberté religieuse; nous lui devons encore l'indépendance des nations.»

[1]) Schiller, Geschichte des Dreißigjährigen Krieges. Werke 1813 Band VI. S. 9 sq.

[2]) «L'intervention étrangère conduisit au morcellement de l'Allemagne. Mais du moins le mal ne fut pas sans compensation: la liberté religieuse fut consacrée par le même traité qui démembra l'empire; quant à la liberté politique reconnue aux princes, si elle affaiblit l'empire, elle garantit aussi l'existence de la Réforme et par suite la liberté de penser; or la libre pensée n'est-elle pas la gloire éternelle de l'Allemagne? Cette gloire vaut bien celle que l'on recueille sur les champs de bataille.» Laurent, l. c. X. p. 211.

[3]) v. Ullmann, Völkerrecht. 1908. S. 70. v. Holtzendorff, Handbuch des Völkerrechts. 1885. Band I. S. 389—391.

[4]) Schiller, l. c. S. 5. „Es mußte durch einen seltsamen Gang der Dinge die Kirchentrennung seyn, was die Staaten unter sich zu einer engen

So entstand in jener Zeit **eine Solidarität der Nationen zur Behauptung des Rechts.** Der Bund hatte größere Macht als der Gegner. Er siegte. Mit diesem höchst elementaren Prozeß war die Völkerrechtsgemeinschaft[1]) und mit ihr das wahre Gleichgewicht in der Welt erschienen.[2])

Denn was ist die Völkerrechtsgemeinschaft anders als eine Solidarität der Nationen, die von der gleichen Rechtswahrheit erfüllt und entschlossen sind, ihr die Herrschaft zu sichern? Das Gleichgewicht aber in seinem eigentlichen Sinn, das Gleichgewicht, das im Dienst **des Rechtes** steht und deshalb einzig wissenschaftliche Bedeutung hat, ist eine Konstellation der physischen und moralischen Kräfte von solcher Art, daß, wo das Völkerrecht ge-

---

Vereinigung führte. — Europa ging ununterdrückt und frey aus diesem fürchterlichen Kriege, in welchem es sich zum erstenmal als eine zusammenhängende Staatengesellschaft erkannt hatte". S. 15. „Mit noch so großen Anstrengungen würde man gegen eine Macht wenig ausgerichtet haben, die auch dem mächtigsten Fürsten, wenn er einzeln stand, überlegen war. In den Zeiten einer noch wenig ausgebildeten Politik konnten aber nur zufällige Umstände entfernte Staaten zu einer wechselseitigen Hilfeleistung vermögen. Die Verschiedenheit der Verfassung, der Gesetze, der Sprache, der Sitten, des Nationalcharakters, welche die Nationen und Länder in ebenso viele verschiedene Ganze absonderte, und eine fortdauernde Scheidewand zwischen sie stellte, machte den einen Staat unempfindlich gegen die Bedrängnisse des andern, wo ihn nicht gar die Nationaleifersucht zu einer feindseligen Schadenfreude reizte. Die Reformation stürzte diese Scheidewand. Ein lebhafteres näher liegendes Interesse als der Nationalvorteil oder die Vaterlandsliebe, und welches von bürgerlichen Verhältnissen durchaus unabhängig war, fing an, die einzelnen Bürger und ganze Staaten zu beseelen. Dieses Interesse konnte mehrere, ja selbst die entlegensten Staaten miteinander verbinden, und bei den Untertanen des nämlichen Staats konnte dieses Band wegfallen. Der französische Calvinist hatte also mit dem reformierten Genfer Engländer, Deutschen oder Holländer einen Berührungspunkt, den er mit seinem eigenen katholischen Mitbürger nicht hatte. Er hörte also in einem sehr wichtigen Punkte auf, Bürger eines einzelnen Staates zu seyn, seine Aufmerksamkeit und Teilnahme auf diesen einzelnen Staat einzuschränken. Sein Kreis erweitert sich; er fängt an, aus dem Schicksale fremder Länder, die seines Glaubens sind, sich sein eignes zu weissagen, und ihre Sache zu der seinigen zu machen". Vgl. Donnadieu, S. 41—46, dort auch interessante Zitate.

[1]) Laurent, l. c. X. S. 44.

[2]) cf. Sismondi, Histoire des Français. 1821—1844. Tome III. p. 341. Zitiert bei Laurent, X. S. 49.

brochen ist oder ihm Verletzung droht, eine stärkere Mehrheit von Genossen vorhanden ist, die zu seinem Schutze steht und es durch diplomatischen Einfluß oder mit den Waffen aufrecht hält.[1])

Das wahre Gleichgewicht ist also keine Hinderung der Übermacht. Im Gegenteil, es bedeutet, daß eine Übermacht im richtigen Augenblick entsteht. Nicht darauf kommt es an, daß die beiden Seiten der Wage gleich belastet sind, sondern darauf, daß die gerechte Sache die Wage auf ihre Seite niederzieht. Mit einem Wort, das wahre Gleichgewicht ist nicht ein mathematisches, es ist ein moralisches Problem. Eine absolute Gleichheit der Macht, welche die Fortdauer eines Unrechtes garantiert, ist keine Lösung, sie sei auch noch so kunstreich erdacht und ausgestaltet.[2]) Das wahre Gleichgewicht ist eine ethische Disposition der Völker, kraft welcher die gute Sache immer die Autorität und Macht der stärkeren Mehrheit für sich hat. In einem Paradoxon: Das wahre Gleichgewicht ist das Übergewicht der Gerechtigkeit. Oder in einem Bilde: Es ist der klare, durch Flutwellen oft gestörte, aber sich immer wieder bildende Spiegel des Rechts.

In den Religionskriegen des 16. und 17. Jahrhunderts ent-

---

[1]) Diesen Gedanken verfolgt der Friede von Osnabrück im Artikel 17. »Que tous ceux qui ont part à cette transaction soient obligés de défendre et protéger, tous et chacun, les lois ou conditions de cette paix contre qui que ce soit, sans distinction de religion; et s'il arrive que quelque point en soit violé, l'offensé tâchera premièrement de détourner l'offensant de la voie de fait, en soumettant la cause à une composition amiable, ou aux procédures ordinaires de la justice; et si, dans l'espace de trois ans, le différend ne peut être terminé par l'un ou l'autre de ces moyens, que tous et chacun des interessés en cette transaction soient tenus de se joindre à la partie lésée, et de l'aider de leurs conseils et de leurs forces à repousser l'injure, après que l'offensé leur aura fait entendre que les voies de douceur et de justice n'ont servi de rien; sans préjudice toutefois au reste de la jurisdiction d'un chacun, et de l'administration compétente de la justice, suivant les lois et constitutions de chaque prince et état. Koch et Schoell, Histoire abrégée des traités de paix entre les puissances de l'Europe depuis la paix de Westphalie. Tome I. 1817. p. 247. »La garantie dont il est question a pour but l'exécution du traité, en ce qui concerne l'intérieur de l'Allemagne et les états de l'Empire les uns à l'égard des autres.« l. c. p. 248. — Hanotaux, Revue des deux mondes. 1 novembre 1916. p. 32. 47—48.

[2]) Laurent, l. c. X. p. 47—49.

wickelt sich der Gedanke des echten Gleichgewichts zum erstenmal. Dann geht er freilich für eine lange Zeit verloren. Denn die Periode vom Westfälischen Frieden bis zur französischen Revolution ist erfüllt von dynastischen Kämpfen. Man streitet nicht mehr um Ideen, man streitet nur um Macht. Erst in dem Augenblick, wo die Philosophie des 18. Jahrhunderts in das Leben der Völker dringt und das Schicksal der Staaten bewegt, atmet die Geschichte wieder einen höheren Geist. Sie ist wieder von Prinzipien getragen. Seither behauptet sich der Gedanke des Gleichgewichts in den großen Momenten der europäischen Politik. Staatenbünde tun sich zusammen und verteidigen eine Rechtsidee, vielleicht von nur subjektiver, oder auch von objektiver Richtigkeit, aber immerhin eine Rechtsidee. Solche Tat erscheint besonders deutlich und machtvoll, wenn ein Volk den Kampf um seine nationale Freiheit unternimmt und andre Völker zu Hilfe ruft. Frankreich verbündet sich mit den nordamerikanischen Kolonien, die sich von England lösen und ihre Autonomie erkämpfen. Europa erhebt sich gegen Napoleon I. und schüttelt die Zwingherrschaft von seinen Schultern. Monroe schirmt die spanischen Kolonien Amerikas, welche ihre Unabhängigkeit erstritten, gegen die Interventionspolitik der heiligen Allianz. England, Frankreich und Rußland besiegeln die Freiheit der Griechen. Die Londoner Konferenz bestätigt das belgische Königreich. Der Berliner Kongreß regelt das Geschick der Balkanvölker. Und endlich das bedeutsamste Beispiel: Die Nationalitätenpolitik Napoleons III. und sein Kampf um die italienische Unabhängigkeit.

Fünftes Kapitel.

Die utilitäre Weltordnung.

Abbé de Saint-Pierre — Crucé — Bentham.

1. Abbé de Saint-Pierre.

Die bisherige Theorie der Weltordnung hat immer die Besonderheit, daß sie mit den politischen Ereignissen verwachsen ist: Sie gehört zu den seelischen Kräften, die das mittelalterliche Reich beleben. Sie verklärt in späteren Jahrhunderten den Aufstieg von Spanien und Frankreich zur europäischen Hegemonie. Sie erscheint auch als einendes Prinzip der christlichen Völker in der Zeit der Türkengefahr. Und sie ist endlich in Form der politischen Gleichgewichtslehre ein Leitgedanke, der die Kämpfe des 16. und 17. Jahrhunderts bis zum Vertrag von Münster bewegt.

Nun aber treten wir in eine neue Periode. Bis zur französischen Revolution verliert die Theorie den Zusammenhang mit den historischen Begebenheiten. Sie hat nicht mehr politischen, sie hat philosophischen Charakter. Sie hebt sich in das Reich der Spekulation.

In diesem Zeitalter wird die Theorie von vier Denkern ungleicher Bedeutung verfochten. Der Abbé de Saint-Pierre gibt ihr ein utilitäres Gepräge. Crucé und Bentham veredeln die Vernunfterwägung durch ethische Gedanken. Und Kant endlich erhebt die Theorie in das Reich der absoluten Moral.

Charles Irénée Castel de Saint-Pierre[1]) wurde 1658 geboren. Er genoß die Erziehung der Jesuiten und beschäftigte sich eifrig mit der Cartesianischen Philosophie. 1695 wurde er in die fran-

[1]) Die beste und neueste Orientierung über sein Leben und seine wissenschaftliche Arbeit gibt das Werk von Drouet, L'abbé de Saint-Pierre. L'homme et l'œuvre. Pariser Dissertation. 1912.

zösische Akademie aufgenommen und erwarb um dieselbe Zeit ein Amt bei Hofe. 1712 begleitete er als Sekretär den Abbé de Polignac, der als Gesandter des Königs nach Utrecht ging, um über den Friedensschluß zu verhandeln. Nach Frankreich zurückgekehrt, begann er seine Werke zu veröffentlichen. Allein, durch seine Abhandlung über die Polysynodie, in welcher er Ludwig XIV. anklagte, die Wohlfahrt des Volkes seinem Ehrgeiz geopfert zu haben, fiel er in Ungnade bei Hof und wurde auf Betreiben des Regenten von der Akademie ausgeschlossen. Er verbrachte den Rest seines Lebens mit literarischen Arbeiten und starb hochbetagt 1743.

Das Hauptwerk des Abbé de Saint-Pierre ist ein Entwurf über den ewigen Frieden, veröffentlicht zuerst in drei Bänden 1713—1717 und dann in abgekürzter Form 1728.[1])

Der Autor nimmt nicht die Ehre für sich in Anspruch, der Urheber des Planes zu sein. Er bittet, man möge sein Werk als eine neue Bearbeitung des Systems betrachten, das Heinrich IV. hundert Jahre zuvor ersonnen habe. Er schreibt sich nur die Rolle zu, die Idee des großen Königs zu deuten und weiter auszubauen.

Es ist schwer zu sagen, ob diese Darstellung einem Gefühl der Bescheidenheit oder der Absicht entspringt, durch Berufung auf eine erhabene Autorität dem Buche eine weite Verbreitung zu sichern. Eines aber steht fest: Die Arbeit des Abbé de Saint-Pierre ist von einem ganz anderen Geist erfüllt als der von Sully in den Königlichen Ökonomien niedergelegte Plan.

Der Minister Heinrichs IV. folgt einer dynastischen, der Abbé de Saint-Pierre einer humanitären Idee. Jener will den Ruhm der französischen Monarchie, dieser die Glückseligkeit des menschlichen Geschlechts. Und ist der Zielpunkt ein andrer, so ist auch der Gedankenbau verschieden, den die beiden Autoren errichten, um ihr Weltsystem zu tragen: Der Vorrang an politischer Macht ist

---

[1]) «Abrégé du Projet de paix perpétuelle, inventé par le Roi Henri IV., approuvé par la Reine Elisabeth, par le Roi Jacques son successeur, par les républiques et par divers autres potentats, approprié à l'état présent des affaires générales de l'Europe, démontré infiniment avantageux pour tous les hommes nés et à naître, en général et en particulier pour tous les Souverains et pour les Maisons Souveraines.» — Vgl. einen Brief von Leibniz an den Abbé de Saint-Pierre, zit. bei Nys, Revue de droit international et de législation comparée. Vol. XXII. 1890. p. 374.

für Sully, das Gleichgewicht ist für den Abbé de Saint-Pierre das Prinzip der Konstruktion.

Allerdings ein Gleichgewicht im mathematisch-formalen Sinn. Aber doch wieder ein Gleichgewicht von ganz besonderer Art. Denn es handelt sich für den Autor nicht so sehr um eine gleiche Fülle der Macht, als vornehmlich um ein gleiches Gewicht im Rate der Völker.

Wie seine Vorgänger, so verbindet nämlich auch er die Staaten Europas zu einer Organisation. Nur daß sein System durch einen viel reicheren Inhalt und eine viel sorgfältigere Durchbildung ausgezeichnet ist. Das Werk des Abbé de Saint-Pierre ist der erste mit System durchdachte und vollkommen ausgearbeitete Plan einer Verfassung der europäischen Völker.

Das Statut des Verbandes besteht nach der ersten Ausgabe aus drei Kategorien verschiedenwertiger Normen, nämlich aus zwölf fundamentalen, aus acht wichtigen und aus acht nützlichen Artikeln. Die fundamentalen Sätze können nur einstimmig, die übrigen mit einer Mehrheit von drei Vierteln geändert werden.[1]) In der zweiten Ausgabe ist die ganze Verfassung auf fünf Artikel zusammengedrängt.

Die Gesetze des Bundes werden alljährlich von den Souveränen, den Prinzen der regierenden Häuser und je fünfzig Würdenträgern eines jeden Staates feierlich und vor allem Volke beschworen.[2])

Der Bund besteht aus 24 Genossen. Größere Staaten haben eigene Mitgliedschaft, kleinere sind zu Gruppen vereint. Als größere Staaten gelten diejenigen, die mindestens über 1200000 Untertanen gebieten. Und die kleineren sind in der Art zu Gruppen gefügt, daß sie immer zusammen die gleiche Bevölkerungszahl erreichen.[3])

---

[1]) Fundamentaler Artikel XII.

[2]) Wichtiger Artikel VI.

[3]) Fundamentaler Artikel IX. «Il y aura dans le Sénat d'Europe vingt-quatre Sénateurs ou Députez des Souverains unis, ni plus, ni moins; scavoir, France, Espagne, Angleterre, Hollande, Savoye, Portugal, Bavière et associez, Venise, Gênes et associez, Florence et associez, Suisse et associez, Lorraine et associez, Suède, Danemark, Pologne, Pape, Moscovie, Autriche, Curlande et associez, Prusse, Saxe, Palatinat et associez, Hanovre et associez, Archevêques Electeurs et associez.»

Es besteht ein Zwang, dem Bunde beizutreten. Weigert ein Staat seine Teilnahme, so wird er als Feind des Friedens angesehen und mit Waffengewalt der Körperschaft eingegliedert oder seiner Herrschaft beraubt.[1])

Fragen wir nach den Zielen der Genossenschaft: Die Staaten wollen sich mit vereinter Kraft vor äußeren Kriegen und vor Unruhen im eigenen Lande bewahren. Sie bürgen einander für ihre Existenz und ihre territoriale Integrität, für die getreue Einhaltung ihrer Verträge und die schleunige Erledigung ihrer Streitigkeiten. Gelingt es, durch solchen Bund die Fehde zu bannen, so entstehen daraus unermeßliche Vorteile für die Lebensentwicklung der Staaten: Die Lasten mindern sich; der Handel dehnt seine Kreise; der Reichtum wächst; die Staaten erlangen eine Festigkeit, wie nie zuvor; und so gewinnen sie die Fähigkeit, ihre ganze Kraft für die Besserung der Gesetze und die Hebung der öffentlichen Wohlfahrt einzusetzen.[2])

---

[1]) Fundamentaler Artikel VIII.

[2]) Fundamentaler Artikel I; zweite Ausgabe Artikel I. «Il y aura désormais entre les souverains qui auront signé les articles suivants une alliance perpétuelle:

1°. pour se procurer mutuellement, durant tous les siècles à venir, sûreté entière contre les grands malheurs des guerres étrangères;

2°. pour se procurer mutuellement, durant tous les siècles à venir, sûreté entière contre tous les grands malheurs des guerres civiles;

3°. pour se procurer mutuellement, durant tous les siècles à venir, sûreté entière de la conservation en entier de leurs états;

4°. pour se procurer mutuellement dans tous les temps d'affaiblissement une sûreté beaucoup plus grande de la conservation de leur personne et de leur famille, dans la possession de la souveraineté, selon l'ordre établi dans la nation;

5°. pour se procurer mutuellement une diminution très considérable de leur dépense militaire, en augmentant cependant leur sûreté;

6°. pour se procurer mutuellement une augmentation très considérable du profit annuel que produiront la continuité et la sûreté du commerce;

7°. pour se procurer mutuellement, avec beaucoup plus de facilité et en moins de temps, l'agrandissement intérieur ou l'amélioration de leurs états par le perfectionnement des lois, les règlements, et par la grande utilité de plusieurs excellents établissements;

8°. pour se procurer mutuellement sûreté entière de terminer plus promptement, sans risques et sans frais, leurs différends futurs;

9°. pour se procurer mutuellement sûreté entière de l'exécution prompte et exacte de leurs traités futurs et de leurs promesses réciproques.»

In der Garantie der Existenz liegt das Versprechen, für die geltenden Verfassungen einzustehen und die Souveräne und rechtmäßigen Magistrate in ihrem Regiment zu erhalten. Erhebt sich also in einem verbündeten Staat Aufruhr oder Widerstand, so ist die Genossenschaft verbunden, mit gemeinsamer Waffengewalt die Ordnung wiederherzustellen.[1])

Die Bürgschaft für die Einhaltung der Verträge führt zu dem weiteren Gedanken, daß alle Abmachungen der Staaten unter der Autorität und mit der Zustimmung des Bundes geschlossen werden sollen. Hat der Bund die Pflicht, für die Erfüllung einzustehen, so ist es eine natürliche Forderung, daß Verträge nur mit seiner Kenntnis und Billigung eingegangen werden.[2])

Wenn die Staaten endlich geloben, wechselseitig ihre territoriale Integrität zu schirmen, so muß ein Besitzstand festgestellt werden, der als unverbrüchlich gilt. Deshalb ist bestimmt, daß jedem Genossen die Gebiete erhalten werden sollen, die er im Moment der Einigung besitzt. Entscheidend ist mithin das Prinzip des in statu quo ante. Der Westfälische Friede und alle späteren Verträge bewahren ihre Kraft. Und vornehmlich bleibt die Klausel des Utrechter Friedens bestehen, nach welcher die Kronen von Frankreich und Spanien niemals auf einem gleichen Haupt vereinigt werden sollen. Ja, diese Norm erfährt noch eine bedeutsame Erweiterung. Es soll überhaupt kein Souverän zwei Herrschaften besitzen, mögen es Erb- oder Wahlmonarchien sein. Erwirbt ein Fürst durch Erbgang den Thron eines andern Landes, so ist er vor die Wahl gestellt, auf die *eine* Krone zu verzichten.[3])

---

[1]) Fundamentale Artikel II und III. Wichtiger Artikel VIII.

[2]) Fundamentaler Artikel IV.

[3]) Fundamentale Artikel IV und V. Zweite Ausgabe Artikel I. «Or, pour faciliter la formation de cette alliance, ils sont convenus de prendre pour point fondamental la possession actuelle et l'exécution des derniers traités, et se sont réciproquement promis, à la garantie des uns des autres, que chaque souverain qui aura signé ce traité fondamental sera toujours conservé, lui et sa famille, dans tout le territoire qu'il possède actuellement. — Ils sont convenus que les derniers traités, depuis et compris le traité de Munster, seront exécutés, et que, pour la sûreté commune des états de l'Europe, les renonciations faites dans le traité d'Utrecht pour empêcher les couronnes de France et d'Espagne de s'unir jamais sur une même tête, seront

Das sind die Ziele der Genossenschaft. Wir kommen zu ihrer Organisation.

Es wird ein ständiger Kongreß gebildet. Er heißt der Senat. Er besteht aus 24 Gesandten. Jeder Staat oder jede Staatengruppe verfügt über eine Stimme.[1])

Der Senat besitzt legislative, jurisdiktionelle und exekutive Funktionen.

Er hat vor allem die höchste Machtfülle, die dem Organ einer Gemeinschaft zustehen kann. Er hat das Recht, die Verfassung zu ändern. Er ist befugt, alle statutarischen Normen aufzustellen, welche er für die Wohlfahrt der Genossenschaft als nützlich erachtet.[2])

Er beschließt gemeinsame Handelsgesetze, die auf Billigkeit beruhen, und sorgt für die Einheitlichkeit in Münze, Maß, Gewicht und Zeitbestimmung.[3]) Er entscheidet über die künftige Verfassung eines verbündeten Staates, in dem der Fall einer Thronerledigung bevorsteht; er sucht sich hierbei mit dem noch herrschenden Souverän zu verständigen, und errichtet die Republik, wenn dieser keinen Nachfolger will.[4])

Der Senat ist zugleich internationales Schiedsgericht mit permanentem und obligatorischem Charakter. Die verbündeten Staaten verzichten auf ewig, ihre Streitigkeiten mit den Waffen auszutragen. Sie geloben, die Vermittelung des Senates anzurufen, und wenn dieser Weg nicht zum Ziele führt, sich seinem Schiedsspruch zu unterwerfen. Es ergeht ein provisorisches, und 5 Jahre später

---

exécutées selon leur forme et teneur.» Die Besitzungen der verbündeten Staaten in fremden Weltteilen sollen durch den Bund abgegrenzt und endgültig festgelegt werden. Wichtiger Artikel VII.

[1]) Fundamentaler Artikel I. Wichtiger Artikel I.

[2]) Fundamentaler Artikel XII. Zweite Ausgabe Artikel V. «Les alliés sont convenus que les plénipotentiaires, à la pluralité des voix pour la définitive, régleront dans leur assemblée perpétuelle tous les articles qui seront jugés nécessaires et importants pour procurer à la grande alliance plus de solidité, plus de sûreté, et tous les autres avantages possibles; mais l'on ne pourra jamais rien changer à ces cinq articles fondamentaux que du consentement unanime de tous les alliés.»

[3]) Fundamentaler Artikel VII. Nützlicher Artikel V.

[4]) Wichtiger Artikel VIII.

ein definitives Urteil. Die Gesandten stimmen hierbei nach Instruktionen mit einfacher Majorität.[1])

Der Senat beschließt die Zwangsexekution. Wenn sich ein verbündeter Staat gegen den Vertrag oder gegen einen Schiedsspruch vergeht, so schreitet die Genossenschaft mit gemeinsamer Macht gegen ihn ein. Er wird zum Feind erklärt und mit den Waffen zur Unterwerfung gebracht. Hat er gar einen Krieg vorbereitet, so wird er gezwungen, den verursachten Schaden zu ersetzen und Sicherheit zu leisten.[2])

Die Genossen haben Beiträge an den Verband zur Bestreitung der gemeinsamen Ausgaben zu entrichten. Die Beiträge werden nach den Einkünften und Lasten eines jeden Staates bemessen. Sie werden monatlich durch den Senat festgesetzt und heißen Europäische Monate. Es ergeht zunächst eine vorläufige Entscheidung mit einfacher Pluralität der Stimmen und darauf eine endgültige mit einer Majorität von drei Vierteln.[3])[4])

---

[1]) Fundamentaler Artikel VIII. Hier wird für die definitive Entscheidung Dreiviertelmajorität verlangt. Zweite Ausgabe Artikel III. «Les grands alliés pour terminer entre eux leurs différends présents et à venir ont renoncé et renoncent pour jamais, pour eux et pour leurs successeurs, à la voie des armes, et sont convenus de prendre toujours, dorénavant, la voie de conciliation par la médiation du reste des grands alliés, dans le lieu de l'assemblée générale. Et, en cas que cette médiation n'ait pas de succès, ils sont convenus de s'en rapporter au jugement qui sera rendu par les plénipotentiaires des autres alliés, perpétuellement assemblés, et à la pluralité des voix pour la définitive, cinq ans après le jugement provisoire.»

[2]) Fundamentaler Artikel VIII. Wichtiger Artikel IV. Zweite Ausgabe Artikel IV. «Si quelqu'un d'entre les grands alliés refuse d'exécuter les jugements et les règlements de la grande alliance, négocie des traités contraires, fait des préparatifs de guerre, la grande alliance armera et agira contre lui offensivement, jusqu'à ce qu'il ait exécuté les dits jugements ou règlements, ou donné sûreté de réparer les torts causés par ses hostilités, et de rembourser les frais de guerre suivant l'estimation qui en sera faite par les commissaires de la grande alliance.»

[3]) Fundamentaler Artikel X. Wichtiger Artikel II. Nützlicher Artikel VII. Zweite Ausgabe Artikel II. «Chaque allié contribuera à proportion des revenus actuels et des charges de son état à la sûreté et aux dépenses communes de la grande alliance. — Cette contribution sera réglée, pour chaque mois, par les plénipotentiaires des grands alliés, dans le lieu de leur assemblée perpétuelle, à la pluralité des voix pour la provision et aux trois quarts des voix pour la définitive.»

Es gibt ein Bundesheer. Es wird zu Zeiten gebildet, in denen die Genossenschaft durch Angriff fremder Mächte oder durch inneren Widerstand gefährdet ist. Jeder Staat, ohne Rücksicht auf seine Größe, entsendet eine gleiche Truppenzahl. Die Unbilligkeit, welche in dieser Art der Verteilung liegt, wird wieder durch Leistungen in Geld ausgeglichen. Der Senat erhebt nämlich Abgaben von den großen Staaten, welche zu schwach belastet sind, und gibt sie an die kleinen. Und dies in einem solchen Verhältnis, daß schließlich trotz der Gleichheit der Kontingente jeder Staat ein Opfer bringt, das seinen Mitteln entspricht. Der höchste Befehlshaber der gemeinsamen Truppen wird durch den Senat mit Stimmenmehrheit ernannt und abberufen. Er darf keiner herrschenden Dynastie entstammen.[1])

Das Prinzip von der Gleichheit der Truppenmacht gilt auch im Frieden. Jeder Staat unterhält für seinen eigenen Gebrauch so viel Truppen wie der andere. Die Zahl ist auf 6000 Mann für einen Staat mit voller Mitgliedschaft bestimmt. Indes, ein großes Land, das stärkere Truppen braucht, um die innere Ordnung zu wahren, kann mit Zustimmung des Bundes ein zweites Heer anwerben, aber nicht aus eigenen Bürgern, sondern aus Fremden, und auch dies nur mit der Bedingung, daß die gewonnenen Söldner durch kein Band irgendwelcher Interessen mit dem Lande verknüpft sind, welchem sie dienen.[2])

Der Senat hält seine Tagungen in Utrecht, welches zur Friedensstadt des Bundes erhoben, mit neuen Mauern umgeben und durch einen aus dem Senat gebildeten Rat verwaltet wird.[3])

Die Gesandten werden von den Mitgliedern des Bundes er-

---

[4]) (Zu S. 175.) Der Autor berechnet die Totalität der jährlichen Beiträge auf 25 Millionen Pfund. Davon sind 19 Millionen notwendig für die ordentlichen Funktionen des Verbandes. 6 Millionen bleiben für gemeinnützige Einrichtungen. Außerdem soll aber ein Spezialkredit von 90 Millionen jährlich eröffnet werden, um die Grenzen Europas zu schützen, — eine Ersparnis, tröstet der Autor, wenn man bedenkt, daß bis dahin der Krieg und der bewaffnete Friede in Europa jährlich 200 Millionen gekostet haben. Überdies soll die Gefahr eines Angriffs durch die Gründung eines analogen Bundes in Asien beseitigt werden. Nützlicher Artikel VIII.

[1]) Wichtiger Artikel III. Nützlicher Artikel II.

[2]) Wichtiger Artikel III.

[3]) Wichtiger Artikel I. Nützlicher Artikel IV.

nannt und abberufen.[1]) Der Senat kann mit Zweidrittelmajorität Gesandte aus seinem Kreis verbannen, die sich mit dem Friedenswillen des Bundes in Widerspruch setzen.[2])

Jeder Senator ist abwechselnd für eine Woche Präsident des Senates und Statthalter von Utrecht.[3])

Die Beschlüsse werden vorbereitet durch ein schriftliches Verfahren, in welchem die Vorschläge eingebracht, geprüft und von den einzelnen Senatoren beurteilt werden. In den Sitzungen wird nur über die formale Zulassung der Anträge und über das Ergebnis der schriftlichen Abstimmung verhandelt. Die Senatoren sind an die Instruktionen gebunden, welche sie von ihrem Heimatstaat erhalten.[4])

Ergeht ein Schiedsspruch, so vermeidet er die verletzende Form der namentlichen Verurteilung. Er richtet sich gegen niemanden und entscheidet den strittigen Fall in Form eines allgemeinen Gesetzes. Man erwartet, daß der Staat, der im Unrecht ist, selbst die Konsequenzen aus dem gesprochenen Urteil zieht und verwirklicht. Wenn er aber diese Hoffnung nicht erfüllt, dann wird der Schiedsspruch in eine namentliche Verurteilung umgewandelt. Und darin liegt die Drohung der Exekution.[5])

Der Senat ist in ständige Abteilungen gegliedert. Eine von ihnen hat die Aufgabe, bei Streitigkeiten zu vermitteln. Erst wenn die guten Dienste erfolglos bleiben, wird die Sache dem Schiedsgericht übergeben.[6])

Der Senat führt eine laufende Korrespondenz mit allen Mitgliedern des Bundes. Er unterhält einen Delegierten bei jeder Regierung und einen Residenten in jeder größeren Provinz. Die Residenten sind die Hüter des Friedens und haben darüber zu

---

[1]) Nützlicher Artikel III. «Les Princes qui les nommeront, auront égard dans leur choix à la supériorité d'esprit, à la capacité dans les affaires, à la connaissance du Droit public et des diverses sortes de commerce, au caractère modéré, patient, zélé pour la conservation de la Paix, à la connaissance de la langue du Sénat; et surtout à l'application au travail.»

[2]) Nützlicher Artikel III.

[3]) Nützlicher Artikel IV.

[4]) Nützlicher Artikel V.

[5]) Nützlicher Artikel V.

[6]) Nützlicher Artikel V.

wachen, daß in keinem Staate Maßnahmen zu einem Krieg getroffen werden.[1])

Der Senat errichtet Handelskammern in allen Ländern, mit der Aufgabe, den Verkehr und Austausch der Güter zu fördern und Prozesse von bedeutendem Streitwert unter Angehörigen verschiedener Staaten endgültig zu entscheiden.[2])

Das ist der Plan des Abbé de Saint-Pierre. Das ist die Konstellation, in welche er die europäischen Völker bannt. Er wölbt einen Fixsternhimmel, in welchem die Länder der Menschen mit ewig gleichem Geschick im milden Lichte ihres Glücks erstrahlen. Er erhebt sich wie ein Weltenschöpfer, er trennt den Himmel von den finstern Wassern und nagelt die Staatenkörper in der Wölbung fest.

Wollen wir aber das System des Autors wahrhaft begreifen, so müssen wir das innere Gesetz ergründen, nach dem es gefügt ist und zusammenhält. Wie in einem Firmament, so muß auch in dem politischen Weltkreis des Philosophen eine geheimnisvolle Norm bestehen, die den Elementen des Gebäudes ihre Stabilität verleiht.

Das ordnende Prinzip, das dem Plan des Abbé de Saint-Pierre zugrunde liegt, ist der Gedanke des Gleichgewichts, diesen Begriff im mathematisch-formalen Sinn genommen. Das haben wir schon zu Anfang hervorgehoben.

Der Gedanke tut sich einmal kund in den Regeln, welche die Fülle der Heeresmacht verteilen: Also in dem Prinzip, welches die von jedem Staat aus eigenen Untertanen geworbenen Truppen auf eine gleiche Zahl beschränkt und das Bundesheer aus gleichen Kontingenten zusammensetzt. Und weiter in dem Prinzip, welches die Vereinigung zweier Herrschaften in der Hand eines gleichen Fürsten verbietet.

Aber die Norm des Gleichgewichts erringt in dem System unseres Autors ihre wahre Bedeutung erst in der Variation, in der sie einen ideellen Gehalt besitzt und eine Gleichheit an Autorität verkörpert. Und damit kommen wir zu der Verteilung der Stimmen im Bund.

---

[1]) Wichtiger Artikel II.

[2]) Fundamentaler Artikel VII.

Der Abbé de Saint-Pierre gibt im Senat der europäischen Völker nicht jedem Gemeinwesen ein Stimmrecht, das seiner Bedeutung entspricht. So haben die großen Reiche nicht mehr Gewicht als die Staaten mittlerer Größe. Und ist auch das Prinzip der Gleichheit nicht in einer extremen Form durchgeführt, sondern durch die Zusammenfassung der kleinsten Länder zu Gruppen gemildert, so erhält der Bau des Senats doch dadurch sein eigentümliches Gepräge, daß die Mächtigen in der Minderheit sind und mit Leichtigkeit durch die Schwachen niedergestimmt werden können.[1])

Aber diese Kombination ist nur ein rechtliches Gewebe. So wird man einwenden. Besteht nicht die Gefahr, daß ein mächtiger Staat es zerreißt, wenn er sich den vereinbarten Gesetzen nicht mehr fügen will? Darauf antwortet der Autor: Gerade die Existenz der Gemeinschaft hat die Wirkung, daß sich gegen den Vertragsbruch des einen Genossen eine Mehrzahl von anderen erhebt, so daß der Widerstand an einer überlegenen Kraft zerbricht. Man muß hierbei allerdings von der Eventualität absehen, daß mehrere große Staaten sich gegen die Gemeinschaft verbinden. Aber dieser Fall ist äußerst unwahrscheinlich. Denn er setzt voraus, daß einige Machthaber gemeinsame und miteinander verträgliche Interessen haben, die Schwachen zu unterdrücken. Das kann aber psychologisch kaum vorgestellt werden. Die Interessen einer Gruppe konvergieren regelmäßig nur in einem einzigen Ziel: in der Erhaltung des Bundes. So festigt denn gerade die Gewalt das Recht und wandelt die feinen Fäden des Vertrags in eiserne Ketten. Das Gleichgewicht wird durch die physische Macht nicht er-

---

[1]) Erste Ausgabe. Vol. II. p. 330. «Henry IV. ne croyait pas qu'on pût trouver de sûreté suffisante dans la société permanente, à moins qu'il ne fût venu à bout de rendre réellement les membres de la société presque égaux en puissance et c'était une très grande entreprise et peut-être injuste: au lieu qu'en égalant les puissances par les suffrages et par le nombre des soldats de chaque nation, je remédie à l'inégalité de puissance, la sûreté devient suffisante, et l'on n'est pas obligé d'ôter injustement au plus puissant aucune portion de son territoire, de ses richesses, de ses sujets, de ses revenus; en un mot on ne lui ôte aucune portion de sa puissance, on se contente de prendre ainsi les sûretés que cette puissance ne pourra jamais être nuisible à ses voisins, et tout le monde demeure paisible et dans une sûreté parfaite.»

schüttert; im Gegenteil, es wird gesichert, es erhält ein tieferes Fundament.[1])

Aber durch diese Gedankenreihe kommen wir zu einer neuen und wichtigen Erkenntnis. Das Gebilde des Abbé de Saint-Pierre ist mehr als ein Bund. Es ist ein Bundesstaat. Denn das charakteristische Phänomen des staatlichen Lebens liegt gerade darin, daß eine stärkere Gruppe eine schwächere unter ihre Normen beugt und in Gehorsam hält. Daß der Autor sein System in letzter Linie auf physische Übermacht gründet, das folgt nicht allein aus seinen Betrachtungen über das Gleichgewicht, sondern viel deutlicher noch aus seinen Sätzen, daß der Bund mit Zwang gebildet wird und mit gemeinsamer Heeresmacht die Unbotmäßigkeit verfolgt.

So bedeutet das Werk des Abbé de Saint-Pierre eine neue Staffel auf dem Weg zur universellen Verfassung. Auf das göttliche Reich, das in einiger Herrschaft die Welt regiert, auf den Bund, der unter der Suprematie eines machtvollen Staates die Geschicke der Völker lenkt, folgt eine dritte Gestaltung: der Bundesstaat.[2])

Aber nun bleibt ein letztes Problem. Bis hierher hat der Autor nur die äußeren Lebensformen entwickelt, in welche die europäischen Staaten eingefügt werden sollen. Er hat einen Rahmen gebaut. Er hat ein Verfassungsrecht entworfen. Aber es fragt sich endlich, welche psychologische Macht die Völker bewegen wird, ihr Sein und Handeln in diese Gestaltung zu bannen. Es fragt sich, welcher Geist in dem Körper atmet und ihm die wirkende Kraft verleiht.

Die Antwort lautet: Der Gedanke der Nützlichkeit. — Das

---

[1]) Rousseau, Extrait du projet de paix perpétuelle de Monsieur l'Abbé de Saint-Pierre. Œuvres. Vol. I. Chez Sanson & Compagnie. 1782. p. 24—25.

[2]) Rousseau, l. c. p. 5. «S'il y a un moyen de lever ces dangereuses contradictions, ce ne peut être que par une forme de gouvernement confédérative, qui, unissant les Peuples par des liens semblables à ceux qui unissent les individus, soumette également les uns et les autres à l'autorité des Loix. Ce gouvernement paroît d'ailleurs préférable à tout autre, en ce qu'il comprend à la fois les avantages des grands et des petits Etats; qu'il est redoutable au dehors par sa puissance; que les Loix y sont en vigueur; et qu'il est le seul propre à contenir également les sujets, les chefs et les étrangers.»

System des ewigen Friedens, so denkt der Autor, wirbt für sich selbst. Der Vorteil, den es birgt, entgeht nur einem verblendeten Auge. Der Plan einer staatlichen Gemeinschaft unter den Völkern der Erde bringt unermeßlichen Segen. Er ist das Zeichen, unter dem die Menschen ihre höchste Bestimmung erreichen. Er ist die Vollkommenheit selbst und überragt alle anderen Kombinationen der Diplomatie. Er ist die siegende Vernunft.

Die Menschheit bewegt sich nach dem Prinzip der größeren Utilität. Das ist das Dogma, das die ganze Ideenwelt beherrscht. Der Glaube an die Allmacht der Vernunft! Das ist die letzte Höhe, die der Abbé de Saint-Pierre ersteigt. Hier endet sein Gedankenbau. Und hier kommt er der Philosophie des Contrat Social entgegen. Denn der Gemeinwille der Bürger, der die motorische Kraft in der radikalen Demokratie von Rousseau bildet, hat kein anderes Ziel, als das wohlerkannte Interesse. Darum eben ist er souverän.

So regiert die Vernunft in beiden Systemen. Sie ist allgebietend durch ihre Natur. Sie leitet die Geschicke des Staates, so sagt Rousseau. Und sie leitet auch die Geschicke der Welt, so fügt der Abbé de Saint-Pierre hinzu. Sie ist das nationale und auch das internationale Prinzip. Durch ihre Macht wollen die beiden Autoren die Menschheit von Tyrannei und Krieg befreien.

Eine Phantasie, logisch gedacht, nur allzu logisch, und deshalb zurückfallend in das Nichts. Denn alle Fäden dieser Dichtung laufen zusammen in dem gleichen Knotenpunkt: in der Identität von Wille und Vernunft. Das ist aber eine Fiktion, nichts anderes. Beugte sich einmal der Wille schrankenlos der Vernunft, dann bedürfte es der Theorie von Castel de Saint-Pierre und Rousseau nicht mehr, um der Menschheit Recht und Freiheit zu sichern.[1])

---

[1]) Wenn die Weltordnung im Sinn des Abbé de Saint-Pierre nicht zustande kommt, so schiebt Rousseau die Schuld vornehmlich auf den Ehrgeiz und die Verblendung der Fürsten. Aber selbst wenn es nur nach dem Willen der Völker ginge, sagt er, so würde es große Schwierigkeit machen, das wahre und allgemeine Interesse zur Geltung zu bringen — also größere Schwierigkeit als im Staat, wo Rousseau an die Herrschaft des vernünftigen Gemeinwillens glaubt. «Il faudroit que la somme des intérêts particuliers ne l'emportât pas sur l'intérêt commun et que chacun crût voir dans le bien

Die Vernunft kann den Frieden nicht geben. Denn sie ist nicht die Herrin des menschlichen Geschicks. So fehlt der Schlußstein des Gewölbes. Ein Größerer ist berufen, ihn zu setzen. Es ist Kant.

2. Crucé.

Castel de Saint-Pierre ist nicht der erste staatsphilosophische Denker gewesen, der einen Plan zu einer universellen Verfassung in rein theoretischer Methode entworfen hat. Schon 100 Jahre früher, unter Ludwig XIII. hat Emeric Crucé in einer Abhandlung über den allgemeinen Frieden und die Freiheit des Handels einen Versuch dieser Art unternommen.[1][2]

Die Seele des Werkes ist ein Ideal edelster Humanität. Es knüpft sich unter den Menschen eine Kette natürlicher Sympathie. Ein Volk kann nicht sein Glück erringen durch Leiden des andern. Ein Volk wird durch das Unglück des Nachbarn von Mitleid erfüllt und zur Hilfe gemahnt. Das ist ein tiefes, unzerstörbares Gefühl, der Kreatur angeboren. Und dieser Trieb wird unterstützt durch die richtige Einsicht der Interessen: Mit fortschreitender Gesittung nämlich kreuzen sich die Wege der Nationen immer mehr, so daß die heilsamen wie die schädlichen Fügungen

---

de tous le plus grand bien qu'il peut espérer pour lui-même. Or, ceci demande un concours de sagesse dans tant de têtes, et un concours de rapports dans tant d'intérêts, qu'on ne doit gueres espérer du hasard l'accord fortuit de toutes les circonstances nécessaires.» Rousseau, Jugement sur la Paix Perpétuelle. Cf. Contrat *Social*. Livre II. Chap. III.

[1]) Le nouveau Cynée ou discours d'Estat représentant les occasions et moyens d'establir une paix generalle et la liberté de commerce par tout le monde. Aux monarques et princes souverains de ce temps. Em. Cr. Par. A Paris, chez Jacques Villery, au Palais, sur le perron royal. 1623. Avec privilège du roy. — Das einzige bekannte Exemplar befindet sich in der Nationalbibliothek von Paris.

[2]) Nys, Histoire littéraire du droit international. A propos de la paix perpétuelle de l'abbé de Saint-Pierre. Eméric Crucé et Ernest, Landgrave de Hesse-Rheinfels. Revue de droit international et de législation comparée. Tome XXII. 1890. p. 371 sq. Balch, Eméric Crucé. 1900. Seroux d'Agincourt, Exposé des projets de paix perpétuelle de l'abbé de Saint-Pierre (et de Henri IV.), de Bentham et de Kant, Thèse. Paris. 1905. p. 272—284.

des Schicksals von einem Volk auf das andere übergehen. Segen und Heimsuchung werden zum Gemeingut aller.[1])

Gestützt auf diese fundamentalen Ideen, entwickelt Emeric Crucé eine Reihe von Geboten. Aus der Menschenliebe ergibt sich die Forderung der religiösen Toleranz. Aus der Verflechtung der Interessen folgt die Pflicht der Staatenlenker, den Austausch der Güter, den Welthandel zu fördern. Betrachtungen über die Wissenschaften, die Sittlichkeit, die Erziehung schließen sich an, die immer an dem gleichen Faden des Gedankens entwickelt sind.

Humanität und Solidarität ziehen endlich ihren letzten Kreis um das Völkerleben, indem sie die Eintracht festigen, den Streit verbannen und eine Ordnung des allgemeinen Friedens bauen.

Der Autor fragt nach den Ursachen der Kriege. Drei Motive scheinen ihm den Kampf zu erregen: Da ist einmal die Ruhmbegier der Fürsten. Wie oft ist sie verblendet. Reine Ehre heftet sich nur an ein Schwert, das für die gerechte Sache streitet, und mehr noch an ein Zepter, das die Untertanen mit Frieden segnet.[2]) Die Gewinnsucht ist der zweite Beweggrund. Auch sie

---

[1]) Le nouveau Cynée préface. «Il y en a qui se soucient si peu des estrangiers qu'ils estiment une prudente politique de semer parmy eux des divisions, afin de jouir d'un repos plus asseuré. Mais je suis bien d'un autre advis et me semble quand on voit brûler ou tomber la maison de son voisin qu'on a subject de crainte, autant que de compassion, vu que la société humaine est un corps dont tous les membres ont une sympathie, de manière qu'il est impossible que les maladies de l'un ne se communiquent aux autres. Or, ce petit livre contient une police universelle, utile indifféremment à toutes les nations et agréable à ceux qui ont quelque lumière de raison et de sentiment d'humanité.» — «Pourquoy moy qui suis François voudray-je du mal à un Anglois, Espagnol ou Indien? Je ne le puis quand je considère qu'ils sont hommes comme moy, que je suis subject comme eux à erreur et peché et que toutes les nations sont associées par un lien naturel et conséquemment indissoluble, qui fait qu'un homme ne peut reputer un autre estrangier, si ce n'est en suivant l'opinion commune et inveterée qu'il a reçues de ses prédécesseurs.»

[2]) Le nouveau Cynée. p. 9. «Voici les effets de la *vraie vaillance*: repousser l'injure et non pas la faire, endurer généreusement la mort et tous autres accidents quand ils se présentent, et non pas les aller chercher sous l'espoir d'un honneur je ne sais lequel, dont la vanité est reconnue même par ceux qui en ont fait état toute leur vie.» p. 23. «Grands princes, quel plus grand honneur pouvez-vous désirer que de voir sous votre autorité publier la paix par le monde. Il n'y a conquête qui vous puisse acquérir

ist von Wahn betört. Der Krieg erschöpft die Mittel der Staaten. Wenn er auch für einige Untertanen Vorteil bedeutet, so bringt er doch über viele die bitterste Not. Auch lehrt die Geschichte, wie das Kriegsglück wechselt, und wie wenig Vertrauen in die allerstärkste Macht zu setzen ist. Manches Reich ist untergegangen, das unbezwinglich schien; und manch kleines Volk hat den Sieg gegen einen gewaltigen Feind erstritten. Die dritte Ursache des Kampfes ist die Erschütterung der staatlichen Integrität, nämlich die Verletzung des Gebietes oder der Thronfolge. Indes, ein solcher Angriff soll nicht zum Kriege führen. Der Konflikt soll einem Schiedsgericht unterbreitet werden, ein Verfahren, das die Würde der Herrscher nicht antastet, da es auf ihrem freien Willen beruht.[1])

Damit kommen wir zur Institution des Schiedsgerichtes selbst, das Emeric Crucé mit aller Kraft der Überzeugung und mit weitschauendem Blick als den Hort der von Streit zerrissenen Völker preist. Alle Fürsten entsenden ständige Vertreter nach der Stadt Venedig, ein Vorschlag, mit dem der Autor den Entwurf einer neuen internationalen Rangordnung verbindet. Das Kollegium der Gesandten bildet den Schiedshof. Die feindlichen Parteien tragen die Kontroverse vor ihn. Um dem Urteil größere Autorität zu geben, wird noch die Meinung der großen Republiken eingeholt. Mißachtung des Spruchs hat den Ausschluß von der Gemeinschaft zur Folge.[2])

tant d'applaudissements; il n'y a victoire qui mérite tant de feux de joie, on marquera dans les chroniques votre nom en lettres d'or, on louera votre règne comme ayant été le commencement ou le retour des siècles heureux. On ne parlera plus des conquêtes d'Alexandre, des triomphes de César, des stratagèmes d'Annibal et de Sertorius. La vanité de ces gens-là sera reconnue, qui ont fondé leur gloire sur meurtres et pilleries, dont ils devraient plutôt avoir emporté un regret et honte perpétuelle.»

[1]) «Si un prince reçoit un juge qui voulut impérieusement s'ingérer et vider leurs différends, cela véritablement ravalerait sa grandeur, mais d'accepter volontairement des arbitres, c'est une chose jadis pratiquée et qui peut l'être encore».

[2]) Le nouveau Cynée. p. 60—61. «Posez le cas que la paix auiourd'huy soit signée, qu'elle soit publiée en plein theatre du monde: Que scavons-nous si la posterité en voudra emologuer les articles? Les volontez sont muables, et les actions des hommes de ce temps n'obligent pas leurs successeurs. Pour clorre le passage à ceste obiection, il suffit se rememorer de ce

Den Anstoß zum Bau dieser europäischen Ordnung sollen die Fürsten geben, welche den größten Einfluß besitzen: Der Papst wird den Aufruf an die christlichen Nationen erlassen, der König von Frankreich an die Mohammedaner.

Ist der Schiedshof eingerichtet, so wird es möglich sein, die bestehenden Länder und Herrschaften aufrecht zu halten. Der geltende Besitzstand wird für alle Zeit gefestigt sein. Und das bedeutet den Frieden. Mit der Achtung vor dem Status Quo hängt auch die Abneigung des Autors gegen die Demokratie zusammen und die Ansicht, daß kein Mißbrauch der Gewalt, auch nicht die ärgste Tyrannei die Völker zur Erhebung gegen den von Gott gegebenen Fürsten berechtige.

In diesem Zusammenhang ist noch eine Arbeit des Landgrafen Ernst II. von Hessen-Rheinfels zu nennen: Der so wahrhafte, als ganz aufrichtliche und diskret gesinnte Katholik, erschienen 1660.[1]) Auch hier wird eine europäische Ordnung geplant, die

---

que nous avons dit touchant les causes de la guerre, lesquelles n'estans pas considerables pour les raisons cy-dessus alleguees, il n'y a rien qui puisse occasionner la rupture d'une paix. Neantmoins pour en prevenir les inconveniens, il seroit necessaire de choisir une ville où tous les Souverains eussent perpetuellement leurs ambassadeurs, afin que les differens qui pourroient surveuir fussent vuidez par le iugement de toute l'assemblee. Les ambassadeurs de ceux qui seroient interrez exposeroient là les plaintes de leurs maistres, et les autres deputez en iugeroient sans passions. Et pour authoriser d'avantage le iugement, on prendroit advis des grandes Republiques, qui auroient aussi en ce mesme endroiet leurs agens. Je dis grandes Republiques, comme celle des Venitiens et des Suisses, et non pas ces petites Seigneuries, qui ne se peuvent maintenir d'elles mesmes, et dependent de la protection d'autruy. Que si quelqu'en contrevenoit à l'arrest d'une si notable compagnie, il encourroit la disgrace de tous les autres Princes, qui auroient beau moyen de le faire venir à la raison. Or le lieu le plus commode pour une telle assemblee c'est le territoire de Venise, pour ce qu'il est comme neutre et indifferent à tous Princes: ioinct aussi qu'il est proche des plus signalees Monarchies de la terre, de celles du Pape, des deux Empereurs, et du Roy d'Hespagne. Il n'est pas loing de France, de Tartarie, Moschouie, Polongne, Angleterre et Dannemarch. Quant à la Perse, la Chine, l'Ethiopie, et Indes orientales et occidentales, ce sont pays bien reculez, mais la navigation supplee ceste incommodité, et pour un si bon subiect, on ne doibt point refuser un long voyage.»

[1]) cf. Nys, loco infra. cit. p. 376. Leibniz, zit. ebenda. Schücking, Die Organisation der Welt. 1908. S. 576—577.

belebt ist von einem idealen Motiv. Der Fürst, der zur katholischen Religion zurückgekehrt ist, nachdem er früher in den Reihen der Protestanten gekämpft, sieht in der Autorität der Kirche die alleinige Kraft, welche die Völker unter ein Friedensgesetz beugen kann.[1]) Alle abtrünnigen Länder sollen sich wieder zum wahren Glauben bekennen. Ist das geschehen, dann soll ein internationales Fürstentribunal unter dem Präsidium des Papstes in Luzern errichtet werden.

3. Bentham.

Nicht allzu fern von Castel de Saint-Pierre geht Jeremy Bentham seinen Weg. Auch ihm ist das treibende Motiv seiner politischen Kombinationen die humanitäre Idee.[2]) Weit entfernt, mit seinen politischen Kombinationen dem ehrgeizigen Begehren einer Macht zu dienen, verlangt er von den führenden Staaten und vornehmlich von England, seiner Heimat, Opfer und Entsagung im Dienst der allgemeinen Sache.

---

[1]) Vgl. Leibniz in einem Brief an Jean Léonor le Gallois, sieur de Grimarest. «J'ai vu quelque chose du projet de M. de Saint-Pierre pour maintenir une paix perpétuelle en Europe. Je me souviens de la devise d'un cimetière avec ce mot: Pax perpetua, car les morts ne se battent point; mais les vivants sont d'une autre humeur. — Pour moi, je serois de l'avis d'établir le tribunal à Rome même et d'en faire le pape président, comme, en effet, il faisoit autrefois figure de juge entre les princes chrétiens. Mais il faudroit en même temps que les ecclésiastiques reprissent leur ancienne autorité et qu'un interdit ou une excommunication fît trembler les rois et les royaumes comme du temps de Nicolas V et de Grégoire VII. Et pour y faire consentir les protestants, il faudroit prier Sa Sainteté de rétablir la forme de l'Eglise telle qu' elle fut du temps de Charlemagne, lorsqu'il tenait le concile de Francfort, et de renoncer à tous les conciles tenus depuis, qui ne sauroient pas passer pour oecuméniques. Il faudroit aussi que les papes ressemblassent aux premiers évêques de Rome. Voilà des projets qui réussiront aussi aisément que celui de M. l'abbé de Saint-Pierre, mais puisqu'il est permis de faire des romans, pourquoi trouverions-nous sa fiction mauvaise, qui nous raméneroit le siècle d'or?» Zitiert bei Nys, Revue de droit international et de législation comparée XXII. 1890. p. 374—375. — Der Verweis auf den Wahrspruch des Kirchhofs findet sich auch bei Leibniz, codex iuris gentium diplomaticum. 1693. Praefatio ad lectorem, und spaeter bei Kant.

[2]) Kraus-Jeremy Benthams Grundsätze für ein künftiges Völkerrecht und einen dauernden Frieden. Mit einer Einleitung über Bentham, Kant und Wundt. 1915.

Der Staatsphilosoph[1]) entwickelt seine Theorie im vierten Kapitel seiner völkerrechtlichen Prinzipienlehre.[2])

Wenn sich Bentham gleich dem Abbé de Saint-Pierre in das Problem vertieft, wie es möglich sei, durch eine Organisation der europäischen Völker den Krieg zu verbannen, so geht er über seinen Vorläufer noch um einen kühnen Schritt hinaus. Er fragt nicht allein: wie sind die Konflikte zu lösen, wenn sie einmal ausgebrochen sind? Er sucht das Übel bei der Wurzel zu fassen. Er ist bestrebt, die großen Ursachen des Streites auszutilgen und den Staaten die verderblichen Mittel des Krieges aus der Hand zu nehmen. Hierbei richtet er seine Ratschläge vor allem an England und Frankreich, von denen er den ersten Anstoß zu einer Wandlung Europas erhofft. Sind doch diese beiden Länder machtvoll genug, um das Opfer zu bringen, das der Friedensplan erheischt. Frankreich hat außer England keinen Feind zu fürchten, und England trotzt der Welt.[3])

Schwere Gefahr droht dem Frieden durch den Wettstreit im Besitz überseeischer Länder. Denn die Rechtstitel, welche die Staaten geltend machen, sind mehr oder minder in Dunkel gehüllt. Das ist die eine Gefahr. Damit hängt wieder zusammen, daß die heimischen Bürger Gegenstand und Sinn des Konfliktes nicht ermessen können. Auch der Krieg selbst, ist er einmal entbrannt, entzieht sich in ferner Gegend ihren Blicken und fügt ihnen keine sichtbaren Leiden zu. Daraus ergibt sich, daß die Fehde im Mutterland keinen ernsten Widerspruch findet. Das ist die andere Gefahr.

Es ist ein leichtes, sagt der Philosoph, die Völker von dieser steten Drohung zu befreien. Das Heil liegt in dem Verzicht auf alle Kolonien. Und warum sollte man zögern, dieses radikale Mittel zur Gesundung des internationalen Körpers anzuwenden?

---

[1]) 1748—1832.

[2]) Principles of international Law. Manuscript 1786—1789. Works, published by William Tait, Edinburgh. Vol. II. 1843. p. 537 sq. Essay IV. A plan for an universal and perpetual peace. "The object of the present Essay is to submit to the world a plan for an universal and perpetual peace. The globe is the field of dominion to which the author aspires, — the press the engine, and the only one he employs — the cabinet of Mankind the theatre of his intrigue."

[3]) Proposition XI.

Bringen doch die Siedlungen über See dem Mutterlande keinen Vorteil. Es gilt den schweren und weit verbreiteten Irrtum auszurotten, daß ein Land seiner Volkswirtschaft durch ferne Niederlassungen eine Quelle des Reichtums eröffne. Kolonisation ist kein Gewinn.[1][2]

Es lohnt nicht, auf diese eigentümliche Argumentation des englischen Nationalökonomen einzugehen. Nur soviel sei erwähnt: In ihrem Mittelpunkte steht das für Bentham unerschütterliche, aber in Wahrheit sehr anfechtbare Axiom, daß ein Kapital immer denselben Wert erzeugt, mag es in irgendwelche Bahnen geleitet sein, mag es in einer Form arbeiten oder in einer andern. Aus diesem Axiom ergibt sich, daß die Ausdehnung des Marktes keine Rolle spielt. Einerlei, ob das Kapital in den Kolonien oder im heimischen Lande tätig ist, es trägt immer die absolute und gleiche Garantie des Gewinnes in sich selbst.[3]

---

[1] Proposition I. VI. "That it is not the interest of Great Britain to have any foreign dependencies whatsoever." Bentham an den französischen Nationalkonvent. Januar 1793. «Je dis que l' abandon de vos colonies est une chose nécessaire, parce que vous avez tort de les tenir sous votre domination, parce que jusqu'ici elles n'ont pas été gouvernées par vous et que cela serait d'ailleurs contre leur intérêt, parce que vous ne gagnez rien à les gouverner, parce que vous ne pouvez même pas les conserver, à cause des dépenses qu'il vous en coûterait, parce que votre constitution même s'oppose à ce que vous les conserviez et parce que vos principes s'y opposent également. Emancipez-les et vous serez approuvés de tout le monde ... Montrez-vous supérieurs aux préjugés et aux passions, le sujet est digne de vos efforts ... Maintenez l'honneur dans ses bornes et ne méprisez pas les décrets de la justice, parce qu'ils sont conformes aux données de la prudence.» — «Si la haine est votre passion dominante, vous conserverez vos colonies. Mais si le bonheur du genre humain est votre objet et la Déclaration des droits votre guide, vous les rendrez libres. Le plus tôt sera le mieux. Que vous en coûtera-t-il? Une parole. Mais par cette simple parole, vous vous couvrirez, de la gloire la plus pure.» Zitiert bei Seroux d'Agincourt, Exposé des projets de paix perpétuelle de l'abbé de Saint Pierre, de Bentham et de Kant. 1905.

[2] An Stimmen für die Trennung hat es auch heutzutage in den Kolonien und in England selber nicht gefehlt. In der Zeit, als die Manchesterschule ihre großen Triumphe feierte, ging man in England so weit, die Kolonien als eine Last des Reiches zu betrachten. Man rechnete mit der Sezession. Vgl. die Zitate in meiner Arbeit: Abhängige Länder. 1912. S. 340.

[3] "That the increase of growing wealth in every nation in a given period, is necessarily limited by the quantity of capital it possesses at that

Eine andere verhängnisvolle Ursache von Streit und Fehde liegt nach Bentham in den Handelsverträgen, durch welche sich die Staaten Vergünstigungen zusichern lassen. Man verzichte auf Abmachungen dieser Art. So fordert er.[1]) Sie können nur Schaden stiften. Gewinn entsteht aus ihnen nie. Das ergibt sich wieder aus jenem Axiom, daß ein Kapital eine unabänderliche Kraft der Verwertung in sich trägt und keinen größeren Reichtum bringt, wenn man ihm neue Wege der Ausbeutung eröffnet.[2])

Nicht minder verderblich sind Bündnisverträge, mögen sie auf Angriff oder Verteidigung gerichtet sein. Sie bergen in sich den Keim zum Kriege, und dies vor allem, wenn sie durch eine höchst gefährliche Klausel die Garantie einer fremden Verfassung übernehmen.[3])

Aber Bentham bekämpft nicht nur die Ursachen, sondern auch die Mittel des Krieges. Europa soll die Waffen niederlegen. So fordert er mit mutiger Überzeugung. Alle Staaten sollen durch ewige Verträge ihren Streitkräften zu Land und zu Wasser ent-

---

period." — "The quantity of profitable industry that can be carried on in a country being limited by that of the capital which the country can command, it follows that no part of that quantity can be bestowed upon any one branch, but it must be withdrawn from, or withholden from, all the others. No encouragement, therefore, can be given to any one, but it must be a proportionable discouragement to all the others. Nothing can be done by government to induce a man to begin or continue to employ his capital in any one of those branches, but it must induce him in the same degree to withdraw or withhold that capital from all the rest." — Cf. Manual of Political Economy.

[1]) Proposition III. VIII. "That it is not the interest of Great Britain to have any treaty with any power whatsoever, for the purpose of possessing any advantage whatsoever in point of trade, to the exclusion of any other nation whatsoever."

[2]) "Hence the perfect inutility and mischievousness of all laws and public measures of government whatsoever, for the pretended encouragement of trade — all bounties in every shape whatsoever — all nonimportation agreements and engagements to consume home manufactures in preference to foreign — in any other view than to afford temporary relief to temporary distress."

[3]) Proposition II. VII. "That it is not the interest of Great Britain to have any treaty of alliance, offensive or defensive, with any other power whatever."

sagen.[1]) Und wenn das zu große Schwierigkeiten bietet, so kann wenigstens ein Anfang zur Abrüstung gemacht werden, indem England, Frankreich, Spanien und Holland, die mächtigsten Seestaaten, ihre Flotten auf die Hälfte des seitherigen Standes herabsetzen und das Verhältnis ihrer Macht in der Weise regeln, daß England gleichviel Schiffe besitzt wie die drei andern Länder vereint. Dieser Vorschlag soll durch öffentliche Proklamationen in der Welt verbreitet werden. Er wird gar bald die Zustimmung der Nationen gewinnen und die Fürsten werden gezwungen sein, sich dem allgemeinen Willen zu beugen.

Nachdem der Philosoph in dieser Weise die Grundlage des Friedens gelegt, sinnt er auf eine Verfassung der europäischen Völker.

Er ist ein Anhänger des internationalen Schiedsgerichts.[2])

Alles menschliche Leben, so geht seine Argumentation, ist von dem Rechtsgedanken beherrscht. Jeder Bürger und so auch jedes Volk hat die heilige Verpflichtung, seine gerechten Ansprüche zu verteidigen. Der Verzicht auf das Recht kann von niemandem gefordert werden. Weil nun gar leicht Meinungsverschiedenheiten über das Recht entstehen, so bleibt als letzte Konsequenz nur der Krieg, wenn nicht eine Institution vorhanden ist, kraft welcher Kontroversen mit bindender Autorität entschieden werden.[3])

Das internationale Schiedsgericht wird seine Lebenskraft aus einer doppelten Quelle ziehen. Einmal aus dem wohlverstandenen

---

[1]) Proposition IV. IX. "That it is not the interest of Great Britain to keep up any naval force beyond what may be sufficient to defend its commerce against pirates." Proposition V. X. Proposition XII. "That for the maintenance of such a pacification, general and perpetual treaties might be formed, limiting the number of troops to be maintained."

[2]) Proposition XIII. "That the maintenance of such a pacification might be considerably facilitated, by the establishment of a common court of judicature, for the decision of differences between the several nations, although such court were not to be armed with any coercive powers."

[3]) "It is an observation of somebody's, that no nation ought to yield any evident point of justice to another. This must mean, evident in the eyes of the nation that is to judge, — evident in the eyes of the nation called upon to yield. What does this amount to? That no nation is to give up anything of what it looks upon as its rights — no nation is to make any concession. Wherever there is any difference of opinion between the negotiators of two nations, war is to be the consequence."

Interesse der Völker: Die Beseitigung des Krieges durch ein Rechtsverfahren wird Europa von den unerträglichen Lasten befreien, welche die Rüstung ihm stetig auferlegt. Die Institution wird zum andern eine Stärkung erfahren durch das Vertrauen, das künftig die Nationen immer fester binden und die verhängnisvolle Eifersucht ertöten wird. Ein Fortschritt in dieser Richtung ist gewiß. Denn die Eifersucht ist nicht eine urwüchsige Leidenschaft. Sie beruht auf einer Mißachtung anderer Völker. Und die Mißachtung hat wieder ihren Grund in dem Mangel an Verständnis für die moralischen Reflexionen fremder Menschen. Man bemüht sich selten, den Erwägungen anderer über gerecht und ungerecht zu folgen und ist nur allzu geneigt, an die allgemeine Herrschaft der Unbilligkeit in der Welt zu glauben. So leitet sich die Eifersucht in letzter Linie auf einen Irrtum zurück. Ein Irrtum aber läßt sich heilen. Die Menschheit entwickelt täglich ihr Wissen und Verstehen. Und so ist begründete Hoffnung vorhanden, daß die Völker sich immer mehr von blindem Vorurteil befreien, sich kennen und achten lernen. Dann aber entsteht das Vertrauen und mit ihm eine neue Gestaltung der Welt.[1]

Die Funktion des Schiedsgerichtes wird nach dem Gedanken von Bentham ausgeübt durch einen Kongreß, beschickt von Gesandten aller Staaten. Die Verhandlung ist öffentlich. Der Kongreß spricht ein Urteil. Er gibt ihm eine weite Öffentlichkeit in allen Ländern und damit eine zwingende Macht. Denn die von einer solchen Körperschaft gefällte und mit klaren sichern Gründen

[1] "Though, in the generating of the disposition for war, injust ambition has doubtless had by far too great a share, yet yealousy, sincere and honest yealousy, must be acknowledged to have had a not inconsiderable one. Vulgar prejudice, fostered by passion, assigns the heart as the seat of all the moral diseases it complains of; but the principal and more frequent seat is really the head: it is from ignorance and weakness that men deviate from the path of rectitude, more frequently than from selfishness and malevolence. This is fortunate; — for the power of information and reason, over error and ignorance is much greater and much surer then that of exhortation, and all the modes of rhetoric, over selfishness and malevolence. — It is because we do not know what strong motives other nations have to be just, what strong indications they have given of the disposition to be so, how often we ourselves have deviated from the rules of justice, — that we take for granted, as an indisputable truth, that the principles of injustice are in a manner interwoven into the very essence of the hearts of other men."

gestützte Sentenz wird die öffentliche Meinung für sich gewinnen und eine unwiderstehliche Autorität erlangen. Es wird kaum jemals der Gewalt bedürfen, um das Urteil durchzusetzen. Der Spruch wird sich behaupten durch immanente psychische Kraft.

Es ist das eine bedeutsame Auffassung. Der Philosoph hält dafür, daß die staatlichen Organismen, die Glieder der internationalen Gesellschaft, feiner gebaut sind als die Individuen, die unter einer gleichen Herrschaft leben. Die Gemeinwesen sind Bildungen höherer Art. Der Geist und Wille des Staates hat dadurch eine Überlegenheit, daß er die intellektuellen Kräfte der Nation zusammenfaßt, ihre Synthese bildet. Die Vernunft hat deshalb mehr Eindringlichkeit, wenn sie mit der Körperschaft redet, als wenn sie den einzelnen zu überzeugen sucht. Und so kann die Gerechtigkeit unter Staaten durch ihre innere Wahrheit allein regieren.

Ist in seltenen Fällen ein Staat verblendet genug, um sich dem Spruch der Genossen zu widersetzen, so bleibt ein letzter Ausweg, um die Gewalt zu vermeiden. Der Schuldige wird in den Bann getan. Die Gemeinschaft wird mit ihm gebrochen. Es ist das die extreme Form, in welcher der Ungehorsame ohne physischen Zwang und durch die bloße Kraft der Motivation zu seiner Pflicht zurückgebracht wird.

Versagt auch dieses Mittel, dann bleibt allerdings nur die Exekution, der gemeinsame Krieg gegen den Ausgestoßenen. Aber diese Eventualität hat für Bentham nur theoretischen Charakter.

Soviel über das Schiedsgericht. Es stellt sich dar als eine machtvolle Institution, gegründet auf das Interesse und das Vertrauen der Völker. Aber es enthält noch keine volle Garantie. Eine Streitigkeit bringt immer Gefahr, mag auch ein Tribunal zu ihrer Lösung bestehen. Da keine überragende Herrschaft die Entscheidung der Kontroversen durch ein Rechtsverfahren sichert, da die Unterwerfung unter das Schiedsgericht aus einem Spiel moralischer Kräfte resultiert, das nie mit aller Gewißheit berechnet werden kann, so entspricht es der Klugheit, noch eine andere Gewähr zu schaffen. Die Erfahrung lehrt, daß die Staatsmänner gar oft das richtige Maß verfehlen, daß sie aufsteigenden Schwierigkeiten nicht rechtzeitig Halt gebieten und den Brand auflodern lassen bis zu einer Gewalt, die jede Gegenwehr unmöglich macht. Unfähigkeit oder Ehrgeiz mag die Schuld daran tragen. Es muß daher dem Volk die Möglichkeit gegeben sein, die auswärtige Politik zu überwachen, wenn sie in Irrungen verfällt. Durch solche Argumentation gelangt Bentham zu der Forderung einer öffentlichen Diplomatie. Die Verhandlungen mit fremden Mächten sind in allen Stadien ihrer Entwicklung der Nation und dem Parlament bekannt zu geben. Die bestehenden Verträge sind der Allgemeinheit zu verkünden. Das Volk als Souverän, als Lenker seiner Geschicke, soll die Wissenschaft besitzen, die notwendig ist, um über sich selbst zu bestimmen.[1][2])

Also Bentham. Wenn wir uns seine hauptsächlichen Gedanken noch einmal vergegenwärtigen, so erkennen wir, daß seine Polemik gegen die Kolonisation eine Originalität, daß sein Aufruf zur Abrüstung eine humanitäre, aber wenig fundierte Idee bedeutet und daß sein Plan zu einem internationalen Schiedshof sich auf einen flüchtigen Entwurf in wenigen Linien beschränkt. Der Abbé de Saint-Pierre hat einen viel weitläufigeren und besser gefügten Bau errichtet. Er ist der Systematiker der europäischen Ordnung. Aber trotzdem, Bentham geht über ihn hinaus und ragt in eine neue Zeit. Denn er hat eine höhere Auffassung von der treibenden Kraft der Organisation. Nicht das Interesse allein ist ihm der Angelpunkt der neuen Welt. Er setzt seine Hoffnung mehr noch auf ein sittliches Phänomen, auf Achtung und Vertrauen der Nationen, auf eine Verbrüderung der Menschheit.[3]) Und gleichzeitig trägt er in den Gedankenkreis der internationalen Be-

---

[1]) Proposition XIV. "That secresy in the operations of the foreign department in England ought not to be endured, being altogether useless, and equally repugnant to the interests of liberty and peace."

[2]) "It is admitted that ministers ought not to have it in their power to impose taxes on the nation against its will. It is admitted that they ought not to have it in their power to maintain troops against its will. But by plunging it into war without its knowledge they do both."

[3]) "The moral feelings of men in matters of national morality are still so far short of perfection, that in the scale of estimation, justice has not yet gained the ascendency over force." — "Men have not yet learned to tune their feelings in unison with the voice of morality in these points. They feel more pride in being accounted strong, than resentment at beeing called injust: or rather, the imputation of injustice appears flattering rather than otherwise, when coupled with the consideration of its cause."

friedung die Erkenntnis von der Souveränität der Völker. Wenn die Nationen ihre staatliche Gewalt errichten und durch ihren Willen beleben, so bestimmen sie auch über das Wirken ihres Verbandes in der universellen Sphäre, so entscheiden sie auch über die Verfassung der Welt. Die Völker sind es, welche die europäische Ordnung gründen.

Und so strebt Bentham schon mit zwei Gedankengängen in das Reich der Kantischen Theorie.

Sechstes Kapitel.

Die moralische Weltordnung.

Kant.

„Nun spricht die moralisch-praktische Vernunft in uns ihr unwiderstehliches Veto aus: Es soll kein Krieg sein."

Methaphysische Anfangsgründe der Rechtslehre. Beschluß.

Am Ende des 18. Jahrhunderts erlebt die Idee einer universellen Verfassung ihren höchsten Triumph in der theoretischen Wissenschaft. Immanuel Kant tritt für sie in die Schranken. Seine Schrift „Zum Ewigen Frieden" ist das edelste Monument, das die Philosophie dem hohen politischen Ideal errichtet hat.

Das Weltreich des Mittelalters hat religiösen Charakter. Seine belebende Kraft ist der Glaube. Die späteren Systeme, die um das Ziel einer Weltordnung kreisen, haben ein praktisches Ziel, mögen sie nun einen Gedanken reiner Humanität verkörpern und einzig dem Heil der Völker gewidmet sein oder mögen sie einen egoistischen Zweck der Politik verfolgen. Zuerst mit Bentham und vollends mit Kant tritt die große Bewegung in eine neue Bahn. Sie kehrt um und steigt wieder hinauf in die Welt der absoluten Norm, in der die mittelalterliche Lehre heimisch war. Nur tritt an die Stelle der religiösen die ethische Macht. Die Verfassung der Welt wird sittliches Pflichtgebot.[1])

Die praktische Vernunft ist keinem Zweckgedanken untertan. Sie ist einzig durch ein formales Prinzip geleitet, das absolute Moralgesetz, welches gebietet: „Handle so, daß du wollen kannst,

[1]) Zum Ewigen Frieden. Ein philosophischer Entwurf. 1795 in Königsberg bei Friedrich Nicolovius erschienen. — Vgl. Die metaphysischen Anfangsgründe der Rechtslehre. 1798. Teil II. §§ 43—62.

deine Maxime solle ein allgemeines Gesetz werden — der Zweck mag seyn, welcher er wolle."[1])

Das absolute Moralgesetz gilt für jedes und deshalb auch für das staatliche Handeln. Die politische Norm ist identisch mit der allgemeinen Norm der Sittlichkeit.[2])[3]) Sie ist deshalb keine Klugheitsregel. Sie besteht nicht darin, daß sie die tauglichsten Mittel anbefiehlt, um einen Vorteil zu erreichen. Sie ist überhaupt auf keinen Zweck gerichtet. Sie ist eine absolute Norm, die Befolgung erheischt, ohne daß Schaden oder Nutzen zur Erwägung kommen.[4]) Mit einem Wort: Die politische Norm ist eine Weisheitsregel. Sie hat keine technische Natur. Sie löst keine Kunstaufgabe. Sie verkündet eine eherne, unwandelbare Pflicht.

---

[1]) Zum Ewigen Frieden. S. 82.

[2]) S. 66—91. S. 88. „Es giebt objectiv — in der Theorie — gar keinen Streit zwischen der Moral und der Politik." S. 91. „Die wahre Politik kann keinen Schritt thun, ohne vorher der Moral gehuldigt zu haben, und ob zwar Politik für sich selbst eine schwere Kunst ist, so ist doch Vereinigung derselben mit der Moral gar keine Kunst; denn diese haut den Knoten entzwey, den jene nicht aufzulösen vermag, sobald beyde einander widerstreiten."

[3]) Es gibt, sagt Kant, zwei äußere Kennzeichen dafür, ob die Politik übereinstimmt mit der Moral. „Alle auf das Recht anderer Menschen bezogenen Handlungen, deren Maxime sich nicht mit der Publicität verträgt, sind unrecht." „Alle Maximen, die der Publicität bedürfen, — um ihren Zweck nicht zu verfehlen, — stimmen mit Recht und Politik vereinigt zusammen." S. 93. 103.

[4]) S. 67—68. „Der Grenzgott der Moral weicht nicht dem Jupiter — dem Grenzgott der Gewalt —; denn dieser steht noch unter dem Schicksal, d. i. die Vernunft ist nicht erleuchtet genug, die Reihe der vorherbestimmenden Ursachen zu übersehen, die den glücklichen oder schlimmen Erfolg aus dem Thun und Lassen der Menschen, nach dem Mechanism der Natur, mit Sicherheit vorher verkündigen — obgleich ihn dem Wunsche gemäß hoffen — lassen. Was man aber zu thun habe, um im Gleise der Pflicht — nach Regeln der Weisheit — zu bleiben, dazu und hiemit zum Endzweck leuchtet sie uns überall hell genug vor." S. 87. „Der Satz Fiat Justitia, pereat mundus will nichts anderes sagen, als: die politische Maximen müssen nicht von der, aus ihrer Befolgung zu erwartenden, Wohlfahrt und Glückseligkeit eines jeden Staates, also nicht vom Zweck, den sich ein jeder derselben zum Gegenstande macht — vom Wollen —, als dem obersten — aber empirischen — Princip der Staatsweisheit, sondern von dem reinen Begriff der Rechtspflicht — vom Sollen, dessen Princip a priori durch reine Vernunft gegeben ist — ausgehen, die physische Folgen daraus mögen auch seyn, welche sie wollen."

Bleibt nun die Politik ihrer wahren Bestimmung treu, folgt sie dem ethischen Gebot, so zeugt sie von selbst die segensreiche Wirkung des Ewigen Friedens.

Denn das ist die wunderbare Kraft der Moral, daß sie die Wohltat bringt, obwohl sie nicht um der Wohltat willen befolgt wird. Und dieses Phänomen gewinnt in der Lebensgemeinschaft der Völker eine besonders greifbare Gestalt: Wo Völker entschlossen sind, die sittliche Norm heilig zu halten, da ist kein Raum für Streit und Krieg. Denn die Moral ist überall sich selber gleich. Sie gibt allen Völkern dieselbe Regel des Handelns. So ist eine Kontroverse unter Völkern nicht mehr möglich. Der Friede besteht, weil ein einziges Gesetz unter den Staaten gilt. Und so ist hier das kausale Band, das sich zwischen der sittlichen Absicht und der heilsamen Wirkung knüpft, besonders eng und deutlich offenbar.[1]

Also verläuft die Gedankenkette des Philosophen.

Ist nun der sittliche Wille in politischen Dingen die Urkraft, welche die Völker versöhnen und einem glückseligen Zeitalter der Eintracht entgegenführen kann, so gilt es, eben diesen sittlichen Willen in der Seele der Menschheit zu erziehen, damit er die Leitung des staatlichen Lebens übernimmt.[2]

Wie kann die Menschheit nach diesem Ideal entwickelt werden? Das ist das Problem, das Kant zu lösen sucht.

Es ist der Lösung fähig. Denn die sittliche Kraft der Mensch-

---

[1] S. 82—83. 85. „Da heißt es denn: „trachtet allererst nach dem Reiche der reinen practischen Vernunft und nach seiner Gerechtigkeit, so wird euch euer Zweck, — die Wohlthat des ewigen Friedens —, von selbst zufallen.“ Denn das hat die Moral Eigenthümliches an sich, und zwar in Ansehung ihrer Grundsätze des öffentlichen Rechts, — mithin in Beziehung auf eine a priori erkennbare Politik —, daß, je weniger sie das Verhalten von dem vorgesetzten Zweck, dem beabsichtigten, es sey physischem oder sittlichem Vortheil, abhängig macht, desto mehr sie dennoch zu diesem im Allgemeinen zusammenstimmt; welches daher kömmt, weil es gerade der a priori gegebene allgemeine Wille — in einem Volk, oder im Verhältnis verschiedener Völker unter einander — ist, der allein, was unter Menschen Rechtens ist, bestimmt; diese Vereinigung des Willens Aller aber, wenn nur in der Ausübung consequent verfahren wird, auch nach dem Mechanism der Natur, zugleich die Ursache seyn kann, die abgezweckte Wirkung hervorzubringen, und dem Rechtsbegriffe Effect zu verschaffen.“

[2] S. 68—69.

heit ist in stetigem Wachsen begriffen[1]) und strebt immer mächtiger nach dem vollkommenen Reich, in dem das Moralgesetz unbeschränkt gelten und den Ewigen Frieden begründen wird.[2])

Kant zeichnet den Weg, der zu beschreiten ist, um in dieses Reich zu gelangen. Er stellt eine Reihe von Marksteinen auf: die sechs Präliminar- und die drei Definitivartikel des Ewigen Friedens.

Die Präliminarartikel sind Gebote, welche die psychologische Verfassung der Völker auf das Ideal vorbereiten sollen. Sie vermögen nicht, der Menschheit ihre letzte Läuterung zu geben. Aber sie sind bestimmt, Überzeugungen in ihr zu wecken, die einen guten Boden für die Reife zur Vollendung bieten. Man kann sagen: Die Präliminarartikel enthalten die Propädeutik des Ewigen Friedens.

Es sind drei Gedanken, welche die Präliminarartikel durchziehen[3]):

Es soll keine Handlung von einem Staat zum andern vorgenommen werden, die geeignet ist, das Vertrauen zu zerstören, das sich Völker untereinander schulden. Weiter, das Zusammenleben der Staaten soll auf dem Prinzip der Achtung aufgebaut sein. Und endlich, es soll kein Krieg vorbereitet werden.

Die Maxime des Vertrauens fordert wieder zweierlei:

Einmal, wenn ein Krieg durch einen Friedensvertrag beendet ist, sollen alle bestehenden Kontroversen als entschieden gelten. Jeder gegenwärtige Grund zu einem neuen Krieg ist zerstört, mag er selbst den Kontrahenten unbekannt sein. Denn untrennbar von einem wahren Frieden ist der Wille, den Frieden zu halten. Wenn ein Volk in einer historischen Situation diese Pflicht erfüllt, dann

---

[1]) S. 90. „Das moralische Princip im Menschen erlöscht nie, die, pragmatisch, zur Ausführung der rechtlichen Ideen nach jenem Princip tüchtige Vernunft wächst noch dazu beständig durch immer fortschreitende Cultur."

[2]) S. 140. „Wenn es Pflicht, wenn zugleich gegründete Hoffnung da ist, den Zustand eines öffentlichen Rechts, obgleich nur in einer ins Unendliche fortschreitenden Annäherung wirklich zu machen, so ist der ewige Friede, der auf die bisher fälschlich so genannte Friedensschlüsse — eigentlich Waffenstillstände — folgt, keine leere Idee, sondern eine Aufgabe, die nach und nach aufgelöst, ihrem Ziele — weil die Zeiten, in denen gleiche Fortschritte geschehen, hoffentlich immer kürzer werden — beständig näher kommt."

[3]) Erster Abschnitt. S. 5—17.

bereitet es sich vor, in einem künftigen, ewigen, alle Völker umfassenden Friedensvertrag wiederum sein Wort zu halten. Und dazu kommt ein anderer Vorteil: Ist ein Volk im Geringen treu, so erwirbt es den Titel auf die Achtung seines Worts im Rate der Völker. Darin liegt seine wahre Ehre, und nicht in der Mehrung von Land und Macht.[1])

Zum zweiten, der Krieg soll ein Kampf mit ehrlichen Waffen sein. Das folgt aus seiner Natur: Denn da die Staaten kein Gericht über sich haben, so muß der Krieg das Urteil fällen, wenn sie miteinander streiten. Der Krieg ist darum ein Gottesgericht. Jeder Staat verficht das Recht, an das er glaubt. Es ist darum seiner unwürdig, ehrlose Stratagemen anzuwenden. Er würde damit einen Schlag gegen seine eigene Sache führen. Und der Krieg würde in dieser Gestalt seinen Zweck verfehlen. Er könnte nicht durch die Entscheidung des Streites den Frieden bringen. Denn das Vertrauen unter den Gegnern wäre verloren und damit die einzig mögliche Grundlage für ein gutes Einvernehmen in späterer Zeit. So sind die Völker berufen, schon im Krieg die künftige Weltordnung vorzubereiten, indem sie unter den Waffen die Treue üben und heilig halten, die dereinst den vollkommenen Bund der Eintracht und Freundschaft unter ihnen schmieden soll.[2])

Die Maxime der Achtung gebietet, daß jedem Staat das Recht zuerkannt werde, über sich selbst zu verfügen. Und daraus folgt wieder zweierlei: Die Maxime verwehrt, das Lebensschicksal eines Staates in die Hand einer fremden Macht zu legen, sein Dasein mit dem ihren zu verketten. Der Staat hat eine Seele. Man kann nicht mit ihm walten, wie mit einem Gut. Man kann ihn nicht erwerben, wie eine tote Sache.[3]) Die Maxime verbannt im be-

[1]) Erster Präliminarartikel: „Es soll kein Friedensschluß für einen solchen gelten, der mit dem geheimen Vorbehalt des Stoffs zu einem künftigen Kriege gemacht worden."

[2]) Sechster Präliminarartikel: „Es soll sich kein Staat im Krieg mit einem anderen solche Feindseligkeiten erlauben, welche das wechselseitige Zutrauen im künftigen Frieden unmöglich machen müssen: als da sind, Anstellung der Meuchelmörder — percussores —, Giftmischer — venefici —, Brechung der Capitulation, Anstiftung des Verraths — perduellio —, in dem bekriegten Staat etc."

[3]) Zweiter Präliminarartikel: „Es soll kein für sich bestehender Staat — klein oder groß, das gilt hier gleichviel — von einem anderen Staate

sonderen die Intervention eines Gemeinwesens in die Verfassung und Regierung eines andern. Aus der Würde und Persönlichkeit des Staates folgt, daß er die Freiheit haben muß, sich souverän seine Ordnung zu geben. Nur wenn er in Anarchie verfällt und aufhört, ein Staat zu sein, steht es fremden Mächten zu, die gestaltlose Masse in neue Formen zu bannen.[1])

So verkündet der Philosoph das Grundrecht der nationalen Unabhängigkeit in den gleichen Jahren, in denen die Revolution für die individuelle Freiheit kämpft.

Wird diese Maxime heilig gehalten, so ist wieder ein großer Schritt zum Ewigen Frieden getan. Denn eine seiner Grundfesten muß die Gleichordnung, die Integrität und Selbstbestimmung der verbundenen Staaten sein.

Die dritte Forderung der Präliminarartikel lautet dahin, daß keine stehenden Heere unterhalten und keine Staatsschulden für künftige Kriege eingegangen werden sollen. Die kriegerische Bereitschaft eines Staates ist eine ständige Bedrohung der andern. Sie ruft einen immer wachsenden Wetteifer der Rüstungen hervor; das führt zu ungeheuerlichen Lasten und muß mit einer Katastrophe enden. Zu billigen ist nur die freiwillige Übung der Bürger in den Waffen zur Verteidigung ihres Bodens. Nicht minder gefährlich als die Aufstellung von Heeren ist die Anhäufung von Schulden zur Vorbereitung des Kriegs. Der Kredit wird immer stärker angespannt, bis der Staatsbankrott ausbricht, der notwendig auch unschuldige Völker in Mitleidenschaft zieht.[2])

---

durch Erbung, Tausch, Kauf oder Schenkung erworben werden können." — Und dann das große Wort: „Ein Staat ist nämlich nicht — wie etwa der Boden, auf dem er seinen Sitz hat — eine Haabe — patrimonium —. Er ist eine Gesellschaft von Menschen, über die Niemand anders, als er selbst, zu gebieten und zu disponieren hat. Ihn aber, der selbst als Stamm seine eigene Wurzel hatte, als Pfropfreis einem anderen Staate einzuverleiben, heißt seine Existenz, als einer moralischen Person, aufheben, und aus der letzteren eine Sache machen, und widerspricht also der Idee des ursprünglichen Vertrags, ohne die sich kein Recht über ein Volk denken läßt."

[1]) Fünfter Präliminarartikel: „Kein Staat soll sich in die Verfassung und Regierung eines anderen Staats gewaltthätig einmischen."

[2]) Dritter Präliminarartikel: „Stehende Heere — miles perpetuus — sollen mit der Zeit ganz aufhören." Vierter Präliminarartikel: „Es sollen keine Staatsschulden in Beziehung auf äußere Staatshändel gemacht werden."

Sind diese Prinzipien zur Herrschaft gelangt und ist damit das Fundament gelegt, so gilt es, die große Wandlung selber zu vollziehen, das Moralgesetz zur politischen Herrschaft zu bringen und dadurch den Ewigen Frieden zu begründen. Das geschieht durch eine dreifache Tat: Die Einführung der Republik, die Errichtung eines föderativen Verbandes und die Anerkennung allgemeiner Hospitalität unter den Völkern der Erde. Der Prozeß ist in den drei Definitivartikeln geschildert.

Das Moralgesetz fordert, daß jede Persönlichkeit, die auf das Schicksal einer andern Einfluß gewinnen kann, sich in eine rechtliche Verfassung mit ihr begebe. Der Naturzustand ist keine ethische Gestaltung des Lebens. Er ist der Menschheit unwürdig. Indem er keine rechtliche Sicherheit gegen einen Angriff enthält und eine stete Bedrohung des Nachbarn bedeutet, macht er den Fortschritt der Menschheit unmöglich. Darum das Gebot, daß ein Gesetz regiere.

Der erste Definitivartikel gebietet, daß der Mensch in einer staatlichen Gemeinschaft lebe. Er verlangt noch mehr. Die Gemeinschaft soll republikanisch sein.[1])

Nun verbindet Kant mit dem Begriff der Republik eine sehr eigene Bedeutung. Er gibt zwei Definitionen:

Die Republik, sagt er, vereint in sich drei Charakterzüge: Sie bedeutet erstlich die Abhängigkeit aller von einem Gesetz, dem sie sich selbst unterworfen haben, — eine Wesenseigenschaft, die zugleich besagt, daß die Republik auf einen ursprünglichen Vertrag gegründet ist. Aus diesem ersten Charakterzug folgen zwei andre, die schon in ihm beschlossen sind: Die Freiheit. Sie ist das Recht des Bürgers, nur einem Gesetz zu gehorchen, das er anerkannt und gelobt hat zu befolgen.[2]) Und die Gleichheit. Sie ist das Recht des Bürgers, von seinen Genossen nur durch ein Gesetz verpflichtet zu werden, durch das er sie selber binden kann.[3])[4])

---

[1]) S. 20—29.

[2]) Vergleiche die Definition von Montesquieu, Esprit des Lois. Livre XI. Chap. III. «La liberté est le droit de faire tout ce que les Loix permettent.»

[3]) S. 20—21. Metaphysische Anfangsgründe der Rechtslehre. Teil II. Abschnitt I. §§ 44 f. § 52.

[4]) An diese Definition der Gleichheit knüpft Kant die Verurteilung des Erbadels. S. 22—23.

Aber der Philosoph gibt noch eine andere Deutung.

Die Republik, so erläutert er, hat ihr Gepräge durch die Art, nicht durch die Form ihrer Regierung. Es kommt nicht darauf an, ob ein einzelner, ob mehrere oder alle die Herrschergewalt besitzen. Die Republik ist unabhängig davon, ob ein Fürst, ein Adel oder das Volk die Zügel des Regimentes führt. Die Republik verträgt sich mit der Autokratie, der Aristokratie und der Demokratie. Denn sie besteht in nichts anderm, als in der Trennung der ausführenden und der gesetzgebenden Gewalt. Ihren Gegensatz bildet die Despotie, in welcher der gleiche Wille die Gesetze gibt und eigenmächtig vollzieht.[1])

Die Auffassung Kants über die Republik ist die Synthese von zwei Gedankengängen. Die Theorie vom Gemeinwillen, die Rousseau entwickelt hat, verknüpft sich mit der Lehre von der Gewaltentrennung, dem System von Montesquieu.[2]) [3]) Kant sucht die beiden machtvollen Ideen zur Einheit zusammenzuführen. Das Gesetz ist der allgemeine Wille. Das ist das erste Prinzip, zu dem er sich bekennt. Aber er zieht aus diesem Prinzip nicht die gleichen Konsequenzen wie Rousseau. Er verteidigt nicht die Theorie, daß der allgemeine Wille nur durch die Versammlung aller Volksgenossen gefunden werden könne. Er verwirft nicht das Parlament als Repräsentation des Volkes. Er behauptet nicht, daß die ausführende Gewalt nur ein Werkzeug des allgebietenden Volkes sei, bestimmt, seinen Entschluß in zwingendem Gehorsam auszuführen, und ungeeignet, selbst den allgemeinen Willen zu ergründen.[4]) Im Gegenteil, solch radikale Demokratie betrachtet Kant als Despotismus, weil die Herrschaft aller niemals den allgemeinen Willen verkörpert und nur die Tyrannei der Mehrheit über die Minderheit bedeutet.[5]) Gerade das Parlament und der Träger der Exekutive sind ihm die getreuen Interpreten des allgemeinen Willens. Die Garantie ihres richtigen Urteils liegt eben in ihrer Dualität. Die Auffassung des einen Repräsentanten wird durch die des andern verbessert. Beide können nicht in der gleichen Richtung irren. Sie können

---

[1]) S. 24—29.

[2]) Rousseau, Contrat Social. Livre I. Chap. IV. Livre II. Chap. I.

[3]) Montesquieu, Esprit des Lois. Livre XI. Chap. VI.

[4]) Rousseau, Contrat Social. Livre II. Chap. I. Livre III. Chap. I.

[5]) S. 26.

nur in der Wahrheit zusammengehen.[1] [2] Durch solche Konstruktion sucht Kant die Lehren von Rousseau und Montesquieu zu versöhnen und wandelt hier einen Weg, den auch die Nationalversammlung von 1789 beschritten hat.[3]

Ist die Republik die Herrschaft des allgemeinen Willens, so folgt, daß sie dem Ewigen Frieden nahesteht. Einmal wegen ihres sittlichen Charakters überhaupt. Die Vollkommenheit, die ihr kraft der Freiheit und Gleichheit innewohnt, erhebt sie in die Regionen des politischen Ideals, in denen auch der Ewige Friede wohnt. Dazu kommt das konkret psychologische Phänomen, daß, wo der Staat den Willen aller bedeutet, der Staat sich nicht vorschnell zu einem Krieg entschließt. Nur in der äußersten Not werden diejenigen den Kampf eröffnen, die seine Lasten und Opfer tragen müssen. Wo die Bürger herrschen, da werden sie nicht leicht zum Schwerte greifen, das ihnen selbst die Wunden schlägt. Der Ewige Friede zieht ein, wo d a s V o l k über sein Schicksal bestimmt.[4]

---

[1] Rousseau, Contrat Social. Livre I. Chap. VII. Livre II. Chap. III.

[2] Die mathematische Formel S. 27: — „Je kleiner das Personale der Staatsgewalt — die Zahl der Herrscher —, je größer dagegen die Repräsentation derselben, desto mehr stimmt die Staatsverfassung zur Möglichkeit des Republicanism“ — enthält einen Anklang an eine Stelle des Contrat Social. Buch III. Kapitel II.

[3] Vgl. meine Arbeit: Die Staatstheorien der französischen Nationalversammlung von 1789. 1912.

[4] S. 23—24. „Nun hat aber die republicanische Verfassung, außer der Lauterkeit ihres Ursprungs, aus dem reinen Quell des Rechtsbegriffs entsprungen zu seyn, noch die Aussicht in die gewünschte Folge, nämlich den ewigen Frieden; wovon der Grund dieser ist. — Wenn — wie es in dieser Verfassung nicht anders seyn kann — die Beystimmung der Staatsbürger dazu erfordert wird, um zu beschließen, „ob Krieg seyn solle, oder nicht“, so ist nichts natürlicher, als daß, da sie alle Drangsale des Krieges über sich selbst beschließen müßten — als da sind: selbst zu fechten; die Kosten des Krieges aus ihrer eigenen Haabe herzugeben; die Verwüstung, die er hinter sich läßt, kümmerlich zu verbessern; zum Uebermaße des Uebels endlich noch eine, den Frieden selbst verbitternde, nie — wegen naher immer neuer Kriege — zu tilgende Schuldenlast selbst zu übernehmen —, sie sich sehr bedenken werden, ein so schlimmes Spiel anzufangen: Da hingegen in einer Verfassung, wo der Unterthan nicht Staatsbürger, die also nicht republicanisch ist, es die unbedenklichste Sache von der Welt ist, weil das Oberhaupt nicht Staatsgenosse, sondern Staatseigenthümer ist, an seinen Tafeln, Jagden, Lustschlössern, Hoffesten u. d. gl. durch den Krieg nicht das Mindeste einbüßt, diesen

Der zweite Definitivartikel gibt eine Ordnung des Völkerrechts.[1]) Wie den Menschen, so gebietet die Moral auch den Staaten, den Naturzustand aufzugeben und eine Rechtsgemeinschaft untereinander zu begründen. Die Staaten sollen einen allgemeinen Bund schließen und sich eine Verfassung geben. Ein föderatives System soll alle Nationen verbinden.[2]) Streitigkeiten sollen gesetzlich ausgetragen werden.[3]) [4])

---

also wie eine Art von Lustparthie aus unbedeutenden Ursachen beschließen, und der Anständigkeit wegen dem dazu allezeit fertigen diplomatischen Corps die Rechtfertigung desselben gleichgültig überlassen kann." — Metaphysische Anfangsgründe der Rechtslehre. Teil II. § 55. „Es erhebt sich die Frage, welches Recht hat der Staat gegen seine eigene Unterthanen sie zum Kriege gegen andere Staaten zu brauchen, ihre Güter, ja ihr Leben dabey aufzuwenden, oder aufs Spiel zu setzen: so, daß es nicht von dieser ihrem eigenen Urtheil abhängt, ob sie in den Krieg ziehen wollen oder nicht, sondern der Oberbefehl des Souverains sie hineinschicken darf?" — Vgl. Metaphysische Anfangsgründe der Rechtslehre. Teil II. Abschnitt II. § 55 i. f.

¹) S. 30—39.

²) S. 31—32. „Gleichwie wir nun die Anhänglichkeit der Wilden an ihre gesetzlose Freyheit, sich lieber unaufhörlich zu balgen, als sich einem gesetzlichen, von ihnen selbst zu konstituierenden, Zwange zu unterwerfen, mithin die tolle Freyheit der vernünftigen vorzuziehen, mit tiefer Verachtung ansehen, und als Rohigkeit, Ungeschliffenheit und viehische Abwürdigung der Menschheit betrachten, so, sollte man denken, müßten gesittete Völker — jedes für sich zu einem Staat vereinigt, eilen, aus einem so verworfenen Zustande je eher desto lieber herauszukommen: Statt dessen aber setzt vielmehr jeder Staat seine Majestät — denn Volksmajestät ist ein ungereimter Ausdruck — gerade darin, gar keinem äußeren gesetzlichen Zwange unterworfen zu seyn, und der Glanz seines Oberhauptes besteht darin, daß ihm, ohne daß er sich eben selbst in Gefahr setzen darf, viele Tausende zu Gebote stehen, sich für eine Sache, die sie nichts angeht, aufopfern zu lassen, und der Unterschied der europäischen Wilden von den americanischen besteht hauptsächlich darin, daß, da manche Stämme der letzteren von ihren Feinden gänzlich sind gegessen worden, die ersteren ihre Ueberwundene besser zu benutzen wissen, als sie zu verspeisen, und lieber die Zahl ihrer Unterthanen, mithin auch die Menge der Werkzeuge zu noch ausgebreiteteren Kriegen durch sie zu vermehren wissen." — S. 38. „Nach einem beendigten Kriege, beym Friedensschlusse, möchte es wohl für ein Volk nicht unschicklich seyn, daß nach dem Dankfeste ein Bußtag ausgeschrieben würde, den Himmel, im Namen des Staats, um Gnade für die große Versündigung anzurufen, die das menschliche Geschlecht sich noch immer zu Schulden kommen läßt, sich keiner gesetzlichen Verfassung, im Verhältniß auf andere Völker, fügen zu wollen, sondern stolz auf seine Unabhängigkeit lieber das barbarische Mittel des Krieges —

Der Völkerbund ist kein Völkerstaat. Freilich würde eine Weltrepublik mit einer überall herrschenden Gewalt dem sittlichen Gebot noch eher entsprechen. Aber ihre Gründung würde auf den Widerwillen der Völker stoßen. Der nationale Trieb, der die erste sittliche Schöpfung, den Staat, verwirklicht hat, würde sich dagegen wehren. Und so muß sich das ethische Gesetz mit einer Allianz bescheiden.

Der Völkerbund wird am leichtesten in der folgenden Art entstehen: Eine an Macht, Geist und Einfluß reiche Nation wird die republikanische Verfassung annehmen. Sie wird, kraft der Vollkommenheit, welche diesem Regiment eigen ist, eine Anziehung auf die andern Nationen üben. Sie wird sie mit ihrem republikanischen Ideal erfüllen und gleichzeitig ihre Bestrebungen in die Bahn des Ewigen Friedens leiten, der, wie gezeigt, der Republik natürlich ist. Durch solche Vermittlung politischer Gedanken wird jenes Volk eine Annäherung zustande bringen und mit der Zeit die übrigen Völker in den Kreis einer föderalistischen Vereinigung ziehen. [1])

---

wodurch doch das, was gesucht wird, nämlich das Recht eines jeden Staates, nicht ausgemacht wird — zu gebrauchen. — Die Dankfeste während dem Kriege über den erfochtenen Sieg, die Hymnen, die — auf gut israelitisch — dem Herrn der Heerschaaren gesungen werden, stehen mit der moralischen Idee des Vaters der Menschen in nicht minder starkem Contrast; weil sie außer der Gleichgültigkeit wegen der Art, wie Völker ihr gegenseitiges Recht suchen — die traurig genug ist —, noch eine Freude hineinbringen, recht viel Menschen, oder ihr Glück zernichtet zu haben." — Metaphysische Anfangsgründe der Rechtslehre. Teil II. Abschnitt II. §§ 54. 61.

[3]) (Zu S. 204.) S. 87.

[4]) (Zu S. 204.) Vgl. Fichte, Grundlage des Naturrechts. Bd. II. S. 261. Schelling, System des transcendentalen Idealismus. S. 411.

[1]) Seroux d'Agincourt, Exposé des projets de paix perpétuelle de l'abbé de Saint-Pierre (et de Henri IV.), de Bentham et de Kant. 1905. p. 444—445. «Ces idées sont quelque peu nébuleuses, et pourtant les faits ont donné raison à Kant. Sans doute, nous n'avons pas assisté à la création d'une confédération européenne, mais en revanche, nous avons vu cette *attraction* dont il parle s'exercer sur les peuples avec une intensité sans pareille. En peu d'années les doctrines de la Révolution française se propagent dans toute l'Europe, les trônes sont menacés, et pour conserver leur couronne les rois sont obligés de faire des concessions à leurs sujets. Partout ou presque partout le régime constitutionnel prend la place du pouvoir absolu.»

Dem Völkerbunde gehört die Zukunft. Denn der Rechtsgedanke ist als sittliche Kraft tief in der menschlichen Seele begründet. Greifen doch die Kriegführenden selbst auf ihn zurück und rufen Autoritäten des Völkerrechtes an, um die Gerechtigkeit ihrer Sache zu beweisen. Haben sich die Gewalttätigsten je erkühnt, das Recht zu verleugnen und die Macht zur unbeschränkten Herrin zu erklären? Das Recht, wenn auch oft gebeugt, ist doch unzerstörbar. Weicht es einmal der Gewalt, so kehrt es mit gedoppelter Kraft zurück. Es ist zur Herrschaft bestimmt und wird einst den vollen Sieg erringen.[1]) Das will die Menschennatur.

Der dritte Definitivartikel behandelt das Weltbürgerrecht.[2])

Eine Republik, welche die ganze Menschheit umfaßt, liegt in unnahbarer Ferne. Sie ist nur ein ewiges Ziel, auf welches der politische Fortschritt seine Richtung nimmt.[3]) Das hindert aber

---

[1]) S. 33. „Die Huldigung, die jeder Staat dem Rechtsbegriffe — wenigstens den Worten nach — leistet, beweist doch, daß eine noch größere, ob zwar zur Zeit schlummernde, moralische Anlage im Menschen anzutreffen sey, über das böse Princip in ihm — was er nicht ableugnen kann — doch einmal Meister zu werden, und dies auch von anderen zu hoffen; denn sonst würde das Wort Recht den Staaten, die sich einander befehden wollen, nie in den Mund kommen, es sey denn, bloß um seinen Spott damit zu treiben, wie jener gallische Fürst es erklärte: „Es ist der Vorzug, den die Natur dem Stärkeren über den Schwächeren gegeben hat, daß dieser ihm gehorchen soll“.“

[2]) S. 40—46. Metaphysische Anfangsgründe der Rechtslehre. Teil II. § 62.

[3]) Der Gedanke einer universellen Republik ist alt. Schon im 16. Jahrhundert stellen manche Autoren der Vorstellung einer Völkergesellschaft den Glauben an einen Völkerstaat gegenüber. Später nimmt namentlich Christian Wolff die Weltstaatsidee wieder auf. Vgl. Gierke, Johannes Althusius und die Entwicklung der naturrechtlichen Staatstheorien. 1880. S. 235 f.

Für die Völkergesellschaft: Suarez, De legibus ac Deo legislatore. Coimbra. 1612. „Quamquam unaquaeque civitas perfecta, res publica aut regnum sit in se communitas perfecta et suis membris constans, nihilominus quaelibet illarum est etiam membrum aliquomodo huius universi.“

Für den Völkerstaat: Albericus Gentilis, De iure belli. 1612. „Orbis rectio est penes congregationem maioris partis orbis.“

Christian Wolff, Jus gentium methodo scientifica pertractatum. 1749. § 8. „Quemadmodum homo unus sibi solus non sufficit, sed alterius auxilio indiget, ut ideo commune bonum coniunctis viribus sit promovendum; ita quoque gens una sibi soli non sufficit, sed una alterius auxilio indiget, ut ideo quoque commune bonum coniunctis viribus sit promovendum.“ § 12. „Quatenus gentes in civitatem maximam coivisse intelliguntur, singulae universis se obligasse intelliguntur, quod commune bonum promovere velint, uni-

nicht, daß von Anbeginn Prinzipien Achtung finden, die dereinst ein integrierendes Element der idealen Ordnung bilden werden. Manche Höhen jener fernen Welt sind schon jetzt erreichbar. Es gilt, sie zu erobern und zu festigen, als die Mauerzinnen des künftigen Reiches.[1])

---

versi autem singulis, quod ipsorum bono in particulari prospicere velint." § 20. „In civitate quoque maxima pro voluntate omnium gentium habendum erat, quod maiori earum parti visum fuerit." § 19. „Imperium universis reservatum intellegitur." — „Civitas maxima status quidam popularis est." § 288. „Quoniam gentium eadem esse debet voluntas et noluntas, quam officia mutua exigunt; quod officiis convenienter gens quaedam sibi fieri vult ab altera, id etiam alteri facere, quod autem fieri non vult, id alteri non facere debet."

Institutiones iuris naturae et gentium. 1750. § 1024. „Denique cum gentes sint veluti cives civitatis maximae; inter se concordes esse debent, consequenter discordias ea, quae discordiis causam dant, sollicite vitare." § 1090. „Cum gentes coniunctis viribus se statumque suum perficere obligantur; ipsa natura societatem quandam inter gentes instituit, in quam ob obligationis naturalis indispensabilem necessitatem consentire tenentur, ut quasi pacto contracta videatur. Atque haec societas communis salutis causa inter gentes instituta civitas maxima vocatur, cuius membra, seu veluti cives, sunt singulae gentes. Atque hinc nascitur ius quoddam universis competens in singulas, quod imperium universale sive gentium appellari potest, nimirum determinandi actiones singularum salutis communis obtinendae causa cogendi singulas, ut obligationi suae satisfaciant." § 1217. „Cum gens nulla alteri iniuriam facere debeat, et curae habere, ut controversias sine vi armorum componat, consequenter nullam causam bello dare; gentes pacem inter se colere naturaliter obligantur. Et quia homines in civitatem coivere, ut iure suo quiete fruantur, et tuto ab alio id consequantur; Rector quoque civitatis subditis suis, et quatenus ipsa natura gentes in civitatem maximam redegit, gentibus aliis hoc naturaliter debet, ut pacem omni modo conservare studeat, consequenter non modo ipse bellum vitare debet, quantum potest, verum etiam dare operam, ut dissuadeat aliis, ne temere bellum suscipiant."

[1]) S. 42. „Es können entfernte Welttheile mit einander friedlich in Verhältnisse kommen, die zuletzt öffentlich gesetzlich werden, und so das menschliche Geschlecht endlich einer weltbürgerlichen Verfassung immer näher bringen können." — S. 46. „Da es mit der unter den Völkern der Erde einmal durchgängig überhand genommenen — engeren oder weiteren — Gemeinschaft so weit gekommen ist, daß die Rechtsverletzung an einem Platz der Erde an allen gefühlt wird: so ist die Idee eines Weltbürgerrechts keine phantastische und überspannte Vorstellungsart des Rechts, sondern eine nothwendige Ergänzung des ungeschriebenen Codex, sowohl des Staats- als Völkerrechts zum öffentlichen Menschenrechte überhaupt, und so zum ewigen Frieden, zu dem man sich in der continuierlichen Annäherung zu befinden, nur unter dieser Bedingung schmeicheln darf."

Die Normen des Weltbürgerrechts, die immerwährende Geltung haben, sind bei Kant zusammengefaßt in der Maxime der Hospitalität. Diese Maxime bedeutet, daß es den Bewohnern eines Landes verwehrt ist, den Fremdling um seiner Abkunft willen feindselig zu behandeln. Sie sind frei, ihn von ihren Grenzen zurückzuweisen, wenn das ohne Lebensgefahr für ihn geschehen kann. Dulden sie aber seinen Aufenthalt, so sind sie gehalten, ihm friedlich zu begegnen. Der Fremdling hat kein Gastrecht. Zwar, er kann nicht fordern, daß er in die häusliche Gemeinschaft aufgenommen werde. Aber er hat ein Besuchsrecht. Er ist befugt, seine Gesellschaft anzubieten und einen Verkehr mit den Bewohnern zu versuchen. Diese sittliche Wahrheit wird durch die Natur der Erde selbst offenbart. Auf einer Kugelfläche können sich die Menschen nicht ins Unendliche zerstreuen; sie müssen sich immer wieder zusammenfinden. Und wenn die Erde auch unwirtliche Gegenden, Meere und Sandwüsten enthält, so ist doch der Verkehr von einem bewohnten Lande zum andern nirgends unmöglich.

Der Wille zur Republik, der Wille zum Völkerbund, der Wille zur Hospitalität, das sind die drei Stufen der politischen Vollkommenheit, die es zu erreichen gilt. Von ihrer Höhe öffnet sich das Reich des Friedens.

Weil aber die moralische Kraft der Menschheit nicht vermögend ist, alle Widerstände zu brechen und siegreich aus allen Wirren hervorzugehen, so tritt die Natur selbst für den Frieden ein und setzt die Macht ihrer unwiderstehlich wirkenden Gesetze in den Dienst der großen Sache. Man mag es Schicksal oder mag es Vorsehung nennen, es ist eine Wahrheit, daß die Natur im Bunde mit dem Frieden steht.[1])

---

[1]) S. 47. 65. Zusatz. Von der Garantie des Ewigen Friedens. S. 47. „Das, was diese Gewähr — Garantie — leistet, ist nichts Geringeres, als die große Künstlerin, Natur — natura daedala rerum —, aus deren mechanischem Laufe sichtbarlich Zweckmäßigkeit hervorleuchtet, durch die Zwietracht der Menschen Eintracht selbst wider ihren Willen emporkommen zu lassen, und darum, gleich als Nöthigung einer ihren Wirkungsgesetzen nach uns unbekannten Ursache, Schicksal, bey Erwägung aber ihrer Zweckmäßigkeit im Laufe der Welt, als tiefliegende Weisheit einer höheren, auf den objektiven Endzweck des menschlichen Geschlechts gerichteten, und diesen Weltlauf prädeterminierenden Ursache Vorsehung genannt wird.“ — S. 58. „Jetzt ist

Die Erde ist von einer solchen Beschaffenheit, daß sie überall, auch in den rauhesten Gegenden, den notdürftigen Lebensunterhalt für den Menschen bietet. Hat aber die Natur die Erde bewohnbar gestaltet, so will sie auch, daß die Erde an allen Orten besiedelt sei. Sie erregt deshalb die gewaltigste ihrer Katastrophen, den Krieg, um die Völker über alle Länder zu treiben. Und indem sie das tut, strahlt sie wieder eine dreifache Wirkung aus, welche der Friedensordnung förderlich ist.

Ruft nämlich die Natur eine große Bewegung der Völker durch Not und Kampf hervor, so werden die Gruppen der Menschen durch steten Druck, durch Stoß und Gegenstoß gezwungen, Staaten zu bilden, um sich zu sammeln und gemeinsam zu schirmen. Alle Staaten aber tragen in sich die Tendenz zur republikanischen Verfassung. Denn diese Staatsform hat das Eigentümliche, daß sie allein imstande ist, die Ordnung und die Wohlfahrt des Ganzen mit den selbstsüchtigen Neigungen der Menschen zu versöhnen. Nur der allgemeine Wille, der die Seele der republikanischen Verfassung ist, bringt die Lösung des großen Problems, das in dem Kontrast der menschlichen Bestrebungen liegt. Wären die egoistischen Triebe sich selbst überlassen, so würde das zur Willkür, Kollision und Vernichtung führen. Das wohlverstandene Interesse zwingt deshalb die Menschen, ihre Eigenbestrebungen zu mäßigen, mit denen der Genossen zu vereinen und in eine mittlere Bahn zu lenken. Es gilt, statt alles zu verlieren, einiges zu retten, das mit den Zielen der anderen vereinbar ist. So entsteht der allgemeine Wille. Er stellt ein Gleich-

---

die Frage, die das Wesentliche der Absicht auf den ewigen Frieden betrifft: „Was die Natur in dieser Absicht, Beziehungsweise auf den Zweck, den dem Menschen seine eigene Vernunft zur Pflicht macht, mithin zu Begünstigung seiner moralischen Absicht leiste, und wie sie die Gewähr leiste, daß dasjenige, was der Mensch nach Freyheitsgesetzen thun sollte, aber nicht thut, dieser Freyheit unbeschadet auch durch einen Zwang der Natur, daß er es thun werde, gesichert sey, und zwar nach allen drey Verhältnissen des öffentlichen Rechts, des Staats-, Völker- nnd weltbürgerlichen Rechts". — Wenn ich von der Natur sage: sie will, daß dieses oder jenes geschehe, so heißt das nicht soviel, als: sie legt uns eine Pflicht auf, es zu thun — denn das kann nur die zwangsfreye praktische Vernunft —, sondern sie thut es selbst, wir mögen wollen oder nicht — fata volentem ducunt, nolentem trahunt —."

gewicht unter den divergierenden Kräften her. Er ist der Mechanismus, der sie mit der größten Ersparnis nutzt und in eine gemeinsame Richtung treibt. So ist der allgemeine Wille nicht nur ein ethisches, sondern auch ein utilitäres Prinzip. Er setzt sich durch, auch wo die Menschen, das Moralgesetz verleugnend, nur auf ihren Vorteil sinnen. An sich sollte die Vernunft durch eigene Kraft den egoistischen Willen durch den altruistischen besiegen. Aber wo sie versagt, da hilft die Natur. Sie schafft die Republik. Tut sie das, dann arbeitet sie zugleich für den Ewigen Frieden. Denn ihm strebt diese Staatsform nach ihrem ureigenen Wesen zu, wie in anderem Zusammenhang erläutert ist.[1])

Dazu kommt eine andere Wirkung. Wenn die Natur die Völker über die Welt verstreut, so entwickeln sich natürlicherweise trennende Besonderheiten des Wesens und vor allem eine Verschiedenheit der Sprache und der Religion. Solche Divergenzen

---

[1]) S. 59—61. „Aber nun kommt die Natur dem verehrten, aber zur Praxis ohnmächtigen allgemeinen, in der Vernunft gegründeten Willen, und zwar gerade durch jene selbstsüchtige Neigungen, zu Hülfe, so, daß es nur auf eine gute Organisation des Staates ankommt — die allerdings im Vermögen der Menschen ist —, jener ihre Kräfte so gegen einander zu richten, daß eine die anderen in ihrer zerstöhrenden Wirkung aufhält, oder diese aufhebt: so daß der Erfolg für die Vernunft so ausfällt, als wenn beyde gar nicht da wären, und so der Mensch, wenn gleich nicht ein moralisch guter Mensch, dennoch ein guter Bürger zu seyn gezwungen wird. Das Problem der Staatserrichtung ist, so hart wie es auch klingt, selbst für ein Volk von Teufeln — wenn sie nur Verstand haben —, auflösbar und lautet so: ‚Eine Menge von vernünftigen Wesen, die insgesammt allgemeine Gesetze für ihre Erhaltung verlangen, deren jedes aber in geheim sich davon auszunehmen geneigt ist, so zu ordnen und ihre Verfassung einzurichten, daß, obgleich sie in ihren Privatgesinnungen einander entgegen streben, diese einander doch so aufhalten, daß in ihrem öffentlichen Verhalten der Erfolg eben derselbe ist, als ob sie keine solche böse Gesinnungen hätten.‘ Ein solches Problem muß auflöslich seyn. Denn es ist nicht die moralische Besserung der Menschen, sondern nur der Mechanism der Natur, von dem die Aufgabe zu wissen verlangt, wie man ihn an Menschen benutzen könne, um den Widerstreit ihrer unfriedlichen Gesinnungen in einem Volk so zu richten, daß sie sich unter Zwangsgesetze zu begeben einander selbst nöthigen, und so den Friedenszustand, in welchem Gesetze Kraft haben, herbeyführen müssen.“ — Es ist das in den großen Zügen die Konstruktion des allgemeinen Willens, die Rousseau im Contrat Social gegeben hat. Vgl. dort Buch I. Kap. VII. Buch II. Kap. III.

bieten vielleicht auf niedriger Entwicklungsstufe eine Ursache zu Haß und Streit. Aber bei zunehmender Gesittung und bei wachsender Annäherung unter den Menschen muß die Überzeugung heran reifen, daß der Ausgleich der Kulturgüter eine wichtige Bedingung des Fortschritts bedeutet. Was die Völker scheidet, wird bald ein versöhnendes Element. Die auseinander strebenden Kräfte werden in eine Gemeinschaft verwoben. Aus den Divergenzen erwächst eine Solidarität und damit ein Band des Friedens.

Was im geistigen, das gilt aber auch im wirtschaftlichen Leben. Die Verschiedenheit der Reichtümer bringt die Völker zusammen. Es bildet sich ein reger Austausch der Güter. Der Handelsgeist erwacht. Und er wird dem Kriege immer feindlich sein.

Das ist in den großen Zügen die Lehre Kants.

Sie unterscheidet sich in ihrer innersten Natur von allen Theorien, die seit dem Niedergang des mittelalterlichen Weltreichs entwickelt worden sind. Der edle Philosoph gibt der Weltverfassung eine neue Seele: den sittlichen Gedanken.

Jedes System der Weltverfassung muß eine Seele in sich tragen. Das Problem ist noch nicht damit gelöst, daß man einen geistreichen Mechanismus ersinnt, in dem ein Rad sich kunstreich zum andern fügt und in dem die Kette von Ursachen und Wirkungen sorgsam berechnet ist. Es muß auch das belebende Prinzip eines jeden Mechanismus gegeben sein: die motorische Kraft.

Die Vorläufer wähnten, der Gedanke der Nützlichkeit, die in der Weltverfassung beschlossen liegt, würde fähig sein, ihre Systeme in Bewegung zu setzen. Sie hofften, es würde gelingen, Fürsten und Völker über ihren wahren Vorteil zu belehren und durch aufgeklärte egoistische Motive in die Bahn des Friedens zu leiten.[1]) Indes, sie übersahen die prekäre Natur solchen Beginnens. Selbst wenn die Überzeugung der Nützlichkeit errungen und ständig gegenwärtig ist, so vermag sie doch nicht das Handeln der Menschen als souveräne Herrscherin zu lenken. Sie hat nicht immer die Macht, die Leidenschaft zu überwinden.

---

[1]) Vgl. Rousseau, Extrait du projet de paix perpétuelle de monsieur l'abbé de Saint-Pierre. Ed. chez Sanson et Compagnie. 1782. p. 39.

So enthalten die geistreichen Pläne, die vom Ausgang des Mittelalters bis zur Aufklärungszeit entwickelt worden sind, wohl konstruktive Formeln von großer Bedeutung. Allein sie geben kein Fundament des Ewigen Friedens. Kant findet es in dem sittlichen Gesetz der Menschennatur.

Die politischen Gedanken des Philosophen strahlen von diesem Zentrum aus und ziehen ihre Linien über mancherlei Gebiete des Geschehens.

Kant entwickelt einmal psychologische Sätze. Er lehrt, durch welche Wandlungen die Menschheit erzogen werden kann, dem moralischen Gebot in Fragen des politischen Lebens zu gehorchen. Er vertieft hier ein Problem geistiger Evolution. Seine Auffassung ist in den Präliminarartikeln niedergelegt.

Der Philosoph gibt zum andern eine staatliche Verfassungstheorie. Er verbindet Gedankengänge von Rousseau und Montesquieu. Er erbaut eine republikanische Doktrin auf den Lehren vom allgemeinen Willen, von der Freiheit und Gleichheit, von der Gewaltenteilung. Und er leitet dann seine staatspolitische Lehre in gerader Richtung hinüber zu dem Friedensgedanken: Wo die Republik herrscht, — so lautet seine Argumentation — wo der allgemeine Wille gebietet, wo also die Bürger, welche die Leiden des Kriegs zu tragen haben, selbst über das Schicksal des Staates entscheiden, da ist der Ewige Friede nah.

Kant wendet sich darauf zu einer diplomatischen Idee. Er empfiehlt einen Völkerbund, der den Frieden nach Prinzipien des Rechts erhalten soll.

Der Philosoph verbindet endlich die Elemente seines Systems durch den Faden zweier historischer Entwicklungsgesetze. Er zeigt, wie die Republik die natürlichste und glücklichste Lösung kollidierender Interessen bedeutet und wie sie deshalb das Endziel der Bestrebungen bildet, durch welche die staatliche Ordnung hergestellt werden soll. Er zeigt auch, wie die Verschiedenheit des geistigen und wirtschaftlichen Besitzes die Völker zueinander führt, durch Austausch der Güter bindet und in Solidarität vereint.

Das sind die Kardinalpunkte in der Auffassung des großen Kant.

Die Präliminarartikel haben ihren tieferen Sinn und ihre innere Wahrheit in der Geschichte des 19. Jahrhunderts offenbart. Die

Gesetze des Krieges, die heute von den Staaten vereinbart sind, konsekrieren die Maxime, daß der Krieg mit ehrlichen Waffen geführt werden soll. Die Intervention in Verfassung und Regierung eines souveränen Staats ist nach herrschenden Grundsätzen des internationalen Rechts verbannt. Hingegen der Gedanke, daß ein staatlich organisiertes Volk selbständig über sein Schicksal zu bestimmen habe und weder in seiner Totalität noch partiell in andere Hände übergehen könne wie ein liegendes Gut, ist in der neueren Geschichte gar oft verletzt worden. Aber die Verkennung dieses Grundrechtes hat eben die gewaltigen Kämpfe um die Nationalität hervorgerufen, die der europäischen Politik des 19. Jahrhunderts ihren Charakter geben. Auch hier hat der Philosoph Recht behalten. Und hat nicht seine Erkenntnis, daß die kriegerische Bereitschaft der Staaten einen immer gigantischeren Wetteifer der Rüstungen hervorruft und notwendig zur Katastrophe drängt, in den letzten Ereignissen eine tragische Bestätigung erfahren?

Kant ist groß, solange er die Verfassung der Welt mit sittlichen Gründen verteidigt. Sobald er aber seine moralische Idee mit politischen Argumentationen verbindet, ist er weniger glücklich und eigenartig. Seine Theorie von der Republik, vom gemeinen Willen und von der Gewaltenteilung ist den Werken von Rousseau und Montesquieu entlehnt. Wenn Kant einen Völkerbund ersehnt, so ist sein Gedanke nicht neu und ermangelt der systematischen Vertiefung. Das gleiche gilt von dem Gedanken der Solidarität als einendem Prinzip. Die These endlich, daß der Friede gesichert sei, sobald die Politik durch die Völker selbst bestimmt werde, ist oftmals durch die Geschichte widerlegt. Nicht selten haben die Nationen den Krieg ihren Fürsten aufgedrängt.[1]) Die

[1]) Seroux d'Agincourt, p. 476—477. Bentham, Principles of international Law. 1786—1789. Essay IV. "Hitherto war has been the national rage: peace has always come too soon, — war too late. To tie up the ministers' hands and make them continually accountable, would be depriving them of numberless occasions of seizing those happy advantages that lead to war: it would be lessening the people's chance of their favourite amusement. For these hundred years past, ministers, to do them justice, have generally been more backward than the people — the great object has rather been to force them into war, than to keep them out of it. Walpole and Newcastle were both forced into war."

These gewinnt ihre wahre Bedeutung und Tragweite erst dann, wenn man sie mit der sittlichen Vervollkommnung der Völker zusammenhält. Lebt in den Völkern das Moralgesetz und handeln sie nach ihm, dann allerdings bringt das demokratische Regiment die Garantie des Friedens.

So ist der sittliche Gedanke der Schlußstein des Gewölbes. Zu ihm hinauf streben alle Pfeiler und Bogen, welche die neue Welt auf ihren Schultern tragen. Der Völkerbund wird kommen, weil er sittlich ist. Alle Kraft und Wahrheit ist ihm eigen, die in dem moralischen Gesetz beschlossen liegt. In dieser Weise führt Kant die föderative Idee auf eine Höhe, die sie noch nie erstiegen hat. Er gibt ihr die erhabenste Autorität, die in der menschlichen Seele waltet. Er leiht ihr den Arm einer Gewalt, die immer siegreich ist. Die Erhebung zum sittlichen Ideal: Das ist die Tat, die Kant für die Verfassung der Welt vollbracht.[1])

---

[1]) Metaphysische Anfangsgründe der Rechtslehre. „Beschluß. Wenn jemand nicht beweisen kann, daß ein Ding ist, so mag er versuchen zu beweisen, daß es nicht ist. Will es ihm mit keinem von beyden gelingen (ein Fall, der oft eintritt); so kann er noch fragen: ob es ihn interessire, das Eine oder das Andere (durch eine Hypothese) anzunehmen, und dies zwar entweder in theoretischer, oder in practischer Rücksicht, d. i. entweder um sich bloß ein gewisses Phänomen (wie z. B. für den Astronom, das des Rückganges und Stillstandes der Planeten zu erklären, oder um einen gewissen Zweck zu erreichen, der nun wiederum entweder pragmatisch (bloßer Kunstzweck) oder moralisch, d. i. ein solcher Zweck seyn kann, den sich zu setzen die Maxime selbst Pflicht ist. — Es versteht sich von selbst: daß nicht das Annehmen (suppositio) der Ausführbarkeit jenes Zwecks, welches ein bloß theoretisches und dazu noch problematisches Urtheil ist, hier zur Pflicht gemacht werde; denn dazu (etwas zu glauben) giebts keine Verbindlichkeit, sondern das Handeln nach der Idee jenes Zwecks, wenn auch nicht die mindeste theoretische Wahrscheinlichkeit da ist, daß er ausgeführt werden könne, dennoch aber seine Unmöglichkeit gleichfalls nicht demonstrirt werden kann, das ist es, wozu uns eine Pflicht obliegt.

Nun spricht die moralisch-practische Vernunft in uns ihr unwiderstehliches Veto aus: Es soll kein Krieg seyn; weder der, welcher zwischen Mir und Dir im Naturzustande, noch zwischen uns als Staaten, die, obzwar innerlich im gesetzlichen, doch äußerlich (im Verhältniß gegen einander) im gesetzlosen Zustande sind; — denn das ist nicht die Art, wie jedermann sein Recht suchen soll. Also ist nicht mehr die Frage: ob der ewige Friede ein Ding oder Unding sey, und ob wir uns nicht in unserem theoretischen Urtheile betrügen, wenn wir das erstere annehmen, sondern wir müssen so handeln, als ob das Ding sey, was vielleicht nicht ist, auf Begründung desselben, und diejenige Constitution, die uns dazu die tauglichste scheint (vielleicht den Republicanism aller Staaten sammt und sonders) hinwirken, um ihn herbey zu führen, und dem heillosen Kriegführen, worauf, als den Hauptzweck, bisher alle Staaten, ohne Ausnahme, ihre inneren Anstalten gerichtet haben, ein Ende zu machen. Und, wenn das letztere, was die Vollendung dieser Absicht betrift, auch immer ein frommer Wunsch bliebe, so betrügen wir uns doch gewiß nicht mit der Annahme der Maxime dahin unablässig zu wirken; denn diese ist Pflicht; das moralische Gesetz aber in uns selbst für betrüglich anzunehmen, würde den Abscheu erregenden Wunsch hervorbringen, lieber aller Vernunft zu entbehren, und sich, seinen Grundsätzen nach, mit den übrigen Thierclassen in einen gleichen Mechanism der Natur geworfen anzusehen.

Man kann sagen, daß diese allgemeine und fortdauernde Friedensstiftung nicht bloß einen Theil, sondern den ganzen Endzweck der Rechtslehre innerhalb den Grenzen der bloßen Vernunft ausmache; denn der Friedenszustand ist allein der unter Gesetzen gesicherte Zustand des Mein und Dein in einer Menge einander benachbarter Menschen, mithin die in einer Verfassung zusammen sind, deren Regel aber nicht von der Erfahrung derjenigen, die sich bisher am besten dabey befunden haben, als einer Norm für Andere, sondern die durch die Vernunft a priori von dem Ideal einer rechtlichen Verbindung der Menschen unter öffentlichen Gesetzen überhaupt hergenommen werden muß, weil alle Beyspiele (als die nur erläutern, aber nichts beweisen können) trüglich sind, und so allerdings einer Metaphysik bedürfen, deren Nothwendigkeit diejenigen, die dieser spotten, doch unvorsichtiger Weise selbst zugestehen, wenn sie z. B., wie sie es oft thun, sagen: »die beste Verfassung ist die, wo nicht die Menschen, sondern die Gesetze machthabend sind.« Denn was kann mehr metaphysisch sublimirt seyn, als eben diese Idee, welche gleichwohl, nach jener ihrer eigenen Behauptung, die bewährteste objective Realität hat, die sich auch in vorkommenden Fällen leicht darstellen läßt, und welche allein, wenn sie nicht revolutionsmäßig, durch einen Sprung, d. i. durch gewaltsame Umstürzung einer bisher bestandenen fehlerhaften — (denn da würde sich zwischeninne ein Augenblick der Vernichtung alles rechtlichen Zustandes ereignen) sondern durch allmählige Reform nach festen Grundsätzen versucht und durchgeführt wird, in continuirlicher Annäherung zum höchsten politischen Gut, zum ewigen Frieden hinleiten kann."

Siebentes Kapitel.

Die rechtliche Weltordnung.

Die Doktrin der natürlichen Staatenfreiheit im Revolutionszeitalter — Die Legitimitätstheorie der Restauration — Die Nationalitätsidee Napoleons III.

1. Die Doktrin der natürlichen Staatenfreiheit im Revolutionszeitalter.

In den Stürmen, welche die französische Revolution erhebt, wird die Theorie der universellen Verfassung wieder herabgerissen auf die Erde. Sie verläßt die Sphären der reinen Wissenschaft und mischt sich wieder in das Leben der Menschen. Sie begleitet die Weltbegebenheiten. Sie wird von ihnen getragen oder vermag ihnen selbst den Impuls zu geben. Sie kehrt in die historische Bahn zurück.

Allein die Theorie erhält von nun an ihr Gepräge durch die Verbindung mit einer geistigen Macht, die schon im Zeitalter der Glaubenskämpfe ihr Haupt erhoben, aber erst um die Wende des 18. Jahrhunderts zu einer wahren Herrschaft emporsteigt. Diese geistige Macht ist das Völkerrecht.[1])

---

[1]) Sorel, L'Europe et la Révolution française. 1885. Vol I. p. 10. «Une Europe où les droits de chacun résultant des devoirs de tous, était quelque chose de si étranger aux hommes d'Etat de l'ancien régime, qu'il fallut une guerre d'un quart de siècle, la plus formidable qu'on eût encore vue, pour leur en imposer la notion et leur en démontrer la nécessité.» — Sorel, En parlant d'un Mémoire adressé par Vergennes à Louis XVI le 12 avril 1777. Vol. I. p. 315. «Jamais la diplomatie n'avait tenu un langage aussi élevé. Jamais plus noble proposition n'avait été présentée à un prince équitable. C'est un trait entièrement nouveau qui se dessine ici: il marque la transition de l'ancien droit public, qui se dissolvait par l'abus de son principe, au droit nouveau qui tendait à se dégager des méditations des penseurs et à passer

Von ihr beseelt, erscheint die Theorie der universellen Verfassung in einer doppelten Gestalt: in der Revolutionären Doktrin und, nachdem die Heilige Allianz in natürlicher Reaktion ein europäisches Gebäude älterer Jahrhunderte wieder aufgerichtet, in der Nationalitätentheorie Napoleons III.

Die französische Revolution ist eine riesenhafte Achsendrehung der politischen Welt, die das Leben der Völker unter einen neuen Himmel trägt.

John Locke verkündet die Theorie von einem ursprünglichen Menschenrecht. Jede Persönlichkeit hat eine Sphäre, in der sie ungehindert ihre natürliche Kraft entwickeln kann. Diese Freiheit ist ein heiliges und angestammtes Gut, das ihr nicht genommen werden soll.

Der Philosoph belebt die amerikanischen Verfassungen mit dem Hauch seines Geistes. Er dringt auch siegend ein auf den Kampfplatz der französischen Revolution. Aber hier tritt ihm ein anderer Heros in den Weg. Es ist Rousseau.

Der Philosoph des Contrat Social begründet die Lehre von der Souveränität des Volkes, die im Gemeinwillen ihren Ausdruck findet. Die Persönlichkeit geht unter im Staat. Wohl ist der Bürger frei. Er ist es aber nur, weil er mit seiner Stimme Teil hat an der unbeschränkten Machtvollkommenheit der Nation. Er ist es nur als Atom der Kollektivität.

Es gibt in dieser Lehre kein individuelles Recht. Der logische Raum ist dafür nicht vorhanden. Und es besteht deshalb eine scharfe Antithese zwischen den Systemen von Rousseau und Locke.[1])

---

de la spéculation dans la politique. Ce n'est plus le cynisme d'un Frédéric ou d'une Catherine, l'âpreté d'un Louvois ou l'implacable calcul d'un Richelieu. On recherche dans l'intérêt de tous la véritable règle de l'intérêt de chacun: le despotisme de la raison d'Etat se tempère, et des considérations de l'ordre purement moral corrigent le réalisme brutal de l'ancienne politique. Quelque chose de l'Esprit des Lois pénètre dans la diplomatie.»

[1]) Vgl. über diese Antithese: Laurent, Histoire du droit des gens et des relations internationales. Tome XIII. La Révolution française. 1867. p. 56 sq.

Aber wenn auch der englische Denker in Frankreich nicht den gleichen Triumph erlebt wie jenseits der Meere, wenn die revolutionäre Staatstheorie von Rousseau geleitet, wenn selbst die Deklaration der Menschenrechte vom Contrat Social und dem Gedanken der nationalen Souveränität überschattet wird und deshalb trotz ihres Namens im Grunde nicht Menschen-, sondern Völkerrechte proklamiert[1]), so beherrscht Locke die Revolution wieder auf einem anderen Gebiet. Die fundamentalen Normen, die in jenem Zeitalter für die Staatengesellschaft aufgerichtet werden, stammen von ihm. Er beseelt das internationale, wie Rousseau das konstitutionelle Recht.

Die Prinzipien des Völkerlebens, welche die Revolution als ewige Wahrheiten preist, entstehen in der Weise, daß die Lehre vom individuellen Recht in die internationale Sphäre übertragen wird. Wie der Mensch, so hat auch der Staat eine Welt der Freiheit. Er hat einen Raum der Lebensentfaltung, den er sein eigen nennt und der nicht angetastet werden kann. Er hat eine Welt, in der nur sein Wille regiert.

Die Parallele ist vollkommen bis auf einen Punkt. Das individuelle Recht hat nämlich eine verschiedene Tragweite, wenn es dem Menschen und wenn es dem Staate zugesprochen wird.

Der einzelne ist einer Herrschaft unterworfen und ist nur in einem fest umschriebenen Raum vor ihr geschützt. Anders der Staat. Erkennt man ihm Freiheit zu, so sagt man damit, daß keine Gewalt über ihm besteht, daß er unabhängig ist. Zwar, das bedeutet nicht, daß er aller Pflichten ledig sei. Aber die Pflichten, die er hat, beruhen einmal auf seinem eigenen Entschluß: nämlich auf den Verträgen, die er schließt, und auf dem Herkommen, das er befolgt; und sie ergeben sich weiter aus der Tatsache, daß neben ihm andere Staaten leben, die einen gleichen Anspruch besitzen wie er selbst. Es ist also immer nur ein Verhältnis der Gleichordnung, aus dem die Pflichten erwachsen. Sie fließen nicht aus einem Machtgebot. So können wir bei unserer Behauptung bleiben und sagen: die Freiheit des Staates hat einen viel größeren Umfang als die Freiheit des Menschen. Sie bedeutet die volle

---

[1]) Vgl. meine Arbeit: Die Staatstheorien der französischen Nationalversammlung von 1789. 1912. Kap. IV.

Selbständigkeit im Kreise der Genossen. Sie bedeutet die völkerrechtliche Persönlichkeit, die Souveränität.

Aus dem Prinzip der Souveränität gewinnen die Männer der Revolution eine Reihe fundamentaler Thesen.[1])

Sie verurteilen einmal die Intervention. Ist jeder Staat eine freie Persönlichkeit und ist er keiner Herrschaft untertan, so folgt, daß er den Anspruch hat, keine Gewalt zu leiden.[2])

Eine andere Konsequenz: Im Mai 1790 berät die Nationalversammlung in tiefgründiger und fesselnder Argumentation über die Frage, wem die Macht über Krieg und Frieden anvertraut werden soll. Das Dekret vom 22. Mai, das später als Titel VI in die Verfassung vom 3. September 1791 aufgenommen wird, enthält die berühmte Proklamation, daß kein Volk das Recht besitze, die Waffen zum Angriff gegen ein anderes Volk zu tragen.[3])

---

[1]) Vgl. die wertvolle Arbeit von Nys, La Révolution française et le droit international. Etudes de droit international. Vol. I. p. 318sq.

[2]) Résolution du 13 avril 1793. Convention nationale. Moniteur universel du 16 avril. «La Convention nationale déclare, au nom du Peuple Français, qu'elle ne s'immiscera en aucune manière dans le gouvernement des autres puissances; mais elle déclare en même-temps, qu'elle s'ensevelira plutôt sous ses propres ruines que de souffrir qu'aucune puissance s'immisce dans le régime intérieur de la Republique, et influence la création de la constitution qu'elle veut se donner.» — Chapitre XXV de la Constitution de 1793. Convention nationale. Séance du 18 juin 1793. Moniteur universel du 21 juin. «Article 1. Le peuple Français se déclare l'ami et l'allié naturel des peuples libres. Article 2. Il ne s'immisce point dans le gouvernement des autres Nations, il ne souffre pas que les autres Nations s'immiscent dans le sien.» — M. Condorcet, Assemblée législative. Séance du 20 avril 1792. Moniteur universel du 22 avril. «Chaque nation a seule le pouvoir de se donner des lois, et le droit inaliénable de les changer à son gré. Ce droit n'appartient à aucune, ou leur appartient à toutes avec une entière égalité; l'attaquer dans une seule, c'est déclarer qu'on ne le reconnaît dans aucune autre. Vouloir le ravir à un peuple étranger, c'est annoncer qu'on ne le respecte pas dans celui dont on est le citoyen ou le chef; c'est trahir sa patrie, c'est se proclamer l'ennemi du genre humain.» Cf. Alengry, Condorcet. Thèse de Toulouse 1903. Livre II. Chapitre X. Brissot, 23 août 1792. Zitiert bei Nys, l. c. p. 380.

[3]) Décret du 22 mai 1790. Assemblée nationale. Moniteur universel du 23 mai.

Article 3. «Dans le cas d'hostilités imminentes ou commencées, d'un allié à soutenir, d'un droit à conserver par la force des armes, le roi sera tenu d'en donner, sans aucun délai, la notification au corps législatif, et

Will man diese Proklamation richtig verstehen, so darf man nicht an dem Buchstaben haften bleiben. Ob ein Volk einen An-

d'en faire connaître les causes et les motifs; et si le corps législatif est en vacance, il se rassemblera sur-le-champ.»

Article 4. «Sur cette notification, si le corps législatif juge que les hostilités commencées sont une agression coupable de la part des ministres, ou de quelques autres agens du pouvoir exécutif, l'auteur de cette agression sera poursuivi comme coupable de lèse-Nation; l'Assemblée nationale déclarant à cet effet que la Nation Française renonce à entreprendre aucune guerre dans la vue de faire des conquêtes, et qu'elle n'emploiera jamais ses forces contre la liberté d'aucun Peuple.» — M. Robespierre, Assemblée nationale. Séance du 15 mai 1790. Moniteur universel du 16 mai. «Si vous manifestiez aux Nations que, suivant des principes bien différens de ceux qui ont fait les malheurs des Peuples, la Nation Française, contente d'être libre, ne veut s'engager dans aucune guerre et veut vivre avec toutes les Nations dans cette fraternité qu'avait commandée la Nature, il est de l'Intérêt des Nations de protéger la Nation Française, parce que c'est de la France que doit partir la liberté et le bonheur du monde.» — M. le duc de Lévis, Assemblée nationale. Séance du 16 mai 1790. Moniteur universel du 17 mai. «La guerre défensive est juste et légitime: repousser l'attaque de ses ennemis est le droit naturel, mais rien n'autorise à l'attaquer; ainsi nul n'a le droit de faire une guerre offensive.» — Ähnlich in den Diskussionen der folgenden Tage. M. le curé de Jallet, Assemblée nationale. Séance du 16 mai 1790. Moniteur universel du 18 mai. «Une nation n'a pas plus de droit d'attaquer une autre Nation, qu'un individu d'attaquer un autre individu. Une nation ne peut donc donner à un roi le droit d'agression qu'elle n'a pas: le principe doit surtout être sacré pour les Nations libres. Que toutes les nations soient libres comme nous voulons l'être, il n'y aura plus de guerre.» — M. Pétion de Villeneuve, Assemblée nationale. Séance du 17 mai 1790. Moniteur universel du 18 mai. «Il faut déclarer, d'une manière solemnelle, que vous voulez bannir de la politique toutes les ruses, toutes les fourberies, pour les remplacer par la justice et la loyauté; que la France renonce à tous projets ambitieux, à toutes conquêtes; qu'elle regarde ses limites comme posées par les destinées éternelles; que toute irruption sur un territoire étranger est une lâche infamie: Vous n'aurez rien fait qui puisse exciter davantage l'étonnement et l'admiration de la postérité.» — M. de Volney, Assemblée nationale. Séance du 18 mai 1790. Moniteur universel du 20 mai. «Aujourd'hui vous allez délibérer pour l'univers et dans l'univers. Vous allez, j'ose le dire, convoquer l'Assemblée des Nations. Il est donc d'une haute importance d'établir d'une manière imposante l'opinion que les Peuples doivent concevoir de vos principes et de vous; et la manière dont les grandes idées de philosophie politique se sont emparées, en moins de trois jours, de tous les esprits de cette Assemblée, m'est le sûr garant de la sagesse que vous allez prendre. C'est en tâchant de remplir les vues que vous-mêmes

griff unternimmt, das hängt nicht ab von der äußeren Tatsache, daß es die erste Gewalttätigkeit verübt. Nicht um einen strategischen, sondern um einen rechtlichen Begriff handelt es sich hier. Eine Partei begibt sich in eine offensive Haltung, wenn sie durch eine kriegerische Aktion die Freiheit verletzt, auf welche die

---

m'avez indiquées, que j'en ai rédigé un projet que j'ai l'honneur de vous soumettre.

L'assemblée nationale délibérant à l'occasion des armements extraordinaires des deux puissances voisines qui élèvent les alarmes de la guerre.

Dans cette circonstance, où, pour la première fois, elle porte des regards de surveillance au delà des limites de l'Empire, désirant de manifester les principes qui la dirigeront dans ses relations extérieures, elle déclare solennellement:

1°. Qu'elle regarde l'universalité du genre humain, comme ne formant qu'une seule et même société, dont l'objet est la paix et le bonheur de tous, et de chacun de ses membres.

2°. Que dans cette grande société générale, les Peuples et les Etats, considérés comme individus, jouissent des mêmes droits naturels et sont soumis aux mêmes règles de justice que les individus des sociétés partielles et secondaires.

3°. Que par conséquent un Peuple n'a le droit d'envahir la propriété d'un autre Peuple, ni de le priver de sa liberté et de ses avantages naturels.

4°. Que toute guerre entreprise par un autre motif et pour un autre objet que la défense d'un droit juste, est un acte d'oppression, qu'il importe à toute la grande société de réprimer, pare que l'invasion d'un Etat par un autre Etat tend à menacer la liberté et sûreté de tous.

Par ces motifs, l'Assemblée nationale a décrété et décrète, comme articles de la constitution Française: que la nation Française s'interdit de ce moment d'entreprendre aucune guerre tendant à accroître son territoire actuel.» — Discussion sur la déclaration de guerre à l'Autriche. Assemblée legislative. 20 avril 1792. — M. l'Abbé Grégoire, Déclaration du droit des gens. Convention nationale. Séance du 4 floréal an III. Moniteur universel du 7 floréal. «Article 15. Les entreprises contre la liberté d'un Peuple sont un attentat contre tous les autres. Article 16. Les ligues qui ont pour objet une guerre offensive, les traités ou alliances qui peuvent nuire à l'intérêt d'un Peuple, sont un attentat contre le famille humaine. Article 17. Un Peuple peut entreprendre la guerre pour défendre sa souveraineté, sa liberté, sa propriété. Article 18. Les Peuples qui sont en guerre doivent laisser un libre cours aux négotiations propres à amener la paix.» — D'Argenson, Mémoires I. p. 29. 371. Zitiert bei Sorel. Vol. I. p. 313. Mirabeau und Talleyrand. Zitiert bei Sorel. Vol. I. p. 316—317. Vergennes, Mémoire à Louis XVI. 12 avril 1777. Zitiert bei Sorel. Vol. I. p. 313—314. — Montesquieu, Esprit des Lois. Livre IX. Chapitre VIII.

andere Partei als Mitglied der Völkerfamilie einen ursprünglichen Titel besitzt. Daß dies der wahre Sinn, ergibt sich aus dem Dekret vom 22. Mai 1790, wo mit klaren Worten unterschieden wird zwischen der Verteidigung der Rechte und dem schuldhaften Kampf, der gegen die Unabhängigkeit einer Nation gerichtet ist oder Zwecken der Eroberung dient.[1]) Und so ist die Proklamation vom 22. Mai 1790 nur eine Folgerung aus dem angenommenen Grundsatz von der Normwidrigkeit der Intervention.

Ist nun die völkerrechtliche Souveränität samt ihren Konsequenzen theoretisch anerkannt, so ergibt sich die Aufgabe, sie zu schirmen. Wie aber kann das geschehen? Darauf ist nur e i n e Antwort möglich: Durch die k o l l e k t i v e Aktion aller Staaten. Wenn der einzelne nur sich selbst verteidigt, so liegt darin keine dauernde Gewähr. Es wird die Zeit kommen, wo er sich nicht mehr aus eigner Kraft beschützen kann. Es gilt deshalb, alle Macht zu vereinen und das Recht gemeinsam zu verfechten. Das ist ein solidarisches Lebensinteresse. Wer die Freiheit eines Volkes bedroht, ist ein Feind aller Völker.[2])

[1]) Das Dekret ist oben wiedergegeben; vgl. M. de Volney, Assemblée nationale. Séance du 18 mai 1790. Moniteur universel du 20 mai. Articles 3 bis 4 früher zitiert.

[2]) M. de Volney, Article 4. Oben zitiert. — M. Robespierre, Proposition de 4 articles pour une déclaration des droits. 24 avril 1793. Moniteur universel du 25 avril. Article 2. «Celui qui opprime une Nation, se déclare ennemi de toutes.» Article 3. «Ceux qui font la guerre à un peuple pour arrêter les progrès de la liberté, et anéantir les droits de l'homme, doivent être poursuivis par tous, non comme des ennemis ordinaires, mais comme des assassins et des brigands rebelles.» — Im gleichen Sinne schreibt schon 20 Jahre früher ein Sozialphilosoph. Baron d'Holbach, La politique naturelle ou discours sur les vrais principes du gouvernement. 1773. «Dans la grande société dont les princes et les peuples sont membres, il existe une loi; elle est le résultat des volontés de tous les peuples qui s'accordent à contenir, à réprimer, à affaiblir les membres dangereux au repos du genre humain. . . . La loi de la grande société du monde oblige pareillement les souverains à la justice, à la tranquillité, à la bonne foi. Mais il n'existe point de force ou d'autorité qui puisse contraindre les princes ou les peuples à observer ses décrets. . . . Si tous les souverains réunis formaient d'un accord un tribunal où leurs querelles puissent être portées; si leurs volontés exprimées pouvaient, comme dans toute société particulière, se faire exécuter, il n'est point de souverain qui ne fût obligé de se soumettre à leurs décisions; les forces de tous rendraient ces lois inviolables et sacrées.»

Der Prozeß, der sich hier entrollt, ist demjenigen parallel, der in der naturrechtlichen Doktrin die Bürger zum Staatsvertrag zusammenführt. Und es besteht auch eine Analogie der Konsequenz: Wie der Staatsvertrag im einzelnen Lande, so schafft der Völkerbund den Frieden in der Welt.

An diesem Punkt der Gedankenreihe tritt nun eine merkwürdige Verkettung ein zwischen den Ideen von Locke und Rousseau.

Der Staat ist verpflichtet, die Freiheit des Nachbarn zu achten. Mehr noch. Er ist durch die Sorge um das eigene Dasein angehalten, dieses höchste Gut überall zu schirmen, wo es in der Person eines Genossen angetastet wird. Aber hier gibt es eine Schranke: Er wird diese Maximen nur dann befolgen, wenn der andere Staat auf dem gleichen konstitutionellen Prinzip aufgebaut ist wie er selbst. Frankreich kann seine Anerkennung und seinen Schutz nur einem Lande gewähren, das sich durch den Gemeinwillen regiert. Es würde sonst eine Rechtsidee erhalten und fördern, die es selbst in bitterem Kampf überwunden hat. Es würde eine Kraft beleben, die mit der seinen in unversöhnlichem Streite liegt. Es würde Hand legen an die eigene Wurzel. Weil aber Frankreich auch nicht in der Isolierung verharren will, indem die Freiheit, wie schon erkannt, ein solidarisches Gut der Völker bedeutet, das von ihnen nur gemeinsam behauptet werden kann, so bleibt nur der eine Weg: die neuen Ideale in die Welt hinauszutragen und allen Nationen brüderliche Hilfe zu leihen, damit sie das Joch der Tyrannei abschütteln und freie Verfassungen errichten können, kraft deren sie über sich selbst gebieten. Der Konvent erklärt diese Absicht mit feierlichen Worten in einem Dekret vom 19. November 1792, als die Bürger von Mainz die Hilfe der Republik anrufen, um die Herrschaft zu brechen, die auf ihnen lastet.[1]) Mehr noch. Er gibt in einem Dekret vom

[1]) M. Ruhl, Députe du Bas-Rhin. Convention nationale. Séance du 19 novembre 1792. Moniteur universel du 20 novembre. «Le club des amis de la Liberté et de l'Egalité établi à Mayence, m'a écrit pour m'engager à vous demander si vous voulez accorder votre protection aux Mayençois, ou les abandonner à la merci des despotes qui les menacent. Je demande, moi, que vous déclariez que les peuples qui voudront fraterniser avec nous, seront protégés par la Nation française.»

M. Carra, eod. l. «En déclarant la souveraineté de la Nation française, vous avez reconnu la souveraineté de toutes les autres Nations. Avant de

15. Dezember den französischen Generälen Weisung, wie sie in den Ländern zu verfahren haben, die sie mit ihren Truppen besetzen: Sie sollen öffentlich verkünden, daß die Rechte des vergangenen Zeitalters aufgehoben seien und nur die Souveränität des Volkes bestehe. Sie sollen deshalb auch die Bürger versammeln und sie auffordern, eine Obrigkeit unter sich zu begründen.[1])

Aber der Contrat Social äußert noch einen anderen Einfluß auf die völkerrechtliche Gedankenwelt der Revolution.

Der Staat ist bei Rousseau der Gemeinwille der Bürger. Der

---

renvoyer au Comité, vous devez donc commencer par déclarer que vous reconnaissez la souveraineté de tous les peuples de la terre. Vous avez délivré vos voisins de la tyrannie, vous ne devez pas les abandonner, quand ils se jettent dans vos bras.»

Résolution du 19 novembre 1792. Eod. l. «La Convention nationale déclare, au nom de la Nation française, qu'elle accordera fraternité et secours à tous les peuples qui voudront recouvrer leur liberté, et charge le pouvoir exécutif de donner aux généraux les ordres nécessaires pour porter secours à ces peuples, et défendre les citoyens qui auraient été vexés, ou qui pourraient l'être pour la cause de la Liberté.» Cf. Séance du 19 décembre 1792. Moniteur universel du 21 décembre.

[1]) Décret du 15 décembre 1792. Convention nationale. Moniteur universel du 17 décembre. «La convention nationale, après avoir entendu le rapport de ses Comités de finances, de la guerre et diplomatique réunis, fidèle au principe de la souveraineté des peuples, qui ne lui permet pas de reconnaitre aucune institution qui y porte atteinte, et voulant fixer les règles à suivre par les généraux des armées de la République dans les pays où ils portent les armes, décrète ce qui suit:

Article 1. Dans les pays qui sont ou qui seront occupés par les armées de la République Française, les généraux proclameront sur le champ, au nom de la Nation Française, l'abolition des impôts ou contribution existans, la dîme, les droits féodaux fixes ou casuels, la servitude réelle ou personnelle, les droits de chasse exclusifs, la noblesse, et généralement tous les privilèges. Ils déclareront au peuple qu'ils lui apporteront paix, secours, fraternité, liberté et égalité.

Article 2. Ils proclameront la souveraineté du peuple et la suppression de toutes les autorités existantes; ils convoqueront de suite le peuple en assemblées primaires ou communales pour créer et organiser une administration provisoire, ils feront publier, afficher et exécuter dans la langue ou idiôme du pays dans chaque Commune la proclamation annexée au présent décret. Cf. Modèle de proclamation. Moniteur universel du 18 décembre 1792.

Cf. Dumouriez, Proclamation aux Belges. 26 octobre 1792; Instruction aux généraux. 30 octobre. Moniteur universel du 9 novembre. Proclamation aux Hollandais. Moniteur du 20 pluviôse an III.

Gemeinwille aber bildet sich, weil übereinstimmende Interessen bestehen, und geht auf die Maßregeln, die dem Nutzen aller dienen. Ein solcher Staat ist eudämonistisch. Denn er lebt durch den Zweckgedanken allein. Er erkennt über sich keine absolute Norm, die den Titel besäße, ihn zu gestalten und ihm seine Bahn zu weisen. Er trägt sein Gesetz und sein Schicksal in sich selbst.

Diese Auffassung führt zu bedeutsamen Konsequenzen.

Hat der Staat seinen Ursprung in der Erkenntnis übereinstimmender Interessen und in dem daraus folgenden Entschluß zu gemeinsamer Tat, so erhellt zum ersten, daß eine vollkommene Freiheit der Vereinigung besteht. Ob die gleichförmigen Motive, die den Staat erzeugen, sich in der einen oder in der anderen Volksgruppe zusammenfinden, das ist ein Geschehen, das nur abhängt von den individuellen Persönlichkeiten und sich jeder Regelung entzieht. Das Spiel der psychologischen Kräfte ist unbeschränkt. Die Menschen haben die natürliche Fähigkeit, sich an ein Gemeinwesen zu binden oder sich von ihm zu lösen. Sie wählen ihren Staat. Das ist die Theorie der Revolution. Sie stammt aus dem Contrat Social. Und in dieser Theorie hat wieder das im 19. Jahrhundert so machtvolle und so viel umstrittene Prinzip der Nationalitäten seine Quelle.[1])

Ist der Staat eine Willenseinigung, entsprossen einer Vorstellung der Zweckmäßigkeit, so führt das noch zu einem andern Schluß: Der Staat wird nur gedacht und eingerichtet für

---

[1]) Plan de Constitution. Présenté à la Convention nationale, au nom du comité de constitution, par Condorcet, le 15 février 1793. «Article 1. La République Française ne prendra les armes que pour le maintien de sa liberté, la conservation de son territoire et la défense de ses alliés. Article 2. Elle renonce solennellement à réunir à son territoire des contrées étrangères, sinon d'après le voeu librement émis de la majorité des habitans, et dans le cas seulement où les contrées qui solliciteront cette réunion, ne seront pas incorporées et unies à une autre nation, en vertu d'un pacte social, exprimé dans une constitution antérieure et librement consentie.» — Sorel, L'Europe et la Révolution Française. 1885. Tome I. p. 318. «Le premier des principes établis par les législateurs idéalistes de la Révolution, c'est la souveraineté du Peuple. Il a pour corollaire le droit des nations à disposer de leur sort.» «Les trocs d'Etats, avait écrit Mirabeau dans son livre de la Monarchie prussienne, ne sont pas moins iniques que les arrondissements. C'est un acte de violence et de tyrannie que d'exécuter de tels échanges sans consulter les habitants.» Tout le droit des gens de 1789 se résume dans cette phrase.»

die Aufgaben, zu denen er tauglich erscheint. Wenn also die Überzeugung besteht, daß manche Ziele nur in einem größeren Verband erreicht werden können; wenn die Überzeugung besteht, daß manche Probleme universelle Natur besitzen und nur durch die gemeinsame Tätigkeit aller Völker zu lösen sind, so werden sich die politischen Gruppen zu einem internationalen Verband zusammenschließen. Was hindert sie daran? Sie haben kein Gesetz der Trägheit zu überwinden, das sie in feste historische Bahnen zwänge. Sie erhalten ihren Antrieb von dem Gedanken der Nützlichkeit allein; und sie folgen ihm, mag er ihnen nur eine Bewegung mitteilen, die sie um die eigene Achse dreht, oder mag er sie in einen Kreislauf drängen, der die Welt umschreibt.[1])

Nun glauben die Männer der Revolution in der Tat an große Ideale, die nur von der gesamten Menschheit verwirklicht werden können. Sie verkünden darum das Prinzip von der allgemeinen Solidarität. Die Völker bilden eine Gemeinschaft. Sie haben die Pflicht, einander Hilfe zu leisten und vereint für das Glück aller zu wirken. Sie sollen sich gutes tun in dem Maße, in dem sie Wohltaten von andern erwarten. Mit einem Wort: Sie haben die gleiche Pflicht und leben unter dem gleichen Gesetz wie die Menschen untereinander.[2])

---

[1]) Sorel, I. 538. «Le roi, sous l'ancien régime. était considéré comme l'Etat même; il présentait aux Français l'image vivante de la France, et l'amour de la patrie se confondait avec le dévouement au roi. Lorsqu'on transporta au peuple la souveraineté, la nation prit la place du roi, et l'amour de la patrie se confondit avec le respect des lois. Cependant, comme la loi devait reposer sur la justice, que la justice devait être fondée sur la raison, que la Révolution devait en établir le règne, et qu'elle se faisait non pour un seul peuple, mais pour l'humanité; on la plaça partout où régnait la raison: le patriotisme se confondit avec l'attachement aux «droits de l'Homme.» Le patriote fut le citoyen du monde. Cette grande notion de la patrie que les siècles avaient, pour ainsi dire incarnée dans chaque Français, se subtilisa en abstractions et sembla perdre à la fois sa raison d'être et sa réalité.»

[2]) M. de Volney, Assemblée nationale. Séance du 18 mai 1790. Moniteur universel du 20 mai. Oben zitiert. Article 1. — M. Robespierre, Convention nationale. Proposition de 4 articles pour une déclaration des droits. 24 avril 1793. Moniteur universel du 25 avril. «Article 1. Les hommes de tous les pays sont frères, et les différens peuples doivent s'entr' aider selon leur pouvoir, comme les citoyens du même état.» — M. l'Abbé Grégoire,

In dieser Weise führt die Lehre von der Selbstbestimmung der Menschen zu der Lehre von der Verbrüderung der Völker. Das Phänomen des Gemeinwillens zerbricht den Rahmen des Staates und ergreift die gesamte Welt. Man erschaut in verklärter Zukunft eine universelle Republik.[1]) Frankreich begründet sie, indem es den Horizont des gewaltigen Rousseau übersteigt und die Thesen des Contrat Social hinausträgt unter die Nationen. Frankreich wird in dieser Republik eine Hegemonie besitzen, zwar nicht von politischer Art — denn dadurch wäre das Recht der Gleichheit zerstört —, aber eine Hegemonie von geistiger Natur, die

Convention nationale. Séance du 4 floréal an III. Moniteur universel du 7 floréal. «L'égoïsme national est aussi coupable que l'égoïsme individuel; le patriotisme n'est point exclusif, l'énergie de ce sentiment se concilie avec cette douce philantropie qui s'efforce d'anéantir les préjugés, l'intolérance, les rivalités, les haines entre les Peuples, et de resserrer les noeuds de la fraternité entre les diverses sections de la famille humaine.» — «La loi de la sociabilité entre les Peuples n'est autre que la loi naturelle appliquée aux grandes corporations du genre humain. Elle détermine leurs droits, leurs devoirs; elle en trace l'étendue et les limites.» — «Quesnay a très bien prouvé que dans l'état d'indépendance des Nations, pour elles comme pour les individus le droit de s'emparer de ce qui n'est à personne, est limité à ce qu'on peut s'approprier par le travail; que le droit de tout faire est subordonné à la condition de ne pas faire mal aux autres.» — «Permettez-moi d'espérer que le despotisme qui est une grande erreur, que la guerre qui est une grande immoralité, deviendront plus rares en Europe; que les Peuples détrompés des fausses idées de grandeurs, et connaissant mieux leurs intérêts, s'occuperont à vivifier leur économie politique, qu'alors tomberont peut-être les barrières entre les Nations; qu'elles étendront les unes vers les autres leurs mains fraternelles, bien convaincues que pour elles, comme pour les individus, les bonnes moeurs et la justice sont les sources uniques du bonheur.» — M. l'Abbé Grégoire, Déclaration du droit des gens. Convention nationale. Séance du 4 floréal an III. Moniteur universel du 7 floréal. «Article 3. Un Peuple doit agir à l'égard des autres comme il désire qu'on agisse à son égard; ce qu'un homme doit à un homme, un Peuple le doit aux autres. Article 4. Les Peuples doivent en paix se faire le plus de bien, et en guerre le moins de mal possible. Article 5. L'intérêt particulier d'un Peuple est subordonné à l'intérêt général de la famille humaine.»

[1]) Sorel, Vol I. p. 105. «En Italie et en Allemagne, on voit s'élever avec les mêmes illusions généreuses et le même enthousiasme qu'en France, la religion de l'humanité, la foi dans la raison, le sentiment que l'on travaille pour le bonheur du genre humain, et que les temps sont proches où la pensée étant affranchie, l'homme se réveillera régénéré pour toujours. L'humanité n'a pas de patrie.»

darauf ruht, daß es durch die Macht seiner Gedanken die alte Welt aus ihren Angeln gehoben und in eine neue Sphäre des Lichts getaucht.[1])

In dieser Weise leitet die revolutionäre Theorie zur Verfassung der Welt. Nach diesem Gipfelpunkte führte schon ein anderer Weg. Es war die Behauptung der Staatensouveränität mit gesamter Heeresmacht. Jetzt folgt der Gedankengang einem neuen Pfade nach dem gleichen Ziel: Die Menschheit gewinnt durch die gemeinsame Arbeit ihre Ruhe. Sie verbündet sich, um ihre hohe Bestimmung zu erfüllen. Sie wird zu einer Kulturgemeinschaft. Hier verwächst die revolutionäre Theorie mit den wissenschaftlichen Systemen. Sie nähert sich einem Crucé, einem Castel de Saint-Pierre, einem Bentham. Und sie reicht auch dem großen Philosophen des Ewigen Friedens die Hand.[2])

---

[1]) Robespierre, Assemblée nationale. Séance du 15 mai 1790. Moniteur universel du 16 mai. Oben zitiert. — M. de Volney, Assemblée nationale. Séance du 18 mai 1790. Moniteur universel du 20 mai. Oben zitiert. — Mémoire de Vergennes. Cf. Sorel, Vol I. p. 315. Oben zitiert. — M. l'Abbé Grégoire, Convention nationale. Séance du 4 floréal an III. Moniteur universel du 7 floréal. «Les Nations ont droit de s'organiser, de se lier, de s'incorporer en traitant d'égal à égal entre elles comme entre les hommes; s'il doit exister des rangs, *c'est la vertu qui les donne.*» — Aulard, Histoire politique de la Révolution Française. 1901. p. 111. «La révolution que la philosophie du XVIII siècle avait préparée ne devait pas être seulement française, mais humaine. Il ne s'agissait pas seulement d'affranchir les peuples du royaume de France, mais l'humanité entière, au moins l'humanité civilisée, l'Europe. — Une des tendances logiques de la Révolution fut la fusion de la patrie française dans les autres patries européennes, sans que celle-là disparût dans celles-ci: au contraire, la France aurait l'hégémonie, au moins morale de l'Europe. On rêve de décider les autres peuples à se former en nations groupées sous les auspices de la nation française, avec la Déclaration des droits de l'homme pour bannière.»

[2]) M. de Beauharnais, Assemblée nationale. Séance du 17 Mai 1790. Moniteur universel du 18 mai. «Le système d'une paix universelle a longtems passé pour une belle chimère. Certes, il peut être permis au Peuple Français du 18 siècle, et à l'assemblée nationale de 1789, d'en concevoir l'idée et d'en présenter l'espérance.» M. de Menou, Assemblée nationale. Séance du 20 Mai 1790. Moniteur universel du 21 mai. «On dit que la politique est une science qui n'est pas connue de tout le monde: elle est connue de tout homme d'un sens droit, d'un coeur juste. La vraie politique n'est que la disposition de la morale et de la justice entre toutes les nations.» — M. Cambacérès, Moniteur du 15 ventôse an III. — Condorcet. Zitiert bei

2. Die Legitimitätstheorie der Restauration.

Die großen Ideen der Revolution, die siegreich ihr fliegendes Banner durch die Länder Europas getragen, werden durch das Kaiserreich zerstört. Indem Frankreich eine Eroberungspolitik beginnt, drückt es den geknechteten Völkern die eigene Waffe in die Hand.[1] In dem Augenblick, wo die Revolution ihrem Ideal untreu wird, muß sie den Mächten unterliegen, die für die Tradition in die Schranken treten. Das angestammte Königtum erringt den Sieg. Und wenn auch die Glut der Freiheitsgedanken unter den Trümmern weiter glimmt, um später die Brandfackel von neuem in die Welt zu schleudern, so kehrt die vergangene Zeit doch wieder in die alten Paläste und beugt die Völker unter die alte Krone.

Aber das Regiment, das nach dem Fall des Korsen die Zügel der Regierung ergreift, erscheint nicht nur als eine Naturgewalt, die für eine Zeit gebändigt und, plötzlich wieder freigelassen, in die alten Bahnen stürmt. Auch das Zeitalter der Restauration hat ein Ideal. Es gilt ihm nicht allein, die zerfallene Welt wieder aufzurichten und auf die ehernen Pfeiler des Fürstenrechtes zu gründen. Ein hoher Geist soll die starren Formen beleben. Die bedrohten und wieder hergestellten Monarchien, durch göttliche Fügung gerettet, sollen dem göttlichen Willen dienstbar sein: sie sollen den Völkern das entschwundene Glück und den lang ersehnten Frieden bringen.

Die Restauration vollbringt zunächst ein Werk von positivem Charakter. Die siegenden Mächte wollen Europa auf seine frühere Basis stellen. 1815 soll hinwegschreiten über 1789. Die Revolution soll vergessen, die von ihr verkündeten Rechte sollen aus-

---

Alengry in seinem Werk: Condorcet, Thèse de Toulouse. 1903. Livre II. Chapitre X. — Turgot, «L'intérêt, l'ambition, la vaine gloire changent perpétuellement la scène du monde, inondant la terre de sang; et au milieu de leurs ravages, les moeurs s'adoucissent, l'esprit humain s'éclaire, les nations isolées se rapprochent les unes des autres; le commerce et la politique réunissent enfin toutes les parties du globe; et la masse totale du genre humain, par des alternatives de calme et d'agitations, de biens et de maux, marche toujours, quoiqu'à pas lents, à une perfection plus grande.»

[1]) Erckmann Chatrian, Un conscrit de 1813. Chap. V ii.

gelöscht sein. Hat sie den Nationen die freie Entscheidung über ihr Schicksal zuerkannt, so kehrt man jetzt zu dem Dogma zurück, daß die Könige einen göttlichen Titel und deshalb ein unantastbares Recht auf Untertanen und Reich besitzen. Der Selbstbestimmung tritt die Legitimität entgegen.

Jede der beiden Theorien hat einen doppelten Sinn. In der Lehre von der Selbstbestimmung liegt einmal der Satz, daß die Genossen selbst die Grenzen ziehen, in denen der staatliche Verband gestiftet wird. Einzig das Bewußtsein der Zusammengehörigkeit, die Überzeugung, daß die eine auserwählte Gruppe sich zur gemeinsamen Arbeit für die kulturellen Ziele eignet, bestimmt den Kreis von Land und Volk. Das Prinzip der Selbstbestimmung erscheint in dieser Sphäre als das Prinzip der Nationalität. Der Staat ist gegründet auf den freien Zusammenschluß. Aber das Prinzip der Selbstbestimmung sagt noch ein anderes. Es bedeutet, daß ein Volk sich selbst seine Verfassung gibt und nur seinem eignen Gesetz gehorcht. Mit anderen Worten, es ist identisch mit dem Prinzip der Volkssouveränität. Anders die Doktrin der Legitimität. Sie enthält diametral entgegengesetzte Postulate. Hat der angestammte Fürst ein eigenes Recht auf Land und Leute, so folgt: Sein Reich ist fester Besitz, unabhängig vom Willen der Untertanen und der fremden Mächte. Und weiter, er allein bestimmt über die Fülle seiner Herrschergewalt; einzig durch seinen freien Verzicht kann sie gemindert werden.

So stehen sich zwei feindliche Weltanschauungen gegenüber. Nach der einen ist das Volk die Seele, nach der andern nur der Körper des Staates.

Der Wiener Kongreß steht von Anfang unter dem Zeichen der Legitimität.[1]) Nicht nur, daß dieser Gedanke der Weltauffassung der Sieger entspricht. Er erleichtert auch die gewaltige Aufgabe, die ihnen gestellt ist, durch ein lösendes Wort. Inmitten der Zweifel und Rivalitäten erscheint er als der trigonometrische Punkt, von welchem aus Europa neu vermessen werden kann.

Freilich, es hält schwer, eine politische Theorie in der Wirklichkeit durchzuführen. Diese Erfahrung bestätigt sich

[1]) Nys, Le Droit International. Vol. I. 1904. Introduction. XIV. Mérignac, Traité de droit public international. 1905. Section IV. Nr. I. Oppenheim, International Law 1912. § 46.

auf dem Wiener Kongreß. Die Legitimität erlangt nur einen unvollkommenen Sieg. Man entfernt sich gar oft von der Maxime.

Richtet man die preußische und die österreichische Monarchie wieder auf, so tut man es doch in veränderten Grenzen. Preußen legt seine Hand auf die Rheinlande, Westfalen und einen großen Teil von Sachsen; Österreich erwirbt Salzburg und behält Venetien, das Gebiet der ehemals freien Republik, das ihm im Frieden von Campo Formio abgetreten ist. Stellt man die alten Dynastien in Spanien, Sardinien, Toskana, Modena und Neapel wieder her und richtet man den Kirchenstaat wieder ein, so gibt man doch Genua an Sardinien preis. Die Säkularisation der geistlichen Güter durch den Reichsdeputationshauptschluß bleibt bestehen, die Mediatisierung der reichsunmittelbaren Ritter, Städte und Dörfer und der reichsständischen Geschlechter wird nicht widerrufen. Das Reich selber steht nicht wieder auf. Polen endlich bleibt geteilt, und darin liegt vielleicht der allerhärteste Widerspruch mit dem angenommenen Axiom.[1]) Und fragt man nach dem politischen Geist, der die einzelnen Mächte beseelt, so ergibt sich wieder ein verschiedenartiges Bild. Rußland und Preußen sind von dem Gedanken territorialen Gewinns in Polen und Sachsen beherrscht. Sie stoßen auf Widerstand und mühen sich mit aller Kraft, ihren Anspruch zu verfechten.[2]) Dadurch wird ihre Haltung vornehmlich bestimmt. Österreich und England hingegen, deren Landerwerb nicht gefährdet ist, und vor allem Frankreich, dessen Grenzen schon im ersten Frieden von Paris gesichert sind, können theoretische Maximen verfechten und den Streit der Meinungen in die Bahn der großen Prinzipien leiten.[3])

Indessen, scheitert auch in mancher Richtung die Legitimität als Theorie wohlerworbener Rechte, so steht sie doch fest als diplomatischer Plan für die künftige Leitung der europäischen Geschicke. Wird auch die Heiligkeit der angestammten Titel

---

[1]) Brockhaus, Das Legitimitätsprinzip. 1868. Kapitel III.

[2]) Correspondance inédite du prince de Talleyrand et du Roi Louis XVIII pendant le Congrès de Vienne. Publiée par M. G. Pallain. 1881.

[3]) Aus Metternichs nachgelassenen Papieren. 1880. Band II: Nr. 192. S. 473 ff. Denkschrift von Friedrich von Gentz. 12. Februar 1815. Nr. 194. S. 509 ff. Talleyrand an Metternich. 19. Dezember 1814.

nicht immer anerkannt, so soll doch der Besitzstand als unverbrüchlich gelten, der nunmehr feierlich auf dem Kongreß beschlossen wird. Die Legitimität soll fortan herrschen mit dem Sinn, daß 1815 die unerschütterliche Grundlage aller Grenzen und Gewalten bildet. Die Legitimität ist fortan die Treue gegen den Vertrag der Mächte.

In jener Zeit macht sich auch die formale Theorie des europäischen Gleichgewichtes wieder geltend. Sie geht Hand in Hand mit der Theorie der Legitimität. Der Gleichstand der Macht, in heißem Mühen und bitterem Kampf von Jahrhunderten umstritten, ist durch das französische Kaiserreich vernichtet worden. Durch den Fall Napoleons und die Rückkehr Frankreichs in seine Grenzen von 1792 soll er wieder aufgerichtet werden. Das ist die leitende Vorstellung.[1])

Sind nun die Fürsten Europas wieder heimisch im alten Hause eingerichtet, so gilt es, dem Gebäude eine höhere Stabilität zu verleihen als ehedem. Die vier Großmächte, die Napoleon bezwungen haben, schließen am 20. November 1815 einen Bund, durch den sie sich verpflichten, mit vereinter Kraft Frankreich unter seiner wieder hergestellten Dynastie zu erhalten.[2]) Die Gefahr für die Ruhe Europas droht von dem Lande, das durch Revolution und Imperialismus überall hin die königliche Macht erschüttert hat. So fordert denn die Sorge für die allgemeine Sicherheit, daß es an seine rechtmäßige Autorität gefesselt werde. Es ist das eine europäische Angelegenheit. Die Selbsterhaltung rechtfertigt die internationale Gewähr und im extremen Fall die Intervention. So folgert die Diplomatie.

Als aber der Glaube an die Souveränität des Volkes, angefacht durch die Revolution, und immer weiter zündend, andere Nationen zur Erhebung treibt, als die Ordnung von 1815, bald hier, bald dort beginnt, in ihren Fugen zu erzittern, da gilt es, die beschlossene Aktion zu erweitern. Nicht Frankreich allein birgt die Gefahr,

---

[1]) Erster Pariser Friede. 30. Mai 1814. Eingangsformel. Strupp, l. c. Bd. I. S. 118. — Vertrag von Chaumont. 1. März 1814. — Metternichs Papiere. Brief von Talleyrand, oben zitiert. — Seignobos, Histoire politique de l'Europe contemporaine. 1897. p. 6—7.

[2]) Strupp, Urkunden zur Geschichte des Völkerrechts. 1911. Bd. I. S. 163—166.

sondern der Gedanke der Freiheit selbst, der unsichtbar die Welt durchflutet und gegen die Felsen des alten Rechts in unwiderstehlicher Brandung schlägt. Jede Nation wird zum Feinde. Nach allen Seiten muß die Gegenwehr gerüstet sein. Und so schließen denn die Mächte einen neuen Bund. Der französische Monarch ist fortan Genosse. Der Kampf gilt jedem Volk, das sich durch die Irrlehre zum Aufruhr gegen seine rechtmäßige Dynastie verleiten läßt. Der Kampf gilt einer Theorie. Das ist der Geist, in dem das Aachener Protokoll von 1818 unterzeichnet wird. Die hohe Burg ist umzingelt. Der Belagerungszustand wird erklärt.[1] [2])

[1]) Aachener Protokoll. 15. November 1818. «Les cours signataires du présent acte ont unanimement reconnu et déclarent en conséquence:

1° Qu'elles sont fermement décidées à ne s'écarter, ni dans leurs relations mutuelles, ni dans celles qui les lient aux autres états, du principe d'union intime qui a présidé jusqu'ici à leurs rapports et intérêts communs; union devenue plus forte et indissoluble par les liens de fraternité chrétienne que les souverains ont formés entre eux.

2°. Que cette union, d'autant plus réelle et durable, qu'elle ne tient à aucun intérêt isolé, à aucune combinaison momentanée, ne peut avoir pour objet que le maintien de la paix générale, fondé sur le respect religieux pour les engagements consignés dans les traités pour la totalité des droits qui en dérivent.

3°. Que la France, associée aux autres puissances par la restauration du pouvoir monarchique, légitime et constitutionnel, s'engage à concourrir désormais au maintien et à l'affermissement d'un système qui a donné la paix à l'Europe, et qui seul peut en assurer la durée.» Strupp, l. c. Bd. I. S. 164—165.

Metternichs Papiere. Band III. Nr. 303. S. 164 ff. Denkschrift von Friedrich von Gentz. November 1818. Die Ergebnisse des Aachener Kongresses. «L'intérieur de tous les pays européens, sans en excepter aucun, est travaillé par une fièvre ardente, compagne ou avant-coureur des convulsions les plus violentes que le monde civilisé ait éprouvées depuis la chute de l'empire romain. C'est la lutte, c'est la guerre à mort entre les anciens et les nouveaux principes, entre l'ancien et un nouvel ordre social. Par une fatalité pour ainsi dire inévitable, la réaction de 1813, qui a suspendu, mais non terminé le mouvement révolutionnaire en France, l'a réveillé dans les autres Etats. Tous les éléments sont en fermentation, tous les pouvoirs sont menacés de perdre leur équilibre; les institutions les plus solides sont ébranlées dans leurs fondements, comme les édifices d'une ville attaquée par les premières secousses d'un tremblement de terre qui dans peu d'instants va tout détruire. — L'union intime des Princes, ‚calme et constante dans son action', est le contre-poids du mouvement désordonné que tant d'esprits turbulents, sortis de leur sphère, voudraient imprimer aux affaires humaines;

Die wachsende Spannung zwischen den beiden politischen Dogmen, die steigenden Unruhen in den europäischen Ländern geben den Mächten bald Gelegenheit, mit den Waffen in der Hand für die Tradition einzutreten. Die Kongresse von Troppau und Laibach beschließen die Intervention in Neapel und Sardinien, um das legitime Königtum zu verteidigen.[1]) Österreich vollzieht den Spruch und sendet 1821 Truppen nach beiden Ländern. Auf

---

le noyau des forces organisées que présente cette union est la digue que la Providence paraît avoir élevée elle-même pour conserver l'ancien ordre de la societé, ou pour en ralentir et en adoucir au-moins les changements devenus indispensables.»

[3]) (Zu S. 233.) Seignobos, Histoire politique de l'Europe contemporaine. 1897. Chapitre XXV. p. 710—717. de Viel Castel, Histoire de la Restauration. 1860—1878. Vol. VII. Chap. 43 et 44. Ollivier, L'Empire libéral. Vol. I. 1895. Chap. 3.

[1]) Erklärung der drei östlichen Mächte Rußland, Österreich und Preußen auf dem Kongreß zu Troppau.

«Les Etats faisant partie de l'alliance européenne qui auront subi, dans la forme de leur régime intérieur, une altération opérée par la révolte et dont les suites soient menaçantes pour d'autres Etats, cesseront par là même de faire partie de cette alliance et en resteront exclus jusqu'à ce que leur situation présente des garanties d'ordre et de stabilité.

Les puissances alliées ne se borneront pas à déclarer cette exclusion, mais, fidèles aux principes qu'elles ont proclamés et au respect dû à l'autorité de tout gouvernement légitime ainsi qu'à tout acte qui émane de sa libre volonté, elle s'engagent à refuser leur reconnaissance aux changements consommés par des voies illégales.

Lorsque des Etats où de pareils changements se seront ainsi effectués feront craindre à d'autres pays un danger imminent par leur proximité, et lorsque les puissances pourront exercer à leur égard une action efficace et bienfaisante, elles emploieront pour les ramener au sein de l'alliance, premièrement des démarches amicales, en second lieu une force coërcitive, si l'emploi de cette force devenait indispensable.» Viel-Castel, l. c. Vol. IX. Chap. LXI. p. 228—229.

Vgl. die Zirkulardepesche von Metternich vom 12. Mai 1821 nach dem Laibacher Kongreß. Strupp, l. c. Bd. I. S. 166.

England und Frankreich unterzeichnen die Erklärung nicht. Sie nehmen überhaupt in der italienischen Angelegenheit eine passive Stellung ein, lassen aber die drei absoluten Monarchien gewähren.

cf. de Viel-Castel, l. c. Vol. IX. Chap. LX—LXII. — Über die Bekehrung Alexanders I. von seinen liberalen Ideen zur Politik von Metternich vgl. Seignobos, l. c. S. 715—721. Ollivier, l. c. Vol. I. Chap. III. § 3.

Grund der Beschlüsse von Verona übernimmt Frankreich die gleiche Aufgabe in Spanien und führt sie 1823 zum Ziel.[1][2]

So enthüllt sich in immer deutlicheren Linien ein höchst seltsames Bild. Es steht über Europa eine souveräne Autorität. Zum erstenmal, seit die römischen Imperatoren den Weltkreis unter ihrem Zepter hielten, gibt es ein europäisches Regiment. Was die Kaiser und Päpste des Mittelalters nicht verwirklichen konnten, das bringen die Großmächte in den Jahren der Restauration zustande. Wohl regieren sie nicht, und geben keine Gesetze. Aber sie haben eine richterliche Gewalt. Sie entscheiden über die Grenzen der Länder und über die Rechtmäßigkeit der Herrscher. Sie sind ein Gebiets- und Verfassungsgericht.

Besteht aber in Europa eine souveräne Autorität, dann wandelt sich Europa in ein Reich. Erheben sich die großen Mächte über ihre Genossen und legen sie ihnen Gehorsam auf, dann ist Europa ein aristokratischer Staat.[3]

Autorität ist Friede. Wenn die fünf großen Monarchen als Areopag über die Streitigkeiten der Völker richten und ihrem Spruch einen unwiderstehlichen Zwang verleihen, dann ist die Ordnung fest gefügt. Entbrennt ein Bürgerkrieg, so ringt der Bund ihn nieder und stellt die rechtmäßige Obrigkeit wieder her. Greifen zwei Völker zu den Waffen, so treten die Mächte zwischen sie und wahren den Besitzstand, der feierlich besiegelt ist. Europa ist gefesselt und darum in Ruhe.

Der Friede stellt sich ein als Wirkung des neu gegründeten Systems. Allein, er ist nicht nur materielle Konsequenz. Er ist gewolltes Ziel. Ihn zu wahren, gilt den Fürsten als edler Beruf. Darin erblicken sie den idealen Wert der geschlossenen Verträge, daß die Politik fortan die Menschheit von Aufruhr und Krieg befreien, dem Weltkreis die harmonische Ordnung wiedergeben und ein Zeitalter der Glückseligkeit begründen soll.

Indes, die Argumentation geht weiter und nimmt ihren Weg in eine höhere Sphäre. Die Fürsten halten dafür, sie seien von der Vorsehung auserwählt, um die ewige Ordnung zu erfüllen.

---

[1]) England lehnt hier die Beteiligung ab.

[2]) Seignobos, l. c. Chap. XXV. p. 717—721.

[3]) Über den Widerspruch dieses Systems mit dem völkerrechtlichen Prinzip der Gleichheit vgl. Streit, l. c. S. 13—17. Nys, l. c. S. 9—14.

Sie haben den Glauben an ein heiliges Amt. Sie betrachten sich als Träger des göttlichen Willens.

Damit flackert der mittelalterliche Gedanke des göttlichen Reiches wieder auf. Freilich in einer neuen Gestalt. Die Universalmonarchie der römischen Kaiser wird durch ein aristokratisches Regiment der verbündeten Großmächte abgelöst. Aber der Grundgedanke ist derselbe: Gott belehnt die Könige mit ihrer Krone, damit sie als seine Statthalter regieren. Die Herrschaft der Fürsten ist nur ein Abglanz der Herrschaft Gottes und als ein Teil in den Weltplan eingefügt.

Diese Steigerung der politischen zur religiösen Idee findet ihren Ausdruck in der Heiligen Allianz. Das Dokument von Alexander I., im Banne der Mystik verfaßt[1]), am 14./26. September 1815 von den drei absoluten Monarchen und später von vielen anderen Fürsten[2]) unterzeichnet, ist von dem Gedanken beherrscht, daß Gott die bedrängten Völker zum Sieg gegen den Tyrannen geführt.[3]) Daraus wird eine doppelte Konsequenz gezogen: Einmal, die siegreichen Könige sind Herrscher durch göttlichen Willen, sie haben ihre Krone aus der Hand der Vorsehung.[4]) Und weiter,

[1]) und ihm durch Frau von Krüdener eingegeben. de Viel-Castel, l. c. Vol. IV. Chap. XXI. p. 114—116. Sorel, Le traité de Paris du 20 novembre 1815. 1873. p. 132—135. Mühlenbeck, Etude sur les origines de la Sainte alliance. — Der preußische Bischof Eylert behauptet, Friedrich Wilhelm III. habe den ersten Gedanken zur Heiligen Allianz gefaßt. Sorel, S. 132—133.

[2]) Nicht von Georg III. cf. de Viel-Castel, l. c. Vol. IV. Chap. XXI. p. 116—117. Oppenheim, l. c. p. 66.

[3]) LL. MM. l'Empereur de l'Autriche, le Roi de Prusse et l'Empereur de Russie, par suite des grands évènements qui ont signalé en Europe le cours des trois dernières années, et principalement des bienfaits qu'il a plu à la divine Providence de répandre sur les Etats dont les gouvernements ont placé leur confiance et leur espoir en elle seule, ayant acquis la conviction intime, qu'il est nécessaire d'asseoir la marche à adopter par les puissances dans leurs rapports mutuels sur les vérités sublimes que nous enseigne l'éternelle religion du Dieu sauveur: délarons solennellement.

[4]) «En conséquence, le seul principe en vigueur, soit entre lesdits gouvernements, soit entre leurs sujets, sera celui de se rendre réciproquement service, de se témoigner par une bienveillance inaltérable l'affection mutuelle dont ils doivent être animés, de ne se considérer tous que comme membres d'une même nation chrétienne, les trois princes alliés ne s'envisageant euxmêmes que comme délégués par la Providence pour gouverner trois branches de la même famille, savoir: l'Autriche, la Prusse et la Russie, confessant

sie sollen über ihre Völker wachen als über ein ihnen anvertrautes Pfand; sie sollen sich in christlicher Liebe zur Seite stehen; ihr Regiment soll väterlich gegen die Untertanen und brüderlich gegen die Bundesgenossen sein.[1]) Und so erscheint, in diesem Lichte verklärt, nicht nur der Sieg über die französischen Waffen, sondern auch die neue Verfassung der europäischen Gemeinschaft als göttliche Willenstat. Die Politik wird umklammert durch den Glauben. Die Heilige Allianz ist die Projektion der Diplomatie von 1815 in den Spiegel der Religion.[2])

---

ainsi que la nation chrétienne, dont eux et leurs peuples font partie, n'a réellement d'autre souverain que celui à qui seul appartient en propriété la puissance, parce qu'en lui seul se trouvent tous les trésors de l'amour, de la science et de la sagesse infinie, c'est-à-dire Dieu, notre divin Sauveur Jésus-Christ, le verbe du Très-Haut, la parole de vie. LL. MM. recommandent en conséquence avec la plus tendre sollicitude à leurs peuples, comme unique moyen de jouir de cette paix qui naît de la bonne conscience et qui seule est durable, de se fortifier chaque jour davantage dans les principes et l'exercice des devoirs que le divin Sauveur a enseignés aux hommes.»

[1]) «Declarons solennellement que le présent acte n'a pour objet que de manifester à la face de l'Univers leur détermination inébranlable, de ne prendre pour règle de leur conduite, soit dans l'administration de leurs états respectifs, soit dans leurs relations politiques avec tout autre gouvernement, que les préceptes de cette religion sainte, préceptes de justice, de charité et de paix qui, loin d'être uniquement applicables à la vie privée, doivent au contraire influer directement sur les résolutions des princes, et guider toutes leurs démarches, comme étant le seul moyen de consolider les institutions humaines et de remédier à leurs imperfections.

Conformément aux paroles des Saintes-Ecritures, qui ordonnent à tous les hommes de se regarder comme frères, les trois monarques contractants demeureront unis par les biens d'une fraternité véritable et indissoluble, et se considérant comme compatriotes, ils se prêteront en toute occasion et en tout lieu assistance, aide et secours; se regardant envers leurs sujets et armées comme pères de famille, ils les dirigeront dans le même esprit de fraternité, dont ils sont animés pour protéger la religion, la paix et la justice.»

[2]) Aachener Protokoll. Aachener Deklaration: «L'union intime établie entre les monarques ... offre à l'Europe le gage le plus assuré de sa tranquillité future. L'objet de cette union est aussi grand que salutaire; elle ne tend à aucune nouvelle combinaison politique, à aucun changement dans les rapports établis par les traités existants. Calme et constante dans son action, elle n'a pour but que le maintien de la paix et la garantie des transactions qui l'ont fondée et consolidée ... C'est dans ces sentiments que les souverains ont consommé l'ouvrage auquel ils étaient appelés. Ils ne cesseront de travailler à l'affermir et à le perfectionner. Ils reconnaissent formelle-

Die Wiederherstellung Europas nach dem dogmatischen Leitgedanken der Legitimität, die Sicherung des Werkes durch eine Union der Fürsten und die Idealisierung solcher Politik durch ein metaphysisches Gewand, das sind die Taten der Restauration gewesen. Man erlebte damals den notwendigen Rückschlag, in dem die stürmenden Wogen der Revolution sich sänftigen mußten, um zu neuer Brandung vorzugehen. Denn es ist ein immer wiederkehrendes Phänomen der Geschichte, daß auf extremen Wandel die Rückbildung folgt. Und aus diesem gleichen Gesetz ergibt sich, daß, je gewaltiger die revolutionäre Umwälzung gewesen, um so längere Wiederkehr den traditionellen Mächten beschieden war. So konnte die Restauration wieder für eine Zeit die europäischen Geschicke leiten. Und doch stand sie auf einem Boden, der erschüttert war. Denn das war eben der Zwiespalt ihres Wesens, daß sie sich nach einem organischen Gesetz vollzog und gleichzeitig dem Strom der natürlichen Entwicklung zuwider lief.

Die Restauration hat Gutes gewirkt. Sie hat dem erschöpften Europa die Ruhe geschenkt. Sie hat 40 Jahre den Frieden erhalten. Sie hat die Tore zwischen den Ländern aufgetan, sie hat die Welt mit einem hohen Geist der Solidarität erfüllt und die Nationen durch die Bande der Menschenliebe verkettet.[1]) Wohl hat sie das Los Europas wenigen Führern in die Hand gegeben. Aber sie konnte es tun. Denn sie verfügte über Männer von diplomatischer Genialität, wie Talleyrand[2]), von edler Gesinnung und erhabenem Gedankenflug, wie Alexander und Wellington.[3])

ment que leurs devoirs envers les peuples qu'ils gouvernent leur prescrivent de donner au monde, autant qu'il est en eux, l'exemple de la justice, de la concorde et de la modération; heureux de pouvoir consacrer désormais tous leurs efforts à protéger les arts de la paix, à accroître la prospérité intérieure de leurs Etats et à réveiller ces sentiments de religion et de morale dont le malheur des temps n'a que trop affaibli l'empire.»

[1]) Schwand doch selbst der Unterschied der Kirchen in der Brüderschaft der Heiligen Allianz.

[2]) Hob er doch allein mit den Waffen seines Geistes Frankreich aus seiner Erniedrigung wieder auf den gleichen Rang mit den anderen Mächten.

[3]) Sorel, l. c. p. 143—144. «Il serait injuste de méconnaître chez l'Empereur Alexandre et chez le duc de Wellington, une véritable élévation de pensée, une notion supérieure des intérêts de la société européenne. Tel qu'il est, le traité du 20 novembre doit être cité comme un des rares exemples de sagesse et de modération que nous présente l'histoire. Il a porté

Allein, die Restauration konnte auf die Dauer den unterirdischen Mächten nicht widerstehen, die ohne Unterlaß an dem alten Weltgebäude rüttelten. Es kam ihr nur die Aufgabe zu, die Sturmflut der Revolution aufzuhalten, zu mäßigen und in eine geregelte Bahn zu leiten. Hatte sie dies vollbracht, dann war ihr Werk getan. Sie mußte zurückweichen vor einem höheren Prinzip. Die Legitimität mußte unterliegen vor der Nationalität und der Volkssouveränität.

Die alte Lehre erleidet eine Niederlage nach der andern.[1])

Seit 1816 beginnen die spanischen Kolonien in Südamerika sich vom Mutterlande loszureißen und zu selbständigen Staaten zu bilden. Spanien will sie mit Hilfe der konservativen Mächte zurück erobern. Chateaubriand schlägt als Gesandter Frankreichs auf dem Kongreß von Verona vor, die legitime Herrschaft der spanischen Dynastie mit vereinter Waffengewalt zu verfechten. Aber da sagt sich die englische Regierung, in welcher Canning 1822 auf Castlereagh gefolgt, vom Bunde los, verurteilt die Interventionspolitik, erkennt die neu gegründeten Staaten an und eröffnet eine Aktion in Portugal als Demonstration gegen die französische Expedition nach Spanien.

Die Diplomatie des Kontinents muß der englischen Nation widerstreben. Denn die Verfassung Großbritanniens ist auf die Souveränität des Volks gebaut, seitdem das Parlament im Kampf gegen die Stuarts gesiegt und Wilhelm von Oranien auf den Thron berufen hat. Und weiter, diese Verfassung ist im lebendigen Fluß der politischen Kräfte entstanden. Sie ist nicht durch einen Machtspruch ins Leben gerufen, sondern durch die Notwendigkeiten des Alltags, die in stetiger Reihe die tausend Fäden des kunstvollen Gewebes aneinander gefügt. England hat freie und organische Grundgesetze und kann sich deshalb nicht mit gewaltsamer

---

des fruits. L'Europe a dû aux hommes qui la dirigèrent alors une paix de quarante années, le plus fécond essor de la prospérité publique, un des plus beaux et des plus complets mouvements de pensée dont s'honore l'humanité. Les rivalités nationales semblaient s'être effacées; un échange progressif des travaux de l'esprit, des produits de l'industrie entretenait l'union des peuples; la guerre paraissait si loin de la société contemporaine qu'on en avait perdu non-seulement l'habitude mais jusqu'à la notion.»

[1]) Seignobos, l. c. p. 721—724.

Intervention zugunsten absoluter Herrschaftsformen für solidarisch erklären.[1])

Zugleich stößt die Diplomatie der Mächte auf den Widerspruch der Vereinigten Staaten. Monroe verkündet 1823 seine berühmte Doktrin. Sie wehrt den europäischen Staaten, in die Angelegenheiten amerikanischer Länder einzugreifen, welche ihre Unabhängigkeit mit Erfolg kundgetan haben und deshalb von der Union anerkannt sind.[2])

1820 erhebt sich Griechenland gegen die Türkei. Der Kongreß von Verona mißbilligt den Aufstand. Aber England will die Griechen als kriegführende Partei gelten lassen. Und Alexander, weit entfernt, für den Sultan Partei zu ergreifen, versucht den Streit durch seine guten Dienste zu schlichten. Die russische Politik ändert sich vollends, als Nikolaus I. den Thron besteigt. Der neue Herrscher will nicht England allein den Schutz der Griechen überlassen. Nikolaus beschließt mit Wellington, dem Sultan eine Vermittlung anzubieten. Frankreich schließt sich an. Als aber der Sultan der Intervention nicht Folge leisten will, drohen die Mächte, Griechenland mit Gewalt zu befreien. Es kommt zum Bruch. Und nun entrollt sich das merkwürdige Schauspiel, daß drei Staaten der Pentarchie zugunsten der Nationalitätsidee und gegen die legitime Dynastie zu den Waffen greifen. Die Türkei wird gezwungen, in die Unabhängigkeit Griechenlands zu willigen, und der neue Rechtszustand wird von den drei verbündeten Mächten 1830 im Londoner Protokoll anerkannt.

Aber den härtesten Stoß erleidet die traditionelle Politik durch die Julirevolution in Frankreich, durch die Gründung einer

---

[1]) Depesche von Canning am 28. Januar 1823. "We disclaim for ourselves and deny for other powers the right of requiring any changes in the international institutions of independent states, with the menace of hostile attack in case of refusal." Strupp, l. c. Bd. I. S. 166.

[2]) Botschaft des Präsidenten der Vereinigten Staaten von Amerika, Monroe, an Senat und Repräsentantenhaus vom 2. Dezember 1823. § 48: "With the governments who have declared their independence and maintained it, and whose independence we have, on great consideration and on just principles, acknowledged, we could not view any interposition for the purpose of oppressing them, or controlling in any other manner their destiny, by any European power in any or other light than as the manifestation of any unfriendly disposition toward the United States."

neuen Monarchie auf der Basis der Volkssouveränität[1]) und durch die Verfassung von 1830, welche die Autonomie der Staaten und die Unrechtmäßigkeit der Intervention verkündet. Dieser Umsturz der Dinge widerspricht den Verträgen von 1815 und fordert nach den vereinbarten Grundsätzen die Exekution. Allein die Mächte fühlen nicht die Kraft in sich, das alte Recht mit den Waffen zu verteidigen. Sie erkennen nacheinander, wenn auch mit Widerwillen, den Bürgerkönig an.

Belgien folgt bald darauf dem Beispiel der Nachbarländer und gewinnt einen Sieg für Nationalität und Volksregiment zugleich. Diesmal droht der Krieg. Aber nicht im Sinn einmütiger Intervention. Die Mächte nehmen teils für Holland, teils für Belgien Partei. Und schließlich bestätigt die Londoner Konferenz die vollendete Tatsache.

So geht die Weltanschauung von 1815 in Trümmer. Es bleibt nur ein zerfallener Bau als erhabenes Monument.

Die Restauration hat ein Ideal europäischer Ordnung besessen und durchgefochten. Aber ihre Prinzipien und Taten können nicht in andere Zeiten übertragen werden. Sie haben ihren vollen Klang nur in der diplomatischen Stimmung, in welche die Stürme der Revolution austönen. Sie sind der Angelpunkt, der auf die dramatische Symphonie des Kaiserreiches folgt.

Der europäische Körper war erstarrt. Es ging kein Blut mehr durch seine Adern. Der lebendige Fortschritt politischer Entwicklung war gehemmt.[2])

---

[1]) Déclaration de Thiers: «C'est du peuple français que le roi tiendra sa couronne.» — Déclaration de Guizot: «Jl respectera nos droits, car il tiendra de nous les siens.» — Louis Philippe betitelte sich: «Roi des Français par la grâce de Dieu et la volonté nationale.» — Rapport des Chambres: «C'est une nation en pleine possession de ses droits qui dit au prince auquel il s'agit de déférer la couronne: A ces conditions inscrites dans la loi, voulez-vous régner sur nous?» Seignobos, l. c. p. 121.

[2]) Cf. Ollivier, l. c. Vol. I. Chap. III. § 2. Metternich, son système, sa lutte contre les révolutions. «La stabilité est la première condition de la durée de l'Empire d'Autriche. Aussi son chancelier ne considérait-il pas le progrès et par suite le mouvement comme le but de l'existence sociale; à ses yeux, c'était le repos. Toutefois la tranquillité d'un grand peuple ne saurait être un fait isolé, elle est subordonnée à la sécurité générale. Etablir le repos général lui semblait le véritable but de l'activité des hommes d'Etat. Or

Es war Friede. Aber es war der Friede eines Kirchhofes.

Europa war ein gefesselter Gigant, der seufzend eine alte Welt auf seinen Schultern trug.

Aber wenn auch der Bund zerfallen ist, den die fünf Potentaten miteinander geschlossen, um in allen Ländern das angestammte Fürstenrecht zu schirmen und so die göttliche Weltordnung zu erhalten, so ist doch aus der Ideenwelt der Pentarchie und der Heiligen Allianz eine wichtige Vorstellung bis auf unsere Zeit gekommen: Es ist die Vorstellung, daß die Mächte[1]) berufen sind, die Geschicke der kleineren Völker zu regieren. Es ist die Vorstellung, daß die Mächte einen Titel zur Intervention besitzen, wobei dieser Titel nicht notwendig in der Verteidigung eines Rechtes gesucht wird und deshalb nicht mit dem Grundsatz vom wahren Gleichgewicht zusammenfällt. Es ist die Theorie von einem aristokratischen Imperialismus. Es ist die Theorie vom Europäischen Konzert.[2]) [3])

Nun ist diese Theorie verständlich inmitten der Spekulation, in welcher sie entstanden. Sie erscheint als ein natürliches Glied in der Argumentation, welche für die Pentarchie und die Heilige

---

l'ennemi de ce bien était le principe faux, désastreux, aboutissant à une perpétuelle instabilité, inauguré par la Révolution française, sous le nom de souveraineté du peuple. Il fallait le combattre par le principe de la légitimié du pouvoir absolu des princes, et au plan de la destruction universelle opposer la conservation de toute chose légalement existente.»

[1]) Über die Aufnahme des Königreiches Italien unter die Mächte: Nys, l. c. p. 37.

[2]) Nys, Le Concert Européen et la notion du droit international. Etudes de droit international. Vol. II. Streit, Les grandes puissances dans le droit international. Revue de droit international et de législation comparée. Série II. Vol. II. p. 5 sq. Vgl. auch Huber, Beiträge zur Kenntnis der soziologischen Grundlagen des Völkerrechts und der Staatengesellschaft. Jahrbuch des öffentlichen Rechts. 1910. S. 108 f. Donnadieu, La Théorie de l'Equilibre. Thèse d'Aix. 1900.

[3]) Le Cabinet de Saint-Pétersbourg, dans son communiqué officiel du 4 avril 1897 appelle l'accord des grandes puissances «le plus sûr garant du triomphe final des principes d'ordre, de droit et d'équité, et le meilleur gage du maintien de la paix générale.» M. Hanotaux appela le concert européen devant la Chambre française, „le seul tribunal et la seule autorité devant lesquels tout le monde peut et doit s' incliner". Livre jaune. février. mai 1897. cit. bei Streit. p. 12.

Allianz typisch ist: Wenn die Überzeugung herrscht, daß die großen Könige der Christenheit auserwählt sind, um überall die Legitimität zu verfechten und damit der Vorsehung zu dienen, so ist ihre Befugnis zur Intervention erklärt. Ist aber dieses Fundament einmal verloren, so hat die Theorie keine Berechtigung mehr. Es fehlt ihr der ethische Sinn. Und es fehlt ihr deshalb zugleich die Autorität, um sich in der politischen Wirklichkeit zu behaupten. Im älteren System besteht der Glaube an eine göttliche Bestimmung; er erfüllt die Mächte mit einem gleichen Ideal und gibt ihnen die Einmütigkeit, um ihre Gewalt zu vereinen und zusammen eine Herrschaft zu üben. Ist aber dieser Glaube erstorben, so fehlt das ideale Motiv, ohne das ein gemeinsames Regiment unter verbündeten Staaten nicht bestehen kann.

Freilich, wenn heute die Mächte eine politische — nicht durch einen gemeinsamen Rechtsgedanken getragene — Intervention in die Wege leiten, so rechtfertigen sie regelmäßig ihr Unternehmen mit der Absicht, den allgemeinen Frieden zu erhalten. Und fürwahr, das wäre ein Ziel, erhaben genug, um die Seele einer Bundesherrschaft zu sein. Verfolgen aber die Großstaaten in Wahrheit dieses Ziel, wenn sie ein schwächeres Gemeinwesen unter ihren Willen beugen? Blickt man tiefer in das Spiel ihrer Diplomatie, so ist es nicht ein Gedanke der Humanität, der sie vereint. Ihr Zusammenwirken geht aus der Besorgnis hervor, daß einer von ihnen Nutzen aus der gegebenen Verwicklung ziehe und seine Herrschaft oder doch seinen Einfluß über seine Grenzen dehne. Jede Macht ersteht als Hüterin der andern. Deshalb die einige Tat, die gemeinsame Lösung der Schwierigkeit. Was in der äußeren diplomatischen Form als Verständigung erscheint, geht psychologisch aus einem tiefen Antagonismus hervor.[1])

Die Politik der Mächte auf dem Balkan und im Orient hat gar oft dieses Schauspiel mit aller Deutlichkeit entrollt.[2]) [3]) Sie war eine Politik der Rivalität. Darin lag ihre Schwäche und der

---

[1]) Streit, l. c. p. 24. Nys, l. c. p. 46.

[2]) Thomas Erskine Holland, The European Concert in the Eastern Question. 1883. Nys, l. c. p. 32—37.

[3]) Am greifbarsten vielleicht bei der Regelung der kretischen Frage — Streit, l. c. p. 24 — und bei der Gründung des Staates Albanien.

Grund für ihren tragischen Zusammenbruch. Wo eine Diplomatie sich darin erschöpft, individuellen Vorteil zu erstreben und die Kollision egoistischer Interessen durch eine Kette fortlaufender Kompromisse zu verdecken, da mag sie vorübergehende Erfolge haben und für eine Zeit der Katastrophe Einhalt gebieten. Aber ihr Prinzip ist falsch. Einmal wird die Stunde der Abrechnung kommen. Nur die eine Diplomatie kann bestehen, die auf die Solidarität und das Recht gegründet ist.

Die Pentarchie und die Heilige Allianz haben diese Wahrheit nicht verkannt. Wohl hingen sie einem Irrtum an. Aber dieser Irrtum war doch ein altruistischer Gedanke, ein Traum von einem Völkerglück. Deshalb ist das Europäische Konzert nur eine blasse Nachbildung der älteren Bünde und kann ihnen nur ungerechterweise Titel und Wappenschild entleihen.

3. Die Nationalitätsidee Napoleons III.

Die Lehre von der politischen Selbstbestimmung der Menschen bildet den Angelpunkt der Revolution.[1]) Sie leitet zu einer doppelten Konsequenz: zur Souveränität des Volkes und zum Recht der Nationalität. Die eine Norm hat staatsrechtlichen, die andere völkerrechtlichen Charakter. Die eine regelt den Bau des Staates, die andere den Bau der Welt.[2])

Nation und Staat sollen den gleichen Umkreis haben. So sagt die zweite Norm. Die Nation soll im Staat den Körper finden, den sie mit ihrem Leben durchfluten kann; und der Staat soll seine Festigung durch die seelische Kraft gewinnen, die in der Nation beschlossen liegt. Nation und Staat gehören untrenn-

---

[1]) Ernest Renan, cit. infra: «C'est la gloire de la France d'avoir, par la révolution française, proclamé qu'une nation existe par elle-même.»

[2]) Paul Lesueur, Introduction à un cours de droit international. p. 88. «Les groupes sociaux avaient le droit de chercher dans des formations politiques différentes de celles auxquelles ils étaient rattachés, la réalisation de leurs destinées; ils avaient le droit, ou bien, de se réunir à l'Etat vers lequel les poussait la communauté de sympathies, ou bien, lorsqu'il n'existait pas de formation correspondant à leurs aspirations, d'en créer une en s'émancipant.»

bar zueinander. Sie sind wie Geist und Materie, wie Inhalt und Form.

Was ist aber eine Nation? Der Begriff klärt sich von selbst, wenn man sich vergegenwärtigt, daß das Recht der Nationalität aus dem Prinzip der Selbstbestimmung abgeleitet ist. Das Recht der Nationalität ist die Freiheit, den Kreis zu erwählen, in dem der staatliche Verband gegründet werden soll. Was die Nation zusammenschmiedet, ist das Gefühl der Zusammengehörigkeit. Das einende Element ist die Überzeugung, daß eine Gruppe von Menschen berufen ist, unter dem gleichen Gesetz ein gleiches Kulturideal zu erfüllen. Die Nation ist ein Phänomen des Willens. Sie lebt, weil man will, daß sie lebe. Sie ist eine Vereinigung durch freie Wahl.

So ist denn die Nation nicht durch objektive Momente gebunden. Sprache und Rasse sind nicht ihre konstituierenden Elemente. Sie ist nicht hergestellt durch die Gemeinsamkeit natürlicher Eigenschaften und kann auch ohne sie bestehen. Ihr wesentlicher Charakter ist die Subjektivität. Sie hat einen geistigen Gehalt. Sie ist durchwoben von Erinnerungen an vergangene Tage, an harten Kampf um Freiheit und Recht, an Sieg und tiefes Leid. Sie besteht durch den Glauben an einen Fortschritt, durch die Hoffnung auf große Taten. Und all dies Sinnen und Mühen gewinnt eine greifbare Gestalt durch den Entschluß, zusammen zu leben und zu wirken. Die Nationalität ist keine Verwandtschaft; sie ist ein Bund. Sie ist kein Zustand; sie ist eine Tat.[1] [2]

---

[1] Ernest Renan, Discours et conférences. 1887. et principalement la conférence sur le sujet: Qu'est-ce qu'une nation. «L'homme n'appartient ni à sa langue ni à sa race, il n'appartient qu'à lui-même, car c'est un être libre, c'est un être moral. Le droit des populations à décider de leur sort est la seule solution des difficultés de l'heure présente que peuvent rêver les sages. — Une nation, c'est pour nous une âme, un esprit; une famille spirituelle, résultant dans le passé de souvenirs, de sacrifices, de gloires, souvent de deuils et de regrets communs; dans le présent du désir de continuer à vivre ensemble. Ce qui constitue une nation, ce n'est pas de parler la même langue ou d'appartenir à un même groupe ethnographique; c'est d'avoir fait ensemble de grandes choses dans le passé et de vouloir en faire encore dans l'avenir. La nation est un principe spirituel, résultant des complications profondes de l'histoire.» — Le baron Eötvös. «Si l'on demande à quoi l'on peut reconnaître une individualité nationale, nous répondrons: uniquement dans

Der Kampf um die Nationalität erfüllt das 19. Jahrhundert. Die Erhebung der Völker gegen Napoleon I., der Befreiungskrieg der Hellenen, die Trennung Belgiens von den Niederlanden, die Zertrümmerung Polens, der Aufstieg der Balkanländer zur Autonomie, der Ausgleich zwischen Ungarn und Österreich, die Begründung der deutschen und italienischen Einheit, das sind die wichtigsten Entscheidungen, welche in diesem Streite fallen. Viele andere Probleme sind noch umstritten. Irland, Trient, die adriatische Küste, Bosnien-Herzegowina, Kroatien-Slawonien, Finnland, Island: Es genügt, diese Namen zu nennen, um das Bild der Rivalitäten und Konflikte wachzurufen, die immer noch in Europa schlummern.

Ist die Überzeugung von dem Recht der Nationalität einmal in der Welt, so muß sie die gewaltigste Bewegerin der Menschheit und die elementarste Ursache der Zwietracht sein. So lehrt uns die Geschichte der modernen Zeit. Es muß daher eine ganz natürliche Erwägung zu dem Plane führen, die Grundlage einer universellen Verfassung dadurch zu legen, daß man der Nationalitätsidee zum Sieg verhilft.[1]) Freilich, das Werk der europäischen

---

la conscience qu'elle puise de son existence personnelle par le besoin de réaliser cette existence. Chaque peuple, qu'il se compose de millions ou seulement de milliers d'individus, qu'il soit indépendant ou bien soumis à un autre peuple, se sentira comme nationalité, si cette conscience s'éveille en lui, et il devra être reconnu.» — Maximin Deloche, Du principe des nationalités. 1860. Ollivier, L'Empire libéral. 1895 sq. Vol. I. p. 164—169. Vol. III. p. 97—98. Pasquale Stanislao Mancini, Della nazionalità come fondamento del dritto delle genti, prelezione al corso di dritto internazionale e marittimo pronunziata nella R. Università di Torino. 1851. Nys, Le droit international. 1904. Vol. I. Section II. Chap. II. Mérignac, Traité de droit public international. Vol. I. 1905. Livre I. Chap. III. Sect. I.

[3]) (Zu S. 245.) Die Schweiz, obwohl ein Amalgam verschiedener Sprachen und Rassen, ist in diesem Sinn der vollkommenste Typus einer Nation. Denn hier ist das Gefühl der Zusammengehörigkeit das allein bindende Element. Renan, l. c. «La Suisse est peut-être la nation de l'Europe la plus légitimement composée.»

[1]) Laurent, Histoire du droit des gens et des relations internationales. Vol. X. Les Nationalités. 1865. p. 33. «Une fois que le principe des nationalités sera entré dans la conscience générale et qu'il se sera réalisé dans la constitution des Etats, il en résultera la plus forte garantie pour la conservation de la paix, car il ne pourra plus être question de conquête: les natio-

Ordnung ist damit nicht vollbracht. Aber beseitigt ist das tiefste und mächtigste Hindernis, das ihm entgegensteht, die Leidenschaft nämlich, welche die Völker treibt, ihre Persönlichkeit zu behaupten, eine Leidenschaft, die durch kein Recht gebannt und durch keine Zügel der Regierung gehalten werden kann, weil sie die stärkste aller Seelenkräfte ist, der Wille zum Leben.

Es gibt einen Monarchen im 19. Jahrhundert, der die Nationalitätsidee zum Leitgedanken seiner Politik erhoben hat, weil er sie für den richtigen Steuerschlag nach einem fernen glücklicheren Europa hielt. Es ist Napoleon III.

Hält es auch schwer, in den rätselhaften Geist dieses Fürsten einen klaren Blick zu tun und die Linien seiner Politik zu entwirren [1]), so wird doch eines aus seinen diplomatischen und kriegerischen Taten offenbar: daß er sich berufen fühlte, dem Prinzip der Nationalität den Sieg zu erfechten. [2]) Der erste Napoleon hatte sich mit den Waffen zum Gebieter Europas gemacht. Der zweite Kaiser dieses Namens mußte den Ehrgeiz haben, eine gleiche Suprematie zu erringen. Da ihm nun der Weg der Eroberung verschlossen war, so suchte er den Vorrang als Träger einer Idee zu

---

nalités sont donc un principe de paix. Que si, au contraire, on ne tient aucun compte des nations, si leur existence n'est qu'un simple fait, les guerres de conquête seront éternelles.»

[1]) Ein Grund dieser Schwierigkeit liegt darin, daß Napoleon III. oftmals durch geheime Agenten eine Diplomatie befolgt, die mit der offiziellen seiner Minister in Widerspruch steht. Seignobos, l. c. p. 749. Ollivier, l. c. Vol. III. p. 118—136.

[2]) Seignobos, Histoire politique de l'Europe contemporaine. 1897. p. 749. Jerrold, The Life of Napoleon III. 1874—1882. Vol. IV. p. 158. Ollivier, L'Empire libéral. 1895 sq. Vol. III. Livre IV. Chap. V. § 1. De la Guéronnière. L'Empereur Napoléon III. et l'Italie. 1859. — Eine offizielle Arbeit, auf Veranlassung des Kaisers nach der Zusammenkunft von Plombières geschrieben und verbreitet. Vgl. Ollivier, Vol. III. p. 531. — p. 23. «Si la France, qui veut la Paix, était forcée de faire la guerre, l'Europe devrait en être émue sans doute, mais elle ne devrait pas en être inquiète: ce n'est pas son indépendance qui serait en cause. La guerre, qui heureusement n'est pas probable, n'aurait d'autre but, le jour où elle serait nécessaire, que de prévenir les révolutions par des satisfactions légitimes données aux besoins des peuples, et par la protection et la garantie des principes reconnus et des droits authentiques de leur nationalité.»

gewinnen, welche die Völker begeistern, ihm eine moralische Autorität sichern und ihm die Würde eines Schiedsrichters in Fragen der europäischen Politik verleihen konnte.[1]) Der Plan konnte von eitler Herrschsucht eingegeben sein, die in der Wahl ihrer Mittel äußerst feinsinnig war. Aber er konnte gerade so gut der edelsten Humanität und der erhabensten Auffassung über den Beruf des Herrschers entstammen. Vielleicht verdankte er seinen Ursprung beiden Regungen zugleich. Möglich auch, daß er nicht mit klarem Willen geformt, nicht nach festen Zielen gerichtet war und daß ihn der Nebel einiger Phantastik umhüllte. Der Geschichtsschreiber mag hier sein Urteil fällen. Für uns ist nur das eine wichtig, daß der Plan bestanden hat und daß er einen innern Wert besitzt, unabhängig von der Person seines Urhebers und den Motiven, welche ihn erzeugten.

Der Weg war für eine solche Politik gebahnt. Der Gedanke der Nationalität, in der Revolution entstanden, war im Frankreich der Restauration lebendig geblieben und hatte eine immer größere Volkstümlichkeit errungen.[2]) [3]) Lamartine, Thiers, Guizot verkün-

[1]) Napoléon III. Vie de César. 1865 sq. «On voit quel prix le Sénat attachait alors à l'influence morale et à cette vraie popularité que donne la gloire d'avoir affranchi un peuple.» — Zitat aus Livius: «Il était donc une nation sur la terre qui, à ses frais, au prix de ses fatigues et ses périls, faisait la guerre pour la liberté de peuples même éloignés de ses frontières et de son continent; elle traversait les mers afin que dans le monde entier il n'existât pas une seule domination, et que le droit, l'équité, la loi, fussent partout les plus puissants.« — Ollivier, L'Empire libéral. 1895 sq. Vol. III. p. 98. «Napoléon I. avait dit à Saint-Hélène: »Le premier souverain, qui au milieu de la grande mêlée, embrassera de bonne foi la cause des peuples se trouvera à la tête de l'Europe et pourra tenter tout ce qu'il voudra.« C'est ce qui a inspiré Napoléon III.» Vgl. die Zitate ebenda p. 99—100.

[2]) Seignobos, l. c. p. 750.

[3]) Auch Napoleon I. hat sich in der Verbannung zu ihm bekannt, wenn er auch in Wahrheit nie als sein Vorkämpfer aufgetreten war. Les Cases, Mémorial de Saint-Hélène. Vol. VII. p. 122—126. «Une de mes plus grandes pensées avait été l'agglomération, la concentration des mêmes peuples géographiques, qu'ont dissous, morcelés les révolutions et la politique. Ainsi l'on compte en Europe, bien qu'épars plusieurs millions de Français, quinze millions d'Espagnols, quinze millions d'Italiens, trente millions d'Allemands. J'eusse voulu faire de chacun de ces peuples un seul et même corps de nation. C'est avec un tel cortège qu'il eût été beau de s'avancer dans la postérité et la bénédiction des siècles. Je me sentais digne de cette gloire.»

deten ihn mit Begeisterung. Die Nationalversammlung sprach ihn am 24. Mai 1848 in einem politischen Glaubensbekenntnis aus, welches lautete: Brüderschaft mit Deutschland, Wiederherstellung der polnischen Unabhängigkeit, Befreiung Italiens.[1])

Der Wiederaufbau des europäischen Hauses nach dem Richtmaß der Nationalität. Das ist das Ziel der kaiserlichen Diplomatie gewesen. Aber nicht das letzte. Haben die Staaten einmal den harmonischen Zustand erreicht, in dem die Seele ihren adäquaten Körper findet, haben sie von keiner Spaltung mehr zu leiden und streben sie nicht mehr über ihre Grenzen hinaus, dann tritt in ihrem innern Leben ein Zustand des ruhigen Gleichgewichtes ein. Es sammelt sich die Kraft, die zuvor im Kampf um die Persönlichkeit verloren ging. Die Staaten sind jetzt vollkommene Organismen. Ist aber diese Stufe erklommen, dann tut sich der Weg einer ferneren Entwicklung auf. Da der natürliche Fortschritt politischer Gestaltung darin besteht, daß die Kreise der Solidarität sich dehnen[2]), so werden die Staaten noch eine höhere Vollendung erstreben durch Eingliederung in einen weiteren Verband. Einmal im vollen Besitz ihrer Lebenskraft, werden sie sich zusammenschließen zu einer europäischen Allianz.

So führt der Weg von der Nationalität zur Konföderation. Und der Plan einer organischen Besitzteilung nach Völkerschaften ist deshalb auch der Plan eines Ewigen Friedens.[3])

— «L'agglomération des peuples arrivera tôt ou tard, par la force des choses, et je ne pense pas qu'après ma chute et la disparition de mon système, il y ait en Europe d'autre grand équilibre possible que l'agglomération et la confédération des grands peuples.»

[1]) Ollivier, l. c. Vol. I. Livre I. Chap. XIV. § 1. Vol. III. Livre IV. Chap. V. § 1. Jerrold, l. c. Vol. III. p. 72 sq.

[2]) L'idée napoléonienne. Œuvres de Napoléon III. Vol. I. 1859. Chap. V. But où tendait l'Empereur. Association européenne. Liberté en France. p. 154. «Plus le monde se perfectionne, plus les barrières qui divisent les hommes, s'élargissent, plus il y a de pays que les mêmes intérêts tendent à réunir.»

[3]) L'idée napoléonienne. l. c. p. 154—156. «Les nations se formèrent. Alors l'intérêt national embrassant tous les intérêts locaux et provinciaux, on ne se battit plus que de peuple à peuple; et chaque peuple à son tour s'est promené triomphant sur le territoire de son voisin, lorsqu'il a eu un grand homme à sa tête et une grande cause derrière lui. La commune, la ville, la province, ont donc, l'une après l'autre, agrandi leur sphère sociale, et reculé

Die Politik Napoleons ist der Kampf gegen 1815.[1]) Seine erste Tat, der Krimkrieg, hat den politischen Sinn, die verbündeten

---

les limites du cercle au delà duquel existe l'état de nature. Cette transformation s'est arrêtée à la frontière de chaque pays; et c'est encore la force et non le droit qui décide du sort des peuples. — Remplacer entre les nations de l'Europe l'état de nature par l'état social, telle était donc la pensée de l'Empereur; toutes ses combinaisons politiques tendaient à cet immense résultat; mais pour y arriver, il fallait amener l'Angleterre et la Russie à seconder franchement ses vues.» — «Tant qu'on se battra en Europe, a dit Napoléon, ce sera là une guerre civile.» — «La Sainte-Alliance est une idée qu'on m'a volée,» c'est-à-dire, la Sainte-Alliance des peuples par les rois et non celle des rois contre les peuples: là est l'immense différence entre son idée et la manière dont on l'a réalisée. Napoléon avait déplacé les souverains dans l'intérêt momentané des peuples; en 1815, on déplaça les peuples dans l'intérêt particulier des souverains. Les hommes d'état de cette époque, ne consultant que des rancunes ou des passions, basèrent un équilibre européen sur les rivalités des grandes puissances, au lieu de l'asseoir sur les intérêts généraux; aussi leur système s'est-il écroulé de toutes parts. — La politique de l'Empereur, au contraire, consistait à fonder une association européenne solide, en faisant reposer son système sur des nationalités complètes et sur des intérêts généraux satisfaits.» — Discours à l'ouverture de la session législative de 1867. «Depuis votre dernière session de graves évènements on surgi en Europe. Quoiqu'ils aient surpris le monde par leur rapidité comme par l'importance de leurs résultats, il semble, d'après les prévisions de l'Empereur, qu'ils dussent fatalement s'accomplir. Napoléon disait à Sainte-Hélène: »Une de mes plus grandes pensées a été l'agglomération, la concentration des mêmes peuples géographiques qu'ont dissous, morcelés, les révolutions et la politique. ... Cette agglomération arrivera tôt ou tard par la force des choses; l'impulsion est donnée, et je ne pense pas qu'après ma chute et la disparition de mon système il y ait en Europe d'autre grand équilibre possible que l'agglomération et la confédération des grands peuples.« Les transformations qui ont eu lieu en Italie et en Allemagne préparent la réalisation de ce vaste programme de l'union des Etats de l'Europe dans une seule confédération.» Œuvres. Vol. V. p. 278.

[1]) Lettre de l'Empereur aux souverains de l'Europe. Novembre 1863. Œuvres. Vol. V. p. 200—202. «Si l'on considère attentivement la situation des divers pays, il est impossible de ne pas reconnaître que, presque sur tous les points, les traités de Vienne sont détruits, modifiés, méconnus ou menacés. — Je viens donc vous proposer de régler le présent et d'assurer l'avenir dans un congrès. — Appelé au trône par la providence et par la volonté du peuple français, mais élevé à l'école de l'adversité, il m'est peut-être moins permis qu'à un autre d'ignorer et les droits des souverains et les légitimes aspirations des peuples. — Si je prend l'initiative d'une semblable ouverture, je ne cède pas à un mouvement de vanité; mais comme je suis le souverain auquel on

Gegner Frankreichs in zwei Lager zu teilen und die Heilige Allianz zu sprengen.[1]) Der Feldzug nach Sebastopol gilt nicht einem orientalischen, er gilt einem europäischen Problem. Auf den Trümmern der alten Welt will der Kaiser eine neue bauen. Wieder soll eine Allianz die Geschicke der Staaten regieren, aber eine Allianz, geschlossen, nicht um den angestammten Titel der Fürsten, sondern um das legitime Recht der Völker zu schirmen. Europa soll zu einem Bund vereinigt werden, der die Sache der Nationalität zur höchsten Norm erhebt. Dann wird Friede herrschen; Friede nicht durch Gewalt, sondern durch die Autorität der Gerechtigkeit.[2])

---

prête le plus de projets ambitieux, j'ai à cœur de prouver par cette démarche franche et loyale que mon unique but est d'arriver sans secousse à la pacification de l'Europe.»

Béranger.

«Des potentats, dans vos cités en flammes,
Osent, du bout de leur sceptre insolent,
Marquer, compter et recompter les âmes
Que leur adjuge un triomphe sanglant.
Faibles troupeaux, vous passez sans défense
D'un joug pesant sous un joug inhumain.
Peuples, formez une Sainte-Alliance
Et donnez-vous la main.»

[1]) Ollivier, l. c. Vol. III. Livre IV. Chap. VIII.

[2]) Discours à l'ouverture de la session législative. Novembre 1863. Œuvres. Vol. V. p. 210—213. «Les traités de 1815 ont cessé d'exister. La force des choses les a renversés ou tend à les renverser presque partout. Ils ont été brisés en Grèce, en Belgique, en France, en Italie, comme sur le Danube. L'Allemagne s'agite pour les changer; l'Angleterre les a généreusement modifiés par la cession des îles Joniennes, et la Russie les foule aux pieds à Varsovie. — Au milieu de ce déchirement successif du pacte fondamental européen, les passions ardentes se surexcitent, et au Midi comme au Nord de puissants intérêts demandent une solution. — Quoi donc de plus légitime et de plus sensé que de convier les puissances de l'Europe à un congrès où les amours-propres et les résistances disparaîtraient devant un arbitrage suprême? — Quoi de plus conforme aux idées de l'époque, aux vœux du plus grand nombre, que de s'adresser à la conscience, à la raison des hommes d'Etat de tous les pays, et de leur dire: Les préjugés, les rancunes qui nous divisent n'ont-ils pas déjà trop duré? La rivalité jalouse des grandes puissances empêchera-t-elle sans cesse les progrès de la civilisation? Entretiendrons-nous toujours de mutuelles défiances par des armements exagérés? Les ressources les plus précieuses doivent-elles indéfiniment s'épuiser dans une vaine

Wohl wird das Gleichgewicht verloren gehen. Denn die Nationalität fragt nicht nach ihm und bricht seine Fessel. Aber der Schaden ist nicht groß. Denn die Achtung des Menschenrechtes ist für die Ruhe der Völker eine bessere Gewähr als der künstliche Gleichstand der Kräfte.[1])

Napoleon III. hat diese Gedanken niemals in systematischer Geschlossenheit dargelegt. Er hat ihnen kein wissenschaftliches Gewand gegeben, obwohl er dazu die Fähigkeit besaß, wie seine zahlreichen und wertvollen Schriften beweisen. Man hätte von einem echten Nachkommen der Revolution erwarten sollen, daß er seine politische Weltanschauung in streng deduktiver Methode auseinandersetzte.

Der Kaiser hat seine Theorie nur mit einigen lapidaren Sätzen ausgesprochen, so in seinen Reden zur Eröffnung des Parlaments und in einigen diplomatischen Dokumenten, namentlich aber in seinen berühmten Werken über Julius Cäsar und die Ideen Napoleons I. Der Kaiser beruft sich gern auf seinen großen Vorgänger. Er schreibt sich die Aufgabe zu, die Pläne seines Oheims auf friedlichem Wege, durch Verjüngung der politischen Gedankenwelt Europas zu verwirklichen.[2]) Besser gesagt, die Theorie, die er in

---

ostentation de nos forces? Conserverons-nous éternellement un état qui n'est ni la paix avec sa sécurité, ni la guerre avec ses chances heureuses? Ne donnons pas plus longtemps une importance factice à l'esprit subversif des partis extrêmes, en nous opposant par d'étroits calculs aux légitimes aspirations des peuples. Ayons le courage de substituer à un état maladif et précaire une situation stable et régulière, dût-elle coûter des sacrifices. Réunissons-nous sans système préconçu, sans ambition exclusive, animés par la seule pensée d'établir un ordre de choses fondé désormais sur l'intérêt bien compris des souverains et des peuples. Cet appel, j'aime à le croire, sera entendu de tous. Un refus ferait supposer de secrets projets qui redoutent le grand jour; mais quand même la proposition ne serait pas unanimement agréée, elle aurait l'immense avantage d'avoir signalé à l'Europe où est le danger, où est le salut. Deux voies sont ouvertes: l'une conduit au progrès par la conciliation et la paix; l'autre, tôt ou tard, mène fatalement à la guerre par l'obstination à maintenir un passé qui s'écroule.»

[1]) Ollivier, l. c. Vol. I. Livre I. Chap. IV. § 4.

[2]) De la Guéronnière, L'Empereur Napoléon III. et l'Italie. 1859. p. 23. «L'Empereur Napoléon I. s'est cru obligé de conquérir les nationalités pour les affranchir; si jamais son successeur avait à les défendre, ce serait pour les affranchir sans les conquérir.» — Ollivier, L'Empire libéral. 1895 sq. Vol. I. Livre I. Chap. IV. § 1. p. 152—161.

seiner Arbeit über die Ideen Napoleons I. entwickelt, ist seine eigene Theorie, die er aber dadurch gewinnt, daß er die klassischen imperialistischen Konzeptionen weiter ausgestaltet und in seine Zeit überträgt.[1]) Auch Julius Cäsar dient ihm als Beispiel. Die Geschichte des römischen Staates gibt ihm Gelegenheit, Maximen in antikem Gewande aufzustellen, nach denen er das kaiserliche Frankreich regieren will.[2]) Überall trägt er seine Überzeugungen mit edlem Pathos, aber auch mit etwas formelhafter Rhetorik vor.

Napoleon III. hat nicht nur mit den Waffen der Beredsamkeit für die Nationalität gekämpft, sondern mit der Tat.

Er hat zum erstenmal Gelegenheit, für sein Prinzip einzutreten, als die Mächte nach dem Krimkrieg vor der Aufgabe stehen, das Schicksal der Donaufürstentümer zu regeln.

Die Großstaaten Europas haben die Moldau und Walachei durch den Pariser Frieden vom 30. März 1856 unter ihren gemeinsamen Schutz genommen. Die Pforte, nach wie vor im Besitz der Souveränität, hat sich verpflichtet, den beiden Ländern Autonomie der Gesetzgebung und Verwaltung, Freiheit der Religion, des Handels und der Schiffahrt zu gewähren. Im einzelnen soll die Verfassung durch einen Vertrag der Mächte mit der Türkei geregelt werden. Eine europäische Kommission, so ist bestimmt, wird im Verein mit einem türkischen Delegierten die Vorarbeit leisten, und zu ihrer Beratung wird in jeder der zwei Provinzen ein Divan als Interessenvertretung des Volkes einberufen werden.[3])

---

[1]) L'idée napoléonienne. Œuvres de Napoléon III. Vol. I. 1859. p. 1 sq. Vgl. Jerrold, The Life of Napoleon III. 1874—1882. p. 93—94. "The «Idées napoléoniennes» are the brightest, and fullest expression of the mind of Prince Louis Napoleon that he has left to the world.—Yet, these «Idées napoléoniennes» are not a mere summary of the intellectual manifestations of Napoleon I.; they are rather new developments of it, applications of it to the changed aspects of the political world, the Napoleonic idea amplified and carried forward for the government of society by a second Napoleon."

[2]) Vie de Jules César. 1865. 1866.

[3]) Pariser Frieden. Art. 22—25. «Sa Majesté le Sultan promet de convoquer immédiatement dans chacune des deux Provinces un divan ad hoc, composé de manière a constituer la représentation la plus exacte des intérêts de toutes les classes de la société. Ces divans seront appelés à exprimer les vœux des populations relativement à l'organisation définitive des principautés.» Art. 24. Strupp, Urkunden zur Geschichte des Völkerrechts. 1911. Bd. I. S. 191—192.

Napoleon III., seinem Prinzip getreu, erklärt sich zum Vorkämpfer der rumänischen Einheit. Er will die Union der beiden Länder zu **einem** Staat, wie sie dem Wunsch der Bevölkerung in ihrer großen Mehrheit entspricht. Österreich und die Türkei wehren sich gegen diesen Plan, da sie durch die Schwächung der beiden Länder nur gewinnen können. England stellt sich auf die Seite von Österreich. Rußland hingegen zeigt sich aus Freundschaft für Napoleon und aus Antagonismus gegen Österreich der Einheit günstig; Preußen folgt ihm, ebenso Sardinien, dessen große Hoffnung untrennbar mit der Nationalitätsidee verkettet ist.

Die beiden Divane der Moldau und Walachei, die derweil zusammengetreten sind, fordern im Oktober 1857 die Vereinigung zu **einem** Fürstentum. Der Sultan weigert sich und erklärt die Versammlungen für aufgelöst. Die Mächte treten zur Beratung zusammen. Napoleon verteidigt offen und mit Wärme die Sache der Einheit und damit der Nationalität. Aber die Mächte bleiben in zwei Gruppen geteilt, und die Verhandlungen enden mit einem Kompromiß.[1]) Die Regierungen der Moldau und Walachei bleiben getrennt unter zwei Hospodaren, gewählt von den Divanen und gebunden an konstitutionelle Formen. Es gibt hingegen eine gemeinsame Verfassung, eine Sphäre gemeinsamer Gesetzgebung, überwacht durch eine zentrale Kommission, **eine** Heeresorganisation und **einen** hohen Gerichtshof. Trotz dieser halben Lösung durch die Konferenz weiß das Volk sein Ziel auf einem Umweg zu erreichen. Es wählt 1859 in beiden Ländern den gleichen Hospodar. Nun erhebt sich wohl ein lauter Protest, weil diese Wahl dem Sinn des Kompromisses widerspricht. Aber da kommt Napoleon von neuem den Bedrängten zu Hilfe. Es gelingt ihm, die Geister zu besänftigen, England zu gewinnen und die Konferenz zur Anerkennung zu bewegen. Die Türkei fügt sich. Der Bojar Couza wird als Alexander I. zum Fürsten von Rumänien erhoben. Ein einziges Ministerium und eine einzige nationale Versammlung treten in Bukarest zusammen.[2])

---

[1]) Abkommen zwischen den Signatarmächten des Pariser Friedens. 19. August 1858.

[2]) Seignobos, l. c. p. 611—612. 753. Ollivier, Vol. III. p. 345—349. 405—412. 425—429.

Das ist der erste Sieg, den Napoleon für das Prinzip der Nationalität erringt.[1])

Aber bald wagt der Kaiser ein größeres Unternehmen, das er schon lange Zeit geplant und diplomatisch vorbereitet und für das er schon in seiner Jugend mit Begeisterung die Waffen geführt: es ist die Gründung der italienischen Einheit.[2]) [3])

Das Bündnis von Frankreich und Sardinien im Krimkrieg und die Parteinahme der beiden Staaten für Rumänien sind das Vorspiel der gemeinsamen Befreiung Italiens.[4]) Schon auf dem Pariser Kongreß verteidigt Cavour seine große Sache; er schildert das Unglück des zerrissenen Landes und fordert den Rückzug der österreichischen Besatzung aus Toskana. Frankreich und England unterstützen ihn. Aber Österreich weigert die Diskussion.

---

[1]) Discours à l'ouverture de la session législative. 1858. Œuvres. Vol. V. p. 49 sq. «A l'égard des principautés, on s'est étonné de notre désaccord avec plusieurs de nos alliés: c'est que la France, dans sa politique désintéressée, a toujours protégé, autant que les traités le permettaient, les vœux des populations qui avaient tourné leurs regards vers elle. Néanmoins, les conférences qui vont s'ouvrir à Paris nous verront apporter un esprit de conciliation de nature à atténuer les difficultés inséparables de la divergence des opinions.» — Discours à l'ouverture de la session législative. 1859. Œuvres. l. c. p. 73 sq. «Le cabinet de Vienne et le mien, je le dis avec regret, se sont trouvés souvent en dissidence sur les questions principales, et il a fallu un grand esprit de conciliation pour parvenir à les résoudre. Ainsi, par exemple, la reconstitution des principautés danubiennes n'a pu se terminer qu'après de nombreuses difficultés qui ont nui à la pleine satisfaction de leurs désirs les plus légitimes; et si l'on me demandait quel intérêt la France avait dans ces contrées lointaines qu'arrose le Danube, je répondrais que l'intérêt de la France est partout où il y a une cause juste et civilisatrice à faire prévaloir.» — Jerrold, The Life of Napoleon III. 1874—1882. Vol. IV. p. 106. "The part taken by the Emperor in the discussion on the manner in which the principalities of Moldavia and Wallachia were to be dealt with, as recorded by Lord Clarendon, was in accordance with that strong feeling in favour of nationalities as distinguished from dynasties, which never forsook him, and which, if it led him to some of the glories, also landed him in the gravest errors of his reign." Vgl. p. 133 sq. 136. 139 sq.

[2]) La Guéronnière, l. c. p. 9. 21—22. Flor, Révision de la carte d'Europe. 1854. Napoleon III. zugeschriebene Broschüre; in Paris von der Zensur beschlagnahmt.

[3]) Vorbild ist ihm auch hier Napoleon I. Ollivier, l. c. Vol. III. p. 157—158.

[4]) Seignobos, l. c. p. 753. Ollivier, l. c. Vol. III. p. 405. 411. Jerrold, l. c. Vol. IV. p. 158—159.

Auf der Zusammenkunft von Plombières im Juli 1858 schließt Napoleon einen geheimen Vertrag mit Cavour. Italien soll von der österreichischen Herrschaft losgelöst werden. Im Norden soll ein Königreich unter Viktor Emmanuel mit einer Bevölkerung von 12 Millionen entstehen. Savoyen kommt an Frankreich als Entschädigung für seine Dienste. Über die Zession von Nizza wird nach dem Krieg beschlossen werden.[1])

Als sich der latente Konflikt zwischen den beiden norditalienischen Mächten immer verschärft und zu Beginn des Jahres 1859 die Rüstungen beginnen, da wendet sich Napoleon an den Kaiser von Rußland und bittet ihn, einen Kongreß zur Lösung des Streites vorzuschlagen. Der Zar willfahrt. Aber Österreich stellt die Bedingung, daß Sardinien nicht eingeladen werde und daß die Verhandlung den gegenwärtigen Besitzstand von Italien nicht berühre. Es erhebt weiter die Forderung, daß Sardinien sein Heer entwaffne. Eine neue Verwicklung. Wohl scheint sich die Lage für einen Augenblick zu klären, als Frankreich, Rußland und Preußen dahin übereinkommen, daß die Gesamtheit der italienischen Staaten eingeladen und die Frage der Entwaffnung auf dem Kongreß für alle Mächte geregelt werden soll. Aber Österreich besteht darauf, daß Sardinien sofort sein Heer entlasse und sendet ein Ultimatum mit einer Frist von 3 Tagen nach Turin. Als Cavour die Antwort weigert, schickt Österreich seine Truppen über die Grenze.[2])

Das Kriegsglück ist den Verbündeten nicht in vollem Maße günstig und krönt ihr Vorhaben nur mit halbem Erfolg. Preußen

---

[1]) So Jerrold, l. c. Vol. IV. S. 174. Nach der Darstellung von Louis Kossuth.

[2]) Proclamation au peuple français. 3 mai 1859. Œuvres. Vol. V. p. 78. «La France n'a pas abdiqué son rôle civilisateur. Ses alliés naturels ont toujours été ceux qui veulent l'amélioration de l'humanité, et quand elle tire l'épée, ce n'est point pour dominer, mais pour affranchir. — Le but de cette guerre est donc de rendre l'Italie à elle-même et non de la faire changer de maître, et nous aurons à nos frontières un peuple ami, qui nous devra son indépendance. — Nous n'allons pas en Italie fomenter le désordre ni ébranler le pouvoir du Saint-Père, que nous avons replacé sur son trône, mais le soustraire à cette pression étrangère qui s'appesantit sur toute la Péninsule, contribuer à y fonder l'ordre sur des intérêts légitimement satisfaits.» — Ordre du jour de l'Empereur à l'armée d'Italie. l. c. p. 81.

bedroht die Rheingrenze. Die Zeit drängt, wenn nicht der Krieg in der aufgezwungenen Vermittlung der Mächte enden soll. Der Friede von Zürich, vorbereitet durch den Vertrag von Villafranca und abgeschlossen am 10. November 1859, bestimmt die Abtretung der Lombardei an Napoleon, und durch seine Vermittlung an den König von Sardinien. Frankreich und Österreich versprechen, eine Konföderation der italienischen Staaten zu begünstigen, die unter dem Ehrenvorsitz des Papstes stehen und auch das unter der österreichischen Krone bleibende Venetien umfassen soll.[1])

Hier hält Napoleon inne. Er hat keinen Teil mehr an der Volkserhebung, durch die das Königreich Italien gegründet wird. Er hat sein Werk getan. Durch Vertrag vom 24. März 1860 erhält er Nizza und Savoyen. Dies mit der Bedingung, daß die Völker durch Abstimmung ihr Einverständnis erklären. Das Plebiszit wird vollzogen. Es ergibt nahezu Einstimmigkeit zugunsten der Annexion und erscheint als eine neue Huldigung, die der Kaiser dem Prinzip der Nationalität entgegenbringt.[2])

Später bietet sich dem Kaiser eine neue Gelegenheit, die Nationalitätsidee in Italien zu verwirklichen. Nach der Schlacht bei Sadowa wendet sich Österreich an Napoleon, und bittet ihn, einen Frieden mit Italien zustande zu bringen. Es tritt ihm Venetien ab, und er überträgt es an das Haus Savoyen, indem er auch jetzt das Plebiszit zur Bedingung macht.[3])[4])

---

[1]) Art. IV. V. XVIII. «Sa Majesté l'Empereur des Français et sa Majesté l'Empereur d'Autriche s'engagent à favoriser de tous leurs efforts la création d'une Confédération entre les Etats italiens, qui serait placée sons la présidence honoraire du Saint-Père, et dont le but serait de maintenir l'indépendance et l'inviolabilité des Etats confédérés, d'assurer le développement de leurs intérêts moraux et matériels et de garantir la sûreté intérieure et extérieure de l'Italie par l'existence d'une armée fédérale.» Art. XVIII. Strupp, Band I. S. 271 flg. — Lettre de l'Empereur au Roi de Piémont. Œuvres, Vol. V. p. 96 sq.

[2]) Art. I. «Il est entendu entre leurs Majestés que cette réunion sera effectuée sans nulle contrainte de la volonté des populations et que les Gouvernements de l'Empereur des Français et du Roi de Sardaigne se concerteront le plus tôt possible sur les meilleurs moyens d'apprécier et de constater les manifestations de cette volonté.» Strupp, l. c. Band I. S. 275.

[3]) Österreichisch-italienischer Friede. De dato Wien, 3 octobre 1866. — Lettre de Napoléon à Victor Emmanuel. 11 août 1866. Jerrold, l. c. Vol. IV. p. 326. "My object has always been to deliver it up [Venetia], so that Italy

Napoleon III. ist eine geschichtliche Persönlichkeit, die wenig Sympathien besitzt. Das entbindet aber nicht von der Pflicht, ihm Gerechtigkeit widerfahren zu lassen. Es ist unrichtig, wenn man die Schachzüge seiner italienischen Politik dahin zusammenfaßt, er habe sich in das Abenteuer des Krieges gestürzt, um Nizza und Savoyen zu gewinnen. Wohl hat die Annexion diesen Schein erregt. Aber in Wahrheit war die territoriale Vergrößerung Frankreichs nicht das Motiv des Unternehmens. Denn einmal war Napoleon bereit, die Sache des italienischen Volkes vor einen Kongreß zu tragen und sich seinem Spruch zu beugen.[1]) Er hat selbst die Initiative einer gemeinsamen Tagung ergriffen. Wenn aber der Areopag der europäischen Mächte das Urteil fällte, so hatte der Kaiser nicht einmal die Gewißheit, daß die italienische Frage nach seinem Plan im Sinn der Einheit geregelt würde. Es blieb schon deshalb zweifelhaft, ob er auf die Zession als Entgelt für seine guten Dienste rechnen konnte. Und selbst wenn seine diplomatischen Bemühungen der italienischen Einheit zum Sieg verhalfen, würde der Kongreß ihm Savoyen und Nizza bewilligen oder dulden, daß sich die Zession außer dem Rahmen seiner Beschlüsse durch ein Sonderabkommen vollziehe? Man kann nur schließen: Die Unterwerfung unter einen Kongreß war der Verzicht auf eigennützige Politik. Und weiter, gesetzt auch den Fall, daß Napoleon den Krieg für unvermeidlich hielt, wie konnte er ein so gewagtes Unternehmen beginnen für einen so geringen Preis? Was konnten ihm Savoyen und Nizza bedeuten gegenüber der Möglichkeit, daß Europa seinen Plan als eine Drohung empfand, einen neuen Welt-

---

might be free from the Alps to the Adriatic. Being mistress of her destinies, Venetia will soon be able to express her wishes by universal suffrage. — Your Majesty will acknowledge that in these events the action of France has been used once again in favour of humanity, and of the independence of nations." — Lettre de l'Empereur à M. Drouin de Lhuys sur les affaires d'Allemagne. 11. juin 1866. Œuvres Vol. V. p. 266—267. Lettre de l'Empereur au Roi d'Italie sur la cession de la Vénétie. l. c. p. 271. Discours d'ouverture de la session législative de 1867. l. c. p. 279.

[4]) (Zu S. 257.) Über die italienische Politik Napoleons III. vgl. im Zusammenhang Seignobos, l. c. S. 753—757. 761—763. Jerrold, Vol. IV. Book XI.

[1]) Über die Hoffnungen des Kaisers, die Frage friedlich zu lösen, vgl. Jerrold, l. c. Vol. IV. S. 183—190. Rede zur Eröffnung der parlamentarischen Session. Februar 1859.

eroberer in ihm sah und sich gegen ihn als den Feind der gemeinen Ordnung verbündete? [1]) Wie konnte er die Gefahr auf sich nehmen, die Heilige Allianz wieder zu erwecken und gegen sich in die Schranken zu rufen, wenn er nicht den Kampf für ein höheres Gut unternahm und den alten Mächten Trotz zu bieten vermochte mit einer Waffe, der ihren gleich: mit einer Idee? Der italienische Feldzug war nur denkbar und war von Siegeshoffnung nur begleitet, wenn ihn Begeisterung trug, die fähig war, sich den Völkern mitzuteilen und überall Bundesgenossen zu werben. Wurde aber dieser Krieg geführt um einen politischen Glauben, so bleibt eine letzte Frage: warum die Zession von Nizza und Savoyen? Darauf ist zu antworten: Der Gewinn der beiden Länder war nicht die treibende Kraft des Unternehmens, sondern nur eine Notwendigkeit, die aus ihm folgte. Entstand ein großes italienisches Königreich, so strebte der Nachbarstaat nach einer Besserung seiner Grenzen. Das war natürliche, das war elementare Diplomatie. [2]) Und sollte nach all diesen Erwägungen noch ein Zweifel übrig bleiben, so bedenke man, daß Napoleon 1866 sich Italien zur Seite stellte, Italien, das doch mit Preußen, damals schon dem gefährlichsten Gegner Frankreichs, verbündet war. Dafür ist nur eine Erklärung möglich: die Überzeugung von dem Recht der Nationalitäten war so tief in dem Geist Napoleons eingewurzelt, daß er darob sein allerdeutlichstes Interesse vergaß. [3])

---

[1]) Jerrold, l. c. Vol. IV. S. 160. 161. 179. Brief der Königin von England. Dezember 1858.

[2]) Jerrold, l. c. Vol. IV. p. 257—258. The Emperor to Lord Cowley. February 1860. "What could be more natural than that, if Northern and Central Italy were to be fused into one Kingdom, he should desire to have a frontier a little better protected on that side than it now is? It was unfair to call the annexation of a small mountainous district to France by the name of conquest or aggrandizement. It would be nothing but a measure of legitimate defence."

[3]) Jerrold, l. c. Vol. IV. p. 160—161. "His enemies have obstinately striven to reduce him to a schemer of territory, or to the position of a political poltroon, acting under the threats of the Carbonari and the lesson of Orsini. A simple narrative will dispose of both accusations, levelled against the sovereign who as a boy risked his life for the cause which eventually led him to the field of Solferino, and, we may add, to the disaster of Sedan." — La Marmora. Un po' più di luce sugli eventi politici e militari dell' anno 1866. 1873.

Die polnische Revolution von 1863 gibt dem Kaiser wiederum Anlaß, eine Lanze zu brechen für seine Idee.[1]) Die öffentliche Meinung von Europa ist auf seiner Seite. Überall regt sich warme Sympathie für das unglückliche Volk. Die Regierungen von Österreich und England ergreifen entschlossen gegen Rußland Partei. Nur Preußen, im Widerspruch mit den Gefühlen der deutschen Nation, erklärt sich für das Zarenreich und bietet ihm seine Hilfe, um den Aufstand niederzuwerfen. Napoleon richtet einen Brief an den Zaren und bittet ihn, das Königreich Polen wieder aufzurichten. Als er eine ablehnende Antwort erhält, sucht er Österreich und England zu gemeinsamer kriegerischer Aktion zu bewegen. Aber England lehnt ab, und schließlich begnügen sich die drei Mächte mit einer diplomatischen Intervention. Sie begehren Reformen in Polen, darunter autonome Gesetzgebung und Verwaltung, Religionsfreiheit und Anerkennung des Polnischen als offizielle Sprache. Indes, sie geben ihren Forderungen nicht den gehörigen Nachdruck. Rußland weiß, daß sie entschlossen sind eine kriegerische Verwicklung zu meiden und hält ihnen stand. Als endlich England mehr und mehr durch die Frage der Elbherzogtümer abgezogen wird, greift Napoleon zu seinem Lieblingsgedanken. Er schlägt einen Kongreß der Mächte vor, in dem die schwebenden europäischen Fragen, die polnische, die dänische und die römische geregelt werden sollen. Allein auch dieser Plan scheitert an Englands Widerspruch.[2])

---

[1]) Schon 1831 haben ihn die polnischen Patrioten aufgefordert, sich an ihre Spitze zu stellen und sie zum Kampf gegen Rußland zu führen. Jerrold, l. c. Vol. I. S. 211—212.

[2]) Discours à l'ouverture de la session législative. Novembre 1863. »Quand éclata l'insurrection de Pologne, les gouvernements de Russie et de France étaient dans les meilleures relations; depuis la paix, les grandes questions européennes les avaient trouvés d'accord, et, je n'hésite pas à le déclarer, pendant la guerre d'Italie, comme lors de l'annexion du comté de Nice et de la Savoie, l'empereur Alexandre m'a prêté l'appui le plus sincère et le plus cordial. Ce bon accord exigeait des ménagements, et il m'a fallu croire la cause polonaise bien populaire en France pour ne pas hésiter à compromettre une des premières alliances du continent, et à élever la voix en faveur d'une nation rebelle aux yeux de la Russie, mais aux nôtres héritière d'un droit inscrit dans l'histoire et dans les traités. — L'insurrection polonaise, à laquelle sa durée imprimait un caractère national, réveilla partout des sympathies, et le but de la diplomatie fut d'attirer à cette cause le

Bald hernach ist Europa vor das Problem der Elbherzogtümer gestellt. Hier erleidet die französische Diplomatie eine völlige Niederlage. Sie verblaßt zu theoretischer Diskussion. Sie besitzt nur noch eins: die unbeugsame Logik. Denn das Recht der Nationalität bleibt bis zum Ende die politische Weltanschauung des Kaisers. Er ist ihr Herold, wenn auch nicht immer ihr glücklicher Kämpfer.[1])

Die dänische Erbfolge ist im Londoner Vertrag vom 8. Mai 1852 geregelt worden. Schleswig, Holstein und Lauenburg sind mit der dänischen Krone vereinigt geblieben. 1863 tritt auf Grund des Abkommens Christian IX. von Glücksburg die Regierung an. Als er aber die eiderdänische Verfassung bestätigt, die das Herzogtum Schleswig als Provinz mit dem Königreich verbindet, entsteht ein Konflikt. Österreich und Preußen wollen die neue Verfassung nicht gelten lassen. Die übrigen Signatarmächte ergreifen für den König Partei. Und in den Herzogtümern endlich wird Friedrich von Augustenburg anerkannt. Die britische Regierung macht im Dezember den Vorschlag einer Konferenz. Aber Napoleon, unzufrieden mit der Haltung Englands in der polnischen Frage, geht seinen eigenen Weg und will das Schicksal der einzelnen Länderstriche durch Volksabstimmung entschieden wissen. Die Ereignisse eilen indes der Diplomatie voraus. Österreich und Preußen beginnen im Januar 1864 den Krieg, und die Entscheidung des Kampfes ist schon gefallen, als die britische Regierung

plus d'adhésions possible, afin de peser sur la Russie de tout le poids de l'opinion de l'Europe. Ce concours de voeux presque unanime nous semblait le moyen le plus propre à opérer la persuasion sur le cabinet de Saint-Pétersbourg. — Que reste-t-il donc à faire? Sommes-nous réduits à la seule alternative de la guerre ou du silence? Non. — Sans courir aux armes comme sans nous taire, un moyen nous reste: c'est de soumettre la cause polonaise à un tribunal européen.» Œuvres Vol. V. p. 208—210. — Seignobos, l. c. p. 757—758. Ollivier, l. c. Vol. III. Livre XII. Chap. III. VI. X—XII.

[1]) Discours à l'ouverture de la session législative. Février 1865. «En présence du conflit qui a surgi sur les bords de la Baltique, mon gouvernement, partagé entre ses sympathies pour le Danemark et son bon vouloir pour l'Allemagne a observé la plus stricte neutralité. Appelé dans une conférence à émettre son avis, il s'est borné à faire valoir le principe des nationalités et le droit des populations d'être consultées sur leur sort. Notre langage, conforme à l'attitude réservée que nous entendions garder, a été modéré et amical euvers les deux partis.»

im April die Konferenz zustande bringt. Wohl spricht sich England für die Teilung aus, wohl empfiehlt Napoleon nach Sprachgebieten zu scheiden. Als es sich aber darum handelt, den siegreichen Waffen der Eroberer Einhalt zu tun und ein Ultimatum zu stellen, vermögen sich die beiden Staaten wieder nicht zu einen. Und Dänemark, das in Europa keinen Bundesgenossen findet, muß in die Abtretung der drei Herzogtümer willigen.[1])

Schon ist der Kaiser von seinem Stern verlassen und eilt der Katastrophe entgegen. Er fällt. Allein, wenn auch nicht das mächtigste Argument für ihn spricht, das vor dem Tribunal der Geschichte gilt, der Erfolg, so bleibt ihm doch der Ruhm, für eine große Idee gestritten zu haben und darin der Tradition des revolutionären Frankreich treu geblieben zu sein. Napoleon hat keine schlechte Sache geführt. Und das ist vielleicht die ergreifendste Tragik seines Schicksals, daß er noch durch seinen Sturz einen Triumph der Nationalität besiegelt hat: die deutsche Einheit.

Lösung der tiefsten und gefährlichsten Frage des Völkerlebens durch Vertrag, Regelung der Nationalität durch Kongresse, das ist, in einer Formel zusammengedrängt, das Dogma der kaiserlichen Politik. Damit macht sich aber Napoleon auf dem engeren Gebiete seiner Wahl zum Vorkämpfer einer Bewegung von weit größerem Stil. Er leitet hinüber zur friedlichen Erledigung der internationalen Konflikte überhaupt durch den gemeinen Willen der Staaten. Die Wege des ersten Napoleon führen nach den Hauptstädten der Erde, die Wege des zweiten Kaisers führen nach dem Haag.[2])

Damit ist die Geschichte der Theorie zu Ende. Wir treten jetzt in eine neue Welt. Der große Gedanke, der wie ein Phan-

---

[1]) Jerrold, l. c. Vol. IV. p. 308 sq. Seignobos, l. c. p. 540—545. 758—759. Ollivier, l. c. Vol. VII. Livre XII.

[2]) Schaeffle, Bau und Leben des sozialen Körpers. 1898. I. S. 478. „Ohne die realen Unterlagen internationaler Friedenszustände wird auch der Vorschlag des internationalen Schiedsgerichts nie lebensfähig werden.“ — „Erst wenn einst die Nationen politisch befriedigend gegliedert sein würden, könnte es gelingen, ihre nur partiellen Konflikte dem

tom die Jahrhunderte durchzogen, erwacht zum Leben. Er gewinnt in der Politik der Völker eine greifbare Gestalt. Er wird von einer Doktrin zu einer Institution.

Schiedsgericht zu übergeben; solange jedoch hinter diesen Kulissen nationale Existenzfragen versteckt sein werden, — nicht. Nur in dem ersten Falle werden immer die vereinigten Interessen der Humanität, der Finanzen, des Rechtsgefühles, des Handels und der Volkswirtschaft eine zwingende Macht in jene Wagschale werfen, in welcher die Schiedssprüche eines wohlorganisierten Friedenshofes liegen mögen. Alsdann werden wir aber schon im Anfang einer neuen universaleren Staatenbildung stehen."

Drittes Buch.

Die Zukunft des Völkerrechts.

Erstes Kapitel.

Die heutige Rechtsprechung der Völker.

Wenn wir zurückblicken auf die Lehrsysteme und politischen Pläne einer Weltverfassung, die seit dem Aufstieg der katholischen Kirche der Welt verkündet worden sind, so erkennen wir, daß sich die Gedankenarbeit in zwei fundamental verschiedenen Methoden vollzogen hat. Die eine Gruppe von Theorien sucht das Heil in der Autorität einer Herrschergewalt, die einen Zustand gesetzlicher Ordnung schafft. Dieses Regiment ist geistlicher oder weltlicher Natur. Es steht einem einzelnen Fürsten oder einer Mehrheit von Gebietern zu. Die mittelalterliche Lehre vom Gottesreich, die Pläne von einer europäischen Hegemonie der spanischen oder französischen Krone, die Pentarchie und die Heilige Allianz, das Europäische Konzert gehören in diese Kategorie. Die übrigen Systeme erwarten den Fortschritt von einer geistigen Wandlung, von dem Einzug eines neuen Ideals in das Völkerleben. Nicht die Autorität einer Herrschaft soll die Welt verjüngen, sondern die Autorität eines Gedankens. Die seelische Macht nun, welche die universelle Ordnung begründet, erscheint in mancherlei Gestalt. Das eine Mal hat sie religiösen Charakter. So wenn die Christenheit sich zum Kampf gegen den Türken eint. Das andere Mal hat sie ihren Ursprung in der Vernunft. So bei Castel de Saint-Pierre. Dann wieder entstammt sie der sittlichen Sphäre, wie bei Kant. Oder endlich sie ist ein Rechtsideal, wie in der echten Lehre vom Europäischen Gleichgewicht, wie in den Dogmen der französischen Revolution und wie in der Nationalitätentheorie des dritten Napoleon.

Bleiben wir bei diesen letzten Doktrinen. Das belebende Prinzip der europäischen Ordnung ist ihnen ein Rechtsideal. Ihre Eigentümlichkeit ist die, daß sie auf die immanente Kraft des Völkerrechts vertrauen und von ihm einen Sieg aus eigener Machtvollkommenheit erwarten. Zwar, soweit sie ein solches Rechtsideal verfolgen, bewegen sie sich nur in festen Grenzen. Ihr Zielpunkt ist eine singuläre, wenn auch fundamentale Maxime. So gravitiert die Politik Napoleons III. und in seinen Anfängen auch der Gleichgewichtsgedanke um das eine natürliche Recht der Menschen, sich nach ihrer Wahl in Nationen zu gliedern. Ähnlich die revolutionäre Theorie, deren Mittelpunkt die Freiheit der Staaten ist. Aber eine solche Vorstellung weist über sich selbst hinaus. Von der Lehre, daß die Achtung des einen Grundrechtes die Basis der universellen Ordnung bedeute, ist nur ein Schritt zu der allgemeinen Erkenntnis, daß die Achtung des Völkerrechtes überhaupt die Seele der Weltverfassung ist.

Das ist die moderne Theorie. Sie wird bestätigt durch den Lauf der Geschichte. In der Tat, das Völkerrecht ist in stetiger Entwicklung zu einer geistigen Macht aufgestiegen. Es ist herangewachsen in der Zeit der Renaissance, als die Nationen Europas von den Fesseln der päpstlichen und kaiserlichen Weltmonarchie gelöst, in Gleichordnung einander gegenüber traten. Es hat dann in der Folge der Jahrhunderte eine immer reichere Entfaltung und einen immer größeren Einfluß gewonnen. Der Glaube an ein Grundrecht der Völker hat schon die Religionskriege des 16. und 17. Jahrhunderts beseelt und die Hoffnung auf eine Stabilität der Staatenordnung wachgerufen. Im Zeitalter der dynastischen Kriege ist der Rechtsgedanke wieder verloren gegangen. Nachdem er dann in der Philosophie von Kant und in den Ideen der Revolution von neuem aufgeleuchtet, ist er noch einmal durch die Legitimitätstheorie verdunkelt worden. Indes, er konnte nicht unterdrückt werden. Seine immanente Wahrheit siegte. Er hat eine Auferstehung in der Politik des zweiten Kaiserreichs erlebt. Ist er auch hier noch in einen festen Gesichtskreis gebannt und auf die Nationalitätentheorie beschränkt, so gewinnt er doch schon in dieser Form einen begeisterten Anhang in der Welt. Aber von seinem innersten

Quell gehen bald neue Strömungen aus. Und wie eine gewaltige Flut des Lichts verbreitet sich die Überzeugung unter den Völkern, daß die große Anarchie der Staaten, welche seit der Renaissance die Welt zerrissen, durch das Recht zu lösen sei. Man wende nicht ein, daß der Krieg unserer Tage diese These entkräfte. Denn dieser Krieg ist nichts anderes als ein gigantischer Kampf um dieses Recht.

Ist die geistige Macht der internationalen Norm in stetem Wachsen begriffen, so tut sich das vor allem kund in der großen Errungenschaft unserer Tage: in der Schiedsgerichtsbarkeit.[1])

Die Institution an sich selber ist alt. Sie geht zurück auf die Antike.[2]) Die Städte Griechenlands haben eine Fülle von Schiedsverträgen abgeschlossen. Eine Reihe von Urteilen sind nachgewiesen, von denen manche über Lebensinteressen entscheiden. Namentlich die epigraphische Forschung unserer Tage hat hier wertvolles Material entdeckt.[3])[4]) In der ersten Zeit handelt es

---

[1]) Eine ganz materialistische Erklärung der Schiedsgerichte gibt Ratzenhofer, Soziologie 1907. S. 108. „Politische Fragen sind stets Machtfragen, und wenn sie auf andere Weise als durch Gewalt, nämlich durch Vertrag oder Unterwerfung unter einen Schiedsspruch ausgetragen werden, so rührt dies nur daher, daß im Vertrag der mutmaßliche Ausgang eines Gewaltkampfes auf Grund der bekannten Erfolgschancen vorweggenommen wird, oder daß die Entscheidung mit Waffengewalt ebenso unbestimmt und zufällig, aber bedeutend kostspieliger erscheint, als der Spruch eines Schiedsrichters. In beiden Fällen bestimmt nur das Interesse, von der Gewaltanwendung abzusehen. Aber keine Moral oder Humanität der Welt wird einen Stärkeren bewegen, auf einen wahrscheinlichen Erfolg gegen einen Schwächeren zu verzichten, oder einen Schwächeren bestimmen, vitale Interessen zu opfern, wenn die Gewaltanwendung einigen Erfolg verspricht.

Allerdings geht das Menschengeschlecht dereinst dem idealen Zustande eines dauernden Friedens entgegen. Aber dieser wird nicht ein Werk der Zivilisation oder Gesittung sein, sondern das Resultat der Erschöpfung der Naturkräfte, des Schwindens der Konfliktsanlässe, der allgemeinen Seßhaftigkeit der Menschen in harmonisch entwickelten Volkswirtschaften.“

[2]) Lammasch, Die Lehre von der Schiedsgerichtsbarkeit in ihrem ganzen Umfang. Handbuch des Völkerrechts. Band III. Abt. III. 1914. S. 24 ff. Dort ist die weitere Literatur angegeben.

[3]) Die Amphiktyonien, deren Bedeutung man gar häufig übertrieben hat, besitzen eine Jurisdiktion nur auf einem Gebiet des sakralen Rechts. Evans Darby, International tribunals. A collection of the various schemes

sich nur um den Ausgleich isolierter Konflikte; aber nach den Perserkriegen vereinbaren Athen und Sparta allgemeine Schiedsverträge über künftige Streitigkeiten. Der Gedanke lebt weiter. Die mazedonischen Herrscher übernehmen die Schiedsrichterrolle unter griechischen Gemeinwesen, die von ihnen abhängig sind. Rom schlichtet durch sein Urteil Konflikte unter Staaten, die dem Reiche botmäßig sind, ohne ihm eingegliedert zu sein.

In der zweiten Hälfte des Mittelalters nimmt die Institution wieder einen mächtigen Aufschwung.[1] Die Parteien wählen meist einen Schiedsrichter von ihrem Stande, oft auch einen hervorragenden Rechtsgelehrten oder eine berühmte Fakultät, nicht selten den Papst. Manche Schiedsverträge haben generellen Charakter, sie gehen auf eine ganze Kategorie von Streitigkeiten. Wichtig sind hier namentlich die eidgenössischen Bünde.

In der Zeit der Renaissance fällt die Schiedsgerichtsbarkeit allmählich der Vergessenheit anheim. Und dies für eine lange Periode. Noch Grotius und Pufendorff gehen mit einigen Andeutungen über sie hinweg.[2] Martens betrachtet sie am Anfang des 19. Jahrhunderts als eine Seltenheit.[3]

---

which have been propounded; and of instances since 1815. 1900. p. 7. Und dort zitiert: Abbott, A History of Greece. Freeman, History of Federal government.

[4]) (Zu S. 266.) Coleman Phillipson, The international law of ancient Greece and Rome. 1911. Raeder, L'arbitrage international chez les Hellènes. 1912. Zitiert bei Lammasch.

[1]) Novacovitsch, Les compromis et les arbitrages internationaux du XII. au XV. siècle. 1905. Taube, beide zitiert bei Lammasch.

[2]) Grotius, De iure belli ac pacis. 1625. Liber II. Caput XXIII. § 8. „Et tum ob hanc, tum ob alias causas utile esset, imo quodammodo factu necessarium, conventus quosdam haberi Christianarum potestatum, ubi per eos, quorum res non interest, aliorum controversiae definiantur; imo et rationes ineantur cogendi partes ut aequis legibus pacem accipiant: quem et ipsum olim apud Gallos Druidum fuisse usum Diodoro ac Straboni proditum. Etiam proceribus suis de regni divisione judicium permisisse Francos legimus." Pufendorff, Jus naturae et gentium. Liber V. Caput XIII. „Haud quidquam tamen lege naturali concessum est quod quisque suo ex iudicio definivit, ius statim armis asserere controversiarumque suarum arbitrum Martem sumere antequam molliora media fuerint tentata. Inde primo omnium conandum, an per amicam disceptationem, congressis inter se partibus, aut earundem mandatariis, controversia componi queat. — Quanquam et saepissime, postquam armis fuit certatum, animorumque rigor belli malus est fractus, controversia

Der Gedanke feiert seine Auferstehung in der Neuen Welt. Kaum haben sich die nordamerikanischen Staaten mit der Macht der Waffen vom Mutterlande getrennt, da gelingt es ihnen schon, eine schwere Krisis, die durch den Streit um die kanadische Grenze beim Flusse St. Croix hervorgerufen wird, durch einen Schiedsvertrag mit England zu lösen. Das Verdienst, durch dieses Abkommen ein neues Zeitalter in der Geschichte des Völkerrechts heraufgeführt zu haben, gebührt dem amerikanischen Chief Justice und Staatssekretär John Jay. Seitdem erlebt man das Schauspiel, daß die beiden angelsächsischen Länder, wenn man den Krieg von 1812 außer acht läßt, all ihre zahlreichen Grenzschwierigkeiten und manch andere gefährliche Konflikte auf rechtlichem Wege schlichten: Sie legen in dieser Weise die schweren Differenzen bei, die über die Fischereirechte amerikanischer Untertanen in den britischen Gewässern von Kanada und Neufundland entstehen, ebenso die Kontroverse über den Robbenfang im Beringmeer, den höchst gefährlichen Alabamastreit und den Konflikt wegen der Grenze von Britisch-Guyana, welcher dem Präsidenten Cleveland den Anlaß gibt, die Monroedoktrin anzurufen. Dieses Beispiel gibt auf dem amerikanischen Kontinent und in Europa die Anregung, eine immer größere Zahl von Streitigkeiten dem Schiedsurteil zu unterwerfen.

Ist einmal das Rechtsverfahren unter Staaten auf eine Reihe von wichtigen, ja von historischen Fällen angewendet, so muß der natürliche Fortschritt dahin gehen, daß der geregelte Prozeß als eine dauernde Errungenschaft des Völkerrechtes ausgebaut wird. Das isolierte Schiedsgericht wird zu einem institutionellen.[1]) Man entschließt sich, den Rechtsweg zu beschreiten, nicht erst wenn die Schwierigkeit entstanden ist. Man geht vielmehr die Verpflichtung ein, daß spätere, noch unbestimmte Streitigkeiten durch ein Urteil nach dem Recht gelöst werden sollen.

---

per tractatus et transactionem componi soleat. — Enimvero ubi nec partium disceptatio exitum controversiae invenire potest, neque sorti committere placet, quod solidis rationibus subnixum existimatu, proximum est, ut ad arbitrum eatur, cuius sententia quod utique stare velint, partes sese pacto invicem adstringant."

[3]) (Zu S. 267.) Précis du droit des gens. 1821. p. 318.

[1]) Terminologie von Lammasch, l. c. S. 51.

Abmachungen dieser Art werden zuweilen an Staatsverträge angeschlossen und auf die Streitigkeiten beschränkt, die aus ihrer Auslegung und Anwendung entstehen können. Es sind die kompromissarischen Klauseln. Italien ist auf Anregung von Mancini in dieser Richtung vorangegangen. In weniger großem Stil sind andere Staaten gefolgt.[1]) Auch einzelne Weltverträge enthalten solche Stipulationen.[2]) Aber oft wird das Versprechen erweitert und prinzipiell auf alle Differenzen ausgedehnt, die unter den Parteien ausbrechen können. Diese Form ist lange Zeit nur im Verkehr mit überseeischen, namentlich mit lateinischen Staaten Amerikas üblich gewesen.[3]) Eine besondere Bedeutung beansprucht hier das italienisch-argentinische Schiedsabkommen von 1898, das besonders ausführlich ist und bei den Haager Verhandlungen oft ein Vorbild abgegeben hat.[4]) Zum erstenmal haben 1894 zwei Staaten der alten Welt, die Niederlande und Portugal, einen solch weiten Vertrag geschlossen.[5])

Aber erst 10 Jahre später, mit dem französisch-englischen Schiedsabkommen von 1903, gewinnt der Gedanke einen festen Boden auf dem alten Kontinent.[6]) Dieser Vertrag gibt das Zeichen

---

[1]) Meurer, Die Haager Friedenskonferenz. Band I. 1905. S. 70 ff. Lafontaine weist für die Zeit von 1823 bis 1898 59 Fälle nach. Pasicrisie internationale 1902.

[2]) Meurer, a. a. O. S. 62 ff.

[3]) Meurer, a. a. O. S. 65 ff.

[4]) Artikel I. „Die Hohen Signatarmächte verpflichten sich, alle Streitigkeiten, welche während der Geltung dieses Vertrags zwischen ihnen entstehen und eine freundschaftliche Erledigung durch unmittelbare Verhandlungen nicht finden können, ohne Rücksicht auf ihre Natur und ihren Grund der Schiedssprechung zu unterwerfen."

[5]) „Streitfragen oder Meinungsverschiedenheiten jeder Art, soweit sie sich bei der Auslegung oder dem Vollzug der gegenwärtigen Erklärung ergeben und ebenso alle anderen Streitfragen, die zwischen den beiden Ländern auftauchen können, nur vorausgesetzt, daß sie weder ihre Unabhängigkeit, noch ihre Selbständigkeit berühren, sollen, falls sie nicht freundschaftlich erledigt werden können, dem Urteil von zwei Schiedsrichtern unterbreitet werden, von welchen jede der beiden Regierungen einen ernennt."

[6]) «Les différends d'ordre juridique ou relatifs à l'interprétation des traités existant entre les deux parties contractantes qui viendraient à se produire entre elles et qui n'auraient pu être réglés par la voie diplomatique, seront soumis à la Cour permanente d'arbitrage établie par la Convention

zu einer schnellen und reichen Entfaltung der Institution. Andere Vereinbarungen folgen in großer Zahl und weben bald ein engmaschiges Netz über die zivilisierte Welt. Nur den letzten Schritt hat die Entwicklung noch nicht getan. Die verschiedenen, in sich auseinander gehenden Sonderabkommen sind noch nicht zusammengefaßt zu einem einzigen und gleichen Vertrag, der alle Staaten moderner Gesittung umschließt. Die beiden Friedenskonferenzen haben sich vergeblich um dieses Werk bemüht. Es ist ihnen nicht geglückt, Einigkeit zu erzielen, obwohl sich eine sehr starke Bewegung zugunsten einer universellen Obligation geltend machte. Man hat sich im Haag darauf beschränken müssen, die Zweckmäßigkeit und Moralität des Gedankens feierlich zu bestätigen.[1]) So gibt es heute allgemeine Schiedsabkommen nur unter einzelnen Staaten. Ein Weltschiedsvertrag ist noch nicht besiegelt.

Soweit sich nun Staaten an ein Rechtsverfahren binden, um ihre Streitigkeiten auszugleichen, stellen sie regelmäßig Schranken dieser Verpflichtung auf.

Oftmals heben sie hervor, daß nur Kontroversen von rechtlicher Natur durch Urteil gelöst werden sollen, und schließen damit die bloßen Interessenkonflikte von der Regelung im Prozeßweg aus.[2]) Da fragt sich denn zunächst: Was sind Kontroversen

---

du 29 juillet 1899, à la Haye, à la condition toutefois qu'ils ne mettent en cause ni les intérêts vitaux ni l'indépendance ni l'honneur des deux Etats contractants et qu'ils ne touchent pas aux intérêts de tierces puissances.»

[1]) Convention pour le réglement pacifique des conflits internationaux. 29. juillet 1899. Art. 1. 16; 18. octobre 1907 Art. 1. 38. «En vue de prévenir autant que possible le recours à la force entre les Etats, les puissances signataires conviennent d'employer tous leurs efforts pour assurer le réglement pacifique des différends internationaux.» — Dans les questions d'ordre juridique, et en premier lieu, dans les questions d'interprétation ou d'application des Conventions internationales, l'arbitrage est reconnu par les Puissances contractantes comme le moyen le plus efficace et en même temps le plus équitable de régler les litiges qui n'ont pas été résolus par les voies diplomatiques. — En conséquence, il serait désirable que, dans les litiges sur les questions susmentionnées, les Puissances contractantes eussent, le cas échéant, recours à l'arbitrage, en tant que les circonstances le permettraient.»

[2]) Französisch-englisches Abkommen. Die beiden Haager Konventionen. 1899. Art. 16; 1907. Art. 38 soeben zitiert. Amerikanische Entwürfe des Jahres 1911 zu Schiedsverträgen mit Großbritannien und Frankreich. Der Entscheidung sollen unterliegen: "all differences hereafter arising between

von rechtlicher Natur? Und darauf muß die Antwort lauten: Es sind Kontroversen, die nach einem Rechtsprinzip entschieden werden können, mag nun dieses Rechtsprinzip unter allen oder nur unter den beteiligten Staaten gelten, mag es eine positive Norm oder eine im Wege der Analogie wissenschaftlich abgeleitete Maxime sein.[1]) Will man lediglich Differenzen solcher Art einem Urteil unterstellen, so ist das vollkommen logisch und entspricht dem Wesen des Rechtsverfahrens. Es handelt sich dabei in Wahrheit gar nicht um eine Begrenzung, sondern nur um eine begriffliche Entwicklung des Gedankens von der Schiedsgerichtsbarkeit. Die Frage ist aber, ob es in der Tat Konflikte unter Staaten gibt, welche nicht unter eine Rechtsregel subsumiert werden können. Darüber in späterem Zusammenhang.

Neben dieser scheinbaren findet sich eine wirkliche und weittragende Beschränkung. Die Staaten sind fast allgemein von der Auffassung erfüllt, daß sie eine Kategorie von Streitsachen wegen der hohen Wichtigkeit des Gegenstandes der Schiedsgerichtsbarkeit nicht unterwerfen können. Es handelt sich um die Konflikte, welche ihre Ehre, ihre Unabhängigkeit und ihre Lebensinteressen in Frage stellen. Nach dem Vorbild des französisch-englischen Abkommens von 1903 neh men zahlreiche Verträge Differenzen dieser Art durch eine allgemeine Klausel von dem Rechtsverfahren aus. Andere Verträge kennen die gleiche Klausel, schwächen aber ihre Bedeutung wieder ab: Sie erklären sie in einer Reihe von einzelnen Fällen für unanwendbar und stellen damit authentisch fest, daß hier der Staat nicht in seinem innersten Wesen betroffen wird.[2]) Das sind die beiden Systeme, nach denen die Beschränkung stattfindet. Sie kommen in mancherlei Variationen vor.[3]) Von Inter-

the H. C. P. which it has not been possible to adjust by diplomacy, relating to international matters in which the H. C. P. are concerned by virtue of a claim of right made by one against the other, made under treaty or otherwise, and which are justiciable in their nature by reason of being susceptible of decision by application of the principles of law or equity." — Literatur bei Nippold. Die Fortbildung des Verfahrens in völkerrechtlichen Streitigkeiten. 1907. S. 134 ff. 170 ff.

[1]) Lammasch, a. a. O. S. 61 ff.

[2]) Lammasch, a. a. O. S. 85 ff.

[3]) Zusammenstellung bei Wehberg in Niemeyers Zeitschrift 1911. S. 318 ff. und im Journal of International Law. 1913. S. 301 ff.

esse ist namentlich die nicht selten wiederkehrende Regelung, daß die Frage, ob der Streitfall nach dem bestehenden Abkommen einem Urteil zugänglich ist, von dem Schiedsgericht selbst entschieden werden soll.[1]) Aber es ist endlich zu erwähnen, daß der Gedanke, das Rechtsverfahren zu begrenzen, nicht allbeherrschend ist. Es gibt auch eine kleine Minderheit von Verträgen, welche die Schiedsgerichtsbarkeit allgemein und ohne Ausnahme anerkennen.[2])

Die Haager Verträge haben einen Schiedshof eingerichtet. Jede Signatarmacht bezeichnet die Persönlichkeiten, welche ihr für das Schiedsamt geeignet erscheinen. Die Namen werden in eine Liste eingetragen. Wollen streitende Parteien das Tribunal anrufen, so wählen sie gemeinsam Richter aus der Liste. Kommt eine Vereinbarung nicht zustande, so ernennt jede Partei zwei Richter, worauf sich das gebildete Kollegium durch einen Obmann ergänzt.[3])

Die Haager Konferenz von 1907 ist aber noch weiter gegangen. Sie hat die Grundlagen zu einem ständigen Schiedshof gelegt. Die Streitigkeiten sollen nicht einem Tribunal unterbreitet werden, das von einem Fall zum andern durch Wahl gebildet wird, — das ist der Gedanke; es soll vielmehr ein einziges Gericht als feste Einrichtung entstehen. Ein System dieser Art bietet mancherlei Vorteile: Die Schwierigkeiten werden vermieden, die gar oft mit der Wahl der Schiedsrichter und des Obmanns verbunden sind. Die erste Phase des Konfliktes, die immer besonders kritisch

[1]) Verträge Italiens mit Peru 1905, von Schweden mit Norwegen 1905, mit Dänemark 1908, von Norwegen mit Italien 1910, von Schweden mit Italien 1911, von Dänemark mit Frankreich 1911. Vgl. auch die zitierten amerikanischen Entwürfe von 1911 zu Schiedsverträgen mit Großbritannien und Frankreich.

[2]) Abkommen von Argentinien mit Chile 1902, von Dänemark mit den Niederlanden 1904, mit Italien 1905, mit Portugal 1907, von Italien mit Argentinien 1907, Abkommen der fünf zentralamerikanischen Republiken von 1907, von Italien mit den Niederlanden 1909. Hierher gehören auch die Porterkonvention wegen Eintreibung von Vertragsschulden eines Staates und die noch nicht ratifizierte Konvention über die Einsetzung eines internationalen Prisengerichtshofes, beide geschlossen auf der zweiten Haager Friedenskonferenz 18. Oktober 1907.

[3]) Convention pour le règlement pacifique des conflits internationaux. 29 juillet 1899. Art. 23. 24. 18 octobre 1907. Art. 44. 45.

ist, wird dadurch wesentlich abgekürzt. Ständige Richter können das Vertrauen der Mächte gewinnen und dadurch eine wahre Autorität des Schiedshofs begründen. Sie können auch durch ihre Entscheidungen das Völkerrecht weiterbilden. Diese und andere Vorzüge haben die Mehrheit der Staaten bewogen, das Projekt gutzuheißen. Nur über die Art der Zusammensetzung hat man sich nicht einigen können. Die kleinen Staaten haben die Gleichheit der Repräsentation gefordert; jede Regierung sollte durch einen Richter vertreten sein. Da die Großmächte diesem Prinzip widerstrebten und überdies ein Senat von 44 Mitgliedern eine prozessuale Unmöglichkeit gewesen wäre, so hat man ein Rotationssystem vorgeschlagen, nach welchem zwar Richter aller Staaten beteiligt sein, aber manche unter ihnen nur während eines Bruchteils der Wahlperiode fungieren sollten. Indes, auch in dieser Form hat sich das Projekt nicht durchsetzen können; es ist schließlich nur als Wunsch des Kongresses aufrecht erhalten worden.[1])

Einen größeren Erfolg hat die zweite Haager Konferenz auf einem beschränkten Gebiet, dem des Prisenrechtes, zu verzeichnen. In dem Rahmen dieser einzelnen Materie ist ein permanentes Tribunal beschlossen worden, der internationale Prisenhof. Er entscheidet in letzter Instanz und kann die Urteile der internationalen Prisengerichte aufheben. Das Abkommen ist unterzeichnet, wenn auch noch nicht ratifiziert.[2])

Besteht nun eine moralische oder rechtliche Pflicht der Staaten, sich unter die Schiedsgerichtsbarkeit zu beugen, so erhebt sich die Frage, ob diese Pflicht einen Halt findet in einer Sanktion. Und da handelt es sich um eine doppelte Garantie: Es gilt, dahin zu wirken, daß die streitenden Parteien das Schiedsgericht anrufen, und auch dahin, daß sie sein Urteil getreu befolgen. Soweit nun die Pflicht der Staaten rein moralisches Gepräge hat, trägt sie

---

[1]) Der Gedanke eines ständigen Schiedshofes ist verwirklicht in der Corte de Justicia Centroamericana, errichtet 1907 durch einen Vertrag der fünf zentralamerikanischen Republiken Costa Rica, Guatemala, Honduras, Nicaragua und El Salvador. Das Kollegium zählt fünf Richter, einen aus jedem Staat, und entscheidet über alle Konflikte, die nicht auf diplomatischem Weg geschlichtet werden können.

[2]) XII. Convention du 18 octobre 1907 relative à l'établissement d'une cour internationale des prises.

ihre treibende Kraft in sich selber und strebt, sich aus eigener Autorität durchzusetzen. Ethik und Zwang sind widersprechende Ideen. Es kann deshalb in den Haager Verträgen, welche die Schiedsgerichtsbarkeit ohne rechtlich bindende Kraft ausgestalten, der Gedanke einer Exekution gar keine Stelle finden. Das moralische Prinzip kann höchstens dadurch gefestigt werden, daß es mit einem anderen moralischen Prinzip verkettet wird und dadurch eine Stütze gewinnt. In der Tat, die beiden Haager Konferenzen sind diesen Weg gegangen. Sie erklären es für eine moralische Pflicht der Neutralen, die streitenden Parteien an die Institution des Schiedsgerichtes zu erinnern und sie zur Beilegung ihres Konfliktes im regelrechten Prozeßweg zu mahnen.[1]) Soweit aber die Unterwerfung unter den Urteilsspruch eine Verbindlichkeit von rechtlichem Charakter ist, soweit also wirkliche Schiedsverträge bestehen, ist der Weg zur Organisation einer Zwangsgewalt offen, welche die Erfüllung der Pflicht garantiert. Nur ist eines zu beachten: Beschreitet man diesen Weg, so muß es einen Moment in der Entwicklung geben, wo das völkerrechtliche System in ein verfassungsrechtliches übergeht und die freie Gemeinschaft der Nationen sich in einen Weltstaat verkehrt. Heute ist nun der Prozeß internationalen Lebens überhaupt noch nicht bis zu einem Stadium gediehen, wo ein Zwang in den Dienst der völkerrechtlichen Normen getreten wäre. Es sind nur mannigfaltige Projekte entstanden, welche tastend die Bahnen der Zukunft suchen.[2])

In ihrer mildesten Form raten sie, gegen den Staat, der sich der Schiedsgerichtsbarkeit nicht fügen will, ein internationales Interdikt auszusprechen. Jeder Verkehr soll mit dem Widerstrebenden abgebrochen werden. Er soll aus der Völkergesellschaft ausge-

---

[1]) Convention cit. Art. 27. 48. «Les puissances contractantes considèrent comme un devoir, dans le cas où un conflit aigu menacerait d'éclater entre deux ou plusieurs d'entre elles, de rappeler à celles-ci que la cour permanente leur est ouverte. En conséquence, elles déclarent que le fait de rappeler aux parties en conflit les dispositions de la présente convention, et le conseil donné, dans l'intérêt supérieur de la paix, de s'adresser à la cour permanente, ne peuvent être considérés que comme actes de bons offices.»

[2]) Orientierung bei Lammasch, l. c. S. 208 f. Nippold, Die Fortbildung des Verfahrens in völkerrechtlichen Streitigkeiten. 1907. S. 373 f. Schücking, Der Staatenverband der Haager Konferenzen. Das Werk vom Haag. Bd. I. 1912. S. 289 f.

schlossen sein. Handelt es sich hier bloß um einen kompulsiven Zwang, so gehen andere Projekte weiter und organisieren eine bewaffnete Exekution. Wenn ein Staat die Schiedsgerichtsbarkeit mißachtet, so sollen sich die neutralen Länder zu einer Koalition vereinen, um mit gesamter Macht die Anwendung von Gewalt zu hindern und für das Rechtsverfahren einzustehen. Es gibt endlich eine dritte Kategorie von Projekten, welche die Fesseln des völkerrechtlichen Systems zerbrechen und einen Weltstaat bauen. Indes, ein jeder dieser Pläne stößt auf eine wichtige Hemmung: Der erste findet einen Widerstand in der Solidarität, der zweite in der Kollision der Interessen und der dritte in dem Willen zur Souveränität.

Es gibt heute keine Exekution. Der Gedanke von der Heiligkeit des Rechts, der die Bewegung der Schiedsgerichte ins Leben gerufen, ist auch der einzige Hort der neuen Weltordnung. Die Autorität des Rechtsverfahrens wurzelt in der Überzeugung, daß die Wechselbeziehungen der Völker, deren Notwendigkeit in stetem Wachsen begriffen, immer mehr von der Unverbrüchlichkeit universeller Normen abhängig sind. Weil ein Zusammenwirken der Nationen nur auf der Grundlage des Vertrauens möglich ist und weil jeder Staat an der Genossenschaft teilhaben muß, so ist er gezwungen, sich den Glauben der Genossen zu erhalten. In Wahrheit, die Macht der Tatsachen hat bisher genügt, um die Befolgung der Schiedsverträge zu sichern. Es ist kein Fall bekannt, daß eine rechtlich bestehende Pflicht zur Unterwerfung unter einen Richterspruch endgültig verletzt worden wäre. Nur in ganz seltenen Fällen sind Schwierigkeiten entstanden; aber sie waren nur vorübergehend und haben bald ihre Lösung nach dem Recht gefunden.[1]) Und so kann die heutige Situation dahin charakterisiert werden, daß sich die Schiedsverträge durch ihre eigene seelische Kraft behaupten.

Die Haager Konferenzen haben außer dem Schiedsgericht noch zwei andere Institutionen ausgestaltet, welche dem friedlichen Austrag von Streitigkeiten dienen.

Da ist einmal die Internationale Untersuchungskommission zu nennen. Es ist ihr charakteristisch, daß sie die Aufgabe des Schieds-

---

[1]) Lammasch, l. c. S. 203 f. 212. Nippold, l. c. S. 377.

gerichtes nur zum Teil erfüllt. Sie beschränkt sich darauf, die Tatsachen festzustellen, die der Differenz zugrunde liegen. Sie klärt die streitenden Parteien darüber auf, was sich in Wirklichkeit zugetragen. Gar oft hat der Konflikt seinen Grund in der Unklarheit über die Begebenheiten und löst sich von selber, wenn der wahre Sachverhalt erwiesen ist. In solchem Fall bedarf es einer Rechtsentscheidung nicht. Hat die Untersuchungskommission ihr Werk getan, so finden die Parteien selber ihren Weg.[1])

Die Zusammensetzung des Kollegiums erfolgt in der gleichen Weise, wie beim Schiedsgericht.[2])

Es besteht nach den Haager Verträgen keine rechtlich bindende Pflicht der Parteien, die Internationale Untersuchungskommission anzurufen: Wie das Schiedsgericht, so ruht auch diese Institution nur auf einer Empfehlung. Sie vermag die Streitenden nur kraft einer moralischen Autorität vor ihre Schranken zu laden.

Die Internationale Untersuchungskommission hat 1904 in der Streitsache von Hull einen wichtigen Dienst geleistet, als die nach Ostasien segelnde russische Flotte bei der Doggerbank englische Fischerboote beschoß und sich darum ein schwerer Konflikt zwischen Großbritannien und Rußland erhob.

Hier ist auch die Vermittlung zu erwähnen. Sie steht in einem direkten Gegensatz zur Schiedsgerichtsbarkeit. Denn sie ist keine Entscheidung; sie ist nur ein Rat. Sie löst nicht die Streitigkeit; sie zeigt nur den Parteien Mittel und Wege der Versöhnung.

---

[1]) Convention pour le règlement pacifique des conflits internationaux. 29 juillet 1899. Art. 9. 14. 18 octobre 1907. Art. 9. 35. «Dans les litiges d'ordre international n'engageant ni l'honneur ni les intérêts essentiels et provenant d'une divergence d'appréciation sur des points de fait, les puissances contractantes jugent utile et désirable que les parties qui n'auraient pu se mettre d'accord par les voies diplomatiques instituent, en tant que les circonstances le permettront, une commission internationale d'enquête chargée de faciliter la solution de ces litiges en éclaircissant, par un examen impartial et consciencieux, les questions de fait.» — «Le rapport de la commission, limité à la constatation des faits, n'a nullement le caractère d'une sentence arbitrale. Il laisse aux parties une entière liberté pour la suite à donner à cette constatation.»

[2]) Convention cit. Art. 11. 12.

Sie ist kein Friedensgebot; sie ist nur eine psychologische Einwirkung, die zu gütlichem Ausgleich drängt.[1])

Es ist zuweilen unter Staaten eine rechtliche Pflicht begründet worden, im Streitfall eine Vermittlung anzurufen oder wenigstens zu einer Vermittlung Gelegenheit zu bieten. So enthält der Pariser Vertrag vom 30. März 1856 das Versprechen der kontrahierenden Länder, daß sie bei einem Konflikt mit der Pforte vor der Anwendung von Gewalt die anderen Signatarmächte in den Stand setzen wollen, eine Vermittlung einzuleiten.[2])

Die Haager Verträge kennen eine solche Verbindlichkeit nicht und enthalten den bloßen Wunsch, daß die Institution Anwendung finde.[3]) Sie geben weiter einige Regeln über eine besondere Methode der Vermittlung, die zweckmäßig ist, wenn die Parteien

---

[1]) Convention pour le règlement pacifique des conflits internationaux. 29 juillet 1899. 18 octobre 1907. Art. 4. 6. «Le rôle du médiateur consiste à concilier les prétentions opposées et à apaiser les ressentiments, qui peuvent s'être produits entre les états en conflit.» — «Les bons offices et la médiation, soit sur le recours des parties en conflit, soit sur l'initiative des puissances étrangères au conflit, ont exclusivement le caractère de conseil et n'ont jamais force obligatoire.» — Grotius, De iure belli ac pacis. 1625. Liber III. Caput XX. § 46. „Illud tamen verum manet, utrovis modo arbitrum sumi posse, aut ut conciliatorem tantum, quales Athenienses inter Rhodios et Demetrium fuisse legimus, aut ut cuius dicto parendum omnino sit." — Pufendorff, Jus naturae et gentium. Liber V. Caput XIII. „Arbitri tamen proprie dicti non sunt mediatores, quos vocant qui litigantibus, bellumque parantibus aut iam gerentibus ultro sese interponunt, eosque autoritate, rationibus, precibus ad pacifice transigendum, litesque sapiendas permovere nituntur. Hos cum tam sanctum propositem prae se ferant, praefracte rejicere summa inhumanitas foret; ne quidem ex eo solum praetextu, quod cum altera parte ipsis peculiariis quaedam coniunctio videatur intercedere. Nam penes me utique est, quantum ea, quae ab istis offeruntur, velim admittere: et amicorum solet hoc praecipuum esse munus, ut ubi ipsi mecum in litem descendere nolunt, ad amicam compositionem eandem deducere laborent."

[2]) § 8. — Vgl. auch die Berliner Kongoakte von 1885, Art. 12, und den nicht ratifizierten Olney-Pauncefote-Vertrag zwischen Großbritannien und den Vereinigten Staaten von 1896, Art. 6, auf dem wieder die zitierten amerikanischen Entwürfe von 1911 zu Schiedsverträgen mit Großbritannien und Frankreich beruhen.

[3]) Convention cit. Art. 2. «En cas de dissentiment grave ou de conflit, avant d'en appeler aux armes, les puissances contractantes conviennent d'avoir recours, en tant que les circonstances le permettront, aux bons offices ou à la médiation d'une ou de plusieurs puissances amies.» Vgl. den Pariser Vertrag; 23. Protokoll vom 14. April 1856.

sich über die Wahl des Vermittlers nicht einigen können: Jeder der streitenden Teile bestimmt eine Macht, in die er sein Vertrauen setzt. Die erwählten Staaten setzen sich in Verbindung miteinander und übernehmen gemeinsam die Vermittlerrolle. Die Dauer eines solchen Auftrages beschränkt sich in der Regel auf 30 Tage. Die unmittelbaren Verhandlungen der Parteien hören auf. Die Rüstungen können weitergehen; aber die Feindseligkeiten dürfen nicht eröffnet werden.[1]) Ist es einmal zum Bruch gekommen, so bleibt es trotzdem den erwählten Mächten frei, auf einen Ausgleich hinzuwirken. Die Haager Verträge erkennen es endlich für eine ethische Pflicht der Unbeteiligten, ihre Vermittlung anzubieten, und bestimmen, daß ein solcher Vorschlag nie als eine unfreundliche Handlung gedeutet werden soll.[2])

Die Institution hat in der neueren Zeit eine wichtige und segensreiche Rolle gespielt. Es sei nur an einige Fälle erinnert: an die Friedensbemühungen Frankreichs im spanisch-amerikanischen Krieg 1898, an die guten Dienste der Vereinigten Staaten im Konflikt zwischen Japan und Rußland 1905 und an die Mediation der europäischen Großmächte im Balkankrieg 1913.

Das ist der Punkt der Entwicklung, an dem wir stehen. Und nun richten wir unseren Blick in die künftige Zeit und fragen, ob auf diesen ersten Anfängen eine Weltordnung errichtet werden kann, die den Sieg des Völkerrechtes in sich trägt.

---

[1]) Convention cit. Art. 8. «En cas de différend grave compromettant la paix, les états en conflit choisissent respectivement une puissance à laquelle ils confient la mission d'entrer en rapport direct avec la puissance choisie d'autre part, à l'effet de prévenir la rupture des relations pacifiques. Pendant la durée de ce mandat dont le terme, sauf stipulation contraire, ne peut excéder trente jours, les états en litige cessent tout rapport direct au sujet du conflit, lequel est considéré comme déféré exclusivement aux puissances médiatrices. Celles-ci doivent appliquer tous leurs efforts à régler le différend.» — Ähnlich der Kollektivvertrag, geschlossen 1902 in Mexiko zwischen einer Anzahl süd- und zentralamerikanischer Staaten. Ähnlich auch die Entwürfe zu den amerikanischen Schiedsgerichtsverträgen mit Großbritannien.

[2]) Convention cit. Art. 3. «Indépendamment de ce recours, les puissances contractantes jugent utile et désirable qu'une ou plusieurs puissances étrangères au conflit offrent de leur propre initiative, en tant que les circonstances s'y prêtent, leurs bons offices ou leur médiation aux états en conflit. — L'exercice de ce droit ne peut jamais être considéré par l'une ou l'autre des parties en litige comme un acte peu amical.»

Zweites Kapitel.

Die Schweizer Eidgenossenschaft, ein Vorbild der Entwicklung.

Die Einrichtungen des Völkerrechts, die heute bestehen, weisen über sich selbst hinaus. Sie sind nur die ersten Glieder einer Entwicklungsreihe. Sie sind nur die ersten Meilensteine auf einem Weg, der noch von dem Nebel der Zukunft verhüllt sich den Blicken entzieht, der aber eine feste Richtung hat und, wenn auch in langsam fortschreitender, unregelmäßiger Bahn, doch endlich zu den letzten Höhen führt, welche die Ziele der Menschheit sind. Die Wissenschaft hat die Aufgabe, diesen dunklen Pfad zu erhellen und seinen Verlauf zu erforschen, soweit es in ihrem Vermögen steht.

Wollen wir nun den Prozeß zu verstehen suchen, durch welchen sich das Recht im Leben der Völker zu einem immer größeren Ansehen und endlich zu einer souveränen Gewalt erheben kann, so gilt es vor allen Dingen Umschau zu halten, ob wir eine Analogie in der Vergangenheit entdecken. Denn gilt es, die Linie künftiger Entwicklung zu bestimmen, so muß eine historische Parallele ein wertvoller Anhalt sein. Und so fragen wir: Ist irgendwo in den Annalen der Welt das Schauspiel zu finden, daß unter Völkern Bünde geschlossen worden sind, Bünde, die durch die Rechtsidee als werbende Kraft zustande kamen, Bünde, die durch die Rechtsidee gefestigt und zu solcher Autorität emporgetragen wurden, daß sie die schwersten Ursachen des Streites siegreich überwanden, Bünde, die vollends durch die Rechtsidee zu einer wahren und einigen Herrschaft erwuchsen, so daß sie mit staatlicher Gewalt die allgemeine Ordnung sichern konnten? In der Tat, es gibt ein solches Schauspiel. Es ist die Geschichte der Schweizer Eidgenossenschaft. Ihr Sinn läßt sich in einer Formel zusammenfassen: Sie zeigt, wie Völker sich immer enger aneinander schlossen durch den Glauben an das Recht. Und so gibt sie uns eine doppelte Lehre. Sie bestärkt uns einmal in der Überzeugung, daß die Rechtsidee fähig ist, sich in einem gegebenen Moment ethischer Entwicklung über alle politischen Motive zu erheben. Und sie macht uns weiter bekannt mit einer reichen Fülle von klug erdachten Institutionen, die, immer mit der Notwendigkeit Schritt haltend, Stück für Stück einen weit verzweigten und jahrhundertelang fungierenden Mechanismus gebaut. So bietet uns die Geschichte der Schweizer Eidgenossenschaft Prinzip und Technik einer internationalen Organisation. Sie errichtet auf einem kleinen Fundament das Gebäude, das bestimmt ist, alle Völker zu umfassen. Sie zeigt uns wie in einem Zauberspiegel das Bild der künftigen Welt. Lassen wir deshalb das Werk, das sie getan, in großen Zügen an unserem Blick vorüberziehen.[1])

Der Ursprung der Schweizer Eidgenossenschaft liegt in dem Ewigen Bund, den die drei Waldstätte Uri, Schwyz und Unterwalden im Jahre 1291 miteinander schließen.

Uri gehört damals zur Fraumünsterabtei Zürich. Ludwig der Deutsche hat sie 853 gestiftet und zur gefreiten Herrschaft erhoben. Sie hat für sich, ihre Besitzungen und ihre Hintersassen das Recht der Immunität. Uri ist als Land der Abtei in dieses Vorrecht eingeschlossen.

Seit 1096 oder 1097 sind die Zähringer Herzöge von Kaiser Heinrich IV. mit der höchsten Vogtei an des Königs Statt über die Abtei Fraumünster beliehen. Sie übertragen ihr Recht auf die Grafen von Lenzburg und nach deren Aussterben 1173 auf die Grafen von Habsburg. Nach dem Tode des letzten Zähringer Herzogs 1218 nimmt Kaiser Friedrich II. die Vogtei wieder in seine Hand und gelobt, sie nicht mehr zu vergeben. Die Reichsunmittelbarkeit der Abtei und des ihr gehörenden Urner Landes

[1]) Die klassische Darstellung ist die Geschichte des Schweizerischen Bundesrechts von Buntschli. 1849. 2. Aufl. 1875. Eine Aufzählung der Literatur findet sich bei Schollenberger, Das Bundesstaatsrecht der Schweiz. Geschichte und System. 1905 und bei Burckhardt, Kommentar zur Schweizerischen Bundesverfassung. 1914.

steht damit fest und wird noch 1231 durch König Heinrich und 1240 durch Friedrich II. feierlich bestätigt.

Schwyz und Unterwalden sind Hundertschaften im Zürichgau. Die Gerichtsbarkeit ist im 12. Jahrhundert bei den Grafen von Lenzburg; von ihnen geht sie auf die Grafen von Habsburg über. Beide Geschlechter leiten ihre Rechte von den Zähringern her, welche im Zürichgau die herzogliche und gaugräfliche Gewalt besitzen. Mit dem Aussterben der Zähringer fallen die Rechte dieses Geschlechtes an das Reich zurück und werden einstweilen vom Kaiser nicht wieder ausgeliehen. Es entsteht deshalb für die Habsburger das natürliche Streben, die erledigte Landeshoheit in Schwyz und Unterwalden zu gewinnen. Aber auf der anderen Seite suchen die zwei Waldstätte den Heimfall der gaugräflichen Gewalt zu nutzen, um die Reichsunmittelbarkeit zu gewinnen und sich damit auf den gleichen Rang wie das Nachbarland Uri zu heben. Das Glück ist ihnen hold. Im Lager von Faenza gibt Friedrich II. den drei Tälern, welche ihm in seiner Not getreulich beigestanden, Freiheitsbriefe, durch die er nicht Uri allein, sondern auch Schwyz und Unterwalden für unveräußerliches Reichsland erklärt.[1])

Der jüngere Graf Rudolf von Habsburg fügt sich dem Spruch des Kaisers und erhält die Reichsvogtei. Als er aber 1273 selbst die deutsche Königskrone erwirbt, da bestätigt er zwar die Reichsfreiheit von Uri, gedenkt aber der Rechtsstellung der beiden anderen Waldstätte mit keinem Wort. In diesem Stillschweigen liegt der Plan verborgen, die Gewalt, die das Haus Habsburg seit

[1]) „Fredericus ... universis hominibus vallis (Uraniae) fidelibus suis gratiam suam et omne bonum. Litteris et nunciis ex parte vestra receptis et vestra ad nos conversione et devotione assumpta expositis et cognitis per eosdem, vestrae purae voluntati affectu favorabili concurrimus et benigne devotionem et fidem vestram commendantes, non modicum de eo quod zelum quem semper ad nos et imperium habuistis, per effectum operis ostendistis sub alas nostras et imperii, sicuti tenebamini, confugiendo tamquam homines liberi, qui solum ad nos et imperium respectum debeatis habere. Ex quo igitur sponte nostrum et imperii dominium eligistis, fidem vestram patulis brachiis amplexamur favoris et benevolentiae puritatem vestris sinceris affectibus exhibemus, recipientes vos sub nostra speciali et imperii protectione; ita quod nullo tempore vos a nostris et imperii dominio et manibus alienari vel extrahi permittemus, dantes vobis certitudinem et plenitudinem gratiae et favoris quam benignus Dominus effundere debet ad subditos et fideles.“

100 Jahren in den beiden Tälern geübt, zu einer Landesherrschaft zu erheben.

Kaiser Rudolf stirbt im Jahre 1291. Sein Sohn, Herzog Albrecht, bewirbt sich um die Königskrone. Kurz zuvor hat er die hoheitlichen und grundherrlichen Rechte des Klosters Murbach über die Stadt Luzern und über die damit verbundenen Höfe erworben, von denen manche in den Waldstätten liegen. Sein Streben nach Mehrung der habsburgischen Hausmacht droht den drei Ländern Gefahr. Sie tun sich deshalb am 1. August 1291 zusammen und beschwören einen Ewigen Bund.

Die Waldstätte erklären, daß sie gemeinsam ihre Rechte schirmen, daß sie sich Beistand leisten wollen, wenn ihre Freiheit oder wenn Leben und Gut ihrer Bürger angetastet wird. Gleichzeitig tun sie ihren Vorsatz kund, lehens- oder fremdherrliche Rechte und die Hoheit von König und Reich wie schuldig zu achten. Zur Besiegelung steter Einigkeit wird beschlossen, daß Streitigkeiten unter den Genossen durch ein Schiedsgericht auszutragen sind. Die verständigsten Männer sollen zusammentreten; wenn es ihnen nicht gelingt, den Fall in Güte zu schlichten, sollen sie ein Urteil fällen nach dem Recht. Falls ein Genosse ihrem Spruch nicht Folge leistet, soll er durch die andern dazu genötigt werden. Wenn sich aber Krieg oder Zwietracht erhebt und ein Teil dem andern die Genugtuung oder den Rechtsgang weigert, so ist es Pflicht der Gemeinschaft, dem Friedensstörer mit Gewalt zu begegnen. Das ist der Vertrag, den die ersten Eidgenossen beschwören.[1])

---

[1]) In nomine Domini Amen. 1. Honestati consulitur, et utilitati publice providetur, dum pacta quietis et pacis statu debito solidantur. Noverint igitur universi, quod homines vallis Uranie, universitasque vallis de Switz, ac conmunitas hominum intramontanorum vallis inferioris, maliciam temporis attendentes, ut se et sua magis defendere valeant, et in statu debito malius conservare, fide bona promiserunt, invicem sibi assistere auxilio quolibet ac favore personis et rebus, infra valles et extra, toto posse, toto nisu, contra omnes ac singulos, qui eos vel alicui de ipsis aliquam intulerint violenciam molestiam aut iniuriam, in personis et rebus malum quodlibet machinando. 2. Ac in omnem eventum qualibet universitas promisit alteri accurrere, cum necesse fuerit ad succurrendum et in expensis propriis, prout opus fuerit, contra inpetus malignorum resistere, iniurias vindicare prestito super hiis corporaliter iuramento, absque dolo servandis, antiquam confederationis for-

Als Adolf von Nassau zum König gewählt ist, erwirken die drei Länder, daß er die von Friedrich II. gegebenen Freiheitsbriefe neu besiegelt.

Aber als Albrecht die Königswürde erlangt, sind die Täler wiederum bedroht. Der Fürst bestätigt ihre Freiheitsbriefe nicht und sucht die Reichsvogtei, die er besitzt, in eine Landeshoheit überzuleiten. Die Vögte, die er von Reichs wegen den Waldstätten setzt, herrschen in der Tat als Vögte des Hauses Habsburg. Bittere Tyrannei ruft das Volk zur Erhebung. Auf dem Grütli wird der Bundesschwur erneut, und im Jahre 1308 werden die Vögte aus den Ländern verjagt.

Nach der Ermordung Albrechts wird die Reichsfreiheit der Waldstätte durch Heinrich von Luxemburg anerkannt. Aber bald entbrennt der Kampf von neuem.

Nach der zwiespältigen Königswahl von 1314 erklären sich die drei Täler für Ludwig den Baiern gegen Friedrich von Österreich. Und als Herzog Leopold sie mit Krieg überzieht, da behaupten sie ihre Unabhängigkeit bei Morgarten mit den Waffen.

Noch im gleichen Jahre, 1315, wird der Vertrag von 1291 zu Brunnen feierlich bestätigt.

In den Friedensverträgen, welche die Waldstätte 1318 und in den folgenden Jahren mit Österreich schließen, sprechen sie wie eine selbständige Macht. Hoheitliche Rechte von Österreich werden nicht erwähnt.

Die Stellung der Habsburger wird in der Folgezeit auch da-

---

mam iuramento vallatem, presentibus innovando. 3. Ita tamen, quod quilibet homo iuxta sui nominis conditionem domino suo convenienter subesse teneatur et servire. 5. Si vero dissensio suborta fuerit, inter aliquos conspiratos, prudentiores de conspiratis accedere debent, ad sopiendam discordiam inter partes, prout ipsis videbitur expedire; et que pars illam respueret ordinationem, alii contrarii deberent fore conspirati. 12. Si vero guerra vel discordia inter aliquos de conspiratis suborta fuerit, si pars una litigantium iusticie vel satisfactionis non curat recipere complementum, reliquam defendere tenentur coniurati. 13. Supra scriptis statutis pro communi utilitate salubriter ordinatis, concedente domino, in perpetuum duraturis. In cuius facti evidentiam presens instrumentum, ad petionem predictorum confectum Sigillorum prefatarum trium universitatum et vallium, est munimine roboratum. — Actum Anno Domini MCCLXXXX primo. Incipiente mense Augusto.

durch geschwächt, daß Ludwig der Baier ihre Empörung mit dem Verlust aller Hof-, grundherrlichen und Lehensrechte ahndet, die sie in den drei Tälern besitzen. So in einem Fürstengericht zu Frankfurt 1324; außerdem besiegelt der Kaiser 1331 noch einmal die Privilegien, welche die Waldstätte in früherer Zeit errungen haben.

Bald tritt Luzern den drei Verbündeten zur Seite. Die Stadt besitzt keine Reichsfreiheit. Sie hat bis 1291 unter der Grundherrschaft des Klosters Murbach gestanden. Die Edlen von Rotenburg haben die Stadtvogtei geübt, welche sie von der Kirchenvogtei der Habsburger über das Kloster abgeleitet. Luzern hat aber schon manch wichtiges Verfassungsrecht gewonnen und sich der Reichsfreiheit immer mehr genähert, als plötzlich der Abt von Murbach auf Begehren Rudolfs von Habsburg, aber entgegen dem Versprechen, das die Bürger von ihm erkauft, die Rechte des Klosters über die Stadt an Herzog Albrecht veräußert. Damit gehen die grundherrlichen Rechte auf Habsburg über und die Vogtei wandelt sich in eine Landesherrschaft. Die Stadt ist auf dem Weg zur Unabhängigkeit aufgehalten. Aber das Streben nach Freiheit ist schon zu stark, um bezwungen zu werden. 1332 schließt Luzern mit den Waldstätten einen Ewigen Bund, der zwar die Rechte Österreichs nicht antastet, aber doch gegründet ist auf die Hoffnung einstiger Lösung von der habsburgischen Macht. Wie in den Verträgen von 1291 und 1315 geloben sich die Verbündeten Beistand für den Fall, daß ein Teil in seinen Rechten angegriffen wird. Der beschwerte Ort soll bei seinem Eid erkennen, daß ihm Unrecht geschieht und daraufhin die übrigen Orte zur Hilfe mahnen. Für den Fall, daß zwischen Luzern und den Tälern Zwietracht entsteht, wird die Einrichtung des Schiedsgerichtes aus den älteren Verträgen übernommen. Streiten aber die Täler untereinander, eine Verwicklung, die nach den engeren Verträgen zu lösen ist, und stehen zwei Orte gegen einen, so soll sich Luzern auf die Seite der Mehrheit stellen, wenn es ihm nicht gelingt, Einigkeit für eine dritte, bessere Meinung durchzusetzen.[1])

---

[1]) „Bescheche aber, da vor Gott si, dz jeman unser deweder usse old inne har uber noeten oder besweren woelte old angriffen oder schadgon,

Die freie Reichsstadt Zürich, schon seit 1291 in einer Allianz mit Schwyz und Uri, schließt 1351 mit den drei Waldstätten und Luzern einen Ewigen Bund. Sie bedarf eines Rückhaltes, um die demokratisch erweiterte Verfassung von 1336 gegen den Widerstand der Aristokraten zu schirmen. Deshalb ihr Vertrag mit den benachbarten Orten.

Es wird eine Schutzpflicht begründet. Hierbei besteht die Merkwürdigkeit, daß die Gebiete, in denen die Schutzpflicht gelten soll, weiter umschrieben sind als die Länder der Genossen. Die Sicherheit des Handels mag dafür ein Beweggrund sein. Vor allem aber tut sich in dieser Abgrenzung der Gedanke kund, dereinst die Eidgenossenschaft zu einem größeren Verband zu gestalten.

Wird ein Ort in seinen Rechten heimgesucht, so bestätigt er das auf seinen Eid und mahnt die Verbündeten, wie es in dem Vertrag der Waldstätte mit Luzern schon beschlossen ist. Nur im Fall eines plötzlichen Schadens ziehen die Orte auch ungerufen zu Hilfe. Ist aber die Sache, in der gemahnt wird, so bedeutend, daß ein Kriegszug oder eine Belagerung notwendig ist, so tagen die Genossen im Gotteshaus zu Einsiedeln und beraten das Unternehmen. Es besteht auch jetzt ein Schiedsgericht. Nur ist es sorgsamer ausgebaut. Die streitenden Parteien kommen in Einsiedeln zusammen. Jede von ihnen wählt zwei ehrbare Männer. Und der also gebildete Rat schlichtet die Sache gütlich oder durch Urteil, in Minne oder zu Recht. Teilen sich die Stimmen gleich,

wedern denne der schade geschicht, die sullend sich dar uber erkennen bi dem eide, ob man inen unrecht tuege; und erkennent sich denne der merteil under inen, dz inen unrecht geschicht, so sullent si die undren manen bed, du stat ze Lutzern die walt lute und jeklich waltstat sunderlich und ouch die vorgenan. waldlute und jeklich waldstat sunderlich die burger von Lutzern, und da sullen wir denne ein andern wider Herren under wider aller menlichen behulffen sin mit libe und mit guote, wir die burger von Lutzern dien vorgenanten landluten in unserm kosten und ouch wir die egenanten landlute dien burgern von Lutzern in unserm kosten mit guoten und gantzen truwen an all geuerd." — „Were ouch dz du dru Lender under ein ander stoes gewunen, wa denne zwei Lender einhelle werdent, zuo dien sullend ouch wir die vorgenanten burger von Lutzern uns fuegen, und sullen dz dritte Land helfen wisen, dz es mit dien zwein einhelle werde, es were denn, dz wir die vorgenanten burger von Lutzern etwz dar under fundin, dz die zwei Lender besser und weger duechte."

so ernennen die Schiedsrichter einen Gemeinen Mann, der den Ausschlag gibt.[1])

Im Jahre darauf wird Glarus angegliedert. Das Land steht von alters her unter der Grundherrschaft des Klosters Säckingen Die Grafen von Habsburg üben seit 1288 als Meier die Gerichtsbarkeit der Äbtissin. Sie haben auch die Schirm- und Kirchenvogtei über das Kloster, seitdem die Zähringer Dynastie erloschen

---

[1]) „Dz ist des ersten, da die Ar entspringet, das man nempt an Grymslen und die Aren ab fur Hasli fur Bern hin, und Iemer me ab der Ar nach untz an die stat, da die Ar in den Rin gat, und den Rin wider uff, untz an die stat, da die Ar in den Rin gat, und den Rin wider uff, untz an die statt, da die Tur in den Rin gat; und dieselben Tur iemer me uff untz an die statt, da sy entspringt, und von dem Ursprung und derselben Statt die Richti durch Churwalchen uff untz an die vesti ze Ringgenberg, und von derselben Ringgenberg uber enhalb dem Gotthart hin, untz uff den Döisel und von dem Döisel wider uber untz an den Grymsel, da die Ar entspringt." — „Were ouch das an uns, oder an Yeman so in dirre buntniss ist, de kein gecher schad oder angriff bescheche, da man gecher hilff zu notdurfftig were, da sullen wir ze allen zyten ungemant unverzogentlich zu varen und schiken, wie das gerochen und abgeleit werde, an allen furzug." — „Were aber, das die sach als groß were, das man eines gezoges, oder eines gesesses notdurfftig wefe, wenne dann harumb de kein Statt oder land under uns von Yeman so in dirre buntniß ist, mit botten oder mit brieffen ermant wirt, darnach sullen wir unverzogentlich ze tagen komen, zu dem Gotzhus der Abptye ze den Einsidlen, und da ze Rat werden, was uns dann aller nutzlichest dunk. Also das dem oder dien, so dann umb hilff gemant hand, unverzogentlich gehulffen werde an all geverd." — „Were ouch das wir die vorgenanten von Zürich Stöss oder misshellung gewunnen gemeinlich mit dien vorgenanten unsern eidgnossen von Lutzern von Ure von Switz und von Underwalden oder mit ir keiner besunder, das Gott lang wende, Darumbe sullen wir zetagen komen zu dem vorgenanten Gotzhus ze den Einsidlen, und soll die Statt ze Lutzern oder die Lender sy alle gemeinlich oder Ye eins besunder, so dan stöss mit uns den von Zürich hat, zwen erber man darzu setzen und ouch wir zwen. Dieselben vier sullend dan schverren ze den heligen die sach und die stöss unverzogentlich uszerichtene, ze mynnen oder ze dem rechten, und wie es die vier oder der merteil under Inen dan usrichtent, das sullen wir ze beiden syten stet han an all geverde." — „Were aber das die vier, so darzu benempt werdent, sich gelich teiltind, und stössig wurdent, so sullent sy bi den eiden, so sy geschworn hand, Inwendig unser eidgnossschaft einen gemeinen man zu Inen kiesen und nemen, der si in der sach schidlich und gemein dunk, und welchen si darzu kiesend, den sullend die, in der Statt oder Land er gesessen ist bitten, und des wysen, das er sich der sach mit dien vieren aneme, und mit sinem eid sich verbind uszerrichtene an alle geverde."

ist. Sie erlangen im 13. Jahrhundert ein erbliches Recht an der Vogtei und benutzen diese Stellung, um in Glarus allmählich eine wahre Landeshoheit an sich zu bringen.

Allein als 1351 der Herzog Friedrich von Österreich Zürich befehdet und von den Glarnern Kriegshilfe begehrt, da leugnet das Volk seine Pflicht, in andern als in Sachen des Reiches und der Abtei Säckingen außer Landes zu ziehen. Die Zürcher, im Einverständnis mit den Glarnern, besetzen das Tal durch einen raschen Zug. Der Ort wird im Jahr darauf in einen Ewigen Bund mit Zürich und den drei Waldstätten aufgenommen. Aber bei dieser Gelegenheit wird zum erstenmal in der Weise abgeschlossen, daß die Verbündeten nicht gleichen Rang besitzen. Glarus ist minder berechtigter Genosse.

Es wird gemahnte und ungemahnte Hilfe gelobt. Die Normen sind die gleichen wie im Bund von 1351. Nur daß die vornehmeren Eidgenossen sich das Recht der Prüfung vorbehalten, ob die Sache gerecht sei, um deren willen sie von Glarus angerufen werden. Gelangen sie zu dieser Überzeugung nicht, so muß sich Glarus ihrer Weisung fügen. Streitigkeiten von Glarus mit allen Verbündeten werden im gewöhnlichen Verfahren, Streitigkeiten von Glarus mit einem einzelnen Genossen werden durch Machtspruch der übrigen entschieden.[1])

[1]) „Wer aber dez uns die vorgenan. Eidgnoss von Zurich von Ure von Switz und von Underwalden gemeinlich oder den merteil under uns duchte und uns uff den eid erkandin, das der gebrest und du sach, dar umb dan die vorgen. unser eidgnoss von Glarus gemant hettin, als ungerecht und als unredlich wer, dar umb sulent si uns dann gehorsam sin und sich da von lassen wisen an allen furzug, durch das sie und ouch wir von kleinen und unredlichen sachen dester minr in gross krieg und gebresten komen." — „Wer ouch das wir die vorgen. Landlut von Glarus mit unsern dien vorgen. eidgnossen allen gemeinlich umb dehein sach iemer stoess gewunen, des sulen wir ze tagen komen gen Neisidellen zuo dem Kloster und der sach ein uztrag da machen nach dien stuken und in dien gedingen, als dieselben unser eidgenossen in iren alten buntbriefen umb samlich sach jetzt gen enander verschriben hant an all geverd." — „Gewunnen aber wir von Glarus iemer stoess mit den vorgen. unsern eidgnossen keinen sunderlich, des sulen wir ouch ze tagen komen mit dien von Zurich gen Pfefinkon bi Zurichse gelegen, mit dien von Switz uf Bergern, mit dien von Ure uf Merchern, und mit dien von Underwalden gen Brunnen." — „Und mit welchen under in wir sunderlich also stoess gewunnen, des sulent dan die andern unser eidgnoss

In den Schlachten bei Sempach und Naefels, 1386 und 1387, streiten die Glarner neben den Eidgenossen und erkämpfen ihre Unabhängigkeit. Österreich muß im Frieden von 1389 auf seine Rechte verzichten und die Aufnahme des Landes in die Eidgenossenschaft anerkennen. Um dieselbe Zeit werden die Rechte der Abtei losgekauft. Die errungene Freiheit bringt den Glarnern im Lauf der Zeit auch die Gleichberechtigung mit den Verbündeten. Zuerst werden ihre Boten auf den Tagungen zugelassen. Dann versteht sich Zürich 1408 zu einer Allianz mit ihnen, die auf volle Anerkennung gegründet ist. Aber erst 1450 wird die Entwicklung vollendet und Glarus den Genossen gleichgestellt.

Um dieselbe Zeit wird Zug in den Verband aufgenommen. Es ist Hundertschaft im Zürichgau und der Gerichtsbarkeit der Habsburger untertan. Als die Verbündeten 1351 mit Österreich in Fehde liegen, belagern sie die Stadt. Die Zuger rufen vergeblich den Herzog Friedrich zu Hilfe. Von ihm verlassen, übergeben sie die Feste und schließen 1351 einen ewigen Bund mit allen Eidgenossen außer Glarus. Der Vertrag ist im wesentlichen dem andern gleich, den Zürich im Jahr zuvor abgeschlossen hat: Zug wird gleichberechtigtes Mitglied, und das hängt damit zusammen, daß es eine freie Verfassung hat und eine feste Stadt ist, welche die natürliche Verbindung zwischen Zürich und den Waldstätten bildet. In dem Vertrag wird nur der Gehorsam gegen das Römische Reich vorbehalten. Denn die Rechte Österreichs werden als verwirkt angesehen, weil es die Stadt ohne Schutz in ihrer Bedrängnis gelassen. Im Frieden von 1389 handelt Zug als selbständige Partei, und Österreich verzichtet auf seine Hoheit.

Ein neuer höchst wichtiger Gewinn für die aufstrebende Eidgenossenschaft ist Bern. Die Stadt ist reichsunmittelbar, seitdem 1218 das Zähringer Haus erloschen ist und Friedrich II. versprochen hat, sie nicht mehr vom Reich zu veräußern. In einer Allianz mit Herzog Friedrich von Österreich, belagert sie Zürich 1352 in Gemeinschaft mit ihm. Aber sie lernt hier die kriegerische Macht und Tüchtigkeit der Eidgenossen würdigen und be-

---

gewalt haben uszerichten; und wes sie gemeinlich oder der merteil under in sich dan dar umb erkennent zu dem rechten oder ze der Minnen mit beider teil wissent, des sulent wir die von Glarus und ouch die dann stoess mit uns hant gentzlich gehorsam sin und also von krieg lassen wisen."

gibt sich 1353, nachdem der Friede geschlossen, mit den Waldstätten in einen ewigen Bund. Gegen Zürich und Luzern übernimmt sie noch keine Verpflichtung; die ihrer Politik widerstrebende Verfassung von Zürich, das immer noch bestehende Bündnis mit dem Herzog, die Rechte Österreichs über Luzern hemmen diesen Schritt. Auch ist der Zusammenschluß mit den Waldstätten nicht so eng, wie sonst unter eidgenössischen Orten. Denn Bern hat schon seine Geschichte und Tradition. Es ist in den burgundischen Landen aufgewachsen und ist in andern Kämpfen groß geworden. So kann es wohl durch einen Bund mit den Nachbarorten eine neue Quelle der Kraft gewinnen; es kann aber nicht mehr sein Schicksal völlig mit dem ihren verketten.

Wenn einem verbündeten Ort Angriff oder Schaden in seinem Recht, in seinen Leuten oder in seinem Gut widerfährt, so mahnt er die andern auf seinen Eid. Aber damit entsteht noch keine Pflicht zu sofortigem Beistand. Die Verbündeten entsenden vielmehr ihre Boten nach dem Kienholz, und dort wird auf einer Tagung über Schaden und Hilfe beraten und beschlossen. Ist nun Bern auch nicht mit Zürich und Luzern verbündet, so tritt es doch mit ihnen durch das Bindeglied der Waldstätte in eine mittelbare Einigung. Wenn nämlich die Waldstätte von Zürich oder Luzern gemahnt werden und Hilfe bringen, so soll ihnen Bern seinen Beistand leihen. Und wenn die Waldstätte von Bern aufgerufen werden, so sollen sie auch Zürich und Luzern aufbieten.

Das Schiedsgericht erhält eine neue Form. Hat Bern eine Klage, so wählt es einen Obmann aus sechzehn ehrbaren Leuten, welche das angesprochene Land bezeichnet. Dem Obmann treten vier Schiedsrichter zur Seite, je zwei von jeder Partei gewählt. Ist eine der Waldstätte Klägerin, so nimmt sie den Obmann aus den Räten von Bern.[1])

[1]) Artikel 3. „Wer aber das ieman, so in dirre buntnust ist, in keiner wise iemer, an recht, von jeman angegriffen oder geschadiget wurdin, an luten oder an guot, dar vmb so mag vnd sol der Rat, oder die gemeinde der stat oder des landes, so denne geschadiget ist, vmb den schaden sich erkennen vff ir eide, vnd wes sich denne derselb Rat oder du gemeinde, oder der merteil der stat oder des Landes, so denne geschadiget ist, vf den eit erkennent vmb hilf oder anzegriffen, vmb keiner hande sache, so denne notdurftig ist, dar vmb sol vnd mag, der Rat oder du gemeinde der selben Statt oder des

70 Jahre später, 1423, schließt Bern mit Zürich einen unmittelbaren Schutzvertrag. Die Walliser Händel lassen die Einigung geraten erscheinen. Die Allianz enthält die bedeutsame

Landes, so denne geschadiget ist, die stat vnd Leinder, so in dirre buntnust sint, manen." Artikel 4. „Vnd als balde du manung geschicht, so sullent alle die in dirre buntnust sint, vnuerzogenlich ir erberen botschaft zu tagen senden in das Kienholtz, vnd da ze rate werden, wie dien, so denne vmb hilfe gemant hant, vnuertzogenlichen bi dien eiden behulfen vnd beraten werde, mit gantzem ernst, vnd mit allen sachen, als dien notdurftig ist, die denne ze male vmb hilfe sich erkennet vnd gemant hant, an alle geuerde, Also das der schade vnd der angrif, so an in geschehen ist vnd dar vmb si denne zemale gemant hant, gerochen, gebesseret, vnd widertan werde, an alle geuerde." Artikel 14. „Wir die vorgenand von Berne haben och sunderlichen berett, were das die von Zurich oder von Lutzern, die jetz mit dien obgenand Waltsteten eitgenossen sint, ieman dekeinen gebresten angriff oder schaden teti, dar vmb si danne dieselben Waltstette ir eitgenossen manent wurdin, vnd och inen die ir hilf tuon woltin, wa och denne die vorgenand Waltstett vnser eitgenossen vns manent, da sulent wir vnser erber hilfe vnuertzogenlich mit dien selben vnsern eitgenossen senden, vnd mit inen zuhen an iekliche stat, wa och si hin zuhent, vnd inan da ir vient halfen angriffen, vnd schadgen, an allen stetten, mit demselben getzog oder anderswa, da wir es getuon mogen, mit guoten truwen an allen geuerde. vnd dieselben hilf sullent wir och tuon mit unsern kosten." Artikel 15. „Wer aber das wir die von Berne, ouch von ieman angriffen oder geschadiget wurdin, vnd wir die obgenant Waltstett vnser eitgenossen dar vmb mantin, wa och denne die selben Waltstette, die von Zurich oder die von Lutzern si beide, oder ir eintweder, ir eitgenossen mantin, vnd die mit inen zugin, vnd inen behulfen werin vnser vient schadgen, mit dem selben getzog oder anderswa, da sullent wir dien selben von Zurich noch dien von Lutzern och keinen kosten gelten noch ablegen." Artikel 17. „Es ist och berett in dirre buntnust, wer das ieman so in dirre buntnust sint, dekein vorder oder ansprach, an den andern hett oder gewunne, da sullint wir vmb ze tagen komen in das vorgenant Kienholtz. Wer denne die vorder oder ansprach der von Berne oder keines der iren, so sol der, der denne die vorder oder ansprach hat, einen in der Waltstat, da er denne vorder vnd ansprach hat, vnder sechtzehenen erberen Lantluten, die im der Amman des selben Landes denne vorbenemmet, vnd och bi sinem eide vnuertzogenlich nemmen sol, oder die Lantlut, ob ze dien ziten nit Ammans da wer, fur ein gemeinen man nemen sol. vnd sol das Land denne bi dem eide den selben gemeinen man furder lichen wisen, das er sich der sache an neme, als ein gemein man, vnd sol denne ietweder teil zwen zuo dem setzen. vnd was die funf oder der merreteil vnder inen vmb die sach sich erkennent, nach der minne mit beider teile willen vnd wissen, oder nach dem rechten, vff den eit, ob si der minne nut vber ein kommen moechten, vnd sullen och beide teile das stet haben vnd behalten, gar vnd

Klausel, daß die Pflicht zum Beistand ihre Wirkung verliert, wenn ein Bundesgenosse sich dem Schiedsspruch des andern nicht unterwerfen will, obwohl der Gegner es vorschlägt, mit dem er in Streit begriffen ist.[1])

Freyburg, nach dem Aussterben der Zähringer freie Reichsstadt, begibt sich 1249 wieder unter Schirm und Vogtei der Grafen von Kyburg-Burgdorf. 1277 kauft Rudolf von Habsburg die Hoheitsrechte über die Stadt für seine Söhne. 1243 begründet Freyburg mit Bern einen ewigen Bund und erneut ihn 1271.[2]) Es ist hier

---

gentzlich an alle geuerde.“ Artikel 19. „Wer aber das wir die vorgenant Waltstett oder ieman vnder vns vorderung oder ansprach hettin ze dien vorgenanten vnser eitgenossen von Berne oder zuo ieman der iren, so sol der, der da ansprichet, och einen gemeinen man nemen in dem Rat ze Berne, vnd welen er da ze einem gemeinen man nimet, den sol och denne der selbe Rat vnd die Stat von Berne bi dem eide vnuertzogenlich wisen, das er sich der sache an neme als ein gemein man, also das aber ietweder teil zwen zuo im setze. vnd was die funf oder der merteil vnder inen vmb die sache sich erkennent ze der minne oder ze dem rechten, bi dem eide, das sullent aber beide teile stet haben, ze gelicher wise, vnd nach dien worten als vorgeschriben stat bi guoten truwen an alle geuerde.“

[1]) Artikel 8. „Bescheche ouch, das wir die vorgenanten von Zürich deheinest mit Jeman, stöß gewunnen oder Jeman wer der were, bekriegen wölten, vnd der oder die, mit den wir also stöß hetten, vns das recht, von semlicher stößen, oder zuospruch wegen butten vf die vorgenanten Schultheißen vnd Rät ze Bern, vnd das selb recht vns da selbs versprechen zehaltend, Wölten wir denn die vorgenanten von Zürich das selb recht nit vfnemen oder vsSlachen, So söllend vns die vorgenanten von Bern, von diser buntnusse wegen, nit sin gebunden, wider den oder die, so vns das recht also vf Si gebotten hetten, ze helffenn, si tügen es denn gern vngeuarlich.“ Artikel 9. „Des gelich were, das wir die vorgenanten von Bern, deheinest mit Jeman stöß gewunnen, oder Jeman wer der were, bekriegen wölten, vnd der oder die, mit den wir also Stöss hetten, vnd das recht von semlicher stössen wegen butten vf die vorgenanten Burgermeister vnd Rat ze Zürich vnd versprechen vns, das selb recht da zehaltenn, wölten denn wir, die obgenannten von Bern, dasselb recht nit vf nemen, oder vß Slachen, so söllent vns die vorgenannten von Zürich von diser buntnusse wegen, ouch nit gebunden sin zehelffenn, wider den oder die, So vns das recht, also vf Si gebotten hetten, si tügen eß denn gern vngeuarlich.“

[2]) Artikel VI. „Si qua dictarum civitatum alteram quacunque leserit occasione, quod absit, lesa hoc vindicare non debet, sed apud alteram suam deponere questionem, et si hoc ibi non fuerit emendatum, consiliarii civitatum in medio vie convenire tenentur, et hoc secundum jus vel honestem compositionem ibidem ad eorum arbitrium decindere, et quidquid super hoc ordineverint, a partibus debet inviolabiliter observari.“

bestimmt, daß Zwistigkeiten, wenn die Beschwerde erfolglos bleibt, in der Weise geregelt werden sollen, daß die Räte der beiden Städte auf halbem Weg zusammenkommen und die Sache nach Recht und billiger Sühne entscheiden. 1450 verzichtet Herzog Albrecht von Österreich auf die Hoheitsrechte seines Hauses. Freyburg begibt sich 2 Jahre darauf unter die Schutzherrschaft der Herzöge von Savoyen. Der ewige Bund mit Bern aber bleibt bestehen und wird 1454 bestätigt. Nachdem die Stadt an der Seite der Verbündeten gegen Karl den Kühnen gestritten und durch Loskauf von Savoyen wieder ihre Selbständigkeit errungen, bewirbt sie sich um Aufnahme in die Eidgenossenschaft.

Solothurn, endgültig freie Reichsstadt um die Mitte des 14. Jahrhunderts, begibt sich 1351 in einen ewigen Bund mit Bern. Es kämpft bei Sempach und beweist in manchen Kriegen und Tagungen seine Treue. Aber es stößt, wie Freyburg, auf starken Widerstand, als es seine Beteiligung an der Eidgenossenschaft begehrt.

Das hängt mit einem allgemeinen Konflikt zusammen, der damals zwischen den Städten und Ländern besteht.

Ein alter Gegensatz liegt darin, daß die Städte eine Ratsverfassung haben, während sich die Länder durch die Volksgemeinde regieren. Damit hängt eine andere Divergenz zusammen. Die Städte befolgen die Politik, durch Kauf und Eroberung ihr Gebiet zu mehren; ihr Reichtum an Volk, Gebiet und Gut, ihre geographische Lage und ihre konstitutionelle Form sind solchem Unternehmen günstig. Anders steht es um die Länder; die Abgeschlossenheit in den Gebirgstälern und die Regierung durch das Volk sind der Ausdehnung feind. Diese Verschiedenheit der Politik hat bald eine Verschiebung der Kraft im Gefolge. Die Städte werden mit der Zeit die mächtigeren Genossen. Und das bewegt sie, gegen die Gleichheit der Rechte anzukämpfen, die dem Bund herkömmlich innewohnt. Die Länder widersprechen mit Heftigkeit. Sie sind die Gründer der Genossenschaft. Sie haben die Einigung in rein demokratischem Geist vollzogen. Und bringen sie auch der Gemeinschaft im Lauf der Zeit keinen bedeutenden Zuwachs an Macht, so bringen sie doch auch keine stete Kriegsgefahr über den Bund, wie die Städte mit ihrem Vergrößerungsstreben.

Die geschilderte Rivalität findet einen besonders starken Ausdruck in dem Streit um die Teilung der Beute nach dem Burgunderkrieg.

Als es sich nun darum handelt, Freyburg und Solothurn in den Bund einzureihen, da wehren sich die Länder gegen diese Mehrung des städtischen Elementes. Die Eingliederung der beiden Orte wird zur Folge haben, daß die Städte die Mehrheit der Stimmen auf den Tagungen erlangen und die Länder durch ihre tatsächliche Übermacht gefährden. Das ist die Erwägung, die maßgebend ist.

Bern, Zürich und Luzern begegnen diesem Widerstand, indem sie 1477 ein ewiges Burgrecht mit Solothurn und Freyburg beschließen. Die Länder schicken ihre Boten und mahnen, von dem Bündnis abzulassen. Es kommt zu einer starken Spannung. Und als bald darauf Luzern gegründeten Anlaß gewinnt, Unterwalden eines verräterischen Anschlags gegen die Stadt zu beschuldigen, da erzittert die mühsam und kunstvoll erbaute Eidgenossenschaft in ihren Fugen. Es droht der Bruderkrieg.

Vergeblich tagen die Boten der Orte 1481 in Stanz. Sie können sich nicht verständigen. Da rettet ein frommer Einsiedler, der Bruder Klaus, ein Landmann von Obwalden, die schwer gefährdete Einheit. Er weiß die Boten mit der wahren vaterländischen Gesinnung zu erfüllen, vor der alle Eifersucht verstummt. Das Stanzer Verkommnis wird zustande gebracht. Es besiegelt die Eintracht und den Frieden neu.[1])

Die Pflicht zum Beistand wird bestätigt. Die Teilung der Beute wird durch Vergleich geregelt. Freyburg und Solothurn werden als Verbündete angenommen, und das Burgrecht von 1477 wird getilgt. In dem Vertrag der Eidgenossen mit den beiden Städten ist eine Klausel hervorzuheben: Führen die zwei Orte Krieg mit einer dritten Macht, so haben sie die Pflicht, einen vom Gegner angebotenen Frieden oder Waffenstillstand anzunehmen, wenn die Mehrheit der übrigen Orte dazu rät.[2])

[1]) Bruder Klaus. Die ältesten Quellen über den seligen Nikolaus von Flüe, sein Leben und seinen Einfluß, gesammelt und erläutert und im Auftrage der h. Regierung des Kantons Unterwalden ob dem Kernwald auf die fünfhundertste Wiederkehr seiner Geburt herausgegeben von Dr. Robert Durrer. I. Halbband, (Sarnen 1917. Buch- und Kunstdruckerei Louis Ehrli.)

[2]) „Vnd ob wir yetzgenanten von fryburg vnd Solottorn wie uorstat mit yemann fürbashin zuo krieg kemen, vnd vnns darInn bestannd friden oder sölich Richttungen begegnetten da die obgenanten vnnser getrüwen lieben eitgenossen der acht ortten gemeinlich oder vnnder Inen den mererteil bedüchte, das vnns sölich bestannd friden oder Richttungen nutzlich vnd Erlich wern dieselben vffzenemmen, darIn söllen vnd wöllen wir Inen gütlich vnd fründtlich willigen.“

Die Stadt Basel, seit Anfang des 14. Jahrhunderts reichsunmittelbar, wird durch ihre freie Verfassung und ihre geographische Lage zwischen Frankreich, Burgund und dem österreichischen Breisgau der Eidgenossenschaft in die Arme getrieben. 1501 wird ein ewiger Bund geschlossen.

Der Vertrag ist in der Hauptsache nach den gleichen Gedanken gebaut wie die älteren. Bedeutsam ist die Bestimmung, daß Basel keinen Krieg beginnen darf, bevor es seine Sache vor die andern Orte gebracht und ihre Zustimmung erhalten. Bedeutsam ist auch die Norm, daß Basel sich dem Schiedsgericht der Eidgenossenschaft zu unterwerfen hat, wenn der Gegner es verlangt. Am wichtigsten aber ist der Grundsatz, daß Basel bei Zwistigkeiten der Verbündeten neutral bleiben und den Frieden durch seine guten Dienste vermitteln soll. Das Schiedsverfahren bei Konflikten zwischen Basel und den Eidgenossen ist ähnlich wie im Berner Bund von 1353 geregelt.[1])

Schaffhausen, im 13. Jahrhundert Reichsstadt, dann 1330 von Kaiser Ludwig an Österreich verpfändet und seit dem Anfang des 15. Jahrhunderts durch Loskauf wieder frei, begibt sich 1454 in die Eidgenossenschaft, um nicht unter die Hoheit Österreichs zu fallen.

---

[1]) Artikel 14. „Es soll aber Eyn Statt Basel mit nyemand krieglich vffruor anheben, Sy bring dann zuovor Ir anligen vnnd was Sy darzuo treng vnnd beweg an Gemeyn vnnser Eydtgnoßschafft Anwält, oder derselben Oberkeyt, vnd mit vnser oder dess meerenteyls vnder vns begünstigen vnd zuolaßen Vnd es soll ouch söllich vnser Eydtgnoßschafft der gemeldten Statt Basel sach vnnd anligen Inn den trüwen als ob die vnnser selbs were, bedencken, vnd zu hertzen nemmen, vnd sich demselben nach hilfflich vnd geneygt erzeigen, alles Inn gestaltten wie obstat." Artikel 16. „Vnd ob sich begeb, das Eyn Statt Basel mit yemand zu vnwillen keme, vnd derselb sich Rechts vff Gemeyn vnnser Eydtgnoßschafft sampt oder sunders erbüte, So soll eyn Statt Basel sich söllichs Rechtens genügen, vnd dem statt thuon on wyter ander krieglich übung." Artikel 19. „Wa es ouch durch Eynich vngefell darzuo keme, das vnder vnd zwischen vns der Eydtgnoßschafft Es were eyns oder meer ortten gegen vnnd wider eynander vffruor wurden erwachßen Das Gott eewiglich welle verhütten So mag eyn Statt Basel durch Ir bottschafft sich dar Inn arbeyten söllich vffruur Zweyung vnd Spenn hynzulegen." Artikel 20. „Vnnd ob das ye nit sin möcht So soll doch dieselb Statt sust dheynen teyl hilfflich wider den andern teyl anhangen, Sonder still sitzen, Doch Ir früntlichen mittlung wie vorstat ob die erschiessen möcht vnuerzigen."

Appenzell, in der Abhängigkeit des Klosters von Sankt Gallen, wird 1411 nach einem glücklichen, mit dem Beistand von Schwyz gegen den Abt geführten Krieg durch ein gemeinsames Burg- und Landrecht unter den Schutz der verbündeten Orte gestellt. 1452 wird das Land zur ewigen Eidgenossenschaft zugelassen, aber nicht in gleichberechtigter Stellung. Es hat eine Rolle, derjenigen von Glarus ähnlich. Erst als es größere Selbständigkeit erlangt, wird es 1513 mit vollem Recht in die Gemeinschaft aufgenommen. Alle Orte beteiligen sich am Vertrag, auch Bern, das den früheren Abmachungen mit diesem Lande ferngestanden.

So sind am Anfang des 16. Jahrhunderts 13 Orte zur Eidgenossenschaft verbunden. Sie haben gleichen Rang, nachdem Glarus und Appenzell im Lauf der Zeit zu rechter Mitgliedschaft erhoben sind. Aber neben diesen 13 Vollgenossen gibt es noch Bundesangehörige minderen Rechts. Sind sie auch mit den Hauptorten durch eine wechselseitige und immerwährende Beistandspflicht verkettet, so erfahren sie doch eine Zurücksetzung in verschiedenen Graden, wenn es sich um die Regierung der dem Bunde botmäßigen Länder, um die Einnahme von Jahrgeldern für Heeresdienste im fremden Land, um die Bedingungen der Kriegshilfe, um die Vertretung auf der Tagsatzung oder um die Zeremonie der Bundesbeschwörung handelt. Sie heißen darum nicht eidgenössische, sondern nur verbündete oder zugewandte Orte.

Gersau und Weggis gehören hierher, welche 1332 einen ewigen Bund mit den Waldstätten beschwören. Weggis allerdings scheidet aus dieser Stellung, als es später unter die Hoheit von Luzern gelangt. Glarus und Appenzell sind lange Zeit nur zugewandte Orte. Die Abtei Sankt Gallen begibt sich in ein Verhältnis dieser Art, als sie 1451 und 1479 mit Zürich, Luzern, Schwyz und Glarus ein ewiges Burg- und Landrecht schließt. Ebenso die Stadt Sankt Gallen, als sie sich 1454 mit Zürich, Bern, Luzern, Schwyz, Zug und Glarus zu einer ewigen Freundschaft zusammentut. Auch Biel ist hier zu nennen, das sich 1279 und 1352 mit Bern, 1382 mit Solothurn und 1407 mit Freyburg verbündet. Weiter Mülhausen, das 1466 mit Bern und Solothurn und 1515 mit allen 13 Orten Verträge schließt. Rottweil ist vorübergehend der Eidgenossenschaft in dieser Form angegliedert, von 1519 bis zum Dreißigjährigen Krieg. Dann sind die drei Rhätischen Bünde zu erwähnen.

Der Obere oder Graue Bund findet 1497, der Gotteshausbund 1498 Anschluß an die sieben älteren eidgenössischen Orte, der Zehngerichtenbund 1590 an Zürich und Glarus, alle drei Bünde endlich 1602 an Bern. Einige Walliser Gemeinden beschließen 1416 und 1417 ein Burg- und Landrecht mit Luzern, Uri und Unterwalden. Der Bischof von Sitten erweitert es 1473 zu einer ewigen Freundschaft und geht 1475 mit Bern ein ewiges Bündnis ein. Graf Raoul von Neuenburg begründet 1290 ein Burgrecht mit Freyburg, 1307 mit Bern und 1324 mit Solothurn. Sowohl die Stadt wie der Graf verbünden sich 1406 mit Bern. Graf Philipp von Hochberg weiß später auch Luzern zu gewinnen und erneuert die alten Verträge. Genf begibt sich im Lauf des 16. Jahrhunderts in verschiedene Burgrechte und Bündnisse mit Freyburg, Bern und Zürich. Der Bischof von Basel endlich, der infolge der Reformation die Stadt verlassen und nach Puntrut übergesiedelt, schließt 1579 eine Allianz mit den sieben katholischen Orten.

Der Machtkreis der Eidgenossen wird außerdem durch die gemeinen Herrschaften erweitert. Das sind Gebiete, über die eine Mehrheit von Orten eine Hoheit übt. Sind die zugewandten und verbündeten Länder immerhin Bundesangehörige, wenn auch minderen Rechts, so sind die gemeinen Herrschaften Untertanenlande. Die Fessel ist nicht ein Vertrag, sondern eine Gewalt, mag sie auch in mancherlei Abstufungen erscheinen und durch einige Freiheitsrechte gemildert sein.

Wie kommt es zu dieser neuen Bildung?

Haben die Eidgenossen bis zum Sempacher Krieg um ihre Unabhängigkeit gekämpft, so folgen sie von dieser Zeit an und im ganzen 15. Jahrhundert einer neuen Politik. Die Vergrößerung der Macht ist ihr Ziel. Vornehmlich die Städte suchen durch Kauf, Pfandnahme und Eroberung ihr Gebiet zu mehren. Aber nicht nur vereinzelt, auch gemeinschaftlich erringen die Verbündeten neues Land: Und so entstehen die gemeinen Herrschaften als eine neue Entwicklungsform in der vielgestaltigen Geschichte der Schweiz.

Lugano, Locarno, Mendrisio und das Maggiatal sind gemeine Herrschaften der zwölf älteren Orte. Thurgau, Aargau, Sargans und das Rheintal sind den acht ursprünglichen Eidgenossen untertan. Bolenz, Riviera und Bellenz sind Besitzungen der drei Waldstätte, Uznach und Gaster Besitzungen von Schwyz und Glarus. Granson, Schwarzenburg, Murten, Orbe und Echallens gehören Bern und Freyburg zu eigen.

Der Titel des Erwerbes ist verschieden. Als auf dem Konzil zu Konstanz über Herzog Friedrich von Österreich Acht und Bann ausgesprochen ist, fordert König Sigismund die Eidgenossen auf, den Spruch zu vollziehen. Da erobern sie den Aargau und lassen sich das Land vom König verpfänden. Noch andere Gebiete werden mit den Waffen errungen, wie der Thurgau, früher österreichischer Besitz, und die italienischen Herrschaften, zuvor dem Herzog von Mailand zugehörig. Sargans wird von den sieben älteren Orten, das Rheintal von den Appenzellern gekauft, die es dann den Schirmorten der Abtei Sankt Gallen abtreten müssen.

Die gemeinen Herrschaften stehen unter Vögten. Ihre Ernennung erfolgt abwechselnd durch einen der regierenden Orte. Alljährlich werden Boten entsendet, um von den Vögten Rechenschaft zu begehren.

Die botmäßigen Länder sind eine Ursache von Eintracht und Hader zugleich. Führen Gesamtbesitz, gemeinsame Regierung und Verteidigung gar oft zu einmütigem Zusammengehen, so rufen sie auch mancherlei Schwierigkeit hervor, namentlich wenn mehrere Orte mit verschiedener Konfession über gleiche Länder regieren. Die Gebiete selbst leiden von tyrannischer Ausbeutung der Vögte.

In dieser dreifachen Gestaltung, als ein System von eidgenössischen mit zugewandten und mit untertänigen Ländern, wächst der Bund empor. Noch lange bleibt er mit dem Römischen Reich verbunden. Ist doch gerade die Reichsfreiheit das kostbare Gut, das es zu schirmen oder zu erlangen gilt. Aber je festere Ketten sich unter den Orten schmieden, je stärkeres Eigenleben den Bund durchströmt, um so mehr müssen sich die Bande mit dem großen Körper lösen. Als der Glanz der kaiserlichen Krone verbleicht, als die Macht des Römischen Reiches durch die aufsteigende Landeshoheit der Fürstentümer, Herrschaften und Städte gebrochen wird, als das Schwergewicht der Gewalt sich auf die Seite der Kurfürsten neigt und der monarchische Staat in aristokratische Trümmer zerfällt, da fühlen sich die Eidgenossen als Fremdlinge in dem alten Haus. Denn gegen die Fürsten und den hohen Adel haben sie gekämpft als gegen einen natürlichen Feind. In diesen

Kriegen sind sie groß geworden und haben sie ihre Freiheit erstritten. Und zugleich haben sie sich in eine neue Welt von Rechtsgedanken eingelebt, die mit jenem aristokratischen System unverträglich ist: Seitdem sie die Hoheiten des Reiches auf sich selbst übertragen, die Vogteien für sich gewonnen und das herkömmliche Lehensrecht aufgehoben, geben sie sich ihre Obrigkeit zu eigenem Recht und erkennen nur ihre Landesgerichte an. Sie beherrschen sich selbst. Sie atmen demokratisches Leben. Sie sind eine Gemeinschaft von Republiken. Und diese Selbständigkeit ist gefestigt durch die Kraft, die aus dem siegreichen Volksheer strömt. Ersteigt doch die Eidgenossenschaft in den Burgunderkriegen den Rang einer internationalen Macht, um deren Bund sich Könige bewerben.

Der Bruch mit dem Reich vollzieht sich in der zweiten Hälfte des 15. Jahrhunderts. Die Eidgenossen beschicken noch den Reichstag zu Worms, der 1495 das zerfallende Reich zu neuer Einheit fügen soll. Aber hier tritt die Entfremdung klar zutage. Die Verbündeten wehren sich gegen das Reichskammergericht, sie wehren sich gegen das römische Recht. Sie haben manche Interessen mit den Ständen des Reiches nicht gemein: Aufhebung der Fehde, gemeine Sicherheit und Landfrieden sind in ihren Ländern schon durch das Stanzer Verkommnis erreicht. Hemmend wirken auch die machtvollen Bande, welche die Eidgenossenschaft mit Frankreich verknüpfen. Die Trennung muß zu einer Krisis führen. In der Tat, die Frage wird bald darauf im Schwabenkrieg ausgefochten. Und als die Eidgenossen im Verein mit den Graubündnern siegen, da bestätigt der Basler Friede von 1499, wenn auch nicht in der Form, so doch tatsächlich, die Ablösung des Bundes vom römischen Reich. 150 Jahre später erkennt der westfälische Friede die Souveränität der Länder für ein geschichtlich bestehendes Recht.[1])

---

[1]) Helvetiorum libertas et immunitas a jurisdictione Imperii ut et civitatis Basiliensis.

„Cum item Caesarea Majestas ad querelas civitatis Basileensis et universae Helvetiae coram ipsius Plenipotentiariis ad praesentes congressus deputatis propositas super nonnullis processibus et mandatis executivis a camera imperiali contra dictam civitatem, aliosque Helvetiorum unitos cantones eorumve cives et subditos emanatis, requisita ordinum Imperii sententia et

Ist damit geschildert, wie der Bund in fortschreitender Entwicklung seine Unabhängigkeit erringt, so erhebt sich die Frage, wie er seine Freiheit nutzt und wie er sich regiert.

Schon die ältesten Verträge kennen Tage, Tagsatzungen, Zusammenkünfte von Boten, welche über gemeinsame Dinge beschließen. Diese Versammlungen werden zuerst nur abgehalten im Rahmen der einen oder anderen Allianz. Wie keine Einheit des Bundes, so gibt es auch keine Einheit der Tagung. Das ändert sich, als die Zahl der Eidgenossen wächst, die solidarischen Interessen an Umfang und Bedeutung zunehmen und einer ständigen Fürsorge bedürfen. Es entsteht eine gesamteidgenössische Tagung. Sie wird bald an regelmäßige Zeiten und an eine gleiche Stätte gebunden, als der Erwerb der gemeinen Vogteien im Aargau eine starke Mehrung der gemeinsamen Geschäfte mit sich bringt. Baden im Aargau ist jahrhundertelang der Ort der Versammlung. Man trifft sich dort jährlich zur Sonnenwende an Johannes des Täufers Tag. Außerordentliche Versammlungen werden in älterer Zeit von irgendeinem Genossen, späterem Herkommen gemäß von der Stadt Zürich einberufen.

Jeder Stand entbietet der Regel nach zwei Gesandte und besitzt e i n e Stimme. Die Boten haben ein imperatives Mandat; sie urteilen nach Weisung und nicht nach freiem Ermessen. In älterer Zeit kommen die Beschlüsse als Vereinbarungen zustande; die Minderheit ist nicht verpflichtet, der Mehrheit zu folgen. Diese Form genügt und ist die beste, solange die Geschäfte eine primitive Einfachheit haben und der eidgenössische Geist lebendig ist. Aber sie reicht auf einer höheren Stufe der Entwicklung nicht aus und läuft Gefahr, die Tätigkeit des Bundes zu hemmen. Das Prinzip der Majorität wird daher schrittweise und schonend eingeführt.

Die Stadt Zürich ist Vorort. Sie hat nicht nur das Präsidium

---

consilio, singulari decreto die decimo quarto mensis Maji anno proximo praeterito declaraverit, praedictam civitatem Basileam caeterosque Helvetiorum cantones in possesione vel quasi plenae libertatis et exemtionis ab Imperio esse ac nullatenas ejusdem Imperii dicasteriis et judiciis subjectos ideoque ejusmodi processus una cum arrestis eorum occasione quandeque decretis, prorsus cassos et irritos esse debere; placuit hoc idem publicae huic pacificationis conventioni inserere ratumque et firmum habere."

auf den gemeinen Tagen. Sie hat auch eine wahre Leitung der eidgenössischen Angelegenheiten. Sie vermittelt den diplomatischen Verkehr und auch die Verhandlungen der Orte untereinander, indem sie die Meinungen erforscht und eigene Vorschläge macht. Mit Ermächtigung der Stände handelt sie zuweilen für die gesamte Eidgenossenschaft, ohne eine Tagung zu berufen.

Gelangt der Bund zur Selbständigkeit, entwächst er dem Schirm des Reiches, so steht er vor der Aufgabe, aus eigener Fähigkeit seine Rolle im Völkerleben zu spielen. Wie gestaltet er seine internationale Position?

Der jahrhundertlange Konflikt mit Österreich, ans dem die Eidgenossenschaft hervorgegangen, wird unter Vermittlung des Königs von Frankreich 1474 durch eine ewige Richtung beigelegt. Österreich verzichtet auf seine alten Ansprüche und erkennt die Orte in ihrer neuen Gestaltung an. Für künftige Streitigkeiten wird ein Schiedsverfahren beschlossen. Es folgt die Ewige Erbeinigung von 1477 und 1478. Kriegshilfe wird gelobt. Nach dem Schwabenkrieg werden diese Verträge 1500 und 1511 erneut.

Die Eidgenossenschaft, dem Reich entfremdet, wird allmählich in den Bannkreis der glänzend aufsteigenden französischen Monarchie gezogen.

Der Sohn Karls VII., der spätere Ludwig XI., kämpft im Bunde mit Österreich bei Sankt Jakob an der Birs. Voll Bewunderung über den Heldenmut der Schweizer, bestimmt er seinen Vater, um ihre Freundschaft zu werben.

Das erste Bündnis zwischen Frankreich und den Eidgenossen kommt 1452 und 1453 zustande. Es wird eine ewig gute Freundschaft gelobt. Als Ludwig XI. den Thron besteigt, weiß er die Schweizer, nachdem er sie zuvor mit Österreich versöhnt, in den Krieg mit Karl dem Kühnen von Burgund zu verwickeln und so für Frankreichs Größe zu nutzen. Die Burgunderkriege bringen der Schweiz erhebenden Ruhm. Aber die Früchte des Sieges erntet der König. Schlimmer noch, die Eidgenossenschaft führt in diesem Kampfe die Waffen gegen sich selbst. Hilft sie doch ein Reich zertrümmern, das berufen war, mit ihr eine natürliche Feste gegen die zwei großen Monarchien Europas in Ost und West zu bilden.

Seit diesem kriegerisch glorreichen, aber politisch unglücklichen Feldzug geraten die Eidgenossen immer mehr in französische

Abhängigkeit. Von dieser Zeit an werden namentlich die Kapitulationen geschlossen, durch welche die Schweizer in fremde, vor allem in französische Kriegsdienste verdungen werden.

Karl VIII. erneuert den Bund 1484, Ludwig XII. 1499. Beide ziehen die Schweiz in die italienischen Kriege hinein. Im Kampfe gegen das Herzogtum Mailand und im Kampfe später bei Novara gegen Frankreich selbst steigt die Eidgenossenschaft zur europäischen Großmacht empor, um dann bei Marignano ihr blendend aufleuchtendes Gestirn wieder verlöschen zu sehen.

Diese Untreue des Glücks, diese bittere Erfahrung leitet die eidgenössische Politik für immer in ihre feste Bahn. Die Schweiz verzichtet auf Eroberung und auf Wettstreit um ein Übergewicht unter den Mächten. Sie erblickt ihren Beruf nur noch in der Wahrung ihrer Selbständigkeit. Sie schließt ihre Grenzen um sich her. Sie löst sich von den Bewegungen des Völkerlebens. Sie kommt zur Ruhe. Die Schweiz ist ähnlich einem ihrer Gletscherströme, der nach einem gewaltigen Kampf mit Bergmauern und Felsenblöcken in einen stillen Bergsee fließt.

Auf die Schlacht bei Marignano folgt der Ewige Friede mit Franz I. von 1516. Ein Schiedsgericht wird vereinbart für alle Streitigkeiten. Jede Partei stellt zwei Urteiler. Bildet sich keine Mehrheit, so wählt der Kläger einen der Gegenpartei unverdächtigen Obmann aus den Räten der Stadt Chur oder des Landes Wallis. 1521 folgt ein enges Bündnis zu Schutz und Trutz.

Die Verträge werden unter späteren Königen erneuert. Allein, unter Ludwig XIV. werden sie nicht mehr auf einer wahren Gleichordnung der Parteien aufgebaut. Die Schweiz fällt unter die Botmäßigkeit des allgewaltigen Herrschers. In einem ersten Bund von 1663 zwischen Ludwig XIV. und den 13 Orten samt ihren Zugewandten tun die Formeln eine Suprematie mit aller Deutlichkeit kund. In einem andern Vertrag von 1715, in dem der König die katholischen Orte an sich kettet, erhebt er sich als Schiedsrichter über die gesamten Eidgenossen. Entsteht eine Zweiung unter den Ständen und wird der König angerufen, gelingt es ihm aber nicht die Parteien zu versöhnen, dann entscheidet er, was nach den Schweizer Bünden Rechtens ist, und vollzieht seinen Spruch mit Gewalt. So wird Ludwig XIV. zum Gewährsmann, zum Schirmherrn der eidgenössischen Verfassung.

Er weiß diese Autorität durch weitgehende Versprechungen an die katholischen Orte zu erringen, die auf die Hilfe des Königs bauen, um die im Frieden von 1712 verlorenen Herrschaftsrechte wiederzugewinnen. Er geht so weit, daß er in einem geheimen Brief erklärt, der Vertrag sei in der Absicht geschlossen, die Katholizität in der Schweiz wiederherzustellen.

Die innere Spaltung, welche in dem katholischen Sonderbündnis mit der französischen Krone liegt, löst sich wiederum, als 1777 alle Stände gemeinsam ein Bündnis mit Ludwig XVI. schließen. Auch die Untertänigkeit gegen die französische Krone verliert jetzt ihren drohenden Charakter und verflüchtigt sich in zeremonielle Form. Die Unabhängigkeit und die Neutralität der Eidgenossenschaft wird mit klaren Worten kundgetan.

Neben dieser diplomatischen Bewegung nach Frankreich hinüber, die eine leise Abwendung von dem Ideal eidgenössischer Freiheit bedeutet, geht eine schwere innere Krisis einher: es ist der Kampf der Religionen.

Die Reformation muß einen tiefen Riß in die Eidgenossenschaft tragen. Sie muß die geistige Einheit zerbrechen, die moralischen Bande zerrütten, welche die Länder in Brüderlichkeit zusammenschließen. Im Bewußtsein dieser großen Gefahr leisten die katholischen Stände erbitterten Widerstand gegen die Einführung der neuen Religion in den Kreis der Verbündeten. Es ist nicht Glaubenseifer allein, der sie treibt, sondern auch die Sorge für die Erhaltung der Eidgenossenschaft.

Zürich, das zu allererst der Reformation huldigt, sucht sich gegen die feindliche Bewegung der katholischen Orte zu schirmen und geht 1527 mit Konstanz ein christliches Burgrecht ein. Bern folgt im nächsten Jahre. Und die Allianz beginnt sich weiter zu verbreiten. Die Mitglieder geloben sich Beistand, wenn einem unter ihnen Gewalt geschehen sollte um seines Glaubens willen.

Die 12 katholischen Stände ihrerseits schließen 1524 einen Bund zur Erhaltung der wahren Religion. Aber der neue Glaube macht immer weitere Fortschritte. Er hat bald den stärkeren Anhang unter den verbündeten Orten, und der katholische Glaube zieht sich zurück auf seine innerste Burg am Zuger- und Vierwaldstätter See. Die Waldstätte, Luzern und Zug, die der angestammten Religion treu geblieben, sind von einer Übermacht bedroht und sehen sich deshalb nach einem fremden Beschützer um. Sie entschließen sich 1529 zu einem Vertrag mit dem Erzherzog von Österreich, König Ferdinand von Ungarn. Ein verhängnisvoller Schritt: Ein Bündnis der Urkantone mit Österreich, ihrem natürlichen Gegner, zu dessen Abwehr sie die Eidgenossenschaft gegründet, ein Bündnis, dessen Schwergewicht in einem fremden mächtigeren Staat gelegen, ist die Einflössung verderblichen Giftes in den Körper, der von Freiheit lebt.

Die fünf Orte werden von ihrem landesfeindlichen Beginnen abgemahnt. Vergebens. Zürich ergreift die Waffen. Aber die übrigen Stände, Bern an der Spitze, treten mit ernstem Nachdruck für den Frieden ein. 1529 kommt der erste Landfriede von Kappel zustande.

Es soll Glaubensfreiheit gelten unter den verbündeten Orten. Keiner soll Zwang anwenden gegen den andern, um ihn zur Änderung der Religion zu bestimmen. Die katholischen Stände verzichten auf das Bündnis mit Ferdinand von Ungarn. Es sollen in Zukunft keine Stände gesondert tagen in Sachen, die der ganzen Eidgenossenschaft gemeinsam sind. Das sind die Grundartikel des Vertrages.

Gestützt auf diesen Erfolg der Reformierten und auf die ständige Mehrung des neuen Glaubens in Städten und Ländern, steigert Zwingli, der Reformator von Zürich, seine Ansprüche ins Ungemessene. Er will die Klöster der gemeinen Herrschaften auf die Eidgenossenschaft übernehmen. Er will die Abtei Sankt Gallen auflösen und ihre Untertanen für Zürich gewinnen. Die gemeinen Herrschaften sollen beseitigt und ihre Gebiete unter die regierenden Orte aufgeteilt werden. Dabei sollen aber Zürich und Bern den Vorzug haben und zusammen zwei Drittel des Landes erwerben. Zwingli rüttelt überhaupt an dem alten Grundsatz von der Gleichberechtigung der Orte. Er fordert, daß der größeren Macht das stärkere Stimmrecht im Rat der Eidgenossen zur Seite gehe. Er will den beiden Städten ein Vetorecht in Sachen des Bundes geben, so daß nichts ohne sie geschehen kann und sie „wie zwei Ochsen den Wagen ziehen". Als aber Zwingli, um seine Pläne zu verwirklichen, mit dem Landgrafen Philipp von Hessen, mit Venedig und Frankreich unterhandelt, da greifen die fünf katholischen Orte zu den Waffen. Zürich wird geschlagen.

Zwingli fällt. 1531 wird zu Kappel ein neuer Landfriede mit Zürich geschlossen, dem sich auch Bern unterwirft. Die Gleichberechtigung der Stände in der Wahl des Glaubens ist wiederum die Grundlage des Vergleichs. Zürich soll dem Burgrecht entsagen, das es mit eidgenössischen Orten oder mit fremden Herrn und Städten eingegangen ist.

Der Wettstreit der beiden Konfessionen dauert fort. Die neue Lehre wird in dem Helvetischen Glaubensbekenntnis zusammengefaßt und gewinnt damit größere Einheit und Stärke. Zu der gleichen Zeit bemüht sich der Kardinal Borromäus um die Reform der katholischen Geistlichkeit und die Wiederbelebung des römischen Glaubens im Lande. Die Jesuiten, die nach Luzern und Freiburg berufen werden, die Kapuziner unterstützen ihn. Eine ständige Nuntiatur wird in Luzern errichtet. Diese Kräftigung der katholischen Religion führt bald zu einem neuen politischen Zusammenschluß, dem goldenen oder borromäischen Bund. Er wird 1586 in Luzern beschworen. Die katholischen Orte versprechen, den alten Glauben zu erhalten, sich gegen Angriffe zu schirmen und wenn ein Verbündeter der wahren Lehre abtrünnig werden sollte, ihn mit gesamter Macht bei seiner Pflicht zu erhalten. So wird die religiöse Spaltung zu einer politischen. Es stehen sich zwei Eidgenossenschaften gegenüber, nach Konfessionen getrennt. Die Sondertage kommen zu größerer Bedeutung als die gemeinen. Wieder droht die Einheit zu verfallen.

Ein Konflikt von Zürich und Schwyz um das Prinzip freien Zuges katholischer Untertanen, die zum reformierten Glauben übergetreten sind, führt bald zu einem neuen Kampf. Bern erleidet eine Niederlage bei Vilmergen. Zürich belagert Rapperswyl vergebens. Der Krieg findet dadurch ein Ende, daß die unparteiischen Orte und die fremden Mächte 1656 zu Baden einen dritten Landfrieden vermitteln.

Der Streit der Toggenburger mit ihrem Landesherrn, dem Abte von Sankt Gallen, der ihren reformierten Glauben unterdrückt, ruft später noch einmal den konfessionellen Krieg hervor. Die katholischen Orte nehmen die Partei des Abtes, Bern und Zürich stellen sich auf die Seite der Toggenburger. Die Städte bleiben im Vorteil. Mehrere unbeteiligte Stände bringen wieder einen Landfrieden zustande, der 1712 in Baden geschlossen und nach einem neuen Ausbruch der Fehde in Aarau besiegelt wird.

Damit sind die Religionskriege zu Ende. Der Bund hat die Gefahr überstanden, die sein Leben bedrohte. Er ist ungebrochen aus der Glaubensspaltung hervorgegangen. Das war eine ruhmvolle Tat. Ja, man kann sagen: Den größten Sieg hat er nicht erstritten, als er sich zu heldenmütiger Wehr gegen Österreich und Burgund erhob. Den stärksten Beweis seiner Lebensfähigkeit hat er gegeben, als er sich selbst überwand und die Leidenschaft religiöser Überzeugung vergaß, um sein höchstes Gut zu retten: die Einigkeit.

Die Wende des 18. Jahrhunderts bringt eine neue Prüfung über den Bund.

Die Flutwelle der französischen Revolution zieht auch die Eidgenossenschaft in ihre Strömung hinein. Die neuen Staatsideen dringen siegreich in das Land. Ist die Autonomie und die damit verbundene Abgeschlossenheit der Orte voneinander jahrhundertelang die feste Tradition gewesen, so wird diese Lehre durch ein anderes Ideal erschüttert, durch den Gedanken von der Einheit des Volkes, das sich durch den Gesamtwillen regiert. Die Neuerungspartei ruft Frankreichs Hilfe an. Die Heere der Republik überfluten die Schweiz. Sie brechen nach einem heldenhaften Widerstande Berns und der Urkantone die alte Bundesverfassung nieder.

Und jetzt geschieht eine Tat, die eine Vergangenheit von Jahrhunderten verleugnet und, nur dem Geiste philosophischer Spekulation gehorchend, dem Geist der historischen Entwicklung zuwiderläuft. Die Eidgenossenschaft wird aus ihren Angeln gehoben. Der Bund souveräner Orte wird verdrängt durch den Einheitsstaat. Es bleibt nur e i n Volk und es bleibt nur e i n e Regierung. An die Stelle des föderativen Systems tritt die helvetische Republik.[1])

[1]) Verfassung der helvetischen Republik vom 12. April 1798. Erster Titel. Hauptgrundsätze. Artikel 1. Die helvetische Republik macht Einen unzertheilbaren Staat aus. Es gibt keine Grenzen mehr zwischen den Kantonen und den unterworfenen Landen, noch zwischen einem Kanton und dem andern. Die Einheit des Vaterlandes und das allgemeine Interesse vertritt künftig das schwache Band, welches fremdartige, ungleiche, in keinem Verhältnisse stehende, kleinlichen Lokalitäten und einheimischen Vorurtheilen

Die neue Verfassung von 1798 ist von dem Baseler Ochs entworfen und von dem französischen Direktorium gut geheißen. Sie ist der republikanischen Verfassung des Jahres III nachgebildet und ist halb aus der Schweiz hervorgewachsen, halb durch die Autorität des mächtigen Nachbarreiches ins Leben gerufen.

Die Gesamtheit der Bürger besitzt die Souveränität und übt sie durch repräsentative Korporationen.

Der Senat und die große Ratsversammlung, die in der Hauptsache aus Volkswahlen hervorgehen, haben die Legislative. Ein Direktorium, von beiden Häusern ernannt, ist das exekutive Organ. Ein gewählter Gerichtshof handhabt die Jurisdiktion. Es herrscht eine volle Gleichheit unter den Gliedern. Es gibt keine alten und neuen Genossen, es gibt keine zugewandten Orte, keine gemeinen Herrschaften mehr.

Der Sturz der französischen Direktorialverfassung und der Aufstieg Napoleons zum Konsulat bedeuten die Niederlage der revolutionären Staatstheorie. Frankreich kehrt mit dem 18. brumaire zu der Verfassungsform zurück, die es noch nicht überwunden; es legt die Grundlagen einer neuen Monarchie. Ähnlich die Schweiz. Von dem Bann des republikanischen Frankreich gelöst, wendet sie sich wieder zu ihrer wahren Bestimmung, dem föderativen System. Aber wie Frankreich die Volkssouveränität in das Kaisertum hinüber rettet, so wahrt auch die Schweiz die wichtigste Errungenschaft der helvetischen Republik, den Einheitsgedanken.

Die Rückbildung kann nicht ohne schwere Krisis vor sich gehen. Und die Streitigkeiten, die um eine neue Verfassung entbrennen, finden erst durch die Vermittlung Napoleons ein Ende. Der Kaiser weiß mit genialem Verständnis für die Geschichte und die Denkart der helvetischen Nation die Synthese herzustellen zwischen der alten und der neuen Idee. Es glückt ihm, das Streben nach Einheit mit der Tradition ständischer Autonomie zu versöhnen.

Die Kantone erhalten ihre staatliche Selbständigkeit zurück. Sie sind wieder souverän. Aber sie werden durch ein festes Band

---

unterworfene Theile zusammenhielt und auf's Gerathewohl leitete. So lange alle einzelnen Theile schwach waren, mußte auch das Ganze schwach sein. Die vereinigte Stärke aller wird künftig eine allgemeine Stärke bewirken.

umschlossen: Es tritt eine durchgebildete föderative Organisation ins Leben.[1])

Die Kantone garantieren sich wechselseitig ihre Verfassungen, ihr Gebiet, ihre Freiheit und Unabhängigkeit, mag die Gefahr von fremden Mächten oder von innen drohen. Die Kantone stellen feste Kontingente in Mannschaft und Geld, um der Eidgenossenschaft die Erfüllung dieser Aufgabe zu ermöglichen.

Sechs Kantone haben alljährlich abwechselnd die Leitung des Bundes: Freiburg, Bern, Solothurn, Basel, Zürich und Luzern.

Das Standeshaupt des jeweiligen Direktorialkantons, der Schultheiß oder Bürgermeister, ist gleichzeitig Landammann der Schweiz. Er vermittelt den diplomatischen Verkehr. Bei ihm sind die fremden Gesandten beglaubigt. Er berichtet an die Tagsatzung über die Bundesangelegenheiten. Erhebt sich ein Konflikt unter Kantonen, so weist er die Sache vor die nächste Tagsatzung oder, wenn sie eilig ist, vor Schiedsrichter seiner Wahl. Wird die Bundesverfassung gebrochen, so beruft er die obersten Gewalten der Kantone, in welchen der Fehl geschehen, und verhandelt mit ihnen.

Die Tagsatzung besteht fort als Repräsentation der Eidgenossenschaft. Jeder Kanton bestellt eine Gesandtschaft, die an ein imperatives Mandat gebunden ist, und verfügt über eine oder zwei Stimmen, je nach seiner Größe. Die Versammlung entscheidet über Krieg und Frieden, über Bündnisse, aber immer nur mit einer Stimmenmehrheit von drei Vierteln. Sie schließt Handelsverträge und Militärkapitulationen. Sie entbietet außerordentliche Botschaften. Sie verfügt über die Truppen und ergreift alle Maßregeln, um die Sicherheit des Landes zu erhalten. Sie urteilt endlich über Streitigkeiten der Kantone, die nicht durch Schiedsrichter beigelegt werden können, wobei allerdings die Boten nach ihrem Gewissen allein und nicht nach Weisung entscheiden.

---

[1]) Acte de Médiation. Chapitre XX. Titre Premier. Article I. Les dix-neuf cantons de la Suisse, savoir: «Appenzell, Argovie, Bâle, Berne, Fribourg, Glaris, Grisons, Lucerne, Saint-Gall, Schaffouse, Schwitz, Soleure, Tessin, Thurgovie, Underwald, Uri, Vaud, Zug et Zurich, sont confédérés entre eux conformément aux principes établis dans leurs constitutions respectives. Il se garantissent réciproquement leur constitution, le territoire, leur liberté, et leur indépendance, soit contre les puissances étrangères, soit contre l'usurpation d'un canton ou d'une faction particulière.»

Die neue Verfassung steht unter der Garantie des Kaisers, der sich dadurch zum Schirmherrn über die Eidgenossenschaft erhebt.

Das ist die Mediationsverfassung von 1803. Sie wird im gleichen Jahr durch eine Defensivallianz und eine Militärkapitulation mit Frankreich ergänzt.

Zehn Jahre später wird die kunstreiche Schöpfung in den Fall des Kaiserreichs mit hinabgezogen. Die verbündeten Mächte, die nach ihrem Sieg über das Schicksal der europäischen Völker entscheiden, wollen das Werk Napoleons in der Schweiz nicht anerkennen. Gehen sie doch weiter und achten sie nicht einmal die Neutralität des Landes, das unter der Schirmhoheit des Kaisers gestanden. Die Schweiz kann sich der allgemeinen Umwälzung nicht entziehen. Sie kann den Gebietern Europas nicht trotzen. Sie muß die Verfassung aufgeben, die den Stempel von Napoleons großem Geist, aber in den Augen der Mitwelt auch den Makel seines Namens trägt.

Das Land steht wiederum vor der Aufgabe, sich zu gestalten. Es kann aber dieses Mal mit größerer Freiheit beschließen. Denn die Mächte enthalten sich einer autoritativen Einmischung. Sie fordern nur die Regelung einiger Gebietsfragen und gewähren dafür als Gegengabe die Garantie des Besitzstandes und die förmliche rechtskräftige Anerkennung der Neutralität, welche seit Jahrhunderten die Seele der eidgenössischen Politik gewesen ist.[1])

Am 7. August 1815 wird die neue Bundesverfassung beschworen. Sie hebt sich im Prinzip von der Mediationsakte dadurch ab, daß sie die zentralen Kompetenzen verringert.

Der Landamman, die wichtige Schöpfung Napoleons, ist der neuen Verfassung unbekannt. Der Vorort, wie er vor 1798 bestanden, wird wieder eingeführt, nur daß er alle zwei Jahre unter Zürich, Bern und Luzern abwechselt und daß seine Kompetenz erweitert wird, indem er die Bundesangelegenheiten in Abwesenheit der Tagsatzung leitet und von dieser Versammlung mit erhöhten Vollmachten begabt werden kann.

Haben die alten Bünde eine Hilfeleistung der Kantone untereinander festgesetzt und hat im Gegenteil die Mediationsakte die

[1]) Urkunde vom 20. November 1815.

gemeine Sicherheit zu einer technischen Bundesangelegenheit gestaltet, so enthält die Verfassung von 1815 wieder einen Anklang an die frühere Ordnung. Ist ein fremder Angriff zu gewärtigen, so hat jeder Kanton das Recht, die anderen zu getreuem Aufsehen zu mahnen. Im Fall einer plötzlichen Gefahr kann der bedrohte Ort die andern zu Hilfe rufen; sie sind zu folgen verpflichtet; gleichzeitig soll aber der Vorort in Kenntnis gesetzt werden, und ihm stehen die endgültigen Maßregeln zur Sicherung der Eidgenossenschaft zu.

Die Tagsatzung bleibt bestehen, aber nur mit einfachem Stimmrecht aller Genossen.

Wenn Kantone in Streit geraten, so wählen sie Schiedsrichter aus den Magistratspersonen anderer Stände. Die Schiedsrichter trachten, den Streit in Minne auszugleichen. Gelingt es nicht, so wählen sie einen Obmann aus den Magistratspersonen eines unbeteiligten Kantons, der noch keine Schiedsrichter gestellt; können sie sich auf die Wahl nicht einigen, so wird der Obmann von der Tagsatzung bestimmt. Das nunmehr gebildete Kollegium versucht noch einmal zu vermitteln und entscheidet, wenn der Erfolg ausbleibt, die Sache durch ein Urteil nach dem Recht.

Die Restaurationsverfassung wird als ein Vertrag aller Kantone errichtet. Waren im alten System die Stände durch einzelne Abmachungen aneinander gekettet, so umfaßt nunmehr ein einziger und gleicher Bund alle Länder.

In den dreißiger Jahren entbrennt ein letzter Kampf. Die vorgeschrittenen Kantone ändern ihr partikulares Staatsrecht im Sinn demokratischer Rechtsgleichheit. Sieben Stände, Luzern, Zürich, Bern, Solothurn, Sankt Gallen, Aargau und Thurgau schließen im Frühjahr 1832 das Siebnerkonkordat, zur Garantie ihrer neuen, auf dem Grundsatz der Volkssouveränität ruhenden Verfassungen. Andern Kantonen scheint das alte Bundesrecht durch diese Bewegung gefährdet. Uri, Schwyz, Unterwalden, Basel-Stadt, Neuenburg und Wallis vereinen sich in dieser Befürchtung zum Sarner Bund. Als aber diese Allianz den Fehler begeht, die Tagsatzung zu verlassen und einen gewaltsamen Angriff zu unternehmen, da stellt die Eidgenossenschaft ein Heer ins Feld. Sie zwingt die Sarner Stände, ihren Verband aufzulösen und sich in der Tagsatzung wieder einzufinden.

An diese politischen Parteiungen schließen sich religiöse Zwistigkeiten an, vornehmlich im Aargau, in Luzern und Zürich. Die Jesuitenfrage schürt den Brand. Luzern, die drei Waldstätte, Zug, Freiburg und Wallis errichten 1846 einen katholischen Sonderbund, eine Tat, die an die Gründung der Boromäischen Allianz erinnert. Wieder entbietet die Eidgenossenschaft ein Heer. Und vor einer bloßen militärischen Demonstration fällt die Sarner Union in nichts zusammen.

Diese Ereignisse haben eine tiefe Bedeutung. Zweimal hat der Bund den Sieg erstritten über die widerstrebenden Sondergewalten. Zweimal hat die föderative Autorität die partikuläre Autonomie überwunden. Das ist ein wichtiges Zeichen dafür, daß die psychologische Strömung zugunsten einiger Herrschaft mit der Zeit mächtiger herangewachsen ist als der Wille zur Sonderfreiheit. Der Augenblick ist gekommen, wo eine zentrale und souveräne Gewalt über den Kantonen aufgerichtet werden kann. Der Staatenbund ist zu so fester Einheit gediehen, daß er reif ist, in einen Bundesstaat überzugehen. Das Jahr 1848 bringt diese große Errungenschaft. Das Schweizer Volk zieht die letzte Konsequenz aus seiner geschichtlichen Entwicklung von einem halben Jahrtausend.

Die Wandlung in einen Bundesstaat, an sich ein seelischer Prozeß, der den Willensentschluß eines Volkes bedeutet, eine allgemeine und höchste Herrschaft über den bestehenden Gewalten anzuerkennen, wird regelmäßig durch eine Reihe von äußeren Anzeichen offenbar und tut sich in der Schweiz durch einen Ausbau der zentralen Kompetenzen und Organe kund:

Seit 1848 ist der auswärtige Verkehr in der Hauptsache föderative Angelegenheit. Die Eidgenossenschaft allein hat das Recht, Krieg zu erklären und Frieden zu schließen, Bündnisse und Staatsverträge einzugehen. Aber die Gemeinschaft hat noch weitere Aufgaben. Sie hat auch die Rechte und Freiheiten der Bürger zu schützen und ihre Wohlfahrt zu befördern, eine Funktion, welche den Keim einer umfassenden wahrhaft staatlichen Tätigkeit in sich trägt.

Bundesversammlung, Bundesrat und Bundesgericht sind die Träger der föderativen Gewalt.

Die Bundesversammlung besteht aus zwei Häusern, dem Nationalrat, der eine Vertretung des gesamten Schweizer Volkes ist, und dem Ständerat, einem Staatenhaus, das zwei Delegierte jedes Kantons enthält, sich aber von der Tagsatzung dadurch unterscheidet, daß die Abstimmung nicht nach Instruktion, sondern nach freier Überzeugung geschieht.

Die Bundesversammlung hat namentlich die Befugnis, Gesetze zu geben und Verträge mit fremden Mächten einzugehen, über Krieg und Frieden zu beschließen, die Unabhängigkeit und Neutralität des Landes zu behaupten und staatsrechtliche Streitigkeiten der Kantone sowie Kompetenzkonflikte zwischen den Kantonen und dem Bund zu entscheiden.

Der Bundesrat ist aus sieben Mitgliedern zusammengesetzt, die von beiden Häusern gewählt sind. Er ist die oberste, vollziehende und leitende Behörde.

Die Verfassung von 1848, obwohl durch eine Totalrevision von 1874 erneut, gilt in ihren Grundgedanken noch heute.

Drittes Kapitel.

Die künftige Schiedsgerichtsbarkeit.

Der Ausbau der Sonderverträge — Die Sanktion der Rechtsprechung.

Kehren wir jetzt, nachdem wir durch die Betrachtung der Schweizer Verfassungsgeschichte eine Basis gewonnen, zu unserer Aufgabe zurück.

Wir haben in einem früheren Kapitel den Stand der heutigen Entwicklung gezeichnet. Die Bewegung der Schiedsgerichtsbarkeit, welche die moderne Zeit erfüllt, läuft in einer doppelten Bahn. Sie hat eine partikuläre und eine universelle Tendenz. Sie ruft zum ersten eine Reihe von Einzelverträgen hervor. Sie schafft Jurisdiktionen, die immer nur zwei Parteien binden. Und sie strebt zum andern nach einem Weltabkommen, das eine gleiche Rechtsprechung für die gesamte Völkergemeinschaft begründet. Birgt dieser Dualismus einen Widerspruch oder enthält er zwei Elemente, die berufen sind, sich zu ergänzen und eine höhere Einheit zu bilden?

Es ist offenbar, daß einem jeden dieser Pläne eine Unvollkommenheit anhaftet. Die vereinzelten Schiedsabkommen ermangeln der Autorität. Es sind nur zwei Staaten beteiligt. Und wenn der stärkere von ihnen zur Politik der Gewalt zurückkehren und den Vertrag zerbrechen will, so ist niemand, der ihm Einhalt gebietet. Wohl ist das Recht in unseren Tagen eine geistige Macht, die in stetem Wachsen begriffen ist. Wohl hat sich noch kein Fall ereignet, in dem ein Staat seine Pflicht aus einem Schiedsvertrag für nichts geachtet hätte. Aber es würde trotzdem eine Verwegenheit bedeuten, wollte man allein auf ethische Kräfte bauen. Da hat denn die universelle Jurisdiktion den Vorteil, daß sie eine Solidarität der Nationen ins Leben ruft und damit eine Macht begründet, die den Rechtsgedanken durch ideellen oder physischen Zwang aufrecht halten kann. Dieses System enthält eine Sanktion. Aber es hat auch wieder seinen wunden Punkt. Es leidet an dem Mangel, daß seine Realisation der äußersten Schwierigkeit begegnet. Wie soll man die Staaten zu einigem Beschluß zusammenführen? Das Werk könnte nur gelingen, wenn sich unter den Völkern eine seelische Verwandtschaft knüpfte, so tief angelegt und so ideal empfunden, wie sie heute noch nicht begründet ist und erst in ferner Zukunft erstehen kann.

Diese Betrachtung führt zu dem Schluß, daß eine Weiterentwicklung nur auf einem einzigen Wege unternommen werden kann, auf dem Wege einer Synthese beider Ideen. Es gilt, ein System zu errichten, in welchem einzelne Schiedsabkommen die Grundsteine bilden und in welchem doch ein Band die Teile umschließt und die Festigkeit sichert. Freilich, dieses Band kann nicht in einem Weltvertrag bestehen. Aber es ist vielleicht eine andere diplomatische Kombination möglich, welche die isolierten Jurisdiktionen miteinander verkettet und zu einer solidaren Garantie zusammenfaßt. In diesem Problem liegt die Zukunft der Schiedsgerichtsbarkeit.

Die Völker haben deshalb eine doppelte Aufgabe zu lösen. Sie haben einmal das begonnene Werk der einzelnen Schiedsverträge zu größerer Vollkommenheit auszubauen. Es gilt, die Vereinbarungen zu mehren und überallhin zu verbreiten; es gilt auch, ihren Inhalt freier zu gestalten und von einschränkenden Klauseln zu befreien. Und gleichzeitig kommt es darauf an, ohne förmlichen Gemeinbeschluß die singulären Jurisdiktionen derart zu verbinden, daß aus ihnen eine gemeinsame Autorität und Sanktion erwächst.

Behandeln wir diese beiden Probleme nacheinander.

Der Ausbau der Sonderverträge.

Die Schiedsverträge haben in den letzten Jahrzehnten eine reiche Entfaltung gewonnen. Die Entwicklung drängt voran mit einer immanenten Kraft. Sie ist getragen von dem Strom der aufsteigenden Rechtsidee. Auch ist schon eine bedeutende Erfahrung gesammelt. Viele Streitfälle, berühmt durch ihre theoretische Komplikation oder durch die große Gefahr, die sie enthielten, haben ihre Lösung durch Urteil gefunden. Damit hat sich die Erkenntnis stetig verbreitet und vertieft, daß solche Erledigung nicht nur möglich ist, sondern auch meist zur allgemeinen Befriedigung ausfällt und deshalb unschätzbaren Vorteil bringt. So wird das rein ethische Motiv der Rechtsidee verstärkt durch die Einsicht der Zweckmäßigkeit. Dies hat den Erfolg, daß die Einrichtung immer festere Bahnen in das Leben der Völker gräbt. Der wahre Geist der Schiedsgerichtsbarkeit durchdringt die Welt, und es bildet sich eine neue Psychologie. Man hört auf, die Kontroversen im Tone der Leidenschaft zu erörtern. Man gewöhnt sich an die Form der logischen Argumentation. Nicht mehr das Interesse, sondern das Prinzip rückt in den Vordergrund. Die Macht des Willens weicht der Macht des Verstandes. Wenn aber diese Tendenz besteht, wenn man nur die Wahrheit sucht und nur ihre Feststellung vom Richterspruch erwartet, so findet sich unschwer eine Persönlichkeit oder eine Körperschaft, in welche die Parteien gleichzeitig ihr Vertrauen setzen können. Und dann ist es auch möglich, ein Urteil zu sprechen, das auf beiden Seiten Anerkennung findet und darum eine befreiende Wirkung übt.[1])

So ist die Ausdehnung der Schiedsverträge von einem Volk

---

[1]) Simmel, Soziologie 1908. S. 104. „Indem der Unparteiische die Ansprüche und Gründe der einen Partei der anderen vorhält, verlieren sie den Ton der subjektiven Leidenschaft, der auf der anderen Seite den gleichen hervorzurufen pflegt." — S. 105. „Dazu kommt, daß jede Partei nicht nur Objektiveres hört, sondern sich auch objektiver äußern muß, als bei unmittelbarem Gegenüberstehen." — S. 105. „Innerhalb der soziologischen Technik gibt es nichts, was der Vereinigung streitender Parteien so wirkungsvoll diente, wie ihre Objektivität, d. h. der Versuch, den bloßen Sachgehalt der Beschwerden und Forderungen sprechen zu lassen — philosophisch gesprochen: den objektiven Geist des Parteistandpunktes —, so daß die Personen nur als die irrelevanten Träger desselben erscheinen." — S. 106. „Psychologisch ausgedrückt, handelt es sich um eine Reduktion der willensmäßigen Form des Antagonismus auf die intellektuelle: der Verstand ist allenthalben das Prinzip der Verständigung, auf seinem Boden kann sich zusammenfinden, was sich auf dem des Gefühls und der letzten Willensentscheidungen unversöhnlich abstößt." — S. 109. „Die freiwillige Anrufung eines Schiedsrichters, dem man sich a priori unterwirft, setzt ein größeres subjektives Vertrauen in die Objektivität des Urteiles voraus, als irgendeine andere Entscheidungsform."

zum andern nur eine Frage der Zeit. Der Gedanke der Rechtsentscheidung wird den Sieg erringen, weil er die größte aller Mächte, die Wahrheit, in sich trägt. Mehr noch. Er hat schon gesiegt und baut nur seine fest begründete, unbestreitbare Herrschaft aus.

Aber wenn die Institution eine solche Ausbreitung erfährt, so fragt sich, ob ihr inneres Wachstum Schritt hält mit dem äußeren. Und da scheint denn allerdings eine Hemmung stattzufinden. Denn es besteht einmal die Vorstellung, daß die Schiedsgerichtsbarkeit nur berufen sei, rechtliche, nicht aber Interessenkonflikte zu entscheiden. Und man hält weiter dafür, daß die Schiedsgerichtsbarkeit in Fragen der Unabhängigkeit, der Lebensinteressen und der Ehre nicht tauge. Diese Ideen sind auf dem Wege, sich zu behaupten und zu festigen. Wohl hat man sie bekämpft und in einzelnen seltenen Schiedsverträgen überwunden. Trotzdem, die Auffassung, daß die internationale Jurisdiktion natürliche Grenzen in sich trage, herrscht immer noch in der Doktrin und in der Diplomatie. Die Rechtsprechung wird deshalb durch einengende Klauseln von einer weiten Sphäre staatlicher Streitigkeiten verbannt. Hier ist der tote Punkt. Hier ist darum der Hebel anzusetzen. Und wenn sich irgendeine Möglichkeit bietet, mit guten Argumenten die restriktive Tendenz zu überwinden, so gilt es, mit aller Überzeugungskraft für den Fortschritt einzustehen.

I.

In den Staatsverträgen und in der Völkerrechtstheorie will man den Bereich der Schiedsgerichtsbarkeit einmal durch den Grundsatz beschränken, daß nur Kontroversen von rechtlicher Natur durch Urteil gelöst werden sollen und daß bloße Interessenkonflikte nicht vor den Richter gehören. Diese Auffassung haben wir in einem früheren Kapitel kennen gelernt. Schon damals haben wir die Frage aufgeworfen: Was sind Kontroversen von rechtlicher Natur? Und darauf haben wir die Antwort gegeben: Es sind Kontroversen, die nach einem Rechtsprinzip entschieden werden können, mag nun dieses Rechtsprinzip unter allen oder nur unter den beteiligten Staaten gelten, mag es eine positive Norm oder eine im Weg der Analogie wissenschaftlich abgeleitete Maxime sein. Will man nun, so haben wir geschlossen, lediglich Kontroversen solcher Art einem Urteil unterstellen, so ist das vollkommen logisch und entspricht dem Wesen des Rechtsverfahrens. Es handelt sich dabei in Wahrheit gar nicht um eine Begrenzung, sondern einfach um eine begriffliche Analyse der Institution. Und so bleibt nur das Problem, ob es in der Tat Konflikte unter Staaten gibt, welche nicht unter eine Rechtsregel subsumiert werden können. Wenn Konflikte solcher Art undenkbar sind, so verliert die einschränkende Klausel natürlich ihren Sinn und fällt in sich selbst zusammen. Gehen wir deshalb der Frage auf den Grund.

Kraft ihrer Zweckbestimmung, die Funktionen der menschlichen Gesellschaft zu ordnen und der Willkür zu entziehen, ist jede Rechtsordnung von dem natürlichen Bestreben erfüllt, in ihrem Kreise die Gesamtheit der Lebenserscheinungen zu regieren. Jede Rechtsordnung widerstrebt dem leeren Raum. Weil nun das Gesetz kraft seiner Natur immer Grenzen findet, an denen seine Konstruktion innehalten muß, so gibt es seinen Beruf an die Wissenschaft weiter, damit sie der Regelung die Vollkommenheit gebe. Die Wissenschaft hat die Aufgabe, die Norm zu ergänzen. Es obliegt ihr, zu den letzten Quellen des Gesetzes aufzusteigen und aus ihnen die Gedanken zu schöpfen, mit denen sie die ganze Fülle der vielgestaltigen Wirklichkeit durchdringen kann. Nun ist die Rechtstheorie der modernen Völker dermaßen fortgeschritten, daß sie in der Tat die Fähigkeit besitzt, jedwede, einigermaßen entwickelte Rechtsordnung zu einem vollkommenen System zu erweitern. Das muß namentlich auf dem Boden des Völkerrechts gelten, wo die Wissenschaft über die Gesamtheit der Rechtserkenntnis verfügt, die von allen Völkern zusammengetragen und auf eine Tradition von Jahrhunderten, ja, in den Ländern des römischen Rechts, von Jahrtausenden gegründet ist. Es gibt deshalb keinen Moment, auch in der reichsten Entfaltung des Weltverkehrs, wo das Völkerrecht versagen könnte. Dieser Gedanke sei näher entwickelt.

Den Angelpunkt aller internationalen Ordnung bietet der fundamentale Gedanke von einem Freiheitsrecht der Staaten. Mag man diese Vorstellung auch mit verschiedenen Namen bekleiden, mag man von einer unantastbaren Persönlichkeit sprechen, eine natürliche Unabhängigkeit, eine Souveränität behaupten, immer ist doch die Auffassung dieselbe, daß jedes Gemeinwesen einen Anspruch hat, in dem durch die Gebietsgrenze geschlossenen Kreis seiner Lebensfunktionen keine Störung zu erleiden. Dieses Prinzip steht fest. Es ist auch von der Wissenschaft in seinem Wesen vertieft und in seinen Konsequenzen ausgebaut. Die Schranken der Eigenhoheit sind mit Sicherheit bestimmt. Und so kann jede Handlung eines Staates dahin beurteilt werden, ob sie mit dem Freiheitsrecht eines Staates in Widerspruch steht oder in den Bahnen erlaubter Betätigung bleibt.

Dieses Grundrecht an sich allein wäre nun freilich der Tod des Völkerlebens. Denn es bietet in seiner ehernen Starrheit einen Widerstand gegen die Entwicklung des Verkehrs, der nach einem unaufhaltsamen Naturgesetz immer weitere Linien über die Länder zieht. Jenes Prinzip könnte eine absolute Herrschaft nur behaupten, wenn jeder Staat die Fähigkeit und den Willen besäße, sich in die Schranken des Eigenlebens einzumauern. Das ist aber heute ein unmögliches Unternehmen. Das erwähnte Grundrecht wird deshalb von anderen Normen in stetig wachsender Fülle durchbrochen. Die Notwendigkeit einer internationalen Gemeinschaft auf geistigem und wirtschaftlichem Gebiet bringt in der Form des Herkommens und in der Form des Vertrages ein reiches System von Maximen hervor, durch die jeder Staat auf mancherlei Postulate seines ursprünglichen Freiheitsrechts verzichtet. So entsteht der zweite und an Umfang bedeutend größere Teil des Völkerrechts. Und es bedarf deshalb einer doppelten Prüfung, wenn sich die Frage erhebt, ob die Handlung eines Staates normengerecht oder normenwidrig ist. Es gilt einmal festzustellen, ob die Betätigung mit dem angestammten Freiheitsrecht der Staaten in Einklang steht. Ist das nicht der Fall, so ist weiter zu entscheiden, ob der Akt trotzdem durch einen Vertrag oder ein Herkommen gerechtfertigt werden kann, das heißt durch eine Maxime, die den primitiven Rechtskreis beschränkt. Ist aber auch in dieser Art eine Legalisierung nicht möglich, dann bleibt es bei der Verletzung des Grundrechtes; die Handlung ist gegen die Norm. So wird in letzter Linie immer eine Lösung gefunden. Wenn Herkommen und Verträge keinen Anhalt bieten, so genügt die Besinnung auf die ursprüngliche Rechtsidee, welche die Sphären staatlicher Autorität voneinander scheidet.

Nun kann man trotzdem auf eine letzte Schwierigkeit stoßen. Die Vorstellung von einem unantastbaren Herrschaftsbereich versagt, sobald sich Staaten in einer Welt gegenübertreten, in der sie keinen Titel der Hoheit besitzen. Das ist einmal der Fall, wenn sie sich in einem Territorium begegnen, das keiner Gewalt unterworfen ist, mag es sich nun um einen Boden handeln, in dem noch keine Okkupation stattgefunden, oder um ein Land, aus dem sie beide die angestammte Obrigkeit durch Verträge oder mit bewaffneter Hand verdrängt, ohne noch selbst Besitz ergriffen zu haben. Das ist weiter der Fall, wenn ihre Interessen in der Sphäre eines dritten Staates kollidieren, wenn sie dort beide politischen oder kulturellen Einfluß zu gewinnen suchen oder in einen wirtschaftlichen Wettstreit geraten. Auch wenn beide Parteien mit dem dritten Staat Verträge abgeschlossen haben, so sind damit ihre Differenzen im eigenen Verhältnis nicht geregelt. Denn diese Verträge können sich widersprechen; sie binden außerdem die Gegner nicht untereinander und lassen deshalb jedem die Möglichkeit offen, den andern der Stellung wieder zu berauben, die er gegenüber dem dritten Staat errungen hat. Wenn hier überall die Parteien ihre gegenseitigen Beziehungen nicht durch Vertrag geregelt haben, ein seltenes Versäumnis in moderner Zeit, dann befehden sie sich allerdings in einer Welt, in der die beiden genannten Kategorien des Völkerrechts keine Lösung geben können. Denn die Kontroverse ist in solchem Fall nicht von der Art, daß sich Kreise der Herrschaft berühren.

Will man Beispiele? Der Streit um die Beute im Balkankrieg und die Namen Faschoda, Marokko sagen genug.

Aber auch hier ist der Rechtsgedanke nicht verurteilt, in Ohnmacht zu weichen. Auch für die Regelung solcher Streitigkeiten hat sich ein Gebrauch der Völker und ein theoretischer Ideenkreis herangebildet. Es gibt hier schon manche Normen, wenn auch von sehr unbestimmtem Charakter: So wird der Besitzstand, welcher der Kollision vorangegangen, für die Entscheidung verwertet. Auch die Priorität der Bemühung gilt als Titel, ebenso das Maß der gebrachten Opfer; oder die Nachbarschaft wird als berechtigtes Motiv eines überragenden Interesses anerkannt. Und wenn endlich keine andere Erwägung mehr übrig bleibt, so muß ein letzter Grundsatz zu einem billigen Urteil führen: Es ist die Norm von der Gleichberechtigung, die alles Völkerrecht souverän beherrscht und mit dem Gedanken von einem Freiheitsrecht der Staaten untrennbar verwachsen ist.

Aus dieser Betrachtung folgt, daß jede Streitigkeit unter Völkern rechtlich erfaßt und rechtlich entschieden werden kann. Es gibt keine reinen Interessenkonflikte, wenn man darunter Kontroversen versteht, die nicht mit Rechtsbegriffen gemessen werden können. Wir haben am Anfang gesagt, daß jede Rechtsordnung dem leeren Raum widerstrebt. Wir können jetzt weiter gehen und sagen, daß das Völkerrecht in Wahrheit den leeren Raum überwindet.

Aber wenn man von reinen Interessenkonflikten spricht, so liegt darin noch ein anderer Gedanke. Es ist die Vorstellung, daß manche Differenzen ein Schiedsurteil nicht ertragen, weil höchste Güter auf dem Spiele stehen: Wo ein Staat sein Dasein selbst gefährdet sieht, da treibt ihn das Gebot der Selbsterhaltung zu den Waffen. Ist seine Ehre gekränkt, so kann er sie nur selber rächen. Um den reinen Schild, um Leben und Tod wird gekämpft und nicht verhandelt. So sprechen die Völker und behaupten hier ein zwingendes Gesetz der Geschichte. Der mahnende Ruf des Rechtes verhallt. Und man kann daher sagen, daß allerdings manche Streitigkeiten dem Rechtsverfahren unzugänglich sind. Aber nicht deshalb, weil das Recht nach dem Stande seiner Entwicklung unfähig ist, sie zu umfassen, sondern weil der Wille fehlt, sie dem Recht zu unterwerfen.[1])

So ändert die Frage vollkommen ihren Charakter. Die erste Schranke der Schiedsgerichtsbarkeit, von der gehandelt wurde, besteht in Wahrheit nicht. Sie führt uns aber zu einer zweiten, deren Dasein und Wichtigkeit nicht bezweifelt werden kann.

II.

Die Staaten sind fast allgemein von der Auffassung erfüllt, daß sie eine Kategorie von Streitsachen wegen der hohen Bedeu-

---

[1]) Vgl. Nippold, Die Fortbildung des Verfahrens in völkerrechtlichen Streitigkeiten. 1907. S. 134. 182f.

tung des Gegenstandes nicht unter die Schiedsgerichtsbarkeit beugen können. Es handelt sich um die Konflikte, welche ihre Lebensinteressen, ihre Unabhängigkeit oder ihre Ehre in Frage stellen.

Analysieren wir die drei Begriffe.

Was sind Lebensinteressen? Der Begriff ist äußerst unbestimmt und läßt eine verschiedenartige Auslegung zu. Er kann in einem sehr engen Sinn genommen werden, in dem er nur Fragen von Sein oder Nichtsein berührt, oder auch in einer sehr weiten Bedeutung, in welcher er identisch ist mit jedem Staatszweck überhaupt. Zwischen diesen beiden Extremen sind dann wieder allerlei Abstufungen möglich. Diese Vieldeutigkeit drängt dazu, nach einem besseren Begriff zu suchen. Und damit entrollt sich das eigentliche Problem, wie weit denn ein berechtigter Grund vorhanden ist, Streitigkeiten aus dem Gesichtspunkt überragender Interessen von dem Rechtsverfahren auszuschließen.

Da ist zunächst an einer prinzipiellen Erwägung festzuhalten. Die Bewegung zur Schiedsgerichtsbarkeit, in deren Bann sich das heutige Völkerleben befindet, ist ein Wille zum Recht, ein machtvolles Streben, die Autorität der Norm im Verkehr der Staaten zu sichern. Soll aber nicht bloß zum Schein, sondern in aufrichtiger Überzeugung die Herrschaft des Rechtes durchgefochten werden, so geht es nicht an, den Bereich der Jurisdiktion nach der Wichtigkeit des Gegenstandes abzugrenzen und die Tätigkeit des Richters auf geringfügige Streitsachen zu beschränken. Maxima non curat praetor! Eine solche Theorie wäre ein Hohn auf das Recht, dessen Heiligkeit es doch zu wahren gilt. Die Norm regiert oder sie ist machtlos. Bedingte Achtung haben heißt für sie der Achtung entbehren. Es gibt keine halbe Geltung des Rechts.

Und doch hat die Klausel von dem Ausschluß der Gerichtsbarkeit in Fragen der Lebensinteressen ihren guten Sinn. Es ist in Wahrheit ein Gebiet vorhanden, auf dem das Völkerrecht kraft seiner eigenen Natur nicht herrschen kann, weil ihm hier die Macht psychologischer Einwirkung fehlt. Es gibt eine Kategorie von Lebenserscheinungen, vor denen das Recht zurückweichen muß, weil hier ursprüngliche, urgewaltige Regungen die Völker leiten und der ethischen Reflexion verschließen. Das Recht kann nicht gebieten, wo es kraftlos ist.

Die Fälle nun, welche in diese Gruppe gehören, sind einmal diejenigen der Notwehr. Die Verteidigung gegen den Angriff ist eine Reaktion von elementarem Charakter, aus dem Trieb der Selbsterhaltung geboren. Die Gegenwehr kann nicht geregelt werden. Sie vollzieht sich von selbst. Überdies käme jedes Rechtsverfahren zu spät. Und im Grunde ist die Gegenwehr, wenn sie auch nicht von der Norm regiert werden kann, doch in voller Übereinstimmung mit dem Rechtsgedanken. Sie ist normgemäß. Das ist allgemeine Überzeugung. Das ist Axiom. Sie ist erlaubt, wenn auch ihre eigentlich motivierende Kraft sich mit Naturgewalt und ohne Rücksicht auf Erlauben oder Verbieten betätigt.

Diese Regel, daß die Rechtsordnung keine Macht besitzt, die Verteidigung gegen den Angriff zu regeln, und die Gegenwehr immer als erlaubt betrachtet, gilt nur im Völkerrecht. Die staatliche Autorität erhebt mit Erfolg den Anspruch, auch diese Lebenserscheinungen zu regieren. Sie betrachtet die Verteidigung nicht grundsätzlich als normgemäß, sondern nur unter der Bedingung, daß der Angriff normwidrig ist. Sie duldet deshalb keinen Widerstand gegen ihren eigenen Zwang. Sie unterdrückt ihn. Sie kann es. Denn sie ist ein souveränes Regiment. Anders das Völkerrecht. Es ist auf die Übereinstimmung des Willens gegründet. Seine Seele ist der Vertrag. Das Völkerrecht widerstrebt deshalb einer jeden Betätigung physischer Macht. Es kann nicht, wie das staatliche Recht, eine Gewalt legitimieren. Jede Gewalt erscheint ihm als Bruch der Ordnung, die es eingesetzt hat, und daher gilt ihm auch jeder Widerstand gegen die Gewalt als rechtgemäß. Und nicht nur begrifflich, um eben seiner eigenen Natur willen, die darin besteht, Übereinstimmung des Willens zu sein, auch faktisch ist das Völkerrecht ohnmächtig, den Widerstand zu hemmen, wenn eine Partei schon zur Gewalt geschritten ist. Das Völkerrecht mag wohl imstande sein, durch seine moralische Autorität den Ausbruch der Feindseligkeiten zu hindern; aber es ist machtlos, die Furie zu bannen, wenn einmal die elementaren Kräfte entfesselt sind. Freilich, es vermag noch den Krieg aus Rücksicht der Humanität zu mildern; aber regieren kann es ihn nicht. Vor dem Reich der Gewalt ist seine Herrschaft zu Ende.

Kehren wir nach dieser Betrachtung zu der Klausel zurück, welche die richterliche Tätigkeit aus dem Kreise der vitalen Interessen verbannt. Ist auch der Umfang des Begriffes, wie schon erläutert, viel umstritten, so umschließt er doch unzweifelhaft das eine Interesse, das höchste, das Leben selbst. Dieses Interesse hat aber für den Staat einen doppelten Sinn: Es bedeutet nicht nur das Leben der Volksgenossen, das heißt das Leben der Menschen, die dem Staat angehören. Denn neben der individuellen Existenz gibt es noch eine kollektive. Vielmehr, jenes Gut bedeutet auch das politische Dasein, die Persönlichkeit des Staates, seine Fähigkeit der Selbstbestimmung. Das ist aber nichts anderes als die Unabhängigkeit: Und so verbindet sich die zweite Klausel mit der ersten; sie ist in ihr enthalten; sie ist nur der engere Begriff.

Nehmen wir die Klausel der Unabhängigkeit voraus. Sie erklärt und rechtfertigt sich von selber. Die Unabhängigkeit eines Gemeinwesens kann nur durch den Angriff eines fremden Staates erschüttert werden, mag nun dieser Angriff unmittelbar mit bewaffneter Macht oder in der Weise erfolgen, daß die Gegenpartei sich eine Obrigkeit anmaßt, in der steten Bereitschaft, sie mit Heeresgewalt zu erzwingen. Wo aber ein Angriff gegeben, da ist Notwehr möglich. Die Verteidigung kann erfolgen, ohne daß ein Richter angerufen wird. Weigert man also dem Schiedshof die Urteilsgewalt über Streitigkeiten, in denen die Unabhängigkeit eines Staates in Frage steht, so tut man nur ein Selbstverständliches, so zieht man nur eine Konsequenz aus einer fundamentalen Maxime, die im Völkerrecht allgemein anerkannt ist. Die Klausel beruft sich auf die Notwehr. Ein anderes tut sie nicht.

An die Notwehr reiht sich eine andere Kategorie. Es ist der Notstand. Forscht man nach dem innersten Kern dieses Rechtsgedankens, so findet man die Maxime, daß die höheren Güter einen natürlichen Anspruch haben, sich auf Kosten der geringeren zu behaupten, wenn sie dringend gefährdet sind und in anderer Weise nicht gerettet werden können. Der staatliche Gesetzgeber hat diese Norm im einzelnen ausgebaut. Er hat ihre Geltung an feste Schranken gebunden. Er hat Bedingungen für den Ursprung der Gefahr, für die Art der kollidierenden Güter und für ihr gegenseitiges Wertverhältnis gesetzt. Nur wenn diese Bedingungen erfüllt sind, hält er Notstand für gegeben. Anders im Völkerrecht. Hier fehlt die positive Regelung. Es bleibt nur die allgemeine Idee.

Wir haben früher gesehen, daß die Wichtigkeit des Gegenstandes an sich allein nicht davon entbinden kann, das Schiedsgericht anzuerkennen. Das wäre gegen den Geist aller Rechtsordnung. Wenn trotzdem in der Anrufung der Lebensinteressen gegen die Autorität des Rechtsverfahrens ein berechtigter Gedanke liegt, so kann es nur der Gedanke des Notstandes sein. Nicht die absolute Wichtigkeit des Interesses hat eine befreiende Wirkung, sondern seine relative Wichtigkeit im Vergleich zu dem andern Interesse, das ihm geopfert werden soll. Und auch dieses Wertverhältnis genügt noch nicht. Es muß eine Situation gegeben sein, in welcher das höhere Gut unmittelbar bedroht ist und nicht anders gerettet werden kann, als durch Preisgabe des geringeren. In dieser Weise gelangt man zu einer wirklichen Lösung. Die Willkür, die in der üblichen Klausel der Lebensinteressen liegt, wird ersetzt durch die Reflexion auf eine rechtliche Wahrheit. Die Formel, die in der Luft schwebt, wird zurückgeführt auf den festen Boden einer anerkannten Norm. Und abgesehen von ihrer Richtigkeit hat die neue Maxime auch den Vorteil, daß sie einen zuverlässigeren Maßstab bietet, indem sie die Frage nach der Wichtigkeit der Güter nicht in völlig freiem und deshalb regellosem Urteil, sondern in vergleichender Abwägung entscheiden läßt.

Wenn wir in dieser Weise die Klausel der Lebensinteressen mit der Idee des Notstandes identifizieren, so wird man vielleicht den Einwand erheben, das sei nur rechtlich doktrinär und nicht politisch gedacht. Die Staaten, so wird man wohl entgegenhalten, sind außerstande, in Fragen fundamentaler Bedeutung einen Richter anzuerkennen; das ist eine eherne Notwendigkeit. Aber, so muß die Antwort lauten, ist es nicht auch eine eherne Notwendigkeit, daß unter den Staaten ein Recht besteht? Das Leben der Völker ist heute nicht mehr denkbar ohne Solidarität und deshalb ohne Norm. Auch das ist eine politische Erwägung und sie ist tiefgründiger als jene. Es muß ein Recht sein in der Welt. Aber unvereinbar mit dem Recht ist jene Klausel der Lebensinteressen, die ohne feste Schranke und ohne sicheres Argument die Autorität des Richters leugnet.[1])

Vergegenwärtigen wir uns nun die Tragweite der Lösung, die wir gegeben haben. Da dem Notstand die Gefährdung eines Gutes wesentlich ist, so erhellt, daß die Regel niemals angerufen werden kann, um eine Bereicherung zu rechtfertigen. Nur wenn der Verlust eines bestehenden Wertes, nur wenn die Verringerung eines geltenden Besitzstandes droht, ist Notstand möglich. Die Gerichtsbarkeit ist also niemals ausgeschlossen, wenn Bestrebungen der Expansion, wenn die Eröffnung neuer Handelswege, neuer Ursprungsländer oder Absatzgebiete, ganz allgemein, wenn die Hebung des Wohlstandes in Frage steht. Fürwahr, ein Satz von gewichtiger Konsequenz in der heutigen Welt internationaler Rivalität. Auch daß eine Dringlichkeit der Situation erfordert wird, ist von großer Bedeutung. Nur selten wird im Leben der Völker von einem Augenblick zum andern eine Situation eintreten, wo ein Gut blos durch fremde Opfer gerettet werden kann. Denn der Staat verwaltet seine Angelegenheiten mit weit größerer Voraussicht als der einzelne. Er hat auch bedeutendere Hilfsmittel. Man denke an die Sorge für die elementaren Lebensgüter: Eine Hungersnot entsteht in einem Lande nicht urplötzlich, ohne daß man sie hätte kommen sehen. Man hat Zeit, Vorräte in andern Gegenden zu erwerben. Und wenn der eigentümliche Fall sich ereignete, daß einem Volk von einzelnen Nachbarn der Tausch verweigert würde, was, von Repressalien abgesehen, dem allgemeinen Recht zum Verkehr widerspräche, so wäre immer noch Zeit, sich nach einer andern Hilfsquelle umzusehen oder ein Schiedsgericht anzurufen. Sollte aber schließlich ein Volk von allen übrigen geächtet und vom Güterwechsel ausgeschlossen sein, so wäre damit die Rechtsgemeinschaft selber mit ihm gelöst und in diesem Verhältnis der Naturzustand wieder heraufbeschworen. Genug, um

[1]) Die Botschaft des Schweizer Bundesrates vom 19. November 1904 hat vorgeschlagen, die Klausel zu streichen. Es ist aber der Eidgenossenschaft nur gelungen, mit Belgien einen Schiedsvertrag ohne den Vorbehalt der Lebensinteressen abzuschließen. 1905. — Literatur bei Nippold, Die Fortbildung des Verfahrens in völkerrechtlichen Streitigkeiten. 1907. § 10.

zu zeigen, daß ein Notstand unter Völkern eine extreme Anomalie bedeutet.[1])

So haben wir die beiden Klauseln der Unabhängigkeit und der Lebensinteressen auf einen Sinn zurückgeführt, der mit den feststehenden Grundsätzen des Völkerrechts vereinbar ist. Mehr noch. Wir haben sie geltenden internationalen Normen gleichgesetzt. Wir haben sie in der bestehenden Ordnung aufgelöst. Solange es darum ein Recht der Notwehr und des Notstandes gibt, sind diese Klauseln nicht notwendig. Sie können fallen.

Wir kommen zu der dritten Schranke, die man gegen die Schiedsgerichtsbarkeit aufgerichtet hat. Es ist die Ehre. Suchen wir sie zu definieren.

Die Ehre ist eine soziale Vorstellung. Sie ist ein Wiederschein, den die Persönlichkeit in dem Kreise der Rechtsgenossen erzeugt. Sie ist das Bewußtsein der Achtung, die man von den Mitmenschen erfährt. Die Ehre ist darum eine Idee, die sich nur in einer Lebensgemeinschaft entwickeln kann. Sie wächst hervor aus den Normen der Sitte, die wie die Normen des Rechts eine Gesellschaftsordnung bedeuten. Der einzelne hat in seiner Isolierung keine Ehre; er hat nur ein Moralgesetz.

Damit ist aber der Begriff der Ehre nur auf den anderen Begriff der Achtung zurückgeführt. Was ist Achtung? Auch das ist schwer zu umschreiben. Man kann sagen: Es ist die Anerkennung, daß eine Persönlichkeit die Eigenschaften besitzt, die sie in den Stand setzen, ihre Aufgaben in der Gemeinschaft zu erfüllen. Diese Eigenschaften können physischer Natur sein. Sie können auch der geistigen Sphäre angehören, ja sie können höchste moralische Güter sein. Die Aufgaben endlich, um die es sich handelt, sind entweder solche, die dem Genossen von der Gemeinschaft zugewiesen sind, oder andere, die er freiwillig übernommen hat. Stets aber sind es Aufgaben, die sozialen Wert besitzen.

Die Ehre wird gekränkt, wenn einer Persönlichkeit die erwähnten Eigenschaften abgesprochen werden. Das kann durch Tätlichkeiten, das kann auch durch Worte oder symbolische Handlungen geschehen. Die Kränkung wird gesühnt und die Ehre wieder hergestellt, wenn der Beleidiger sich freiwillig entschließt

[1]) So wäre ein Fall gegeben, wenn der Schweiz im heutigen Kriege von den angrenzenden Staaten die Zufuhr abgeschnitten würde.

oder gezwungen wird, seine Tat zu widerrufen und seine Achtung von neuem kund zu tun. Das Merkwürdige ist nun, daß der Gekränkte, solange er keine Genugtuung erlangt, auch bei den übrigen Genossen eine Minderung seines Ansehens erfährt. Er ist in den Augen der ganzen Mitwelt erniedrigt. Es ist, als ob man ihm zum Vorwurf machte, daß er noch keine Sühne gewonnen. Diese Regung, die für moderne Begriffe der Logik entbehrt, kann nicht anders gedeutet werden, denn als ein archaischer Überrest aus einer Zeit, in der Selbsthilfe gegen den Angriff und Sühnung der Schmach als soziale Pflicht angesehen wurde. Genug, die Regung besteht, und es ist mit ihr zu rechnen. Der Beleidigte wird deshalb sein hauptsächliches Augenmerk gar nicht darauf richten, ob sein Gegner die geleistete Genugtuung als vollen Ausgleich für die zugefügte Schmach empfindet. Es kommt ihm vielmehr in erster Linie auf die Wertung der übrigen Genossen an. Ihre Auffassung entscheidet.

Und so kann man sagen: Im Grunde wird die erschütterte Ehre nicht wieder aufgerichtet durch den Schuldigen selber, sondern durch die Gemeinschaft auf die versöhnende Tat des Schuldigen hin. Der Verband ist der Richter, der das Urteil spricht.

Auch die Staaten haben eine Ehre. Denn auch sie sind Persönlichkeiten. Auch sie haben ihre Aufgabe, ihre historische Mission. Der Kreis, in dem sie Achtung begehren, ist die Familie der gesitteten Völker.[1])

Nun ist unter den Nationen die Sühne leichter zu bewirken als unter den Individuen. Diese Behauptung mag auf den ersten Blick befremdlich erscheinen. Aber man prüfe sie näher.

Wenn dem einzelnen Unbill widerfährt, so hat er keine Autorität, die er anrufen könnte. Die Entscheidung über Verlust und Wiedergewinn seiner Ehre liegt bei einer unbestimmten Wesenheit, nämlich bei der Gesamtheit der Genossen, die dem gleichen Lebens-

[1]) Es ist immer daran festzuhalten, daß die Ehre eines Staates nicht durch einen einzelnen Menschen gekränkt werden kann, der nicht Organ eines Gemeinwesens ist und deshalb nicht für ein Gemeinwesen handelt. Das ergibt sich unmittelbar aus dem Begriff der Ehre. Sie ist eine Beziehung unter Genossen. Der Staat bleibt aber nur mit Staaten in Gemeinschaft. Eine individuelle Tat wie die Schmähung eines Gesandten, die Beschimpfung der Flagge, kann deshalb in den Augen des betroffenen Staates nur eine Ungehörigkeit bedeuten. Allerdings muß sie von dem Staat geahndet werden, der Gewalt über den Missetäter hat. Das gebietet ihm die schuldige Achtung. Wenn er diese Pflicht versäumt, dann vergeht er sich selbst als Staat gegen den Genossen.

kreis angehören. Aber diese Allgemeinheit, wie sie fassen? Wie ihr Urteil ergründen? Der einzelne, der sein Recht sucht, ist umflossen von dem nebelhaften und trügerischen Gebilde der öffentlichen Meinung. Er hat keinen Halt, um zu ermessen, welche Sühne vollwertig ist. Er hat niemanden, der als Sprecher der öffentlichen Meinung den Titel besäße, die Buße zu bestimmen, welche die Beleidigung tilgen kann. Und so verfällt er in Übertreibung und Willkür.[1]) Er bleibt immer in der Furcht befangen, die Genugtuung, die er gewinnt, möge in den Augen vieler nicht als hinreichend gelten.

Anders in der Welt der Nationen. Hier ist der Kreis der Genossen enger. Er besteht nur aus den zivilisierten Staaten. Er besteht also nur aus einigen fest ausgeprägten Individualitäten. Das hat den Vorteil, daß die Meinung der Mitwelt leicht zu erkennen ist. Ein Staat weiß immer durch die zarte Fühlung, die er auf diplomatischem Wege mit den anderen gewinnt, sich ein ungefähr deutliches Bild von dem Urteil zu machen, das die Volksgemeinschaft über ihn fällt. Aber da erhebt sich die Frage: Warum auf Umwegen die Ansicht der Genossen erraten? Warum nicht offen ihre Auffassung erkunden? Wenn alles auf ihre Wertschätzung ankommen soll, so ist es weit einfacher und klarer, ihnen die Streitsache zu unterbreiten und ihren Spruch zu vernehmen. Die Genossen sind in Kontroversen der Ehre die geborenen Richter. Denn nach dem ganzen Wesen der Ehre ist ihr Maßstab in der Idee der Genossen zu finden. Die Wiederherstellung der Ehre ist identisch mit der Anerkennung der Genossen, daß die Ehre Sühne empfangen und deshalb erneuert sei. In anderen Konflikten gibt es ein objektives Recht, das von selber spricht, das den Anspruch erhebt, die Wahrheit kund zu tun und um der Wahrheit willen befolgt zu werden. Dieses objektive Recht ist eine unabhängige Macht in sich allein; und es ist nur ein Hilfsmittel, wenn man den Richter anruft, um zu bestimmen, was die Norm gebietet. Hingegen in Sachen der Ehre kann nur die subjektive

---

[1]) Die gerichtliche Strafe gilt bei den meisten europäischen Nationen nicht als befriedigender Ausgleich der Kränkung. Anders in England, wo die Strafe der Beleidigung viel ernster genommen wird und die öffentliche Meinung — wie es gewöhnlich in politisch freien Staaten der Fall ist — sich durch eine starke Disziplinierung auszeichnet.

Wertung entscheiden. Es gibt keine festen Maximen. Und es ist deshalb eine Forderung der elementarsten Logik, daß in Sachen der Ehre diejenigen das Urteil sprechen, von deren Schätzung einzig das Dasein der Ehre abhängig ist.[1])

Damit ergibt sich: Weit entfernt, die Schiedsrichter auszuschließen, können Sachen der Ehre gar nicht mit besserer Garantie gelöst werden als durch sie. Nur müssen die Schiedsrichter in der Weise bestellt werden, daß sie die Staaten der Völkergemeinschaft repräsentieren, daß sie in Wahrheit ihre Sprecher sind. Mit anderen Worten: Jeder Schiedsrichter muß von einem besonderen Staat eingesetzt und an ein imperatives Mandat gebunden sein. Dann ist die Entscheidung in der Tat ein Urteil der Standesgenossen. Wie diese Bedingung im einzelnen erfüllt, wie ein Staatengerichtshof gebildet werden kann, davon wird im zweiten Teil dieses Kapitels die Rede sein. Ist aber einmal die Einrichtung geschaffen, dann hat die Klausel der Ehre ihren Sinn verloren. Mehr noch. Sie muß gestrichen werden. Denn sie ist nichts mehr als ein Widerspruch in sich selbst.[2])

Nun wird man einwenden: Es ist ein Irrtum, die Ehre eines Staates von dem Urteil der Genossen abhängig zu machen. Ein Staat hat eine eigene Vorstellung von seiner Ehre. Er weiß, was er sich selber schuldig ist. Er hat sich zu verantworten nicht nur vor der Staatengemeinschaft, sondern vor seinem Gewissen, vor seiner Vergangenheit, vor dem Angedenken der Ahnen, vor seinem Volk und vor den künftigen Geschlechtern. Das ist nun sehr ideal gedacht. Aber trotzdem, man verläßt mit dieser Argumentation das Gebiet der Ehre. Wenn ein Staat also spricht, dann behauptet er seine Persönlichkeit. Er betont seinen Willen zur Tat. Er macht seinen Glauben kund, daß er eine Be-

[1]) Ob die Sentenz befolgt wird und also der Gekränkte tatsächlich seine Genugtuung erfährt, das ist eine andere Frage und gehört in das Kapitel von der Sanktion der Schiedsurteile.

[2]) Die Klausel fehlt in manchen wichtigen Schiedsabkommen; so in den Verträgen von Schweden-Norwegen mit der Schweiz, mit Belgien und Rußland 1904 und mit Spanien 1905; in den Verträgen von Dänemark mit Spanien, Belgien und Rußland 1905 und mit Schweden 1909; in der Vereinbarung von Italien mit Norwegen 1910 und in einigen Akten, abgeschlossen von Spanien mit zentral- und südamerikanischen Republiken. — Literatur bei Nippold a. a. O. § 10.

stimmung in der Weltgeschichte hat, daß er zu einem Werk berufen ist, das ihm die Voreltern anvertraut und das er den Nachkommen übertragen soll. Mit einem Wort, es ist nicht seine Ehre, die er anruft, es ist seine Pflicht. Er kann sich darum nicht auf Mißachtung berufen, falls er in dieser Sphäre eine Beeinträchtigung erleidet. Nehmen wir ein Beispiel. Wenn das revolutionäre Frankreich sich berufen fühlt, den Völkern Europas die Freiheit zu schenken, wenn die Heilige Allianz die Legitimitätsidee und Nordamerika die Monroedoktrin verkündet, oder wenn Napoleon III. das Recht der Nationalität verficht, so sind die Träger solcher Politik nicht in ihrer Ehre getroffen, wenn sie bei anderen Mächten auf Gegenwehr stoßen. Sie sind nur in der Tätigkeit aufgehalten, die sie als ihre Mission betrachten. Kollisionen dieser Art sind deshalb nach dem allgemeinen Völkerrecht zu lösen. Eine Ehrenklausel kann nicht Platz greifen. Wollte ein Staat die Notwendigkeit der Pflichterfüllung anrufen, um sich dem Richter zu entziehen, so wäre damit die internationale Norm überhaupt geleugnet. Denn ein solcher Einwand könnte bei jeder Streitigkeit erhoben werden. Wenn man annehmen darf, daß jeder Staat für gewöhnlich seiner rechten Aufgabe dient, so wäre fast jede Kontroverse von der Art, daß sich die Parteien auf ihre politisch legitimen Zwecke berufen könnten. Man geriete in einen falschen Gedankengang, ähnlich demjenigen, der dazu führte, die Schiedsgerichtsbarkeit bei wichtigen Interessen auszuschließen. Von einer Kränkung kann hier überall nicht die Rede sein.

Wir schließen: Ein Staat wird nicht dadurch erniedrigt, daß er gehindert wird, seine Pflicht zu tun, sondern nur dadurch, daß er sie versäumt. Will man darum hier in einem uneigentlichen Sinn von Ehre sprechen, so ist es eine Ehre, die der Staat in seiner Hand behält und die er nur sich selber nehmen kann.

Man wird vielleicht noch ein anderes Bedenken erheben und die Klausel als unentbehrlich erklären für den Fall, daß ein Staat angegriffen wird und seine höchsten Güter verteidigen muß. Aber hier genügt die Maxime der Notwehr, um die Selbsthilfe zu rechtfertigen.

So kommen wir zu dem Ergebnis, daß die drei restriktiven Artikel nicht gehalten werden können, weil sie zum einen

Teil schon mit allgemeinen Grundsätzen übereinstimmen und zum andern Teil überhaupt keine Berechtigung haben.

Ein letztes Wort: Wenn die Regungen des Gefühls mit dem logischen Gedankengang nicht immer Schritt zu halten vermögen, wenn mancher Staat sich nicht genug selbst überwinden kann, um seine Lebenskraft, seinen Tatendrang und seinen Stolz zu verleugnen und sich dem Recht zu neigen, so sei an eine Wahrheit erinnert: Der furchtbare Krieg, der heute die europäischen Länder verheert, ist der Zusammenbruch einer Welt, die nicht fest genug auf dem Boden des Rechtes stand. Ob sie verjüngt aus dieser Katastrophe emporsteigen wird, das hängt ab von ihrem Entschluß, ob sie durch Unglück gebeugt und Erfahrung belehrt, den einzigen Weg beschreiten will, der sie vom Naturzustand auf die Höhe der Gesittung führt. Nur eine Autorität kann sie retten. Es ist das Recht, das die Gesellschaft der Menschen gegründet und auch dereinst die Gemeinschaft unter den Staaten besiegeln muß. Dieser Fortschritt, der sich vielleicht ohne die große Erschütterung langsam vollzogen hätte, wird aber jetzt, bei der großen Umwälzung des europäischen Systems, zur Notwendigkeit des Augenblicks. Was sonst nur durch tastenden Versuch zu erreichen war, das gilt es jetzt durch einen kühnen Wurf zu gewinnen. Es kommt die Zeit der Tat, wo die kleinlichen Rücksichten schweigen und nur die erhabenen Gedanken die Menschheit regieren. Da ist von allen Staaten zu erwarten, daß sie eine Charaktereigenschaft an den Tag legen, ohne die das Werk nicht gelingen kann: die Großzügigkeit.

Die Sanktion der Rechtsprechung.

Wir haben uns bisher mit der ersten Frage beschäftigt, wie das System der singulären Jurisdiktionen in seiner ganzen Kraft entwickelt werden kann. Nun ist der Augenblick gekommen, das andere und weit schwierigere Problem in Angriff zu nehmen. Wir haben es früher dahin bestimmt, daß eine diplomatische Kombination zu finden ist, die ohne förmlichen Weltvertrag die isolierten Jurisdiktionen derart miteinander verkettet, daß aus ihnen eine gemeinsame Sanktion erwächst.

Mit anderen Worten: Das Ziel, das es zu erreichen gilt, ist die Garantie der Schiedsverträge. Aber dieses Ziel kann nicht erreicht werden auf gerader Bahn und mit ausgebreiteten Segeln. Die Stürme der Zeit sind dem zuwider. Man muß vor dem Winde kreuzen und das Steuer auf Umwegen nach der Einfahrt lenken.

Wohlauf denn. Lösen wir den Anker und fahren wir hinaus in das bewegte Meer der Völkerleidenschaften, das nie bezähmt worden ist. Wir haben einen Kompaß, der nicht trügen kann: Es ist die Rechtsidee.

Wenn Staaten durch Vertrag gebunden sind, eine Schiedsgerichtsbarkeit anzuerkennen, so ist damit das Problem gestellt, ob die Erfüllung dieser Pflicht durch eine Sanktion gesichert werden kann. Und da handelt es sich um eine doppelte Garantie: Es gilt, dahin zu wirken, daß die streitenden Parteien den Richter anrufen, und dahin, daß sie sein Urteil getreu befolgen. Unter Garantie ist dabei jeder Zwang zu verstehen, nicht nur die Waffengewalt, sondern auch die seelische Einwirkung.

Bis heute ist nun der Prozeß des Völkerlebens nicht in ein Stadium getreten, wo dem Recht ein Zwang zur Seite stände. Es gibt keine Exekution. So haben wir früher gesehen. Der Glaube an die Heiligkeit des Rechts, der die Bewegung der internationalen Jurisdiktion ins Leben gerufen, ist auch der einzige Hort der neu geschaffenen Weltordnung gewesen. Und er hat sich bewährt. Es ist kein Fall bekannt, daß man jemals einen Schiedsvertrag gebrochen hätte. Darum kann die heutige Situation dahin charakterisiert werden, daß sich die Schiedsverträge durch ihre eigene seelische Kraft behaupten.

Dies führt uns dazu, noch einmal und gründlicher die Frage zu erörtern, ob überhaupt eine Entwicklung der Schiedsgerichtsbarkeit in der Richtung anzustreben ist, daß ein Zwang aufgerichtet wird.

Die Nötigung zu einem Handeln bedeutet sicherlich einen Schaden, wenn bereits ideale Kräfte bestehen, die eine Gewähr für dieses Handeln bieten. Denn wo die Gewalt bereitsteht, da drängt sie die idealen Motive zurück und schwächt ihre Wirkung ab. Die ethische Welt kann ohne Freiheit nicht bestehen.

Die Völkergemeinschaft lebt durch die Überzeugung, daß sie gut und notwendig ist. Sie hat eine geistige Natur. Sie ist ein ethisches Gebilde. Und so muß sich der Zweifel erheben, ob sie nicht durch die Einrichtung einer zwingenden Macht in ihrem ureigenen Wesen getroffen und in ihrer besten Kraft gemindert wird. Die Besorgnis liegt nahe. Aber eine andere Erwägung kommt hinzu. Es steigt der Verkehr, es wächst die Abhängigkeit unter den Völkern. Die Welt kann deshalb mit der Zeit ohne sichere Gewähr des Rechtes nicht mehr bestehen. Sie ruft mit immer lauterer Stimme nach einer Ordnung, die unverbrüchlich sei. Das Räderwerk ist so vielgestaltig geworden und hat sich dermaßen ausgedehnt, daß es sich auf einen festen Boden gründen muß, um nicht aus den Fugen zu gehen. Und schließlich, was hilft es, das Völkerrecht ungeschmälert in seiner edelsten, in seiner idealen Form aufrechtzuhalten, wenn es darum Gefahr läuft, durch regellose Gewalt, durch Bedrückung und Krieg gebrochen zu werden? Wir haben es schon früher betont: Es würde eine Verwegenheit bedeuten, allein auf ethische Motive zu bauen; dies namentlich in einer Zeit, die durch den Weltkrieg in den Grundfesten ihres Glaubens erschüttert ist. Wahrlich, die Einbuße an Autorität, die das Völkerrecht durch einen offenen Bruch erlitte, würde bedeutend schwerer wiegen als die Schwächung seiner ethischen Kraft durch die Einsetzung einer regelnden Gewalt.

Wenn also beide Interessen, das ethische und das materielle, kollidieren, so müssen wir freilich dem zweiten den Vorzug geben. Aber sind wir in Wahrheit vor eine zwingende Wahl gestellt? Gibt es nicht einen Ausweg? Ist es nicht möglich, die beiden Mächte durch einen Kompromiß zu versöhnen? Es ist von großer Wichtigkeit, einen Zwang zu begründen, um das Recht zu sichern. Zugegeben. Aber kann es nicht gelingen, diesen Zwang einigermaßen kunstvoll und mit leichter Hand in das internationale System einzufügen, so daß er nicht als Zwang empfunden wird und darum auch nicht die ethischen Motive schwächt, die, wie er, dem Rechte dienen? Eine solche Vermittlung wäre nützlich. Mehr noch, sie ist notwendig. Denn es ist in unseren Tagen unmöglich, den Zwang als offizielle Institution der Völkergemeinschaft aufzubauen, durch einen Weltvertrag zu begründen. Die Psychologie der Völker steht dem entgegen. Das haben wir schon früher eingesehen und deshalb auch das Problem in die Formel gekleidet: Es gilt, eine diplomatische Kombination zu finden, die ohne förmlichen Gemeinbeschluß die isolierten Jurisdiktionen derart miteinander verkettet, daß aus ihnen eine gemeinsame Sanktion erwächst.

Die Aufgabe läßt sich also dahin zusammenfassen: Der Zwang ist in solcher Weise zu gestalten, daß er nicht den Schauplatz des Völkerlebens beherrscht, sondern im Hintergrunde bleibt. Er soll nicht wie ein Richtschwert, wie ein Symbol der Gewalt mitten im Kreise der Genossen aufgerichtet werden. Er soll eine verborgene Waffe sein, die man in der Erde vergräbt und die man nur hervorsucht in der äußersten Not. Treten wir aus dem Bilde und reden wir deutlicher: Die Ordnung der Gemeinschaft soll die internationale Exekution nicht als integrierenden Bestandteil in sich fassen; aber sie soll derart gebildet sein, daß sie die internationale Exekution durch die Notwendigkeit der Tatsachen ins Leben ruft. Der Zwang soll aus dem Rechte folgen, aber nicht im Rechte stehen. Eine Analogie aus dem Staatsrecht wird Klarheit bringen: Das Ministerium fällt im parlamentarischen Staat vor einem feindlichen Votum der Majorität. Und doch ist dieses Grundgesetz in keinem Artikel der Verfassung ausgesprochen. Die Volksvertretung weiß vielmehr die Suprematie über die Exekutive dadurch zu gewinnen, daß sie andere Machtvollkommenheiten nutzt, die in ihrer staatsrechtlichen Zuständigkeit liegen. Sie kann die Ausgaben verweigern, sie kann die Geldmittel sperren, sie kann die Unterhaltung eines stehenden Heeres verbieten, sie kann überhaupt alle Gesetze ablehnen, welche für die Verwaltung des Staates Lebensbedingung sind. Mit solchen Befugnissen ausgerüstet, wirft sie sich zur Herrin über die Regierung auf. Und damit ist die charakteristische Situation gegeben. Es wird ein Zwang geübt, der nicht im Recht beschlossen liegt, aber dennoch die mittelbare Wirkung des Rechtes ist.

So kommen wir zu dem Ergebnis, daß die internationale Exekution allerdings einen Fortschritt bedeuten kann. Es muß nur ihre Form dem gestellten Postulat entsprechen. Und damit erhebt sich das Problem, wie die Institution überhaupt konstruiert werden soll. Wir wissen: Es gilt einmal, den Zwang in das Leben der Völker einzufügen, ohne daß er wahrgenommen wird und den Eindruck der Beschränkung erweckt. Dieses erste Prinzip ist schon aufgestellt. Aber zu ihm tritt ein anderes. Es kommt darauf an, den

Zwang mit einer Kraft auszustatten, welche die Gewähr des Lebens in sich trägt. Wie kann das geschehen? Es kann sich jedenfalls nicht darum handeln, neue Machtmittel zu schaffen. Denn sie bestehen in überreichem Maß. Freilich, sie sind in der Hand der Staaten. Aber gerade deshalb läuft das Unternehmen darauf hinaus, die Staaten zu bewegen, ihre Machtmittel in den Dienst der internationalen Exekution zu stellen. Mit einem Wort: Die Aufgabe ist die, einen psychologischen Anhang zu gewinnen.

Beschäftigen wir uns zunächst mit dieser Frage.

Der Zwang steht im Dienst der Schiedsgerichtsbarkeit, und seine werbende Kraft hängt darum ab von ihrer geistigen Macht. Je mehr die Schiedsgerichtsbarkeit geachtet wird, um so mehr kann sie zu ihrem Schutz auf die Hilfe der Staaten zählen, und um so größere Energie wird in die Exekution hineingetragen. Die erste Frage leitet darum hinüber zu der andern, in welchem Fall die Autorität der Schiedsgerichtsbarkeit das höchste Maß erreicht.

Hier muß die Antwort lauten: Die Autorität der Schiedsgerichtsbarkeit kann nur hergeleitet werden von dem Willen der Staaten selbst. Sie kann niemals in der Institution als solcher liegen, mag diese noch so kunstvoll gebaut und durch noch so hervorragende Persönlichkeiten vertreten sein. Die Schiedsgerichtsbarkeit ist eine Schöpfung der Staaten. Wenn ein ständiger Hof eingesetzt wird, um das Recht zu verkünden, so beruht sein Ansehen auf dem Vertrauen der Staaten, auf ihrem Entschluß, sich dem Urteil zu beugen. Er ist eine Institution der Völkergemeinschaft; das ist sein Titel und die Quelle der Achtung, die man ihm zollt.

Wenn aber die internationale Jurisdiktion ihre Autorität von den Staaten gewinnt, so wird sie die höchste Autorität in dem Fall besitzen, daß die Staaten selbst die Rechtsentscheidung fällen, das heißt durch Richter handeln, die durch ein imperatives Mandat gebunden sind. Das ist ein Schluß einfacher Logik. Und es ist auch psychologisch einleuchtend, daß die Stimme der Standesgenossen für die Staaten schwerer ins Gewicht fällt als die Stimme eines Kollegiums, das sich aus Diplomaten und Rechtsgelehrten zusammensetzt.

Das wird man wohl zugeben, aber sofort erwidern: Wenn die Staaten selbst die Richter sind, so geht eine Eigenschaft verloren, die vielleicht auserwählte Männer, aber Staaten nie besitzen können, die Unparteilichkeit. Ist diese Eigenschaft nicht verbürgt, so kann das Schiedsurteil kein Ansehen haben. Was man durch die Zurücknahme des Auftrags und die persönliche Tätigkeit an Autorität gewinnt, das ist durch die Hingabe eines unersetzlichen Gutes mehr als aufgewogen. Es tritt ein Schaden ein, durch den die Gerichtsbarkeit in ihren Grundfugen erschüttert wird.

Aber dies Bedenken ist mit einem doppelten Argument zu widerlegen: Wohl ist jeder Staat in einem Konflikt seiner Genossen mehr oder minder Partei. Das ist bei der heutigen Verkettung der Interessen nicht anders möglich. Indes, wenn in einem Streitfall sämtliche nicht unmittelbar beteiligten Staaten zusammentreten und gemeinsam ein Urteil suchen, so stoßen ganz verschiedenartige Interessen zusammen und gleichen sich untereinander aus. Egoistische Motive können nicht die Überhand gewinnen. Sie geraten auf natürlichen Widerstand. Vielmehr, die divergierenden Tendenzen können sich nur auf einem einzigen Weg zusammenfinden, auf dem Weg der Gerechtigkeit. Überdies wird es möglich sein, das Urteil des Staatenverbandes mit äußeren Garantien der Unparteilichkeit zu umgeben. Eine Lösung ist die, den Spruch an das parallele, gleichlautende Gutachten eines internationalen Kollegiums von Rechtsgelehrten zu binden. Darüber später. Genug, um zu zeigen, daß auch Verdikte der Staaten denkbar sind, die den Geist wahrer Billigkeit in sich tragen.

Wenn die Mächte selbst die Jurisdiktion übernehmen, so liegt darin noch ein anderer Vorzug. Es wird der Anschein vermieden, als ob eine Obrigkeit eingesetzt würde, die eine Gewalt über die Staaten hat. Ein Schiedshof, der aus erwählten und ständigen, wenn auch nach einer festen Norm wechselnden Richtern besteht, erweckt den psychologischen Eindruck, als ob er eine Souveränität besäße. Wohl ist dieser Eindruck trügerisch. Denn der Schiedshof ist durch Vertrag geschaffen, und durch Vertrag kann niemals eine Souveränität entstehen. Das hindert aber nicht, daß jener Eindruck besteht und eine politische Wirkung hat, mit der gerechnet werden muß. Wenn nun die Staaten selbst die Rechtsprechung üben, so wird dieses Hemmnis aus dem Weg geräumt. Die Gerichtsbarkeit der Standesgenossen wird nie als Herrschaft empfunden. Sie wird darum williger anerkannt. Und das kommt natürlicherweise der internationalen Exekution zugut. Sie findet einen stärkeren Anhang, sie kann auf eine zuverlässigere Mitwirkung zählen.

Die Staaten selber sollen die Rechtsentscheidung fällen. So viel steht fest. Und wir wenden uns nunmehr zu dem ersten Prinzip, das wir aufgestellt haben und das es noch zu entwickeln gilt: Die internationale Exekutive, so sagten wir, soll nicht zum Gegenstand einer Vereinbarung werden; sie soll nur den Enderfolg bilden, zu dem die Abmachungen mit logischem Zwang hinleiten. Oder prägnanter ausgedrückt: Sie soll nicht Inhalt, sie soll nur Konsequenz der Verträge sein.

Wie ist dieses Postulat zu erfüllen?

Die Schwierigkeit liegt gerade darin, daß der Zielpunkt auf einem Umweg erreicht werden muß.

Rufen wir die beste Lehrmeisterin an, die Geschichte. Sie wird uns zurückgeleiten auf die Gründung der Schweizer Eidgenossenschaft und wird uns hinweisen auf den ewigen Bund, den die Stadt Bern im Jahre 1353 mit den Urkantonen geschlossen hat. Rufen wir uns die Ereignisse in das Gedächtnis zurück:

Die Stadt Bern ist reichsunmittelbar, seitdem 1218 das Zähringer Haus erloschen ist und Friedrich II. versprochen hat, sie nicht mehr vom Reich zu veräußern. In einer Allianz mit Herzog Friedrich von Österreich, belagert sie Zürich 1352 in Gemeinschaft mit ihm. Aber sie lernt hier die kriegerische Macht und Tüchtigkeit der Eidgenossen würdigen und begibt sich 1353, nachdem der Friede geschlossen, mit den Waldstätten in einen ewigen Bund. Nun sind schon Luzern und Zürich durch einen ähnlichen Vertrag an die Urkantone gefesselt. Mit diesen Städten geht aber Bern keine Verpflichtung ein. Die ihrer Politik widerstrebende Verfassung von Zürich, das immer noch bestehende Bündnis mit dem Herzog, die Rechte Österreichs über Luzern hemmen diesen Schritt.

Welches sind die Normen des Vertrages, den Bern mit den Waldstätten begründet?

Wenn einem verbündeten Ort Angriff oder Schaden in seinem Recht, in seinen Leuten oder in seinem Gut widerfährt, so mahnt er die andern auf seinen Eid. Damit entsteht noch keine Pflicht zu sofortigem Beistand; die Verbündeten entsenden ihre Boten nach dem Kienholz, und dort wird auf einer Tagung über Schaden und Hilfe beraten und beschlossen. Ist nun Bern auch nicht mit Zürich und Luzern verbündet, so tritt es doch mit ihnen durch das Bindeglied der Waldstätte in eine mittelbare Einigung. Wenn nämlich die Waldstätte von Zürich oder Luzern gemahnt werden und Hilfe bringen, so soll ihnen Bern seinen Beistand leihen. Und wenn die Waldstätte von Bern aufgerufen werden, so sollen sie auch Zürich und Luzern aufbieten.[1])

---

[1]) Artikel 3. „Wer aber das ieman, so in dirre buntnust ist, in keiner wise iemer, an recht, von jeman angegriffen oder geschadiget wurdin, an luten oder an guot, dar umb so mag und sol der Rat, oder die gemeinde der stat oder des landes, so denne geschadiget ist, umb den schaden sich erkennen uff ir eide, und wes sich denne derselb Rat oder du gemeinde, oder der merteil der stat oder des Landes, so denne geschadiget ist, uf den eit erkennent umb hilf oder anzegriffen, umb keiner hande sache, so denne notdurftig ist, dar umb sol und mag, der Rat oder du gemcinde der selben Statt oder des Landes, so denne geschadiget ist, die stat und Leinder, so in dirre buntnust sint, manen,"

Artikel 4. „und als balde du manung geschicht, so sullent alle die in dirre buntnust sind, unuerzogenlich ir erberen botschaft zu tagen senden in das Kienholtz, und da ze rate werden, wie dien, so denne umb hilfe gemant hant, unuertzogenlichen bi dien eiden behulfen und beraten werde, mit gantzem ernst, und mit allen sachen, als dien notdurftig ist, die denne ze male umb hilfe sich erkennet und gemant hant, an alle geuerde, Also das der schade und der angrif, so an in geschehen ist und dar umb si denne zemale gemant hant, gerochen, gebesseret, und widertan werde, an alle geuerde."

Artikel 14. „Wir die vorgenand von Berne haben och sunderlichen berett, were das die von Zurich oder von Lutzern, die jetz mit dien obgenand Waltsteten eitgenossen sint, ieman dekeinen gebresten angriff oder schaden teti, dar umb si danne dieselben Waltstette ir eitgenossen manent wurdin, und och inen die ir hilf tuon woltin, wa och denne die vorgenand Waltstett unser eitgenossen uns manent, da sulent wir unser erber hilfe unuertzogenlich mit dien selben unsern eitgenossen senden, und mit inen zuhen an iekliche stat, wa och si hin zuhent, und inan da ir vient halfen angriffen, und schadgen, an allen stetten, mit demselben getzog oder anderswa, da wir es getuon mogen, mit guoten truwen an allen geuerde. und dieselben hilf sullent wir och tuon mit unsern kosten."

Artikel 15. „Wer aber das wir die von Berne, ouch von ieman angriffen oder geschadiget wurdin, und wir die obgenant Walstett unser eitgenossen dar umb mantin, wa och denne die selben Waltstette, die von Zurich oder die von Lutzern si beide oder ir eintweder, ir eitgenossen mantin, und die mit inen zugin und inen behulfen werin unser vient schadgen, mit dem selben getzog oder anderswa, da sullent wir dien selben von Zurich noch dien von Lutzern och keinen kosten gelten noch ablegen."

Artikel 17. „Es ist och berett in dirre buntnust, wer das ieman so in dirre buntnust sint, dekein vorder oder ansprach, an den andern hett oder gewunne, da sullint wir umb ze tagen komen in das vorgenant Kienholtz.

So entsteht eine merkwürdige Konstellation. Zwei Bundesverträge sind nebeneinander geschlossen. Sie sind selbständig und geschieden. Die Waldstätte haben ein Abkommen mit Luzern und Zürich und ein anderes mit Bern. Weil aber die Waldstätte nach den gegebenen Versprechungen den einen Bundesgenossen aufbieten, um dem andern Hilfe zu leisten, so führt dieses System zu der Konsequenz, daß alle drei Parteien zu wechselseitigem Schutz miteinander verkettet sind. Rechtlich bestehen zwei Sonderbünde, tatsächlich besteht ein allgemeiner Bund. Der Form nach stellt jede Partei ihre Macht nur in den Dienst einer andern, in Wahrheit aber vereinigen sich alle Parteien zu gemeinsamer Waffentat.

Diese Allianz ist von hohem Interesse. Denn sie zeigt einen Weg, auf dem unsere Forderung verwirklicht werden kann.

Wenn aber dieser Vertrag als Vorbild dienen soll, so gilt es, ihn nach einer anderen Richtung zu erforschen. Welcher Sache

---

Wer denne die vorder oder ansprach der von Berne oder keines der iren, so sol der, der denne die vorder oder ansprach hat, einen in der Waltstatt, da er denne vorder und ansprach hat, under sechtzehenen erberen Landluten, die im der Ammann des selben Landes denne vorbenemmet, und och bi sinem eide unuertzogenlich nemmen sol, oder die Landlut, ob ze dien ziten mit Ammans da wer, fur ein gemeinen man nemen sol. und sol das Land denne bi dem eide den selben gemeinen man furderlichen wisen, das er sich der sache an neme, als ein gemein man, und sol denne ietweder teil zwen zuo dem setzen. und was die funf oder der merreteil under inen umb die sach sich erkennent, nach der minne mit beider teile willen und wissen, oder nach dem rechten, uff den eit, ob si der minne nut uber ein kommen moechten, und sullen och beide teile das stet haben und behalten, gar und gentzlich an alle geuerde."

Artikel 19. „Wer aber das wir die vorgenant Waltstett oder ieman under uns vorderung oder ansprach hettin ze dien vorgenanten unser eitgenossen von Berne oder zuo ieman der iren, so sol der, der da ansprichet, och einen gemeinen man nimet, den sol och denne der selbe Rat ze Berne, und welen er da ze einem gemeinen man nemen in dem Rat ze Berne, und welen er da ze einem gemeinen man nimet, den sol och denne der selbe Rat und die Stat von Berne bi dem eide unuertzogenlich wisen, das er sich der sache an neme als ein gemein man, also das aber ietweder teil zwen zuo im setze. und was die funf oder der merteil under inen umb die sache sich erkennent ze der minne oder ze dem rechten, bi dem eide, das sullent aber beide teile stet haben, ze gelicher wise, und nach dien worten als vorgeschriben stat bi guoten truwen an alle geuerde."

dient der gemeinsame Zwang? So fragt man sich. Und darauf muß die Antwort lauten: Er dient dem Recht. Denn nur wenn ein Bundesgenosse Angriff oder Schaden in seinem Recht erleidet, hat er einen Anspruch auf bewaffnete Hilfe. Das sagt der Vertrag mit klaren Worten. Wer aber entscheidet, ob der mahnende Ort das Recht auf seiner Seite hat? Das entscheidet er selber und bekräftigt es mit einem Eid.[1]) Die Schiedsgerichtsbarkeit bildet also nicht den Mittelpunkt in diesem System. Nicht in ihrem Dienst steht die vereinte Gewalt der Staaten. Und die Analogie, die wir suchen, ist deshalb nicht vollkommen.

Indessen, wenn wir weiter zurückgehen in der Geschichte des Schweizer Volkes, so finden wir einen anderen Vertrag, der diese Synthese enthält, der nämlich eine Schiedsgerichtsbarkeit begründet und gleichzeitig den Genossen die Verpflichtung auferlegt, sie mit ihrer gesamten Macht zu schirmen. Es ist der ewige Bund von 1291, durch den die drei Waldstätte den Grundstein der Eidgenossenschaft legen. Zur Besiegelung steter Einigkeit wird festgesetzt, daß Streitigkeiten unter den Genossen durch ein Schiedsgericht auszutragen sind. Die verständigsten Männer sollen zusammentreten; gelingt es ihnen nicht, den Fall in Güte zu schlichten, so sollen sie ein Urteil fällen nach dem Recht. Wenn ein Genosse dem Spruch nicht Folge leistet, soll er durch die anderen dazu genötigt werden. Wenn sich gar Krieg oder Zwietracht erhebt und ein Teil dem andern die Genugtuung oder den Rechtsgang weigert, so ist es Pflicht der Gemeinschaft, dem Friedensstörer mit Gewalt zu begegnen.[2])

Da haben wir allerdings die Feinheit nicht, daß sich die Staaten einzeln miteinander verbinden und Glied für Glied die Kette fügen, die das System zusammenhält. Hier wird der Ring aus einem einzigen Stück gegossen. Das ist möglich,

[1]) Ebenso in den Bünden, durch welche sich Luzern 1332 und Zürich 1351 in die Eidgenossenschaft begeben.

[2]) Artikel 5. „Si uero dissensio suborta fuerit, inter aliquos conspiratos, prudentiores de conspiratis accedere debent, ad sopiendam discordiam inter partes, prout ipsis videbitur expedire; et que pars illam respueret ordinationem, alii contrarii deberent fore conspirati.“

Artikel 12. „Si uero guerra vel discordia inter aliquos de conspiratis suborta fuerit, si pars una litigantium institie vel satisfactionis non curat recipere complementum, reliquam defendere tenentur conjurati.“

weil die Parteien eng zusammengehören, durch eine innige Verwandtschaft des Schicksals aneinander gefesselt sind. Aber auf der andern Seite besteht eine größere Vollkommenheit der Auffassung, indem der gemeinsame Zwang der Sicherung eines rechtlichen Verfahrens dient.

In diesem Zusammenhang sind noch andere Bünde zu nennen, die, wenn auch nur indirekt, den gleichen Gedanken vertreten, daß die bewaffnete Hilfe nur zum Schutz einer Rechtsentscheidung geleistet werden soll. In manchen Verträgen ist gesagt, daß die Pflicht zur Unterstützung eines Ortes gegen eine fremde Macht entfällt, wenn er sich weigert, den Schiedsspruch seiner Bundesgenossen anzurufen, obwohl der Gegner es vorschlägt oder die Mehrheit der Bundesgenossen dazu rät. So in der Allianz der Städte Bern und Zürich von 1423[1]), in der Allianz der Schweizer Orte mit Solothurn und Freiburg von 1481[2]) und mit Basel von

[1]) Artikel 8. „Bescheche ouch, das wir die vorgenanten von Zürich deheinest mit Jeman, stöss gewunnen oder Jeman wer der were, bekriegen wölten, und der oder die, mit den wir also stösz hetten, und das recht, von semlicher stössen, oder zuospruch wegen butten uf die vorgenanten Schultheissen und Rät ze Bern, und das selb recht uns da selbs versprechen zehaltend, Wölten wir denn die vorgenanten von Zürich das selb recht mit ufnemen oder usSlachen, So söllend uns die vorgenanten von Bern, von diser buntnusse wegen, nit sin gebunden, wider den oder die, so uns das recht also uf Si gebotten hetten, ze helffenn, si tügen es denn gern ungeuarlich."

Artikel 9. „Des gelich were, das wir die vorgenanten von Bern, deheinest mit Jeman stöss gewunnen, oder Jeman wer der were, bekriegen wölten, und der oder die, mit den wir also Stöss hetten, und das recht von semlicher stössen wegen butten uf die vorgenanten Burgermeister und Rat ze Zürich und versprechen uns, das selb recht da zehaltenn, wölten denn wir, die obgenannten von Bern, dasselb recht nit uf nemen, oder usz Slachen so söllent uns die vorgenanten von Zürich von diser buntnusse wegen, ouch nit gebunden sin zehelfenn, wider den oder die, So uns das recht, als uf Si gebotten hetten, si tügen ess denn gern ungeuarlich."

[2]) Artikel 17. „Und ob wir yetzgenanten von Fryburg und Solottorn wie uorstat mit yemann fürbashin zuo krieg kemen, und unns darInn bestannd friden oder sölich Richttungen begegnetten da die obgenanten unnser getrüwen lieben eitgenossen der acht ortten gemeinlich oder unnder Inen den mererteil bedüchte, das unns sölich bestannd friden oder Richttungen nutzlich und Erlich wern dieselben uffzenemmen, darIn söllen und wöllen wir Inen gütlich und fründtlich willigen."

1501. Diese Stadt ist sogar noch enger beschränkt. Sie kann nur Krieg führen mit Zustimmung des Verbandes, in den sie sich begeben hat.[1])

In den zuletzt geschilderten Fällen tritt noch eine andere wichtige Erscheinung hervor, die das zweite von uns aufgerollte Prinzip verwirklicht: Die Bundesgenossen sind es, die das Urteil finden. Die Staaten selber sind das Schiedsgericht. Die gleiche Idee begegnet uns in dem ewigen Bund, den Freiburg und Bern 1243 und 1271 begründen. Es ist hier bestimmt, daß Zwistigkeiten in der Weise geregelt werden sollen, daß die Räte der beiden Städte auf halbem Weg zusammenkommen und die Sache nach Recht und billiger Sühne entscheiden.[2])

So sehen wir, wenn auch nur vereinzelt in verschiedenen Gründungsakten, all die Forderungen erfüllt, die wir aufgestellt haben. Es zeigt sich, daß die sämtlichen Elemente unserer Konstruktion schon einmal aufgerichtet und erprobt worden sind. Das ist für uns eine bedeutsame Gewähr. Und in unserem Gedanken also bestärkt, können wir es unternehmen, all die zerstreuten Bausteine, die wir in den Feldern der Geschichte finden, zu einem einzigen Haus zusammenzutragen. Suchen wir seine architektonischen Linien zu entwerfen. Unser Plan ist dieser:

Das Fundament des internationalen Systems wird gebildet

---

[1]) Artikel 14. „Es soll aber Eyn Statt Basel mit nyemand krieglich uffruor anheben, Sy bring dann zuovor Ir anligen unnd was Sy darzuo treng unnd beweg an Gemeyn unnser Eydtgenossschafft Anwält, oder derselben Oberkeyt, und mit unser oder dess meerenteyls under uns begünstigen und zuolassen. Und es soll ouch söllich unser Eydtgenossschafft der gemeldten Statt Basel sach unnd anligen Inn den trüwen als ob die unnser selbs were, bedencken, und zu hertzen nemmen. und sich demselben nach hilfflich und geneygt erzeigen, alles Inn gestaltten wie obstat."

Artikel 16. „Und ob sich begeb, das Eyn Statt Basel mit yemand zu unwillen keme, und derselb sich Rechts uff Gemeyn unnser Eydtgenossschafft sampt oder sunders erbüte, So soll eyn Statt Basel sich söllichs Rechtens genügen, und dem statt thuon on wyter ander krieglich übung."

[2]) Artikel VI. „Si qua dictarum civitatum alteram quacunque leserit occasione, quod absit, lesa hoc vindicare non debet, sed apud alteram suam deponere questionem, et si hoc ibi non fuerit emendatum, consiliarii civitatum in medio vie convenire tenentur, et hoc secundum jus vel honestam compositionem ibidem ad eorum arbitrium decindere, et quidquid super hoc ordinaverint, a partibus debet inviolabiliter observari."

durch eine Reihe von einzelnen und selbständigen Verträgen, in denen sich zwei Parteien Schutz geloben für den Fall, daß der einen Unrecht widerfährt. Jeder Staat begründet Abmachungen solcher Art mit denjenigen Genossen, an die er durch ethnische oder historische Bande gekettet ist. Diese Bündnisse bedeuten keinen unnatürlichen Schritt, keine gewaltsame Neuerung. Sie sind politische Akte, die von jeher unter den Völkern üblich gewesen sind. Wenn wir zugleich begehren, daß die Hilfe nur versprochen wird für den Fall, daß der andere Teil Unbill erleidet, so liegt dieser Gedanke nur in der logischen Konsequenz der großen Bewegung, die im letzten Jahrhundert den Verkehr der Nationen mit einem immer höheren Rechtsbewußtsein erfüllt und die steigende Entwicklung der Schiedsgerichtsbarkeit hervorgerufen hat. Wer würde es wagen, sich in unserem Zeitalter zu einer Föderation zu bekennen, die gegen die Norm streiten sollte? Es ist nicht mehr möglich, wie in früheren Tagen, die Frage des Rechts mit dem Schein der politischen Notwendigkeit zu verhüllen.

Diese Verträge werden nun durch eine doppelte Klausel erweitert: Der gemahnte Staat soll nicht nur selber Hilfe bringen, sondern auch die anderen Staaten aufbieten, mit denen er verbündet ist. Und dazu kommt die korrespondierende Obligation: Die Allianz verpflichtet zur Hilfe, nicht nur wenn die andere Partei in ihrer eigenen, sondern auch wenn sie in der Sache ihrer Verbündeten ruft. Durch diese Klausel werden die Verträge aus ihrer Isolierung gehoben und zu einem weiten Netz verstrickt. Es entsteht ein Gleichgewicht zugunsten der Gerechtigkeit. Die Gewaltenhemmung von Montesquieu feiert ihre Auferstehung in einem übertragenen Sinn und in einer anderen Welt.

Aber da steigt ein Bedenken auf. Wird nicht in solcher Art die Bindung des einzelnen Staates ins Ungemessene gesteigert? Wird er nicht in die Händel aller Welt hineingezogen? Freilich, je mehr sich die Kreise dehnen, in die er eingeschlossen ist, um so mehr wird ihm die Möglichkeit genommen, in fremden Streitigkeiten Neutralität zu bewahren. Dieser Verlust an Freiheit wird aber dadurch aufgewogen, daß er, wenn selbst in seinem Recht bedrängt, einen viel mächtigeren Schutz findet als ehedem. Und dazu kommt ein anderer Vorteil, der dem System seinen eigentlichen Wert verleiht. Je größer die Zahl der Staaten, welche durch Bünde verkettet sind und deshalb in Fällen des Konflikts entscheiden müssen, ob der mahnende Staat eine gerechte Sache verficht, um so größer ist die Autorität des Urteils, das gesprochen wird. Ja, wenn die Bünde nur einigermaßen ausgebreitet sind, so werden die angerufenen und darum richtenden Länder eine so bedeutende Machtfülle besitzen, daß der Staat, gegen den sie sich erklären, keinen Waffengang mehr wagen kann. So ist es wahrlich kein Unglück, an vielen Streitigkeiten beteiligt zu werden, wenn es möglich ist, durch die bloße Teilnahme am Rechtsspruch den friedlichen Ausgleich zu erwirken.

Damit sind wir aber schon zu einem neuen Problem gelangt: zum Aufbau der Schiedsgerichtsbarkeit.

Wenn die Verträge die Stipulation enthalten, daß der Schutz nur dem Recht zuteil werden soll, so muß die Entscheidung, auf welcher Seite sich das Recht befindet, von denjenigen gefällt werden, die verpflichtet sind, den Schutz zu gewähren. So entsteht in jedem Konflikt ein natürliches Schiedsgericht. Es ist gebildet aus denjenigen Staaten, die der mahnenden Partei durch unmittelbares Abkommen oder auf dem Umweg anderer Bundesverträge Hilfe schuldig sind.

Aber da stellt sich eine Schwierigkeit in den Weg. Wenn beide Parteien ihre Genossen anrufen, so ist es möglich, daß zwei getrennte Schiedsgerichte in Tätigkeit treten. Das wird geschehen, wenn die streitenden Teile verschiedenen Kombinationen angehören, wenn die Kreise ihrer Verbündeten nicht identisch sind. Diese Mißgestaltung, die freilich das ganze System wieder in Frage stellen würde, ist jedoch mit Leichtigkeit zu vermeiden, indem die Bünde weit ausgebreitet werden, so daß jeder Staat selbst oder durch die Vermittlung seiner Genossen mit allen Gliedern der Völkergemeinschaft in Beziehung tritt. Daß dieses Ziel erreicht, ist deutlich bewiesen, wenn nur ein einziger Staat, sei es auch indirekt, an alle anderen durch Vertrag gebunden ist. Er bildet dann in jedem Fall ein Zentrum, an das die doppelte Mahnung gelangen und von dem sie wiederum nach allen Richtungen ausstrahlen muß.

Welchen Inhalt wird das Urteil der Bundesgenossen haben?

Es ist möglich, daß unter den Parteien schon ein Sonderabkommen besteht, durch das sie verpflichtet sind, ihre Streitigkeiten einem Richter zu unterwerfen. Denn solche Verträge sind im Lauf der letzten Jahrzehnte und besonders nach der ersten Haager Friedenskonferenz in großer Zahl geschlossen worden und sind auf dem Wege, sich immer mehr zu verbreiten. Wird nun das vereinbarte Rechtsverfahren eingehalten und das Urteil befolgt, so lösen sich die Konflikte im inneren Verhältnis; für das Eingreifen der Bundesgenossen ist kein Raum. Aber es kann auch ein Widerstand geleistet werden. Und diese Schwierigkeit gilt es zu lösen. Es gibt hier zwei Alternativen. Es ist denkbar, daß eine Partei das Schiedsverfahren ablehnt; es ist auch denkbar, daß eine Partei sich dem erlassenen Spruch nicht fügen will. Die erste Situation ist nur dann erheblich, wenn nach den paktierten Normen die Mitwirkung der Parteien für den Beginn oder den Fortgang des Schiedsverfahrens unentbehrlich ist; denn im anderen Fall entwickelt sich die Prozedur von selbst und die Opposition kann sich erst in dem Ungehorsam gegen das Urteil äußern.

In der ersten und also beschränkten Alternative der Passivität gegen das Rechtsverfahren entscheiden die aufgerufenen Mächte, ob das partikuläre Schiedsabkommen in dem gegebenen Streitfall Geltung hat. Gelangen sie zu diesem Ergebnis, so sprechen sie es in einem Urteil aus und setzen eine Frist. Wenn der widerstrebende Teil auch jetzt noch das partikuläre Schiedsabkommen mißachtet, so stellen die Mächte in einem zweiten Urteil fest, daß er das Völkerrecht gebrochen hat. Sie erklären gleichzeitig, daß sie in der bestehenden Kontroverse für den Gegner Partei ergreifen und daß sie bereit sind, seine Sache mit ihrer vereinten Gewalt zu verfechten, mag es sich nun um eine Vollziehung handeln, wenn er selbst eine Forderung erhebt, oder um eine Verteidigung, wenn ein Begehren an ihn gestellt und er mit Zwang bedroht worden ist.

Wir kommen zu der zweiten Alternative. Das partikuläre Schiedsabkommen hat ein Rechtsverfahren ausgelöst. Es ist ein Spruch gefällt. Und der verurteilte Staat weigert sich ihn zu erfüllen. Das ist der Tatbestand. Der andere Teil ruft jetzt die Bundesgenossen an. Sie prüfen wieder, ob der bestehende Schiedsvertrag auf die gegenwärtige Differenz Anwendung findet. Ist es der Fall, so erforschen sie weiter, ob der Prozeß die vereinbarten Formen eingehalten hat. Ist ein Fehler begangen, so sprechen sie aus, daß der Spruch ohne Wirkung bleibt und daß ein neuer Rechtsgang einzuleiten ist. Bestehen aber keine Mängel des Verfahrens, so erklären sie, daß die Völkergemeinschaft das Urteil anerkennt und die Gewähr seiner Befolgung übernimmt.

Es bleibt dann noch die Eventualität, daß kein Schiedsvertrag unter den Parteien geschlossen ist oder doch kein Schiedsvertrag, dem der ausgebrochene Streit unterfällt. Werden hier die Verbündeten gemahnt, so entscheiden sie in der Sache selbst. Sie bestimmen nicht mehr über Förmlichkeiten; sie urteilen über den Grund der Kontroverse. Und wieder nehmen sie das Recht unter ihren Schutz, nur daß sie es jetzt durch ihren eigenen Spruch gebieten.

Soviel über den Inhalt der Jurisdiktion. Es bleibt, von ihrem Subjekt zu handeln.

Die Staaten der Völkergemeinschaft bilden das Schiedsgericht. Man hat sich ihre Funktion in der Weise zu denken, daß ein Kongreß zusammentritt, bestehend aus Gesandten, die an ein imperatives Mandat gebunden sind und deshalb in Wahrheit die Rechtsmeinung ihrer Staaten repräsentieren.

Damit kommen wir indes auf eine Frage zurück, die wir in früherem Zusammenhang berührt. Es ist die Frage der Unparteilichkeit. Wir haben schon betont, daß, wenn die Gesamtheit der Staaten an der Rechtsprechung Anteil nimmt, darin eine Bürgschaft gerechter Entscheidung liegt. Aber weil es von höchster Bedeutung ist, daß die universelle Jurisdiktion ein unbegrenztes Vertrauen findet, so muß diese Garantie noch erweitert und namentlich in äußeren sichtbaren Formen ausgeprägt werden. Es empfiehlt sich deshalb, einen doppelten Gerichtshof einzusetzen, ähnlich einem Parlament, das aus zwei Häusern besteht und ein bindendes Gebot nur erlassen kann, wenn seine beiden Teile zur Übereinstimmung gelangen. Das eine Kollegium ist ein Gesandtenkongreß. Er hat demokratischen Charakter, indem er alle Genossen der Gemeinschaft in sich faßt. Er entspricht der Volkskammer in einem Parlament. Das andere Kollegium besteht aus Rechtsgelehrten. Sie sind in der Art ausgewählt, daß die Objektivität ihres Urteils über allen Zweifel erhaben ist. Welches ist dafür der sicherste Weg? Am besten wendet man sich an die Universitäten und die höchsten Gerichte derjenigen Länder, die sich im Laufe der Geschichte zu dem Geist der wahren und ewigen Neutralität durchgerungen haben.[1]) Dahin gehören zum Beispiel die skandinavischen Reiche, die Niederlande, die Schweiz. Jene Korporationen wählen aus ihrer Mitte diejenigen Persönlichkeiten, die durch ihre wissenschaftliche Bedeutung und ihren moralischen Charakter die Garantie einer Entscheidung nach Gerechtigkeit bieten. So entsteht neben der Bank der Staaten eine Bank der Rechtsgelehrten. Sie hat aristokratischen Charakter, um bei dem früheren Bilde zu bleiben. Sie hat Analogie mit einem Oberhaus, wenn man diese Institution in ihrer edelsten Bedeutung nimmt. Denn sie ist nicht berufen, die zerstreuten Meinungen der Genossen in einem Brennpunkt zu sammeln. Sie repräsentiert vielmehr den objektiv abwägenden Gedanken.

Die Vertreter der Nationen und die Vertreter der Wissenschaft werden von einem Staat einberufen, der die förmliche Leitung des ganzen Verfahrens übernimmt. Dieser Staat wird am zweckmäßigsten nach äußeren und zufälligen Merkmalen bezeichnet. So kann die Rolle dem Bundesgenossen zugeschrieben werden, der den ältesten Vertrag mit einer der streitenden Parteien aufzuweisen hat.

Der Prozeß findet vor beiden Kollegien zugleich statt. Es ergehen aber zwei getrennte Rechtsgutachten. Lauten sie verschieden, so muß ein Ausgleich zustande kommen. In welcher Methode? Da können wir manchen Gedanken verwerten, der in älteren Schiedsverträgen angegeben ist. Da sei einer Norm gedacht, die in dem Bund der Eidgenossen mit der Stadt Basel von 1501 zu finden ist. Hat ein Eidgenosse eine Klage gegen die Stadt und teilen sich die Schiedsleute gleich, so wählt er einen Obmann aus dem kleinen Rat von Basel. Umgekehrt, ist die Stadt der fordernde Teil, so nimmt sie einen Obmann aus dem kleinen Rat des beklagten Ortes.[2]) Zwar der Fall, der hier ge-

---

[1]) Im Mittelalter haben häufig Universitäten oder Rechtsfakultäten das Schiedsrichteramt übernommen. Bologna, Padua, Grenoble sind hier zu nennen. Auch hohe Gerichtshöfe sind angerufen worden, so oftmals die Parlamente von Paris und Grenoble. Vgl. Lammasch, l. c. S. 118—119.

[2]) Artikel 36. „Were ouch das die zuogesatzten Inn Iren urteylen, strittig Also das under Inen weder eyn meers noch Eynhells Inn Irem Rechtspruch funden wurde So moegen unnd sollen wir der Eydtgnossschafft ob-

regelt wird, ist nicht der gleiche. Trotzdem, wenn wir den Grundgedanken dieser Lösung auf unser Problem übertragen, so führt er dahin, daß jedes Kollegium aus dem andern eine gleiche Zahl von Vertrauensmännern bezeichnet. So werden zwei Delegationen gebildet. Es entsteht ein engeres Schiedsgericht. Allerdings auch in seiner Mitte tagen die Gesandten und die Rechtsgelehrten selbständig voneinander. Kommt es auch jetzt nicht zur Einigung, so bleibt der Ausweg, daß man sich für einen Obmann entscheidet. Er wird von den Delegationen bestimmt.[1]) Ist einmal die Übereinstimmung erzielt, so wird das gefundene Recht in einem Urteil kundgetan. Das geschieht durch die Staaten, durch den Kongreß der Gesandten. Denn die Meinung der Wissenschaft ist nur ein Fundament. Der Machtspruch selbst wird von der Völkergemeinschaft erlassen. Ihr gehört die Autorität.

Nun ist diese Form der Rechtsprechung nicht ohne Schwerfälligkeit. Aber sie wird nur selten Anwendung finden. Denn die partikulären Schiedsverträge sind in reicher Entwicklung begriffen. Und der Fall, daß Staaten solche Verträge abgeschlossen haben und hernach ihrer Verpflichtung entgegen das Rechtsver-

---

genannt oder velliches ortt under uns berürt, Eynen Obmann zu Basel Inn Irem kleynen Ratt, der vor söllich Obmannsschafft nit versworn hatt, nemmen, und derselb von siner Oberkeyt söllicher sach sich also zuobeladen gewisen werden, unnd für den kommen beider teylen Clag anntwurt unnd aller Rechtsatz mit sampt der zugesatzten gegebenen urteylen, Unnd so das beschiht Welliches teyls zuogesatzten Er derselb Obmann gehillt, daby soll es alsdann blyben."

Artikel 41. „Were ouch das die zuogesatzten Inn Iren urteylen strittig Also das under Inen, weder Eyn meers noch Eynhells Inn Irem Rechtspruch funden wurd So sollen unnd moegen wir obgenannten von Basel als kleger Ob unnser zuosprüch Gemeyn Eydtgnossschafft berürrt Eynen uss Iren kleynen Rätten welliches ortt und wellichen wir wellen, Berürtten aber söllich unser zuospruch Eyn sonder ortt, Eynen uss desselben ortts kleynen Ratt der vor söllichem die Obmannsschafft nit verschworn hatt, als für eynen Obmann erkyesen, unnd derselb von siner Oberkeyt gewisen werden, sich also sollicher sach zuo beladen, und für den kommen bederteyl clag anntwurt unnd aller Rechtsatz mitt sampt der zuogesatzten gegebenen urteylen, und so das beschiht, welliches teyls zuogesatzten Er derselb Obmann gehillt daby soll es alldann blyben."

[1]) Schon der Bund von Zürich mit den drei Waldstätten und Luzern aus dem Jahre 1351 spricht von einem Gemeinen Mann, der bei gleicher Teilung der Stimmen entscheidet. Artikel 11.

fahren weigern oder das Urteil mißachten, wird immer außergewöhnlich sein. Das System, das wir aufgerichtet haben, ist nicht bestimmt, den täglichen Lauf des Völkerlebens zu regeln. Es ist nur ein Werkzeug, das die Uhr wieder in Bewegung bringen soll, wenn das Räderwerk eine Störung erlitten.

Allein, der geplante Mechanismus hat eine andere Unvollkommenheit. Es gibt eine Situation, in welcher er unzureichend ist. Man setze den Fall, daß ein Staat, ohne ein Rechtsverfahren abzuwarten, die Waffen ergreift und zum Angriff schreitet. Hier tut schnelle Hilfe not. Denn unersetzliche Güter können verloren gehen. Nun ist der Kongreß der Gesandten auch hier eine geeignete Instanz. Er kann in einigen Stunden versammelt sein. Es genügt, der Beschleunigung halber die Form zu wählen, daß die Regierung des zuerst gemahnten Staates die bei ihr beglaubigten Vertreter der Mächte einberuft und diese sofort die nötigen Vollmachten und Mandate erhalten. Das wissenschaftliche Kollegium hingegen ist nicht in der Lage, eine Tätigkeit zu entwickeln. Die Zeit erlaubt es nicht. Zudem ist vorderhand keine Rechtsfrage zu lösen. Denn es gilt nicht, ein Urteil darüber zu fällen, wer die erste Gewalttätigkeit begangen hat. Das kann schwer sein und eine langwierige Feststellung von Tatsachen erfordern. Es kommt vielmehr darauf an, Maßregeln zu ergreifen, um die Feindseligkeiten zum Stillstand zu bringen, bis das Recht gefunden ist. Die verbündeten Staaten haben diese Aufgabe kraft der Schutzpflicht, die sie in den Verträgen übernommen haben. Sie werden deshalb eine Waffenruhe gebieten. Sie werden fordern, daß die Heere in einer festen Entfernung von der Grenze und die Kriegsschiffe in neutralen oder Eigengewässern verweilen. Ein Interdictum uti possidetis. Sie werden endlich, wenn es not tut, eine bewaffnete Macht entsenden, um die Befolgung dieser Normen zu überwachen und die Streitenden zu trennen. Und ist dann der Augenblick gekommen, wo der Gewalt Einhalt geboten ist, so wird das Schiedsverfahren seinen regelrechten Verlauf nehmen können.

Blicken wir jetzt zurück auf unsere Theorie.

Die Frage der Exekution hat uns einmal dazu geführt, ein Projekt der Schiedsgerichtsbarkeit zu entwerfen. Wir haben die Forderung aufgestellt, daß der Urteilsspruch mit der höchsten Autorität begabt werden soll, die denkbar ist. Das hat uns bestimmt, die Staaten selbst mit dem Richteramt zu betrauen. Durch dieses System wird die Exekution erst lebensfähig. Denn sie trägt nun ein Recht in sich, das nicht angezweifelt werden kann, eben weil es von der Gesamtheit erkannt und geboten wird. Sie entstammt nun der höchsten Autorität, die in einer Gemeinschaft möglich ist: Sie entstammt der Entschließung aller Genossen. So steigt der Gemeinwille aus der Dämmerung des Naturrechts in das Licht des Völkerlebens. Mag er in der vielgestaltigen Welt der Bürger ein nebelhaftes Gebilde sein, so kann er in dem beschränkten Kreis der staatlichen Individualitäten plastische Form gewinnen und sich zu einem reellen psychologischen Phänomen entwickeln. Durch ihn erhält jetzt die Exekution ihren rechtmäßigen Titel. Ist sie lange Zeit mit dem Charakter des Abenteuerlichen behaftet gewesen, so hört sie jetzt auf, wie ein fahrender Ritter, wie eine Don-Quichotte-Figur ihre Straße zu wandeln. Sie wird zur gemeinsamen Tat der Nationen.

Wir haben weiter die Notwendigkeit erkannt, den Zwang nicht zu einer offiziellen Institution der Völkergemeinschaft zu erheben. Wir haben deshalb die Form gewählt, einzelne Bündnisse wie die Glieder einer Kette aneinander zu reihen. Und wir sind auf diesem Wege durch die Logik der Tatsachen noch über das Ziel hinaus gelangt. Wir haben das gleiche Prinzip auf die Schiedsgerichtsbarkeit selbst übertragen und sie nicht als Gegenstand einer allumfassenden Ordnung, sondern als mittelbare Wirkung von Sonderverträgen aufgebaut. Dadurch haben wir die Schiedsgerichtsbarkeit nicht herabgemindert. Im Gegenteil. Wir haben ihr einen neuen und wichtigen Vorzug gegeben. Sie kann in dieser Gestalt leichter universelle Geltung gewinnen. Denn sie stößt psychologisch auf einen geringeren Widerstand. Der einzelne Staat wird nicht genötigt, sich in aller Form der Gesamtheit zu unterwerfen. Er verpflichtet sich nur denjenigen Genossen, die ihm nahestehen. Er wählt seine Kontrahenten. Und so wird jeder gezwungene Bund vermieden. Es ist das ein System, dessen Grundgedanke sich auch wieder durch die Geschichte der Eidgenossen zieht. Auch hier kein allumfassendes Abkommen von Anbeginn. Vielmehr ein tastendes Vorwärtsschreiten; eine Ausdehnung Glied um Glied; eine rechtliche Bindung erst, wenn sie durch eine moralische Annäherung vorbereitet ist. Im übrigen behält die Schiedsgerichtsbarkeit neben diesem Vorzug dieselbe Tragweite und denselben Wert, wie wenn sie durch allgemeinen Vertrag eingerichtet wäre: Sie umfaßt alle Staaten. Sie arbeitet nach festen Prinzipien, die auf Vereinbarung ruhen. Und damit ist zugleich gesagt, daß sie in einer Rechtspflicht ihren Ursprung hat und von ihr die Kraft und Sicherheit empfängt, die jeder Rechtspflicht innewohnt. So wird denn auch bei dieser Kombination die öffentliche Meinung der Völkergemeinschaft in jedem kritischen Fall ihre Stimme erheben. Denn sie ist im voraus mit einer Organisation ausgestattet und braucht nicht erst um die Formen ihrer Äußerung zu ringen.

Mit der Frage der Schiedsgerichtsbarkeit und der Vollziehung ist auch die Frage der Rüstungen gelöst. Denn sobald die Gewißheit besteht, daß in jedem Streit die ganze Völkergemeinschaft sich eine Rechtsüberzeugung bildet und für oder wider Partei ergreift, ist der Waffengang des einzelnen Staates aussichtslos, mag er auch über die größten Streitkräfte verfügen. Die kriegerischen Vorbereitungen werden deshalb von selbst auf das Maß herabsinken, das notwendig ist, um der Völkergemeinschaft Kontingente zu liefern, groß genug, damit sie eine unbedingte Autorität üben und jedes Widerstandes Herr werden kann.

Welche Form wird die Exekution annehmen?

Da ist zu betonen, daß sie ihre hauptsächliche Wirksamkeit durch psychischen Einfluß entfalten wird. Die immer gegenwärtige Drohung, die in ihrem Dasein liegt, die Vorstellung, daß, wenn ein Konflikt zum äußersten kommt, alle Staaten bereit sind, das Recht mit Gewalt zu behaupten, wird die Parteien regelmäßig bewegen, im rechten Augenblick inne zu halten. Sie werden ein Rechtsverfahren einleiten. Sie werden sich dem Urteil beugen, das der Schiedsrichter kraft Vertrages unter ihnen fällt. Und endlich, wenn sie so weit gehen, die universelle Jurisdiktion in Bewegung zu setzen, so werden sie nicht gegen den Willen aller anzukämpfen wagen. So wirkt die Exekution vor allem in der Form der Motivierung. Sie ist eine potentielle Kraft.

Wenn aber doch einmal der Fall eintritt, daß der Spruch der Völker in die Tat umgesetzt werden muß, so kann der Zwang immer noch abgestuft und in progressiver Intensität realisiert werden. Der erste Schritt ist der Abbruch der diplomatischen

Beziehungen, der nicht nur einen moralischen Eindruck erzeugt, sondern auch das öffentliche Leben des betroffenen Staates in Verwirrung bringt. Der zweite Schritt ist die Unterbrechung des Verkehrs überhaupt, die Sperrung der Grenzen.[1]) Es bedeutet das einen Ausschluß von der Völkergemeinschaft, eine Erklärung in Acht und Bann. Durch eine solche Maßregel wird heute ein Volk fast immer in seinen Lebensinteressen getroffen und mit der Zeit an den Rand des Untergangs gebracht. Zwar leiden auch die andern Völker; aber der Schade verteilt sich, und er kann durch wechselseitige Hilfe und durch Ersatz aus gemeinsamen Mitteln auf ein geringes Maß herabgesetzt werden, Aufwendungen, für die später der Schuldige aufzukommen hat. Wenn endlich all diese Methoden versagen, dann bleibt als letzte Hilfe der Krieg.

Das ist der Plan einer internationalen Jurisdiktion und Exekution. Er bedeutet keinen Völkerbund. Er ist ein System von einzelnen Schutzverträgen. Gelobt wird keine allgemeine Schiedsgerichtsbarkeit. Gelobt wird kein gemeinsamer Zwang. Beide Einrichtungen treten von selbst in Tätigkeit als Wirkung der geschlossenen Sonderbünde.[2])

Soll der Plan verwirklicht werden, so müssen deshalb zuerst die Sonderbünde entstehen. Da werden einige Staaten das Bei-

---

[1]) Dumas entwickelt eine kollektive Mediation. Les sanctions de l'arbitrage international. 1905. Aber eine solche ist nicht am Platz, wenn es sich darum handelt, die Autorität eines Urteils zu wahren. Dumas geht indes über diese Meinung hinaus und entwickelt den Gedanken einer Isolierung des schuldigen Staates. «L'intervention collective des puissances devra être purement diplomatique. Elle ressemblera à ce qu'on a quelquefois appelé le veto des neutres, c.-à-d. à cet ensemble d'obstacles diplomatiques que les parties désintéressées ont opposés de tous temps aux entreprises belliqueuses des tiers.» p. 166. Über Dumas vgl. die Kritik von Nippold, Die Fortbildung des Verfahrens in völkerrechtlichen Streitigkeiten. 1907. S. 393f.

[2]) Es kann deshalb nicht der Einwand erhoben werden, daß die exekutive Gewalt der Föderation widerspreche. Denn eine Föderation ist gar nicht vorhanden. Der Einwand hält übrigens einer sorgsamen Prüfung nicht stand. Manche Bünde haben eine Vollziehung gekannt. So schon der eidgenössische von 1291. Die Situation ist theoretisch derart zu konstruieren, daß im voraus eine Allianz beschlossen wird gegen den Genossen, der die Norm verletzt, und gebildet von allen andern. Die Eigentümlichkeit dieser Allianz liegt darin, daß ihre Subjekte unbestimmt bleiben, bis sich der kritische Fall ereignet. Bis dahin ist sie nur potentiell.

spiel geben, und die übrigen werden folgen; ähnlich wie das Schiedsabkommen zwischen Großbritannien und Frankreich von 1903 eine reiche Nachahmung gefunden hat. Wichtig ist hernach, daß sich bald ein Fall ereignet, in dem die universelle Jurisdiktion in Tätigkeit treten kann. Dadurch wird Gelegenheit geboten, den geschilderten Prozeßweg zu beschreiten und das doppelte Schiedsgericht ins Leben zu rufen. Es ist dann ein Präzedenzfall gegeben. Wird das Verfahren später wiederholt, so bildet sich ein fester Gebrauch. Durch Herkommen entsteht ein Recht, und die Institution ist geschaffen.

In dieser Entwicklung wird ein bedeutsames Phänomen zutage treten. Jedesmal, wenn die Staaten sich vereinen, um eine kollektive Jurisdiktion zu üben, wird daraus eine Stärkung der internationalen Norm erfolgen. Die Staaten tun sich zusammen um des Rechtes willen. Sie behaupten mit gesamter Kraft seine Autorität. Gemeinsamer Kampf bindet sie mit eherner Fessel. Das Bewußtsein, daß sie einen Streit, der sonst einen verheerenden Brand entzündet hätte, durch ihren Willen in seiner ersten Regung erstickt, gibt ihnen das Vertrauen und den Entschluß, in künftigen Krisen das glückliche Werk von neuem zu vollbringen. So wird mit der Zeit das System der Staatengruppen immer mehr zerfallen, das nur auf den Machtzweck gegründet ist. Es wird die Stunde kommen, wo ein Genosse sich von dem andern wendet, an den ihn bisher treue Waffenbrüderschaft gekettet, und dem Gegner die Hand reicht, um mit ihm das Recht zu wahren. In langsamer, aber zuverlässiger Steigerung wird der Rechtsgedanke siegen. Alles hängt davon ab, daß die allgemeine Schiedsgerichtsbarkeit in einigen Fällen mit logischer Konsequenz betätigt wird.

Es ist nun möglich, daß die Sonderverträge, welche die Maschen des Netzes bilden, nicht von Anbeginn ihre volle Ausdehnung erhalten. Es ist möglich, daß sie zuerst nur in einem auserwählten Kreis von Nationen zustande kommen. Es ist auch denkbar, daß die große Zahl der Staaten sich zusammenfindet, aber eine Minderheit ausschließt. In diesen Fällen entsteht ein Provisorium. Es gibt außerhalb des Verbandes eine fremde Welt. Ereignet sich eine Kollison zwischen Völkern, von denen nur das eine dem Verband eingegliedert ist, so wird auch hier das

Schiedsgericht der Genossen in Tätigkeit treten und über das Recht befinden; es wird den Schutz davon abhängig machen, daß der verbündete Staat für eine gute Sache kämpft.[1]) Es ist möglich, daß der Gegner selbst dieses Schiedsgericht anruft, sich dem Urteil beugt und durch diesen Beweis seiner Achtung vor dem Recht die eigene Aufnahme in die Gemeinschaft vorbereitet. So wird sich mit der Zeit die Grenze erweitern, bis das Gewebe der Verträge die gesamte Welt der gesitteten Völker umspannt.

Und ist dereinst in einer späteren Periode das System erprobt und fest gegründet, so kann durch ein förmliches Abkommen aller Staaten das Werk vollendet werden, das sich bisher nur in der Form der Sonderverträge und des Herkommens ausgebildet hat. Dann kommt der allgemeine Schiedsvertrag. Er kommt von selbst.

---

[1]) Vgl. das Projekt von Podiebrad. Artikel 4.

Viertes Kapitel.

Der Fortschritt zur universellen Föderation.

Bis hierher geht die Wissenschaft auf sicherer Bahn. Sie ist auf eine letzte Höhe gestiegen. Jetzt aber verliert sich der Weg, und es öffnet sich ein weites Land, in Nebel gehüllt. Nur einige ferne Zinnen ragen empor und geben der Wanderung ein Ziel.

Die Wissenschaft hat im Gebiet der Politik ihre natürlichen Grenzen. Ihr eigentlicher Beruf ist die Erkenntnis der psychologischen Kräfte, die das Leben der Staaten lenken. Sie zieht die Lehren der Erfahrung aus den Schicksalen der Völker. Ihr wahres Reich ist darum die Vergangenheit. Nun kann sie freilich auch Maximen für die künftige Entwicklung geben. Sie kann es tun, indem sie die empirisch gefundenen Sätze verallgemeinert und zu einer Doktrin gestaltet. Sie kann es auch tun, indem sie von Axiomen der menschlichen Vernunft in deduktiver Methode zu allgemeinen Forderungen gelangt und ein System von natürlichen Rechten verkündet. So mag es zuweilen der Wissenschaft gelingen, selber Einfluß zu üben oder gar die gesamte Ideenwelt zu schaffen, die ein Zeitalter beherrscht. Aber sie erlangt eine solche Fähigkeit nur in seltenen Momenten der Geschichte, und man kann sagen, daß sie eine wahrhaft souveräne Macht nur in den Anfängen der französischen Revolution behauptet hat. Die Wissenschaft, will sie die politischen Phänomene der Zukunft regieren, wird fast immer scheitern, weil sie mit elementaren Kräften, mit Massenbewegungen zusammenstößt, ein Kampf, in welchem ihre feinen, geistigen Waffen nicht taugen. Aber trotzdem, auch *sie* kann ein nützliches Werk für die Zukunft vollbringen. Steht es auch nicht in ihrer Macht, der Entwicklung zu gebieten, so kann sie doch den selbständig fortschreitenden Prozeß dadurch fördern, daß sie Formen baut, welche ihm eine mühelose Bahn eröffnen. Voraussetzung ist nur, daß sie das Gesetz ergründet, nach welchem sich der Prozeß vollziehen wird.

Nun gibt es aber ein Gesetz politischen Werdens, dessen Geltung außer Zweifel steht. Es ist das Gesetz, daß sich die rechtliche Ordnung unter den Völkern immer fester knüpft. Dieses Gesetz ergibt sich einmal aus der soziologischen Betrachtung von der stetig wachsenden Solidarität der Interessen. Es ergibt sich zum andern aus der Geschichte der letzten 120 Jahre, in welchen die internationale Rechtsidee von der Revolution bis zum Zeitalter der Schiedsgerichtsbarkeit sieghaft emporgestiegen ist. Eine solche Entwicklung kann nicht wieder abbrechen. Ihre Zukunft leugnen, hieße an dem Fortschritt der Menschheit verzweifeln. Es muß vielmehr in allen Wechselfällen der Geschichte ein Glaube unerschüttert stehen: Es ist der Glaube, daß die Gerechtigkeit immer mehr die Gewalt verdrängen und dereinst die vollkommene Herrschaft erringen wird. Es ist der Glaube an die unbesiegbare Kraft und die hohe Bestimmung des Rechtes in der Welt.

Wir kennen das Ziel. Freilich, ob die Völker es jemals auf ihrer langen und mühevollen Wanderung erreichen werden, das können wir nicht ermessen. Und wie sich das Schicksal der Menschheit erfüllen, durch welche Heimsuchung sie noch ihre Läuterung erfahren, durch welche Taten sie zu ihrer wahren Größe aufsteigen wird, auch das ist unserer Einsicht verschlossen. Aber ist auch der Weg noch unerforschlich, so wissen wir doch die Richtung, in welcher er geht. Ein sicherer Kompaß zeigt ihn an. Wohl ist in der geheimnisvollen Unendlichkeit der Meere die ferne Welt der Verheißung noch nicht zu erschauen. Klippen und Brandung, günstige Straßen und Winde sind dem Blick verborgen. Trotzdem steuert das Schiff seine Fahrt ohne Unterlaß der gleichen Himmelsgegend zu.

Es ist wenig, was wir von der Zukunft wissen. Aber es genügt, damit die Wissenschaft ihre Tätigkeit entfalten kann. Ist das Gesetz offenbar, nach dem sich die Entwicklung vollzieht, so ist es möglich, politische Formen aufzustellen und so dem Fortschritt den Boden zu bereiten. Die Wissenschaft wird dieses Werk um so mutiger unternehmen, als sie ein Vorbild in der Vergangenheit besitzt: Es ist die Geschichte der Schweizer Eidgenossenschaft.

Sie gewährt einen klaren Einblick in den Prozeß, durch den sich das Recht im Leben der Völker zu einer immer größeren Autorität und endlich zu einer souveränen Macht erheben kann.

Schlagen wir die Methode wieder ein, die uns bei der Konstruktion der Schiedsgerichtsbarkeit leitete, und suchen wir von neuem aus der Erfahrung der helvetischen Nation die Leitsätze für die Lösung universeller Probleme zu gewinnen.

Wir haben einen Plan entworfen, in dem einzelne Verträge auf Rechtsprechung und Rechtshilfe geschlossen werden und sich gesondert aneinanderreihen. Gleichzeitig haben wir die Überzeugung ausgesprochen, daß solche Verträge ein Weltabkommen vorbereiten, das die Schiedsgerichtsbarkeit unter den Staaten zur Einheit fügt. Das ist ein Prozeß, der nunmehr zu prüfen ist. Aber da wir den Glauben haben, daß sich die rechtliche Ordnung unter den Völkern immer fester knüpfen wird, so erweitert sich unsere Aufgabe, und wir haben ganz allgemein die Formen zu betrachten, in denen die Nationen stetig fortschreitend gemeinsame Einrichtungen entfalten und ein föderatives System errichten können. Nicht nur um Jurisdiktion handelt es sich mehr, sondern auch um Legislative und Exekutive. Es handelt sich um das Zusammenwachsen der staatlichen Funktionen überhaupt.

Blicken wir auf die Schweizer Geschichte. Wir erinnern uns:

Die Eidgenossen sind jahrhundertelang nur durch Sonderbündnisse aneinander gefesselt. So haben die Waldstätte ihren eigenen Vertrag; sie haben einen andern Kompakt mit Luzern; die vier Orte schließen wieder ein anderes Abkommen mit Zürich, und in dieser Art geht die Entwicklung weiter. Dem entspricht es, daß in der ältesten Zeit die Zusammenkünfte zur Beratung gemeinsamer Angelegenheiten immer nur im Rahmen der einen oder andern Allianz gehalten werden. So verhandeln die Orte des Züricher Bundes im Gotteshaus zu Einsiedeln, die Orte des Berner Bundes im Kienholz am Brienzer See. Wie keine Einheit des Bundes, so gibt es auch keine Einheit der Tagung. Das ändert sich, als die Zahl der Eidgenossen wächst, die solidarischen Interessen an Umfang und Bedeutung zunehmen und einer ständigen Fürsorge bedürfen. Da entsteht eine gemeineidgenössische Tagung. Zuerst unregelmäßig und je nach Bedürfnis zusammentretend, wird sie bald an feste Zeiten und an eine gleiche Stätte gebunden.

Baden im Aargau ist jahrhundertelang der Ort der Versammlung. Man trifft sich dort jährlich zur Sonnenwende an Johannes des Täufers Tag. Daneben werden außerordentliche Versammlungen, in älterer Zeit von irgendeinem Ort, späterem Herkommen gemäß von der Stadt Zürich einberufen.

Wir stehen hier vor einer ersten Phase der Evolution. Der Weg zu einer engeren Staatenverbindung ist dadurch angebahnt, daß regelmäßige Tagungen gehalten werden. Dieses Stadium, in dem sich die Eidgenossen seit dem 2. Jahrhundert ihrer Geschichte befinden, ist von der europäischen Diplomatie noch nicht erreicht. Zwar finden sich Ansätze einer solchen Entwicklung in dem Aachener Protokoll vom 15. November 1818 und in der Tendenz Napoleons III., die großen Fragen der internationalen Politik durch Kongresse zu regeln. Es ist auch zu verweisen auf die fortlaufende Reihe der panamerikanischen Konferenzen und endlich auf die zwei Tagungen im Haag, welche nach ihrem Grundgedanken auf ständige Wiederkehr berechnet waren. Aber trotzdem, die Institution ist heute noch nicht in den festen Besitz der Völkergemeinschaft übergegangen. Und doch wäre nur ein kleiner Schritt zu tun, um der wertvollen Errungenschaft teilhaftig zu werden. Warum den ungünstigen Moment abwarten, in dem ein Problem zu einem Konflikt entartet ist, um dann erst über das Prinzip der gemeinsamen Tagung in schwierige Diskussionen zu treten? Warum nicht im voraus einen Mechanismus bauen, der von selber in Funktion tritt und die Kontroversen schon in ihren Anfängen schlichtet? Der Nutzen der Institution ist allzu groß, um nicht diesen Entschluß nahezulegen: Es ist bekannt, die Konferenz hat in den letzten 60 Jahren, seit dem Pariser Frieden von 1856, eine Reihe schwerwiegender und gefahrdrohender Streitigkeiten mit Erfolg gelöst. Aber nicht nur bei der Erledigung von Streitigkeiten brächte sie großen Gewinn. Ihre wichtigste Aufgabe wäre die Regelung der gemeinsamen Arbeit, eine Aufgabe, die immer mehr hervortritt in dem Maß, als die Interessen der Staaten zusammenwachsen. Auch auf diesem Gebiet haben die Kongresse der vergangenen Jahrzehnte Großes geleistet. Sie bilden Präzedenzfälle von hoher Bedeutung. Und so kann der Zeitpunkt nicht allzu ferne sein, wo die Staaten in der Einsicht ihres wahren Vorteils die logische Konsequenz aus der Lehre der Erfahrung ziehen und ständige

Tagungen beschließen. Sie können das um so leichter, als sie durch diese Institution keine Einbuße in ihrer freien Selbstbestimmung erleiden. Und das führt uns zu der Frage, in welchen Formen die Beschlüsse gefaßt werden sollen.

Die Tagsatzung der Schweizer ist in der ersten Zeit nicht von dem Prinzip der Majorität beherrscht. Der einzelne Ort behält seine volle Autonomie und ist nicht gezwungen, sich der Meinung der andern zu fügen. Die eidgenössischen Normen kommen nicht durch Abstimmung, sondern durch Vereinbarung zustande. Sie sind nicht Dekrete, sie sind Konkordate.

Die Verhandlungen werden durch Boten geführt, welche streng an den Auftrag gebunden sind, den sie von ihrem Stand überkommen haben.

In diesem primitiven Stadium kann von einer eigentlichen Organisation noch nicht gesprochen werden. Denn es besteht keine rechtliche Bindung, die das Mitglied dem Willen des Verbandes unterwirft. Es besteht nur eine Gelegenheit, sich zu verpflichten. Jeder Genosse spricht sein Wort; und er folgt dem Willen der anderen Genossen oder bleibt abseits, wie es seiner Überzeugung entspricht. Er übernimmt eine Verbindlichkeit nur von einem Fall zum andern. Er bestimmt sein Schicksal immer noch selbst.

In dieser Gestalt kann auch das europäische System zuallererst erscheinen. Die ständige Konferenz kann nach diesen Regeln abgehalten werden. Und das hat den Vorteil, daß sich der erste Fortschritt in äußerst schonender Weise vollzieht.

Aber dieser Zustand kann nur ein Anfang der Entwicklung sein. In den Urzeiten der Eidgenossenschaft mag er ausreichen, weil damals der Gemeingeist das Leben völlig beherrscht, die Verhältnisse noch einfach gestaltet sind und noch keine tiefgehenden Probleme die Parteien trennen. In der unendlich verwobenen Politik der modernen Staaten indes kann diese Situation nur eine psychologische Vorbereitung der Völker bedeuten. Große Aufgaben vermögen auf solcher Basis keine Lösung zu finden.

Ist doch die Eidgenossenschaft selbst durch die Macht der Tatsachen genötigt, ihr System zu erweitern. Sie läßt mit der Zeit den Grundsatz der Mehrheit bei einer Reihe von Beschlüssen gelten, wobei jeder Ort über e i n e Stimme verfügt. So wenn es sich handelt um die Verwaltung der gemeinen Herrschaften, um die Landesverteidigung, um die Abordnung von Gesandten an fremde Mächte, um die Sicherung des gemeinsamen Rechtsverfahrens und die Unterdrückung von innerem Aufruhr und Friedensbruch. Hierher werden auch die Fälle gerechnet, in denen die Wohlfahrt und Ehre der gesamten Eidgenossenschaft in Frage steht. Anderseits werden dem Verfahren nach Mehrheit feste Grenzen gezogen. Jeder Ort verfügt frei über sein Gebiet, seine Verfassung und seine Bündnisse. Auch gilt volle Selbständigkeit der Orte in Dingen der Religion.

Ein ähnlicher Prozeß ist denkbar im Leben der heutigen Nationen. Das Majoritätsprinzip kann allmählich fortschreiten und sich im Wege der Gewohnheit oder der Vereinbarung ein Gebiet nach dem andern erobern. Diese Entwicklung wird anheben in rein technischen Angelegenheiten, in Fragen der internationalen Verwaltung, und sie wird erst später den Kreis der hohen Politik berühren, wo die Lebensinteressen der Nationen miteinander streiten. Zwar, der Weg ist noch weit bis zu diesem Ziel. Nach heutigem Völkerrecht gilt bei Kongressen immer noch das Prinzip der Einstimmigkeit. Und doch findet sich schon ein Ansatz zu einer anderen Auffassung, als sich die europäischen Staaten 1907 im Haag dahin einen, daß Konferenzbeschlüsse zustande kommen sollen durch Quasi-Unanimität: Es wird damals, wenn auch keine rechtliche, so doch eine moralische Autorität der mit starker Mehrheit gefaßten Beschlüsse anerkannt.

Fragen wir endlich, welcher Kreis von Geschäften der Eidgenossenschaft gemeinsam zugehört.

Die Orte erscheinen in ihren Beziehungen zu auswärtigen Mächten als einheitlicher Staatskörper. Die Tagsatzung entscheidet über Krieg und Frieden. Lassen auch die alten Bünde darüber Zweifel bestehen, so erfährt doch dieser Grundsatz eine stete Festigung, weil er einem zwingenden Interesse entspricht, und wird in die späteren Verträge förmlich aufgenommen. Auf der Tagsatzung werden die Botschaften der fremden Fürsten, Herren und Städte angehört. Dort wird ihnen im Namen der gesamten Eidgenossenschaft geantwortet. Die Tagsatzung beschließt auch über die eigene Entbietung von Gesandten. Mit einem Wort, die Eidgenossenschaft ist das Subjekt des diplomatischen Verkehrs, eine Norm, die freilich in manchen Zeiten konfessionellen Haders mißachtet wird. Eine andere, ebenfalls oft umstrittene Maxime geht dahin, daß ein Ort sich mit einer auswärtigen Macht nur verbünden darf, wenn die Tagsatzung ihre Einwilligung gibt. Bessere Anerkennung findet dieses Recht der Gesamtheit in der Form des resolutiven Einspruchs: Die Eidgenossenschaft kann ein solches Bündnis hemmen oder seine Auflösung fordern, wenn es für die allgemeine Ruhe und Wohlfahrt bedenklich erscheint. Allerdings, mit dieser Beschränkung isolierter Allianzen verbindet sich kein Zwang, den Bündnissen beizutreten, welche die anderen Orte beschließen. Gleiche Regeln gelten für die inneren Schutzverträge der Orte unter sich oder mit Zugewandten. Es gilt auch hier das Recht der Hemmung und, wenn auch nicht mehr für die neueren Orte, die Freiheit der Teilnahme.

Damit kommen wir zu der inneren Ordnung. Es werden gemeine Satzungen beschlossen. Wie weit sich ihr Bereich erstreckt, das wird nicht durch feste Normen, sondern nur durch das Maß der übereinstimmenden Interessen und die Stärke des Gemeingeistes bestimmt. In diesen Kreis gehört namentlich die Staatspolizei und die Sorge für den inneren Frieden, der zur Not durch eidgenössische Intervention erhalten wird.

Können wir aus dieser Ordnung eine Lehre gewinnen für den Aufbau eines allgemeinen Staatenbundes? Nur eine sehr geringe, so scheint es auf den ersten Blick. Denn jene Ordnung erhält in der Hauptsache dadurch ihr Gepräge, daß die Eidgenossenschaft ein politischer Körper unter anderen ist und sich mit fremden Staaten auseinanderzusetzen hat. So läßt sich wohl die Institution der gemeinen Satzungen mühelos übertragen. Aber es fragt sich: Wie sollen die Normen des diplomatischen Verkehrs Anwendung finden in einem System, das bestimmt ist, alle Länder zu umfassen? Vor allem, wie sollen die wichtigen Sätze gelten, welche die Bündnisse regeln? Dies führt uns zu einer tieferen Erwägung.

Als wir von den Sonderverträgen handelten, die geschlossen werden sollen, um die Schiedsgerichtsbarkeit zu sichern, da haben wir mit der Möglichkeit gerechnet, daß sich diese Sonderverträge nicht von Anbeginn über alle Völker verbreiten. Es ist denkbar, so sagten wir, daß die Vereinbarungen zuerst nur in einer Gruppe von Nationen zustande kommen und von hier aus ihre Kreise auf andere dehnen. Was nun von dieser Verbindung gilt, die nur eine begrenzte Aufgabe, die Sicherung des Rechtes, erfüllt, das muß auch gelten für den Zusammenschluß, der uns jetzt beschäftigt und der eine viel größere Gemeinschaft von Interessen unter den Staaten umfaßt. Gerade die Eidgenossenschaft ist ein wichtiger Präzedenzfall einer sukzessiven Ausdehnung. Wie die Schweizer Bünde ihre Festigkeit nicht zum geringen Teil der klugen Methode verdanken, in welcher sie sich schrittweise durch freie Wahl ihrer Mitglieder entfalten, so wird sich auch das allgemeine Staatensystem am sichersten entwickeln, wenn es ausgeht von einigen eng verbundenen Genossen, sich dann Glied um Glied vergrößert und einen neuen Vertrag immer nur dann begründet, wenn er durch eine moralische Annäherung, ein Band des Vertrauens vorbereitet ist.

Wenn sich aber der Prozeß in dieser Weise vollzieht, dann werden allerdings jene Sätze von Bedeutung, die für die Kompetenz der Tagsatzung aufgestellt sind. Sie können auch in dem europäischen Bunde gelten, solange er noch nicht seine volle Ausdehnung erreicht. Da wird zum ersten der diplomatische Verkehr zur gemeinsamen Angelegenheit. Das hat gewichtigen Vorteil. Denn dadurch wird vermieden, daß die verbündeten Staaten sich auf verschiedene Wege der internationalen Politik begeben, widersprechende Interessen verfolgen und dadurch sowohl eine Spaltung unter sich selbst herbeiführen, als auch das Ansehen der Genossenschaft und damit die Möglichkeit schwächen, ihr neue Mitglieder zu gewinnen. Aus dem gleichen Gesichtspunkt wird auch das Kriegsrecht den einzelnen genommen und auf die Gesamtheit übertragen. Ferner greifen die Regeln über den Abschluß von Bündnissen ein. Es ist offenbar, daß die Einheit und sogar der Bestand eines föderativen Systems durch einseitige Allianzen gefährdet werden kann, die das eine oder andere Mitglied mit einer fremden Macht begründet. Der Verband muß daher ein Widerspruchsrecht besitzen. Aber auf der anderen Seite entspricht es wieder dem Prinzip vorsichtiger und auf freier Wahl beruhender Ausdehnung der Genossenschaft, daß kein Verbündeter durch die Mehrheit gezwungen wird, an einer neuen Allianz teilzunehmen. Diese zwei Grundsätze gelten auch für die innere Organisation.

Es besteht auch hier ein Widerspruchsrecht und eine entsprechende Freiheit der Beteiligung. Die beiden Normen rechtfertigen sich hier aus den gleichen Argumenten wie dort. Und sie bleiben hier, wo es sich um die innere Organisation handelt, auch dann noch in Kraft, wenn einmal der Staatenbund seinen vollen Umfang angenommen hat.

Soviel über die Tagsatzung. In der Eidgenossenschaft gibt es neben ihr noch eine andere Institution. Es ist das Präsidium, der Vorort. Wie die Tagsatzung, so ist auch er ursprünglich nur in einem unvollkommenen Sinn Organ des Bundes. Denn wie die Tagsatzung zu Anbeginn und grundsätzlich eine Versammlung bedeutet, auf der die Orte durch ihre Boten miteinander verhandeln und freie Vereinbarungen treffen, wie also die Tagsatzung nicht einen eigenen Willen entfalten kann, so vermag auch der Vorort in seiner eigentlichen Bedeutung keinen selbständigen Entschluß für den Bund zu fassen. Er hat nur die förmliche Leitung der Geschäfte und ist Sprecher der Gemeinschaft; Vertreter in ihrem Willen ist er nicht. Aber wie die Tagsatzung im Lauf der Geschichte die Befugnis erlangt, die Genossen durch Mehrheitsbeschlüsse zu binden, so gewinnt auch der Vorort ein auf Herkommen gegründetes Recht, nach eigener Entschließung für den Bund zu handeln. Und damit beginnt er, wie die Tagsatzung, sich zu einem wirklichen Organ umzubilden.

Die Stadt Zürich ist Vorort. Sie erlangt diese Stellung, weil sie zu den ursprünglichen Orten gehört, aus denen die Eidgenossenschaft entstanden ist, und weil sie unter ihnen wieder als altangesehene Reichsstadt hervorragt.

Zürich hat den Vorsitz in der Tagsatzung und beruft die außerordentlichen Sessionen. Es vermittelt den diplomatischen Verkehr. Die fremden Mächte wenden sich an die Stadt, wenn sie mit dem Bund in Verbindung treten wollen. Auch die Orte selbst nehmen immer häufiger den Weg über Zürich, wenn sie eine eidgenössische Sache mit den andern Orten zu erledigen haben. In all diesen Fällen bringt die Stadt die Angelegenheit vor eine Tagsatzung oder handelt selbst für den Bund, wenn sie einen besonderen Auftrag hierzu von den Genossen erhält. Dies sind die ursprünglichen Befugnisse, die der Vorort besitzt. Aber in diesen Funktionen liegt der Keim einer größeren Machtentfaltung verborgen.

Zürich nimmt bald Gelegenheit, wenn es Mitteilungen und Anträge weitergibt, ein eigenes Gutachten oder eigene Vorschläge damit zu verbinden. Und da die Stadt kraft ihrer vermittelnden Tätigkeit einen genaueren Einblick in die inneren und auswärtigen Geschäfte der Eidgenossenschaft und damit auch eine bessere Einsicht gewinnt, wie die Politik des Bundes zu führen ist, so erhält sie mit der Zeit einen immer größeren Einfluß in der Behandlung der gemeinsamen Geschäfte. Dies führt sie dazu, in stetig wachsendem Umfang nach eigenem Entschluß für die Gesamtheit zu handeln.

Auch diese Organisation enthält ein wichtiges Vorbild. Wie in dem kleinen eidgenössischen, so wird auch in einem allgemeinen Staatenbund von Anbeginn die technische Notwendigkeit bestehen, einen einzelnen Staat mit dem Präsidium, also mit der Aufgabe zu betrauen, die Verhandlung der inneren und auswärtigen Angelegenheiten zu leiten und den Willen der Gemeinschaft kundzutun. Man wird also auch hier einen Vorort schaffen. Weil es aber eine psychologische Unmöglichkeit ist, in der Völkergemeinschaft einen Staat allein zu einer führenden Stellung emporzuheben, so wird die Form gewählt werden müssen, daß die Präsidialrolle in regelmäßigen Zeitperioden ihren Inhaber wechselt. Hier fragt sich dann, ob jeder Staat und in demselben Maß Anspruch auf die Funktion haben soll. Dieses Problem kann dadurch gelöst werden, daß man die volle Gleichberechtigung zur Norm erklärt. Möglich ist aber auch ein Kompromiß: Man wird vielleicht das moralische Übergewicht einzelner Staaten anerkennen, mag es nun auf eine höhere Machtstellung oder, nach eidgenössischem Vorbild, auf die Tatsache gegründet sein, daß diese Staaten die ursprüngliche Gemeinschaft errichtet haben, aus welcher der Bund hervorgegangen ist. Man wird aber sicherlich auch hier den Grundsatz der Gleichberechtigung nicht völlig verleugnen, der untrennbar ist von einem völkerrechtlichen System. Und man wird darum die Methode wählen, daß man den Staaten von größerer Autorität Gruppen der minder wichtigen gegenüberstellt, von denen jede, wenn die Reihe an sie kommt, das Präsidialrecht in der Weise ausübt, daß sie aus ihrer Mitte einen Genossen wählt, der die Funktion in ihrem Namen übernimmt.[1]) Ist einmal

[1]) Vgl. das Projekt von Podiebrad, Artikel 17, und das Projekt des Abbé de Saint-Pierre, fundamentale Artikel I und IX, wichtiger Artikel I.

in dieser Frage die Lösung gefunden und ist der Vorort in der einen oder anderen Form ins Leben getreten, so wird er, wie in der Eidgenossenschaft, einen Fortschritt in der Richtung erstreben können, daß er seine Kompetenz erweitert und zu einem wahren Organ der Gemeinschaft erwächst.

Damit haben wir in der Schweizer Geschichte das erste Stadium erforscht und verwertet, in welchem sich das lose Gefüge von Bündnissen zu einer harmonischen Einheit entwickelt. Nunmehr sind wir an einem Punkt angelangt, wo die Eidgenossenschaft einen so festen Zusammenschluß nach innen und damit eine so starke Selbständigkeit nach außen gewonnen hat, daß sie sich endgültig vom Reiche trennen und die Souveränität ihrer Länder behaupten kann. Aber schon kommen neue Prüfungen über sie.

Als der Schweizer Bund seine Unabhängigkeit von der kaiserlichen Gewalt im Basler Frieden besiegelt, da ist er schon in den Bannkreis der mächtig aufsteigenden französischen Monarchie hineingezogen. Zu Anfang nur einem diplomatischen Einfluß unterworfen, fällt er immer mehr in eine wahre Abhängigkeit, die ihr höchstes Maß erreicht, als Ludwig XIV., die konfessionellen Streitigkeiten nutzend, sich zum Schiedsrichter der Eidgenossen und zum Schirmherrn ihrer Verfassung erhebt. Erst unter Ludwig XVI., als die Glaubensspaltung überwunden ist, vermag die Eidgenossenschaft ihre Selbständigkeit wieder zu erlangen.

Neben dieser politischen Bewegung nach Frankreich hinüber geht eine schwere interne Krisis einher: Es ist der Streit der Religionen. Er entfacht den Bruderkrieg; er führt zur Spaltung der Eidgenossen in zwei Parteien, deren jede die Hegemonie zu erringen trachtet; er zeugt Bündnisse mit fremden Mächten, sogar mit Österreich, dem alten Gegner, aus dessen Bekriegung die Schweiz hervorgewachsen ist. Der Streit dauert zwei Jahrhunderte lang. Erst in dem Augenblick, wo die Glaubensfreiheit der Stände ihre endgültige Anerkennung gefunden, sind Frieden und Einheit wiederhergestellt. Denn eine große Wahrheit ist in diesen Kämpfen kundgeworden: Hat auch der Sieg gewechselt und haben bald die Evangelischen, bald die Katholischen das Übergewicht errungen, so hat sich doch in den einzelnen Landfrieden mit unwiderstehlicher Macht der Gedanke der Gleichberechtigung Bahn gebrochen, und man hat erkannt, daß die Eidgenossenschaft ohne diesen Gedanken nicht bestehen kann

So hat der Bund die ernsten, sein Dasein bedrohenden Gefahren durch ein Rechtsideal überwunden, das in seiner innersten Natur beschlossen liegt. Indem er sich in Glaubenssachen rückhaltlos zu dem Grundgesetz der Gleichheit bekannt, hat er die Einigkeit wiederhergestellt, die alte Kraft erneut und sich dadurch in den Stand gesetzt, nicht nur über die Leidenschaft religiöser Überzeugung zu triumphieren, sondern auch die Fesseln fremder Autorität zu brechen und sich wieder zu einer souveränen Gemeinschaft zu erheben.

Aus diesen Ereignissen läßt sich für das europäische System eine Nutzanwendung ziehen. Wenn Bünde geschlossen werden, wenn sich die Staaten aneinanderketten, so werden sie einer doppelten Bedrängnis nicht entrinnen, welche die Schweizer Orte erfahren haben. Die Genossenschaft wird in ihrem Fundament durch den Widerstreit von Dogmen erschüttert werden, mögen diese Dogmen auch nicht mehr religiöse Lehren sein, sondern eher ökonomische Ideen, soziale Rechte oder konstitutionelle Prinzipien verkörpern. Ferner wird es nicht an Versuchen mangeln, eine Hegemonie, wenn auch nur von moralischer Bedeutung, zu errichten, sei es nun, daß diese Gefahr von innen droht und ausgeht von einem verbündeten Staat oder daß die Herrschaft angestrebt wird von einer auswärtigen Macht. Immer wird diese Gefahr nur abzuwehren sein, wenn die Genossen mit Überzeugungstreue an dem Grundgesetz ihrer Gemeinschaft festhalten, wenn also das Ideal der Gleichheit ungebrochen bleibt.

Kehren wir zu der Eidgenossenschaft zurück. Kaum hat sie jene Klippen umsegelt, so ziehen sich andere Stürme zusammen. Eine neue Idee schlägt das Schweizer Volk in ihre Bande und ruft eine neue Krisis hervor. Es ist nicht mehr eine religiöse, es ist eine politische Idee: Es ist die revolutionäre Theorie. Und wenn früher Ludwig XIV. sich zum Herrscher über die Bünde aufgeworfen, so ersteht ihnen jetzt ein Gewalthaber, noch mächtiger als jener König: Es ist Bonaparte.

Die französische Revolution bringt eine gewaltige Umwälzung in der Eidgenossenschaft hervor. Der Bund souveräner Orte wird verdrängt durch den Einheitsstaat. Es bleibt nur e i n Volk, und es bleibt nur e i n e Regierung. An die Stelle des föderativen Systems tritt die helvetische Republik.

Die Gesamtheit der Bürger besitzt die Gewalt und übt sie durch repräsentative Korporationen. Der Senat und die große Ratsversammlung, die in der Hauptsache aus Volkswahlen hervorgehen, haben die Legislative. Ein Direktorium, von beiden Häusern ernannt, ist das exekutive Organ. Ein gewählter Gerichtshof handhabt die Jurisdiktion. Die Gleichheit unter den Gliedern wird vollendet und von dem religiösen in das politische Gebiet hinübergetragen: Es gibt keine alten und neuen Genossen, es gibt keine zugewandten Orte, keine gemeinen Herrschaften mehr.

Damit wird ein unglücklicher Schritt getan. Zwar nicht deshalb unglücklich, weil er in einer falschen Richtung geht. Bewegt sich doch die ganze Entwicklung der Eidgenossenschaft nach dem Ziel der Einheit fort. Aber unglücklich, weil er mit Übereilung erfolgt. Die Geschichte des Schweizer Volkes ist noch nicht zu einem Stadium herangereift, in dem solch definitive Bildung möglich ist. Das kunstvolle Gerüst der autonomen Kantone, hinter dem der Bau des einheitlichen Staates aufgeführt wird, kann noch nicht abgetragen werden. Der Prozeß hat noch nicht einmal den wichtigen Durchgangspunkt des föderativen Staates erreicht. Die Länder sind auch gar nicht imstande, jene grundsätzliche Wandlung aus eigener Kraft zu vollbringen. Die psychologische Strömung fehlt, um dieses Werk zu tun. Die Ereignisse in Frankreich sind es vielmehr, welche dem Schicksal der Eidgenossenschaft die Wege weisen. Es fließt ein fremdes Blut durch die Adern der Schweiz. Ein fremder Geist gewinnt Macht über sie.

Die helvetische Republik kann aus diesen Gründen die revolutionäre Theorie des Nachbarlandes nicht überleben. Mit dem 18. Brumaire kehrt Frankreich zu der Verfassungsform zurück, die es noch nicht überwunden hat; es legt die Grundlagen einer neuen Monarchie. Ähnlich die Schweiz. Von dem Bann des republikanischen Frankreich gelöst, wendet sie sich wieder in die alte Bahn des föderativen Systems.

Durch diesen Prozeß wird ein bedeutsames Gesetz der Entwicklung bestätigt, das uns schon in früheren Perioden offenbar geworden. Es ist das Gesetz, daß die Konzentration der Verfassungsform, die Auflösung der Vielheit in die Einheit nur in sukzessiven Stadien möglich ist und daß dieser Fortschritt ohne Gefahr schädlicher, vielleicht verhängnisvoller Rückbildung nur unternommen werden kann, wenn ihm psychologisch ein sicherer Boden bereitet ist. Dieses Gesetz wird auch bei der Evolution der europäischen Staatengemeinschaft sorgsam zu beachten sein.

Die schwere Krisis, die Parteiung und Fehde, in welche die Schweiz durch den unvermeidlichen Fall der helvetischen Republik hineingezogen wird, findet durch die Mediation Napoleons ihr Ende. Die Kantone erhalten wieder ihre staatliche Selbständigkeit. Sie sind wieder souverän. Aber sie fallen auch nicht in den Zustand zurück, der vor der helvetischen Republik gegeben war. Nicht nur, daß sie jetzt eine volle Gleichheit unter sich behaupten, sie halten auch zu einem guten Teil, wenn auch mit weiser Mäßigung, an dem Gedanken stärkerer Einigung fest. Sie knüpfen unter sich neue Bande. Sie schaffen eine durchgebildete Organisation. Denn das ist der Fortschritt, den die Mediationsverfassung bringt, daß sie eine wirkliche Verfassung ist und deshalb mit System das gesamte politische Leben der Verbündeten in geregelte Formen bannt. Das Recht der Eidgenossenschaft besteht nicht mehr, wie bisher, aus einer Reihe von partikulären Normen, die nur einzelne Länder miteinander verbinden und im übrigen dadurch ihr Gepräge erhalten, daß sie durch geschichtliche Notwendigkeit nacheinander emporgewachsen, lose aneinandergefügt und nicht organisch in sich verbunden sind. Das Recht der Eidgenossenschaft ist fortan aus einem Guß. Die Eidgenossenschaft garantiert den Kantonen ihre Verfassungen, ihr Gebiet, ihre Unabhängigkeit und Freiheit, mögen diese Güter von fremden Mächten oder von innen gefährdet sein. Die Kantone stellen feste Kontingente in Mannschaft und Geld, um der Eidgenossenschaft die Erfüllung dieser Aufgabe zu ermöglichen.

Sechs Kantone haben jährlich abwechselnd die Leitung des Bundes: Freiburg, Bern, Solothurn, Basel, Zürich und Luzern. Das Standeshaupt des jeweiligen Direktorialkantons, der Schultheiß oder Bürgermeister, ist gleichzeitig Landammann der Schweiz. Er vermittelt den diplomatischen Verkehr. Bei ihm sind die fremden Gesandten beglaubigt. Er berichtet an die Tagsatzung über die Bundesangelegenheiten. Erhebt sich ein Konflikt unter Kantonen, so weist er die Sache vor die nächste Tagsatzung oder, wenn sie eilig ist, vor Schiedsrichter seiner Wahl. Wird die Bundesverfassung gebrochen, so beruft er die obersten Gewalten der Kantone, in welchen der Fehl geschehen, und verhandelt mit ihnen.

Die Tagsatzung besteht fort als Repräsentation der Eidgenossenschaft. Jeder Kanton bestellt eine Botschaft, die an ein imperatives Mandat gebunden ist, und verfügt über eine oder zwei Stimmen, je nach seiner Bevölkerungszahl. Die Versammlung entscheidet über Krieg und Frieden, über Bündnisse; aber immer nur mit einer Stimmenmehrheit von drei Vierteln. Sie schließt Handelsverträge. Sie entbietet außerordentliche Gesandtschaften. Sie verfügt über die Truppen und ergreift alle Maßregeln, um die Sicherheit des Landes zu erhalten. Sie urteilt über Streitigkeiten der Kantone, die nicht durch Schiedsrichter beigelegt werden können, — wobei allerdings die Boten nach ihrem Gewissen allein und nicht nach Weisung entscheiden.

In welchem Sinn bedeutet das Recht der Mediationsverfassung eine neue Errungenschaft gegenüber dem Recht der alten Verträge?

Da ist schon hervorgehoben, daß es nunmehr ein System von gemeinsamen Regeln gibt, die für alle Orte gleichmäßig gelten. Es besteht nicht mehr ein Recht der einzelnen Bünde, es besteht ein wahres Bundesrecht. Die Folge ist, daß jetzt auch die Sicherung des Rechtes zur Angelegenheit der Gemeinschaft erhoben wird. Es gibt nur ein Schiedsgericht unter den Eidgenossen. Dieses Schiedsgericht ist die Vertretung der Eidgenossen selber. Es ist die Tagsatzung. Aber damit nicht genug, daß die Tagsatzung das Urteil spricht. Sie hat auch die Gewaltmittel in der Hand, um ihrem Urteil Gehorsam zu verschaffen. Denn, wie schon gesagt, sie verfügt über die bewaffnete Macht, die aus den Kontingenten der Kantone besteht, und sie hat das Recht, diese Kontingente zu nutzen, um die allgemeine Sicherheit aufrecht zu halten und jedem Lande seine Verfassung, sein Gebiet, seine Freiheit und Unabhängigkeit zu wahren.

Als wir im vorigen Kapitel von der Schiedsgerichtsbarkeit handelten, da haben wir für die erste Zeit einen Komplex von Sonderbünden vorgeschlagen, die auf indirektem Wege die Gesamtheit der Völker für den einigen Schutz des Rechtes verbinden sollten. Wir haben gleichzeitig die Erwartung ausgesprochen, daß sich die isolierten Verträge eines Tages zu einem allgemeinen Schiedsabkommen vereinigen würden. Dieses Stadium haben wir jetzt in der Mediationsverfassung vor Augen. Es wird hier eine universelle Jurisdiktion beschlossen. Sie wird dadurch gebildet, daß die Gesandten aller Orte als Urteiler zusammentreten.[1])

Soll der Verband der europäischen Nationen das gleiche Werk vollbringen, so ist es notwendig, daß er, wie die Eidgenossenschaft, die Schiedsgerichtsbarkeit erst dann zur Einheit gestaltet, wenn sie, in den Sonderbünden erprobt, zu einem untrennbaren Bestandteil des Völkerlebens geworden ist. Hierbei kommt es nicht an auf die Länge der Zeit, sondern auf die Intensität der Rezeption. Das Problem erschöpft sich in der psychologischen Vorbereitung der Nationen. Ist es durch vorsichtiges Experiment im Rahmen der Sonderbünde gelöst, die eine individuelle Anpassung und einen sukzessiven Fortschritt ermöglichen, dann ist das Wichtigste getan. Denn die Schwierigkeit liegt nicht darin, den allgemeinen Schiedsvertrag zu entwerfen, wenn einmal seine Stunde geschlagen. Er entsteht dann von selbst. Er entsteht um so natürlicher, als der Gerichtshof nach unserem Plan schon in der Periode der Sonderverträge seine endgültige Form empfangen hat, nämlich als Kongreß der verbündeten Staaten gebildet worden ist. So bedarf es nicht einer neuen Schöpfung, sondern nur einer neuen Willenstat, indem die Völker zu einem gleichen Entschluß zusammentreten. In diesem Moment erhält das Werk eine größere Festigkeit, aber zugleich auch eine größere Starrheit. Und eben darum ist es ratsam, die Arbeit mit Sorgfalt zu schmieden, bevor man ihr die letzte Form erteilt.

Endlich ein letzter Punkt. Der allgemeine Schiedsvertrag der Völker muß sich, wenn er vollständig ist, nicht nur auf den Prozeß, sondern weiter auf die Sanktion beziehen. Auch *sie* muß einheitlich geregelt werden. Aber in welcher Form? Da ist zu sagen, daß die Streitkräfte der Führung des Bundes nicht schon in der Entwicklungsperiode unterstellt werden können, in der ein gleiches Rechtsverfahren beschlossen wird. Eine so rasche Wandlung mochte in der Schweiz möglich sein, wo die Länder in früheren Jahrhunderten Seite an Seite gestritten hatten und durch die Erinnerung an gemeinsame Waffentaten verbunden

[1]) Wobei allerdings ihr freies Ermessen entscheidet und nicht das imperative Mandat, für das wir uns früher ausgesprochen haben.

waren. In der Völkerwelt hingegen ist das Ereignis, daß einmal eine Tagsatzung über die Heere gebietet, in eine größere Ferne gerückt. Und deshalb ist eine Sanktion vorläufig nur denkbar in der Form, daß die Mächte wie freie Verbündete nebeneinander stehen und getreu dem beschworenen Vertrag, aber in eigener Heerführung das Recht beschirmen.

Soviel über die Schiedsgerichtsbarkeit. Eine andere Neuerung der Mediation besteht darin, daß die Leitung des Bundes fortan unter den wichtigsten Orten abwechseln soll. Das Präsidium der einen Stadt Zürich entspricht den Zeitumständen nicht mehr. Indem sich der Bund erweitert hat, indem andere mächtige Städte hinzugekommen und indem Tat und Verdienst der Gründung immer mehr durch den Ablauf der Jahrhunderte in Vergessenheit geraten sind, ist der hergebrachte Vorrang einzelner Schweizer Orte verloren gegangen. Es ist nicht mehr möglich, einem Genossen allein die Führung zu überlassen. Darum wird in der Mediation ein Prinzip des Wechsels angenommen. Ein solches Prinzip muß auch in der Völkergemeinschaft gelten. Des Grundgesetzes der Gleichheit wegen. Wir haben dies schon in früherem Zusammenhang betont. Nur haben wir den Gedanken weit ausgedehnt und alle Staaten an dem Präsidium beteiligt, nicht nur die wichtigsten nach dem Vorbild der Mediation. Und trotzdem, in beschränktem Maß haben wir auch den Gedanken der Mediation gelten lassen, indem wir die Möglichkeit angedeutet, die kleineren Staaten in Gruppen zu vereinigen und in dieser Form den großen gleichzuordnen. Wenn nun eine solche Ordnung, ein Wechsel des Präsidiums, in das europäische System eingebaut wird, so fragt sich, wer im Namen des einzelnen Staates das höchste Amt der Genossenschaft ausüben soll, ob eine einzelne Persönlichkeit oder ein kollegialer Rat. Dafür läßt sich eine Regel nicht geben. Das wird sich vielmehr nach den partikulären Verfassungen entscheiden, weil jenes Amt natürlicherweise dem Haupt der Exekutive zukommen wird.

Bemerkenswert ist im übrigen die Norm der Dreiviertelmehrheit bei wichtigen Beschlüssen und die, wenn auch sehr begrenzte, Abstufung des Stimmrechtes nach der Bedeutung der Staaten.

Die Mediationsverfassung, obwohl in den historischen Entwicklungsgang der Eidgenossenschaft organisch eingefügt, muß mit dem Kaiserreich untergehen. Trägt sie doch das Siegel von Napoleons Namen und Geist.

Im Jahre 1815 wird eine neue Bundesverfassung beschworen. Sie ist in viel höherem Maße als die beiden früheren das Werk der helvetischen Nation.

Es ist ihr charakteristisch, daß sie im Vergleich zur Mediationsverfassung einen Rückschritt bedeutet, indem sie das Maß zentraler Organisation verringert. Aber andererseits enthält sie doch wieder einen Fortgang zur Einheit, wenn man sie mit den helvetischen Bünden zusammenhält, wie sie vor der französischen Revolution gestaltet waren.

Der Landammann, die wichtige Schöpfung Napoleons, ist der neuen Verfassung unbekannt. Der Vorort, wie er vor 1798 bestanden hat, wird wieder eingeführt, nur daß er alle zwei Jahre abwechselt unter Zürich, Bern und Luzern. Wenn man diese drei Stände auserwählt, so erklärt sich das aus der Tatsache, daß sie die Repräsentanten und Führer der politischen Gruppen sind, welche seit Jahrhunderten der Geschichte der Eidgenossenschaft ihr Gepräge verliehen haben. Die Kompetenz des Vorortes wird ausgedehnt, indem er die Bundesangelegenheiten in Abwesenheit der Tagsatzung leitet und von dieser Versammlung mit erhöhten Vollmachten begabt werden kann.

Die Tagsatzung bleibt bestehen, aber mit einfachem Stimmrecht aller Genossen. Es entspricht das eher dem Wesen eines Bundes. Denn seine Elemente sind nicht Völker, sondern Staaten, und darum scheint es logischer, das Stimmrecht nicht zu bemessen nach der Bevölkerungszahl, sondern nach den organischen Einheiten, die alle unter sich gleiche Geltung haben.

Es gibt auch jetzt ein Schiedsgericht. Zwar, das Urteil wird nicht von einem ständigen Organ der Eidgenossenschaft gesprochen, wie unter der Mediationsverfassung. Aber die Institution ist trotzdem einheitlicher gefügt als in der Zeit der alten Bünde. Denn sie ist jetzt durch eine einzige Regel gestaltet, die für alle Genossen gilt. Wenn nämlich zwei Kantone in Streit geraten, so wählen sie Schiedsrichter aus den Magistratspersonen anderer Stände. Die Schiedsrichter trachten, den Streit in Minne auszugleichen. Gelingt es nicht, so wählen sie einen Obmann aus den Magistratspersonen eines unbeteiligten Kantons, der in dem gegenwärtigen

Streitfall noch keine Schiedsrichter gestellt; können sie sich auf die Wahl nicht einigen, so wird der Obmann von der Tagsatzung bestimmt. Das nunmehr gebildete Kollegium versucht noch einmal zu vermitteln und entscheidet, wenn der Erfolg ausbleibt, die Sache durch ein Urteil nach dem Recht.

Diese Institutionen des Jahres 1815 bezeichnen auch wieder bedeutsame Formen, in welchen der allgemeine Völkerbund entwickelt werden kann. Das ist ihr Wert für unsere Studie.

Im Jahre 1848 tritt dann eine entscheidende Wendung ein. Die helvetische Nation vollendet das Werk, das durch eine Entwicklung von Jahrhunderten vorbereitet ist, und gründet einen Bundesstaat.

Wie hat sich dieses Ereignis vollziehen können? Bevor wir darauf antworten, müssen wir zuerst das Ereignis in seinem Inhalt erfassen.

Der Übergang in einen Bundesstaat ist ein psychologischer Prozeß, der den Willensentschluß eines Volkes bedeutet, eine allgemeine und höchste Herrschaft über den bestehenden Gewalten anzuerkennen. Die Wandlung ist also nicht ein Werk diplomatischer Kunst. Sie wird, wie jede Staatsbildung, von den elementaren Volkskräften erzeugt. Die Tat der Gründung kann nur geschehen, wenn der Einheitsgedanke in den nationalen Schichten zu einer unwiderstehlichen Strömung herangewachsen ist. Und der Bundesstaat tritt von selber ins Leben, wenn sich einmal die Überzeugung seiner Notwendigkeit Bahn gebrochen hat.

Und nun, wie ist es zu dem Ereignis gekommen?

Bevor die Eidgenossenschaft die große Aufgabe erfüllt, hat sie zwei ernste Krisen zu bestehen. Und diese Krisen haben gerade die Bedeutung, daß sich an ihnen die Kraft des Willens erprobt, der die Länder zur Einheit drängt. In den 30er Jahren entbrennt ein Streit um die partikulären Verfassungen der Kantone. Es entsteht eine isolierte Allianz, der Sarner Bund, der sich in offenen Bruch mit der Eidgenossenschaft begibt, die Tagsatzung verläßt und einen gewaltsamen Angriff unternimmt. Die übrigen Orte vermögen die Bewegung niederzukämpfen. Sie zwingen die Sarner Stände, ihren Verband aufzulösen und sich in der Tagsatzung wieder einzufinden. Religiöse Zwistigkeiten führen in der Folge zu einem zweiten, dem katholischen Sonderbund. Er fällt ohnmächtig auseinander, als ein eidgenössisches Heer gegen ihn zu Felde zieht. Diese zwei Begebenheiten haben eine tiefe Bedeutung. Sie liefern den Beweis, daß die Schweizer Orte durch eine stärkere Fessel aneinandergeschmiedet sind als durch einen bloßen Vertrag. Es wird in diesen Kämpfen der Versuch unternommen, einen Zwang zu üben, um die Glieder im Verbande festzuhalten und damit an Stelle des Vertrages eine Herrschaft zu behaupten. Und der Versuch gelingt. Zweimal erstreitet die Gemeinschaft den Sieg über die widerstrebenden Sondergewalten. Zweimal überwindet die föderative Autorität die partikuläre Autonomie. Darin zeigt sich, es ist ein neues völkerpsychologisches Phänomen entstanden. Der Wille zur einigen Obrigkeit ist mit der Zeit mächtiger als der Wille zur Sonderfreiheit herangewachsen. Und damit ist der Untergrund gegeben. Der Augenblick ist gekommen, wo eine zentrale und souveräne Verfassung über den Kantonen aufgerichtet werden kann. Der Staatenbund ist zu so fester Einheit gediehen, daß er reif ist, in den Bundesstaat überzugehen.

Nimmt man die Tatsache hinzu, daß auch die Nordamerikanische Union im Sezessionskrieg gezwungen wurde, die Existenz der Bundesgewalt mit den Waffen zu erhärten, so kann man sich der Erwartung nicht verschließen, daß auch die Völkergemeinschaft einen inneren Kampf zu bestehen haben wird, um von der Allianz zum föderativen Staat überzugehen. Möglich aber, daß dieser Kampf sich ohne große Erschütterung vollzieht, wie zur Zeit des katholischen Sonderbundes, und daß im gegebenen Moment die demonstrative Zusammenziehung einer Heeresmacht genügt, um den Widerstand zu brechen und das europäische System endgültig in seine neue Gestalt überzuleiten.

Wie ist die neue Verfassung der Schweiz gebildet?

Die zentralen Kompetenzen und Organe erfahren eine bedeutende Erweiterung.

Der auswärtige Verkehr ist in der Hauptsache föderative Angelegenheit. Die Eidgenossenschaft allein hat das Recht, Krieg zu erklären und Frieden zu schließen, Bündnisse und Staatsverträge einzugehen. Aber die Gemeinschaft hat noch ein weiteres Ziel. Sie hat auch die Rechte und Freiheiten der Bürger zu schützen und ihre Wohlfahrt zu befördern, eine Aufgabe, welche den Keim einer umfassenden wahrhaft staatlichen Tätigkeit in sich trägt.

Bundesversammlung, Bundesrat und Bundesgericht sind die Träger der föderativen Gewalt.

Die Bundesversammlung besteht aus zwei Häusern, dem Nationalrat, der die Vertretung des gesamten Schweizer Volkes ist, und dem Ständerat, einem Staatenhaus, das zwei Delegierte jedes Kantons enthält, sich aber von der Tagsatzung dadurch unterscheidet, daß die Delegierten nicht nach Instruktionen, sondern nach freier Überzeugung stimmen.

Die Bundesversammlung hat namentlich die Befugnis, Gesetze zu geben und Verträge mit fremden Mächten einzugehen, über Krieg und Frieden zu beschließen, die Unabhängigkeit und Neutralität des Landes zu behaupten und staatsrechtliche Streitigkeiten der Kantone sowie Kompetenzkonflikte zwischen den Kantonen und dem Bund zu entscheiden.

Der Bundesrat ist aus sieben Mitgliedern zusammengesetzt, die von den Häusern gewählt sind. Er ist die oberste vollziehende und leitende Behörde.

In dem Moment, wo die Kantone nicht mehr durch einen bloßen Vertrag, sondern durch einen neuen Staat verbunden sind, muß sich auch die Struktur der Organe ändern, welche für die Gemeinschaft handeln. Der föderative ist, wie jeder andere Staat, durch den Willen des Volkes gebildet; und so muß er neben einer Vertretung der Staaten eine Vertretung des Volkes enthalten. Nach solch dualistischem Prinzip ist die Schweizer Bundesverfassung aufgebaut. Nur daß die Vertretung der Staaten unvollkommen ausgeprägt ist. Der Ständerat nämlich erfüllt seine Bestimmung nicht in vollem Maß. Denn seine Mitglieder sind nicht an Instruktionen der Kantone gebunden. Sie haben ein freies, individuelles Stimmrecht und keine Verantwortlichkeit. So ist in Wahrheit der Ständerat ein Staatenhaus nur durch die Art seiner Zusammensetzung, aber nicht durch die Methode seiner Funktionen. Wenn wir dann weiter den Bundesrat betrachten, so erhellt, daß er gar keinen Zusammenhang mit den Kantonen besitzt und daß er deshalb den Charakter der Schweiz als Bundesstaat überhaupt nicht verkörpert. — Ein ähnliches Bild zeigt sich in den Vereinigten Staaten: Wird im Schweizer Ständerat nach persönlicher Überzeugung gestimmt, so gilt dieselbe Norm im Senat der Nordamerikanischen Republik. Und hat der Bundesrat kein föderatives Gepräge, so ist der Präsident der Union in dem gleichen Fall, da er Wahlen des gesamten Volkes entstammt.

Wenn in der Schweizer Bundesverfassung das Schwergewicht auf der Volkseinheit und nicht auf der Staatenmehrheit liegt, so wird sich in der europäischen Föderation eine so rasche Wandlung nicht vollziehen können. Bildet sich einmal ein universeller Bundesstaat, so bedeutet dieses Ereignis schon an sich eine so radikale Umwälzung des internationalen Systems, daß die neue Organisation eine äußerst schonende Form annehmen muß. Der Übergang ist nur denkbar in der Weise, daß die materielle Revolution, die in der föderativen Gestaltung der Welt enthalten ist, bei dem Aufbau der formellen Rechtseinrichtungen durch weite Konzessionen gemildert wird. So werden hier noch lange Zeit die Staaten im Vordergrunde stehen. Die Gemeinschaft wird derart gebildet sein, daß ihnen die stärkere Einwirkung auf die Bundesangelegenheiten zugehört. Mit einem Wort, die neue Formation wird äußerlich mehr einem Bunde gleichen als einem Einheitsstaat. So wird die Exekutive immer noch einem Vorort zukommen und in regelmäßigem Wechsel von dem einen oder anderen Staat ausgeübt werden. Weiter, es wird für eine Periode das Staatenhaus mit höheren Rechten als die Volksvertretung ausgestattet sein: Es ist denkbar, daß es, wie der amerikanische Senat, an wichtigen Funktionen der Exekutive teilnimmt; es ist auch denkbar, daß es ein Veto der Volkskammer gegen seine Gesetzgebung durch einen wiederholten Beschluß neutralisieren kann. Jedenfalls aber wird das Staatenhaus in seiner Struktur der Tagsatzung entsprechen, indem die Länder Boten mit imperativem Mandat entsenden und dadurch in Wahrheit selber mit raten und stimmen. Denn das ist eine Forderung, die aus seinem Wesen folgt.

Der künftige Bundesstaat wird auch das Problem zu lösen haben, in welchem Machtverhältnis Legislative und Exekutive zueinander stehen sollen. Da wird er die Wahl haben zwischen drei Systemen. Möglich ist die Trennung, wie sie in Nordamerika besteht, oder die parlamentarische Verantwortlichkeit, wie sie in der Mehrzahl der modernen Staaten eingeführt ist, oder endlich die Überordnung der gesetzgebenden Gewalt, wie in der Schweiz.[1]) Es ist anzunehmen,

[1]) Burckhardt, Kommentar der Schweizerischen Bundesverfassung vom 29. Mai 1874. 1914. S. 659—670. Dort ist auch die übrige Literatur zitiert.

daß die Entscheidung zugunsten der letzten Alternative fallen wird. Denn die natürliche Rivalität der Staaten und ihre stete Sorge, sich vor einer Hegemonie zu schirmen, wird logischerweise dahin führen, daß man die Autorität des Vorortes, der nach unserer Vorstellung wechselweise einem einzelnen Staat zugehören wird, mit aller Kraft zu beschränken und andererseits die Autorität der gesetzgebenden Gewalt, in der die Staatengesamtheit die leitende Rolle hat, nach Möglichkeit zu heben sucht. Wählt man nun diese Überordnung, so kann sie allerdings nicht durch Rechtssätze allein verwirklicht werden, sondern nur durch Rechtssätze, die belebt werden durch Tradition und politische Kunst. Hier wird die Geschichte der Schweiz wieder eine Fülle wertvoller Erfahrung bieten. Das helvetische Volk ist mit bewunderungswürdigem Geschick, sowohl im Bunde wie in den Kantonen, der Aufgabe Herr geworden, zwei Gewalten im Verhältnis der Abhängigkeit zu errichten, ohne jedoch die eine aller Freiheit zu berauben und zu einem gefügigen Werkzeug der anderen herabzusetzen. Die richtige Belastung der Wage konnte nur durch ein politisches Feingefühl gefunden werden, wie es eben eine Nation erwerben mag, die durch eine Demokratie von mehr als einem halben Jahrtausend geschult worden ist.

Wird aber dieses Prinzip der Überordnung verwirklicht, so belebt man damit wieder die Institutionen der Vergangenheit. Indem man das Schwergewicht der Gewalt auf den gemeinsamen Kongreß überträgt, schafft man eine Verteilung der Macht, wie sie in der alten Bundesordnung bestanden hat.

Wir sind am Ende. Wir haben den Weg verfolgt, den die Eidgenossen zurückgelegt haben, um zu staatlicher Einheit aufzusteigen. Dieser Weg ist nicht immer folgerichtig gebaut. Zuweilen verliert er sich oder geht zu rasch hinan, so daß er ein neues Tal durchqueren muß. Aber trotz solcher Verirrungen, die in der Geschichte unvermeidlich sind, ist er eine wertvolle, mehr noch, die einzige Bahn, die von einer Völkergruppe in kunstreichen und langsam ansteigenden Linien nach jenem Ziel gebaut worden ist.

Der Weg zerfällt in einzelne Stadien. Und durch diese gleichen Stadien muß auch die Entwicklung der Völkergemeinschaft gehen. Denn kann auch der Prozeß nicht identisch sein und bedingt die Natur der Sache manche Verschiedenheiten, so wird der Fortschritt der internationalen Sozietät dennoch im wesentlichen parallel verlaufen, weil sich hier das gleiche Problem, nur in einem größeren Rahmen, wiederholt.

Überblicken wir das Ergebnis noch einmal, und fassen wir in kurzer Übersicht den Plan zusammen, den wir für die Bildung des Staatenverbandes gewonnen haben.

Am Anfang der Evolution steht ein System von Sonderbünden, gerichtet auf Schiedsgerichtsbarkeit und wechselseitige Hilfe zur Verteidigung des Rechtes. Dieses System ist im vorhergehenden Kapitel geschildert worden. Es kann sogleich verwirklicht werden, wenn es auch nicht von Anbeginn alle Länder umschließt.

An diese Phase reihen sich andere, die eine stetige Konzentration bedeuten.

Der erste Schritt ist die Einrichtung einer regelmäßig tagenden Konferenz der Staaten. Es gibt hier noch kein Prinzip der Majorität. Die Beschlüsse kommen durch freie Vereinbarung zustande. Die Verhandlungen werden durch Boten geführt, die streng an ihre Mandate gebunden sind.

Später wird diese rudimentäre Ordnung erweitert. Die Entscheidung nach Mehrheit wird eingeführt. Vielleicht wird auch eine erhöhte Mehrheit gefordert, wenn besonders wichtige Angelegenheiten in Frage stehen. Jeder Staat hat ein gleiches Stimmrecht. Oder auch es gilt eine andere Form, die allerdings der Natur eines Bundes weniger entspricht: Das Stimmrecht wird nach der Bedeutung der Staaten abgestuft. Die Entscheidung nach Mehrheit kommt indessen nicht mit absoluter Geltung von einem Augenblick zum andern auf, sondern erobert in vorsichtiger Ausdehnung Gebiet um Gebiet. Sie wird zuerst in rein technischen Angelegenheiten, in Fragen der internationalen Verwaltung angewendet und berührt nur in langsam fortschreitender Entwicklung den Kreis der hohen Politik.

Die Kompetenz der Gemeinschaft ist in steter Ausdehnung begriffen: Die innere Ordnung wird durch gemeine Satzungen geregelt. Wie weit sie gehen, das bestimmt sich nach dem Maß der übereinstimmenden Interessen und nach der Stärke des Gemeingeistes. Die Grenzen sind darum beweglich. — Für den auswärtigen Verkehr gelten bestimmte Regeln, die allerdings zum größten Teil nur so lange von Bedeutung sind, als der Verband noch nicht alle

Staaten umfaßt. So entscheidet die Gesamtheit über Krieg und Frieden. So ist der diplomatische Verkehr gemeinsame Angelegenheit. — Was endlich den Bestand der Genossenschaft selber angeht, so ist der Kongreß befugt, gegen innere oder auswärtige Bündnisse einzelner Mitglieder Widerspruch zu erheben, wenn er darin eine Gefahr für die allgemeine Ruhe und Wohlfahrt sieht. Niemals aber wird ein Staat gezwungen, einem Bündnis beizutreten, das die anderen beschließen.

In diese Periode fällt auch die Entstehung eines Vorortes. Ein Staat ist mit dem Präsidium betraut. Er hat eine förmliche Leitung der Geschäfte. Und er ist Sprecher der Gemeinschaft. Er ist also nicht befugt, einen selbständigen Entschluß für sie zu fassen. Vielmehr, er hat nur die Aufgabe, die Verhandlung der inneren und auswärtigen Angelegenheiten zu vermitteln und den Willen des Verbandes kundzutun. — Ein Staat nach dem andern ist Vorort. Das Präsidium wechselt in regelmäßigen Zeitperioden seinen Inhaber. Und hier gilt unter den Staaten entweder volle Gleichberechtigung oder es wird denjenigen Staaten ein besseres Recht zuteil, welche eine höhere Machtstellung besitzen oder doch eine besondere Autorität, weil sie die ursprüngliche Gemeinschaft gegründet haben, aus welcher der Bund hervorgegangen ist. Bei diesem System haben die bevorrechtigten Staaten nacheinander die leitende Rolle für sich allein. Die übrigen Staaten bilden Gruppen, von denen jede, wenn die Reihe an sie kommt, das Präsidialrecht in der Weise ausübt, daß sie aus ihrer Mitte einen Genossen wählt, der die Funktion in ihrem Namen übernimmt. Mit der Zeit gewinnt der Vorort eine größere Kompetenz. Er erwirbt zuerst in engen, dann in immer weiteren Grenzen das Recht, selbständig für den Bund zu handeln.

Indem sich die Völker durch gemeinsame Institutionen immer fester aneinanderschließen, entfaltet sich unter ihnen der Geist der Gleichheit. Dieses moralische Band befähigt sie, die Konflikte religiöser, ökonomischer und konstitutioneller Natur zu überwinden, durch welche sie mit Notwendigkeit einmal erschüttert werden. Und sind die Völker von dem Willen zur Gleichheit belebt, dann entgehen sie auch der Gefahr, welche so leicht aus einer Staatenverbindung erwächst, der Hegemonie. So zieht die Evolution, auch von seelischen Kräften gefördert, ihres Weges weiter. Vielleicht hält sie nicht immer geregelten Schritt und übereilt sich zuweilen. Vielleicht nähert sie sich der Einheit allzu rasch, bevor ihr noch psychologisch ein sicherer Boden bereitet ist. Dann muß sich eine Rückbildung vollziehen und die Arbeit von neuem beginnen.

Ein anderer Fortschritt besteht darin, daß die Sonderbünde, die auf Schiedsgerichtsbarkeit und Schirm des Rechtes gehen, in einen allgemeinen Vertrag zusammengezogen werden. Wie zur Zeit der isolierten Allianzen, so entscheidet auch jetzt ein Kongreß der Staaten über die Konflikte. Es handelt sich also nicht um eine neue Schöpfung, sondern nur um eine neue Willenstat, indem sich die Völker zu einem gleichen Entschluß vereinen. — Der allgemeine Schiedsvertrag regelt auch die Sanktion. Aber nicht von Anfang in der Form, daß die Streitkräfte der Führung des Bundes unterstellt werden, sondern vorläufig nur in der Art, daß die Mächte wie freie Verbündete nebeneinander stehen und getreu dem beschworenen Vertrag, aber in eigener Heerführung das Recht beschirmen.

Ist der Bund in diesem Verfahren ausgebaut, ist er in immer größerer Vollkommenheit gestaltet und sind die seelischen Mächte gefestigt, die ihn beleben, so kommt endlich der Zeitpunkt, wo er in einen föderativen Staat übergeleitet werden kann. Der kritische Moment ist derjenige, wo der Wille zur einigen Obrigkeit mächtiger als der Wille zur Sonderfreiheit herangewachsen ist. Freilich, es besteht die Wahrscheinlichkeit, daß die Völkergemeinschaft zuvor noch einen inneren Kampf zu bestehen hat, um den Einheitsgedanken zu erproben. Wenn sie aber aus dieser Prüfung siegreich hervorgegangen ist, dann vermag sie die Tat mit Sicherheit zu vollbringen.

Die neue Verfassung enthält, der Natur des Bundesstaates entsprechend, eine Vertretung der Staaten und eine Vertretung des Volkes. Um indes den Wechsel in schonender Form zu vollziehen, wie es für die Stabilität des Werkes notwendig ist, wird das Schwergewicht der Macht zunächst in die Vertretung der Staaten verlegt. Der föderative Charakter wird der Verfassung tiefer eingeprägt als der unitarische. So ist die Exekutive immer noch einem Vorort übertragen und wird in regelmäßigem Wechsel von dem einen oder anderen Staat geübt. So ist auch für eine Periode das Staatenhaus mit höheren Rechten als die Volksvertretung begabt.

Jedenfalls bleibt das Staatenhaus nach dem Vorbild der Tagsatzung gebaut, indem die Mitglieder Boten mit imperativem Mandat entsenden und dadurch in Wahrheit selber mit raten und stimmen. — Um die Hegemonie zu vereiteln und die Gleichheit zu stärken, ist die gesetzgebende Gewalt der vollziehenden übergeordnet.

Nachdem in dieser Weise der Prozeß in seiner Quintessenz dargestellt und von den historischen Zufälligkeiten geläutert ist, die dem ureigenen Leben der Eidgenossen entstammen, wird offenbar, daß er eine innere Wahrheit besitzt. Der Fortschritt der Entwicklung, den wir abstrahiert, hat eine immanente Logik.

Der Prozeß ist in drei Perioden gegliedert. In einer ersten Periode geht aus isolierten Allianzen eine universelle Institution hervor. Es ist ein regelmäßig tagender Kongreß, der einstimmige Beschlüsse faßt. Hier ist der völkerrechtliche Bund in seiner reinsten Gestalt verkörpert. In einer zweiten Periode treten Formen auf, die bereits ein staatliches Gepräge haben: Es gilt das Prinzip der Majorität. Es wird ein Vorort gebildet, der, zuerst mit einem formellen Präsidium betraut, allmählich materielle Kompetenzen an sich bringt. Es entsteht endlich eine Jurisdiktion des Verbandes über streitende Genossen. Erst in einer dritten Periode tritt eine politische Kraftverschiebung ein, die den Bund in einen föderativen Staat verwandelt. Diese Revolution wird aber dadurch gemildert, daß die staatlichen Elemente in dem neuen System das Übergewicht erhalten. Die große Neuerung im politischen Bau wird gemäßigt durch einen langsameren Fortschritt der Regierungsformen.

Hier wie überall geht der Prozeß in organischer Entwicklung voran. Da ist nirgends ein jäher Bruch mit der Vergangenheit. Wird ein Band zerrissen, so bleibt ein anderes erhalten. Es sind immer leise und vorsichtige Übergänge, die den Fortschritt vermitteln. So wird der allgemeine Bund durch Sonderbünde vorbereitet. So erobert das Prinzip der Majorität nur langsam eine Sphäre nach der andern. Die Gemeinschaft erweitert ihre Kompetenzen Schritt für Schritt. Ebenso der Vorort. Erst wenn der Bund ein bestimmtes Maß der Festigung erreicht, übernimmt er selbst die Schiedsgerichtsbarkeit, die bisher nur eine partikuläre Institution unter einzelnen Mitgliedern gewesen. Der Bundesstaat endlich wird erst in dem Moment gegründet, wo der Gedanke der Einheit seine endgültige Probe in den Wechselfällen der Geschichte bestanden. Und er wird auch dann nur gegründet in der Form, daß er mit seinen Institutionen an die Vergangenheit gefesselt bleibt.

Halten wir an dieser Einsicht fest. Die Völkergemeinschaft kann nicht erstehen durch einen kühnen Einfall, durch eine glückliche Formel. Sie kann nur vollendet werden durch einen kunstreichen, langsam und methodisch arbeitenden Mechanismus. Hier tut sich ein ewiges Gesetz der Geschichte kund. Je tiefer die Wurzeln, um so stärker der Baum. Die Urtypen staatlicher Verfassung, die wir heute besitzen und um die sich alle politischen Bildungen wie Variationen ranken, nämlich die parlamentarische Monarchie in England und die Demokratie mit abhängiger Exekutive in der Schweiz, ruhen auf einer Erfahrung von Jahrhunderten. Die Völkergemeinschaft wird sich diesem Gesetz nicht entziehen können. Nur wird ihr Fortschritt verhältnismäßig rascher vor sich gehen. Denn er wird sich mit deutlicherem Bewußtsein und mit besserer Ordnung vollziehen als die Verfassungsarbeit eines Volkes. Sind doch die Nationen, die den Weg ihrer Verbindung suchen, schon in sich selbst fertige Organismen, fähig zu wollen und zu handeln. Sind sie doch von Staatsmännern geleitet, die imstande sind, die Vorteile des Zusammenschlusses systematisch zu erwägen und die Annäherung in logischer Methode zu vollziehen. So sind die Bedingungen günstiger, als wenn elementare Kräfte walten.[1])

Aber im letzten Grunde wird der Impuls auch hier von den Völkern gegeben. Denn bei ihnen liegt der Ursprung aller staatsbildenden Kraft. So ist das europäische System in seinem tiefsten Sinn ein Problem der Völkerpsychologie.

Dieses Problem zu erörtern, muß unsere letzte Aufgabe sein.

---

[1]) Vgl. Oppenheim, Die Zukunft des Völkerrechts. Festschrift für Binding. 1911. Bd. I. S. 190.

Fünftes Kapitel.

Die Weltordnung durch den Willen zum Recht.

Wir haben uns bisher mit der Struktur der Institutionen beschäftigt. Wir haben Formen geschmiedet und ausgefeilt. Aber mit ihnen ist das Problem noch nicht gelöst. Wie es keine Verfassungen gibt, die mit mathematischer Notwendigkeit die Freiheit eines Volkes begründen, so gibt es auch keine Staatenverträge, welche die unbedingte Garantie des Rechtes in sich bergen. Nur Götter können sich demokratisch regieren, hat der Philosoph des Contrat Social ausgerufen. Und man muß hinzufügen: Nur solche Nationen können eine Weltordnung bauen, die das Ideal des Rechtes in sich tragen.

Das Ideal des Rechtes. Wenn die Forderung aufgestellt wird, daß es die Welt erfülle, so ist damit gesagt, daß es um seiner selbst willen die Herrschaft erringen soll. Es darf mit keiner Nützlichkeitserwägung verkettet sein. Es muß verfolgt werden ohne Rücksicht auf ein Ziel. „Trachtet allererst nach dem Reiche der reinen praktischen Vernunft und nach seiner Gerechtigkeit.“ So sagt der Philosoph des Ewigen Friedens. Dieses Axiom von Kant gilt auch für das Recht unter den Nationen.

Das kann auch gar nicht anders sein. Denn die Sachlage ist im Völkerrecht eine andere, als im staatlichen Recht: Die Verfassung eines Gemeinwesens wächst aus der Vergangenheit hervor und ist von geschichtlicher Erfahrung eingegeben. Man achtet ein Grundgesetz, man hält einer Regierungsform oder einem Herrscherhaus die Treue, weil sie sich bewährt und Gutes für das Land geschaffen haben. Einen solchen Ursprung kann die Organisation der Welt nicht besitzen. Denn sie soll erst entstehen und aus rudimentären Anfängen ihre Entwicklung beginnen. Sie kann deshalb nur durch die Wahrheit belebt werden, die in ihr selber liegt.

Das ist ihre einzige Kraft. Entscheidend für ihren Fortschritt ist also nur die Argumentation, daß sie die Gerechtigkeit gewährleistet, und zwar aus dem Grunde, weil sie kraft ihrer Form die sicherste Bedingung für eine unparteiliche und unanfechtbare Lösung aller Streitigkeiten enthält. Es ist also eine ganz abstrakte Kombination, durch die das neue System geschaffen wird. Sie ist derjenigen ähnlich, aus welcher die Naturrechtslehrer den Staat hervorgehen ließen. Wie nach jener Doktrin die isolierten Individuen einen Vertrag miteinander schlossen, um das Recht und nur das Recht allein zu schirmen, so vereinigen sich jetzt die Staaten, um ihrerseits eine Norm unter sich zu behaupten. Nur daß der Vertrag in dieser neuen Gestalt keine Utopie bedeutet. Denn er wird nicht gegründet von einer unorganisierten, keines einmütigen Willens fähigen Menge von Kontrahenten; vielmehr, es stehen sich nur wenige Parteien gegenüber, die schon zu staatlichen Körperschaften ausgebaut, mit Organen versehen und eben deshalb in ihren Entschlüssen nicht von blindem Zufall abhängig, sondern imstande sind, nach festen und vernünftigen Grundsätzen zu handeln.

Aber wenn auch die Staaten selbst die Spieler in diesem neuen Akt der Weltgeschichte sind, so empfangen sie doch Leben und Geist von ihren Völkern oder, besser gesagt, von der stärkeren Mehrheit, die das bestehende Regiment aufrecht hält. Die Taten der politischen Gemeinwesen sind im letzten Grunde die Taten der Völker. Sollen deshalb die Staaten nach dem Ideal des Rechtes handeln, so ist die psychologische Voraussetzung immer die, daß ihre Völker ihnen den Impuls in dieser Richtung geben, daß ihre Völker sich zu diesem Ideal bekennen und gewillt sind, dafür einzustehen.

Damit fließt die Entwicklung zum Weltrecht mit einer anderen und allgemeineren zusammen, mit dem ethischen Fortschritt der Menschheit überhaupt. Nur wo Sitte, Moral und Religion sich festigen, da entfaltet sich auch die Idee der Gerechtigkeit. Alle geistigen Mächte sind in ihrem Schicksal aneinander gebunden. Und so ist unser Problem in seinem tiefsten Grunde identisch mit dem Kulturproblem in seinem weitesten Sinn.

Nun vermögen wir ihm freilich s o w e i t nicht zu folgen. Denn dadurch würden wir den Rahmen einer völkerrechtlichen

Abhandlung sprengen. Nur so viel sei gesagt, daß die ethische Vervollkommnung der Völker in unseren Tagen wahrhaft voranschreitet. Wir leben in einer Zeit, in der sich eine große religiöse Sehnsucht offenbart und in der sich die Nächstenliebe vertieft und veredelt. Das haben wir schon im soziologischen Teil dieser Arbeit betont.

Wenn wir aber auch erkennen, daß die Stärkung des Völkerrechtes Hand in Hand geht mit der Stärkung der anderen ethischen Gewalten, so vermögen wir trotzdem in beschränkten Grenzen individuelle Ursachen zu entdecken, die gerade die Rechtsidee unter den Nationen fördern. Diese motivierenden Kräfte hervorzuheben und auf ihre Festigung zu sinnen, gehört noch zu der Aufgabe, die wir uns gestellt.

Da ist einmal einer wichtigen Wechselwirkung zu gedenken. Wenn die Rechtseinrichtungen unter den Völkern und namentlich die Schiedsgerichtsbarkeit ihren Beruf mit Trefflichkeit erfüllen, so wird damit die Tendenz zur internationalen Organisation gestärkt. Man bedenke, welch mächtige Wirkung auf die Psychologie der Völker ein Urteil hervorrufen kann, das in einem verhängnisschweren, viele Staaten gefährdenden Konflikt ergeht und durch die überzeugende Kraft seiner Wahrheit alle Parteien zu befriedigen weiß. Durch ein solches Urteil wird ein wahrer Enthusiasmus für den Rechtsgedanken erzeugt; der Geist der Gerechtigkeit gräbt tiefere Furchen in das Leben der Völker denn bisher. Dadurch wird der Ausbau der universellen Institutionen gefördert, und so entsteht ein Kreislauf, der das Rechtsleben in immer stärkere Schwingung versetzt.

Es ist weiter zu erwägen, daß die Wissenschaft, die Literatur und Kunst einen bedeutsamen Einfluß üben können. Einzelne Persönlichkeiten haben hier ein weites und dankbares Feld der Tätigkeit. Männer von Charakter und Autorität werden imstande sein, die Vorstellungen ihrer Zeitgenossen umzugestalten. Aber auch ganze Organisationen können sich in den Dienst der großen Sache stellen. Schule und Universität haben den Beruf, die neuen Generationen mit dem Ideal der Gerechtigkeit zu erfüllen. Sie werden diese Aufgabe lösen, indem sie Begeisterung für edle Beispiele wecken. Das ist aber nur möglich, wenn sie die Geschichte in dem Geist zu deuten wissen, daß nicht die kriegerische Großtat den wahren Ruhm in sich trägt, sondern vielmehr die Treue, die dem gegebenen Wort geleistet wird. Großes vermag auch die römische Kirche zu vollbringen, ihrer Universalität, ihrer Selbständigkeit halber und weil sie im letzten Jahrhundert wieder zu einer Höhe geistiger Macht emporgestiegen ist, die sie in früheren Tagen kaum erreicht. Gelingt es ihr, zum Sieg des Rechtes unter den Völkern beizutragen, so wird sie auch in neuer Zeit den Ehrentitel haben, eine der ersten Kulturmächte in der Welt zu sein.

Aber es gibt noch einen andern Weg, um den Nationen den Kult des Rechtes einzugeben, und er ist der geradeste, der sicherste von allen. Will man, daß die Nationen das Recht *ihrer Gemeinschaft* heilig halten, so beginne man damit, den Staat *in seinem inneren Leben* an das Recht zu binden. Nur dann werden sich die Menschen von der Verpflichtung des Staates durch das Völkerrecht überzeugen, wenn sie an sich selbst gewahr werden, daß der Staat Grenzen seiner Allmacht findet, wenn sie also selber Rechte besitzen, die sie gegen den Staat verfechten können. Mit einem Wort, der Glaube an das Völkerrecht wird sich in demselben Maß entwickeln, als die Untertanenrechte eine Ausdehnung und Sicherung erfahren.

Aber da wird man die Frage stellen: Leben wir denn nicht in einer Zeit, welche die Untertanenrechte auf den Schild erhebt? Gewiß. Aber das System ist fern von seiner Vollendung und harrt des Fortschritts. Denn einmal, die Untertanenrechte sind bisher unvollkommen ausgebaut und ohne begriffliche Schärfe umrissen. Wo eine Verfassung sie gewährleistet, da spricht sie nur in wenigen unbestimmten Formeln. Der Gedanke ist nirgends voll durchdacht und deutlich ausgeprägt. Dazu kommt ein anderes. Mangelhaft, wie der Inhalt der Untertanenrechte, ist auch die Garantie, mit der sie ausgestattet sind. Denn sollen sie in Wahrheit gesichert sein, so ist es notwendig, daß ihnen ein vollständiger und unbezweifelter Rechtsgang offensteht, um sie vor der Willkür sowohl der Regierung als auch der Gesetzgebung zu schützen. Fragen wir indes, ob die modernen Staaten diese Forderung erfüllen, so sehen wir, daß die administrative Jurisdiktion noch lange nicht ihre volle Ausbildung gewonnen und daß es kaum Verfassungen gibt, welche den Untertanenrechten richterlichen Schutz gegen den

Mißbrauch der Gesetzgebung gewähren. Dieser letzte Mangel hat einen tieferen Grund. Er hängt mit den fundamentalen Prinzipien staatlicher Struktur überhaupt zusammen. Wo eine Verfassung sich auf dem Dogma der Volkssouveränität erhebt, da ist es logisch, daß sie die Gesetzgebung dem Volk oder seinem Vertreter, einem Parlament, überträgt. Die Konsequenz führt weiter dazu, der Legislative, also dem Volk oder dem Parlament, eine Autorität über die Exekutive zu geben. Und das kann wieder in doppelter Art geschehen: Entweder in einer primitiveren Form, in der die vollziehende Gewalt der Nation oder dem gesetzgebenden Rat zu Gehorsam verpflichtet ist. Rousseau hat diese Subordination gefordert, und sie ist heute in der Schweiz verwirklicht, wenn auch gemildert durch politisches Feingefühl. Oder auch, das gleiche Ziel kann erreicht werden in der kunstreicheren Form der parlamentarischen Regierung, die in England entstanden und dort allerdings nicht dogmatisch erdacht, sondern durch das Leben gestaltet worden ist. Hier hat das Parlament die höchste Macht, wenigstens in der Periode nach den Wahlen, die es wieder mit der Nation identifizieren. Und das Ministerium muß sich deshalb im Fall des Konfliktes vor dem neu berufenen Parlament zurückziehen. In all diesen Verfassungen ist ein Schutz der Untertanen gegen die Gesetzgebung undenkbar. Vereinigt doch der Träger der Gesetzgebung begrifflich alle Herrschaft in seiner Hand. Wo aber ein Staatsrecht nicht von der Volkssouveränität eingegeben ist, sondern konstitutionellen Charakter hat, da ist wieder kein Raum für einen Schutz jener Art. Denn hier steht die Fülle der Gewalt grundsätzlich dem Monarchen zu. Er ist wohl durch eine Volksvertretung beschränkt, er kann aber keinen Richter anerkennen, der die Verfassungsmäßigkeit seines Willens zu prüfen hätte. Bleibt endlich die Staatsform, die nicht das Schwergewicht nach einer Seite legen, sondern nach der Lehre von der Trennung und Hemmung der Gewalten ein Gleichgewicht begründen will. Mit ihr steht es anders. Sie ermöglicht eine Verfassungsgerichtsbarkeit, welche den Einklang der Gesetze mit den Untertanenrechten prüft und sichert. Eine solche Einrichtung widerspricht dem Wesen dieser Staatsform nicht, sondern verwirklicht es gerade in vollem Maß. Die Nordamerikanische Union ist hier das typische Beispiel. Sie schirmt den individuellen Rechtskreis gegen die Legislative, indem sie das Bundesgericht damit betraut, die Gesetze auf ihre Verfassungsmäßigkeit zu prüfen und ihnen im Fall des Widerspruchs die Anwendung zu versagen.

So kommen wir zu dem Ergebnis, daß ein enger Zusammenhang besteht zwischen der Freiheit der Bürger und der Freiheit der Staaten, zwischen dem Untertanen- und dem Völkerrecht. Nicht nur historisch ist aus dem einen Gedankenkreis der andere hervorgewachsen, indem die französische Revolution die aus Nordamerika übernommene Lehre von den Menschenrechten in die Völkerwelt übertrug und daraus die Selbstbestimmung, die Freiheit und Gleichheit der Staaten — das Fundament aller internationalen Normen — deduzierte. Auch psychologisch entsteht eine Ideenwelt aus der andern. In der Achtung der Bürgerrechte liegt der Keim zur Achtung der Staatenrechte. Und damit ist der Weg gezeichnet, auf dem die Menschheit ihrer rechtlichen Vollendung teilhaftig werden kann.

Es ist folglich eine staatsrechtliche Errungenschaft, auf die es ankommt und der sich die völkerrechtliche anschließen wird. Diese Errungenschaft wird progressiv zu verwirklichen sein. Denn wie das internationale System sich in natürlichem Fortschritt entfalten soll, so auch das staatsrechtliche, das sein Komplement bildet. Es ist also die Erwartung auszusprechen, daß die Untertanenrechte organisch entwickelt und durch immer wachsende Garantien vor der Willkür der Regierung und Gesetzgebung sichergestellt werden. Nun ist der Ausbau der Rechtsprechung in Verwaltungssachen schon heute ein Prinzip, das keiner Anfechtung unterliegt und einer reichen Zukunft entgegengeht. Was freilich die Verfassungsgerichtsbarkeit betrifft, so bietet sich größere Schwierigkeit. Sie paßt nicht in jeden staatlichen Bau. Aber es ist nicht notwendig, daß die Garantie, um die es sich handelt, gerade in der mathematisch exakten Form der Verfassungsgerichtsbarkeit geleistet wird. Sie kann sich auch, allerdings in geringerer Vollkommenheit, durchsetzen mit rein politischer Kraft, und dann ist sie auch möglich in Staaten, die nicht auf das Gleichgewicht der Gewalten gestimmt sind. So wird in Demokratien mit abhängiger Exekutive und in parlamentarischen Monarchien der Schutz bei dem allbeherrschenden Volke selber liegen, wenn es bei seinen Beschlüssen und Wahlen seine Stimme zur Verteidigung von Freiheitsrechten erhebt. So wird in konstitutionellen Monarchien eine Sicherheit in der Dualität und der daraus folgenden Bindung der gesetzgebenden Gewalt zu finden sein.

Ist nun der große psychologische Fortschritt getan, sind die Völker in ihrem innern und deshalb auch in ihrem Gemeinleben von dem Ideal des Rechtes erfüllt, dann ist die Kraft erzeugt, um das große Werk zu vollbringen. Dann wird eine Verfassung die Welt umschließen. Sie wird entstehen durch den Willen der Völker. Zwar nicht durch ihren vernünftigen Willen, geleitet durch weise Abwägung der Interessen; denn dieses Motiv versagt im Kampf der politischen Wirklichkeit. Sondern durch ihren ethischen Willen. Dieser Prozeß aber wird seinen Höhepunkt erreichen, wenn sich einmal die Völker in freier Tat zum föderativen Staat vereinen. Sie können dieses Werk vollbringen, wenn sie nur dazu entschlossen sind. Denn wie der besondere, so entsteht auch der allgemeine Staat durch den Willen der Zusammengehörigkeit. Das Phänomen ist das gleiche. Die Selbstbestimmung der Bürger tut sich hier in ihrem weitesten Rahmen kund. Das Prinzip der Nationalitäten erreicht seine höchste Vollendung.

Ein letztes Mal schweift unser Blick zu dem Bergvolk hinüber. Durch den Rechtswillen ist die Eidgenossenschaft entstanden. Das ist ihr edelster Titel. Das Schweizer Volk hat eine wunderbare Geschichte. Verfolgt man sie von dem ewigen Bund der Waldstätte bis zur Gründung des föderativen Staates, so weiß man nicht, was man höher preisen soll: ihre Logik oder ihr Glück. Man hat von einer göttlichen Fügung gesprochen. Man kann aber deutlicher sagen: Die helvetische Nation hat ihren Segen und ihre Kraft darin gefunden, daß sie aus dem Kampf um ihr gutes Recht hervorgegangen ist. Andere Staaten sind durch Eroberung gegründet. Die Eidgenossenschaft aber ist durch den Rechtsgedanken ins Leben gerufen. So kann das Schweizer Volk den um die Eintracht ringenden Nationen der Welt ein Beispiel sein, nicht nur durch die Technik mancher Institutionen, sondern auch durch den Geist, in dem es sich zusammengefunden. Seine Geschichte enthält wie in einem Mikrokosmos die Lösung der großen Frage, mit der sich heute das Universum beschäftigt.

Beschluß.

Wir haben ein System der Schiedsgerichtsbarkeit und einen Plan der universellen Föderation entworfen. Wir sind dabei auf eigener Bahn vorangeschritten. Trotzdem haben wir die Doktrinen früherer Jahrhunderte nicht verleugnet. Wir haben nicht mit der Vergangenheit gebrochen. Im Gegenteil, wir haben fast überall an die älteren Ideenreihen angeknüpft, so daß unser Projekt in der großen Hauptsache eine Synthese der historischen Doktrinen bildet. Dies ist der Fall, nicht nur wenn wir die Institutionen konstruktiv gestalten, sondern auch wenn wir die Frage erheben, welcher Geist sie erfüllen und ihnen die Gewähr des Lebens mitteilen soll.

Blicken wir zuerst auf die Form der Institutionen. Es zeigt sich hier deutlich der Zusammenhang unserer Theorie mit den älteren Lehren. Der Gedanke eines Bundes, der die Staaten zur Sicherung des Rechtes umfaßt, hat ein ehrwürdiges Alter. Er entsteht in dem Augenblick, wo sich die Vorstellung des mittelalterlichen Weltreiches verflüchtigt und souveräne Gemeinwesen einander gegenübertreten. Er findet sich bei Dubois, steigert sich bei dem Abbé de Saint-Pierre zur Vorstellung eines Bundesstaates und durchzieht seither alle Systeme bis auf unsere Zeit. Als Organ der europäischen Föderation erscheint von Anfang ein Gesandtenkongreß, der schon bei Sully als Schiedsgericht tätig wird. Die Auffassung, daß die Richter an ein imperatives Mandat gebunden sein und dadurch in Wahrheit als die Sprecher der verbündeten Staaten auftreten sollen, ist bei dem Abbé de Saint-Pierre ausgesprochen. Das Projekt einer Sanktion endlich geht auf Dubois zurück.

Wenden wir uns dann zu den idealen Prinzipien. Das mittelalterliche Weltreich hat uns den Glauben überliefert, daß die

Völker sich zur staatlichen Einheit fügen sollen, um ihre hohe Bestimmung zu erfüllen. Den Systemen der europäischen Hegemonie haben wir den Gedanken entnommen, daß sich der Fortschritt zur universellen Föderation unter der Führerschaft von Nationen vollziehen wird, die eine Autorität unter ihresgleichen haben. Nur daß wir diesen Satz in einem übertragenen Sinn verstehen; denn diese Nationen, so fordern wir, müssen ihre Autorität darauf gründen, daß sie das Ideal des Rechtes in einer höheren Vollkommenheit verkörpern. Es ist das eine Gedankenreihe, die auch Kant ausgeprägt hat. Gehen wir weiter: Das Projekt des Königs Podiebrad trägt die demokratische Idee als gestaltende Norm in die Gemeinschaft der Völker. Der Abbé de Saint-Pierre gibt der europäischen Ordnung ein soziologisches Fundament; er gründet sie auf die Vernunft, auf das wohlverstandene Interesse des menschlichen Geschlechts, eine Argumentation, die sich bei Bentham, bei Kant und den Männern der Revolution wiederfindet. Der englische und namentlich der deutsche Philosoph leiten endlich die Lehre auf ihren Gipfelpunkt, indem sie ihr sittlichen Charakter geben. Und damit verbindet sich wieder eine andere Bewegung, welche dieser nahe verwandt: Es ist der Aufstieg der Rechtsidee, die schon in der Lehre vom wahren Gleichgewicht erschienen ist und sich in der Revolution, in der Nationalitätentheorie und in der Bewegung zur Schiedsgerichtsbarkeit immer mächtiger Bahn gebrochen. Hier wie überall findet sich die Bestätigung, daß die geistigen Elemente unseres Systems den Lehren der Vergangenheit entstammen, daß sie in der Dogmengeschichte der universellen Verfassung enthalten sind. Vollends die Erkenntnis, daß sich der Wille zum Völkerrecht Hand in Hand mit dem inneren Rechtsfortschritt des Staates entfaltet, ist schon in der Philosophie von Kant und in der Revolution ausgesprochen, nur daß hier die Republik und die Volkssouveränität, nicht wie in unserer Darstellung die Untertanenrechte als Ziel der Entwicklung aufgestellt werden.

Unser System ragt mit seinen Grundmauern tief in die Geschichte. Das ist wertvoll für die Stabilität der Konstruktion. Die Gewähr ist um so bedeutsamer, als der historische Prozeß sich selbst organisch, nach immanenten Normen entwickelt hat und dadurch eine größere Sicherheit in sich trägt. Die universelle

Verfassung hat nämlich in dreifacher Richtung einen Fortschritt getan: Sie ist von der monarchischen und aristokratischen Form zur demokratischen übergegangen, die einzig der Gleichheit der Staaten entspricht. Sie hat sich von der utilitären zur moralischen Wertung der Völkergemeinschaft erhoben. Sie hat endlich den Machtgedanken immer mehr durch das Rechtsideal überwunden. Gleichzeitig ist aber diese Bewegung wieder als ein Kreislauf zu deuten. Die moderne Tendenz ist eine Rückkehr zum Mittelalter. Denn sie strebt von neuem in idealistischem Gedankenflug nach der staatlichen Einheit der Völker. Zwar die Form ist eine andere. Aber der Grundgedanke ist der gleiche. Dieses Phänomen der Gravitation mag seinerseits die Überzeugung stärken, daß es einen Fortschritt zur universellen Verfassung gibt und daß er sich in den Bahnen eines ehernen Gesetzes bewegt. Wenn wir hier an eine Vorsehung glauben, so bekennen wir uns nur zu einer Kantischen Idee.

Das führt uns zu einer letzten Erwägung:

Wir haben in den Fäden der Weltgeschichte eine ewige Norm zu entwirren gesucht, die zur Weltverfassung leitet. Gibt es eine ewige Norm dieser Art? Erhebt sich die Menschheit in stetig aufsteigender Linie der Entwicklung nach einem letzten Höhepunkt, wo das Recht über die Gewalt triumphiert? Hier sei an eine Wahrheit erinnert: Nur der kann Geschichte schreiben, der einen Glauben hat. Geschichte schreiben heißt nicht, eine Chronik von Ereignissen zusammenstellen. Geschichte schreiben heißt, die Gedanken ergründen, nach denen die Völker ihr Schicksal fügen. Darum legt man in die Geschichte, die man schreibt, seinen Charakter, nicht sein Wissen allein. Freilich, man kann die Ideen der Weltverfassung, welche die Jahrhunderte durchziehen, stetig wiederkehrende Utopien schelten, die wieder in das Nichts zerfallen. Aber man kann sie auch deuten als die Glieder einer fortlaufenden Kette, als die Meilensteine eines Weges, der nach einem sicheren Ziele führt. Man kann auf einen Fortschritt der Menschheit vertrauen. Man kann an einen Sieg des Völkerrechtes glauben.

Die Erde läuft um ihre Achse. Sie wechselt zwischen Tag und Nacht. Aber gleichzeitig sucht sie ihren Weg durch die Gestirne und wandelt ihre Sonnenbahn. Ähnlich in der geistigen Welt. Auch in der Geschichte kehren Licht und Schatten wieder. Auf die Zeit der Erkenntnis folgt die Zeit der Verblendung, auf große Taten tiefer Fall. Aber die Menschheit geht nicht nur den Weg um ihre Achse. Auch sie hat ihre Himmelsbahn und dreht sich um eine Sonne.

MIX
Papier | Fördert gute Waldnutzung
FSC® C083411

Kolibri 360 GmbH
Ferdinand-Jühlke-Straße 7
99095 Erfurt, Deutschland
produktsicherheit@kolibri360.de